孔子研究院学术著作出版经费资助

山东省泰山学者特聘专家团队经费资助

山东省社科理论重点研究基地孔子研究院
“中外文明交流互鉴研究基地”成果

圣·道·文

中国古代“经”观念研究

◎曹景年 著

齊魯書社
·济南·

图书在版编目（CIP）数据

圣·道·文：中国古代“经”观念研究 / 曹景年著.
-- 济南：齐鲁书社，2023.3
ISBN 978-7-5333-4645-4

Ⅰ.①圣… Ⅱ.①曹… Ⅲ.①经学－研究－中国－古代 Ⅳ.①Z126.272

中国版本图书馆CIP数据核字(2022)第226338号

责任编辑 许允龙 张 涵
责任校对 赵自环 王其宝
装帧设计 刘羽珂

圣·道·文：中国古代“经”观念研究
SHENG DAO WEN ZHONGGUO GUDAI JING GUANNIAN YANJIU
曹景年 著

主管单位 山东出版传媒股份有限公司
出版发行 齊魯書社
社　　址 济南市市中区舜耕路517号
邮　　编 250003
网　　址 www.qlss.com.cn
电子邮箱 qilupress@126.com
营销中心 （0531）82098521 82098519 82098517
印　　刷 日照日报印务中心
开　　本 720mm × 1020mm 1/16
印　　张 21
字　　数 309千
版　　次 2023年3月第1版
印　　次 2023年3月第1次印刷
标准书号 ISBN 978-7-5333-4645-4
定　　价 78.00元

序

曹君景年以2019年来从余游，为博士研究生，长于义理，而不废考据，撰述甚勤，精进不已，以为可造之材。近以所著《圣·道·文：中国古代“经”观念研究》一书相示，请为序。余以冗务缠身，不及着笔。本月中旬出席省政协会议，乃于晚间读之，其有疑者，函札往复讨论之，渐知其搜讨之勤与夫研求之深，殊多独到之论，足启来学。

余自读大学本科，即留意经史小学，购《十三经注疏》，偶读其一二节，则扞格难通，于训诂名物制度多不能晓，乃习小学，稍得端绪。及读研究生，王师绍曾先生授校勘学，始知古书不能通，或以文字讹夺，乃留意于版本，于阮刻《十三经注疏》所附《校勘记》时时循绎之。及山东大学儒学高等研究院合组，院长王学典先生以儒学项目相号召，乃申报《十三经注疏汇校》，幸获立项，为重大课题，予以资助。因与诸生从容罗举众本，校其异同，盖远法刘向歆父子，近追阮文达公《校勘记》也。忽忽十年，仅成《尚书》《周易》《毛诗》三种，深感其事繁剧且学力未足以胜任也，唯勉勉为之，期用朝夕之勤以补识见之拙，而诸生从事不苟，他日必有所成，尤堪慰平生也。

夫经学自周孔成之，至汉而大昌，日月经天，江河行地，且悬诸令甲，为百事法，史学文学以及百家语，皆奉为准绳，此吾国学问以经学为主流之大势也。晚清以来，提倡科学，以图强而救国，张文襄倡“中学为体，西学为用”之说，诚时势使然。由是而学校课程不能不增声光化电、欧美史地各科，而经学式微。驯至辛亥革命，经学学科遂废止不行。近百余年间，经学沉浮无常，至于“批注”流行，其颓极矣。改革开放以来，以中西文化交流之故，国人复悟一国文化之标志为孔子，孔子之学术在六经，舍此不足以长志气，舍此不足以树信心，乃有继承弘扬优秀传统文化之国策，可谓经学之幸，中国文化之幸也。以是读经者渐多，毕业论文、专题课程、学术会议、期刊杂志、国家项目、成果评奖，经学渐入乎中流，有复苏之象矣。曹君此作，根柢训诂，取法时贤，撷彼英华，构此新宇，述赞圣明，羽翼特色，其贡献于时代者又岂在浅鲜哉！因乐为序之。

2023年1月16日

滕人杜泽逊于济南银座佳悦宾馆

目 录

导　论

一、观念与观念史研究

本书既以“经观念”为研究对象，则首先需对“观念”和观念史的概念作一分疏。

观念（idea）一词来自柏拉图的“理念”，然而在后世学者那里，它的含义异常复杂。据乔治·博厄斯（George Boas）统计，它有25个意思[①]。不过，观念的基本含义还是比较明确的，指人们对于世界或外物所形成的某种普遍性的认识。与观念意义比较接近的是思想（thought），人们常将思想（thought）与观念（idea）混称，如称为“思想观念”，但思想与观念的差别还是很明显的。一般说来，观念有两个特征：其一，从主体看，观念具有某种普遍性，是一般人或大多数普通人，至少也是一个有相当数量的群体所共有的；其二，从性质看，观念具有某种非自觉性，即具有某种观念的人可能并没有意识到自己具有这种观念，没有对观念的来源、内涵、意义等进行过反思，观念在他那里，可以说是一种支配他而不是被他支配的无意识。与此相反，思想则是反思的产物，是人有意识地建构的结果，思想本身就是思想的结果（Thought is the result of thinking），因此，思想的主体更多的是少数思想家或文化精

① 见曹意强：《观念史的历史、意义与方法》，《新美术》2006年第6期，第29页。

英。如果借用黑格尔的哲学概念作比方，则观念是一种自在的存在（being in itself），而思想则是一种自为的存在（being for itself）。观念史的创立者诺夫乔伊（Lovejoy）将观念分为五种，其中最重要的一种就是：

> 首先，有一些含蓄的或不完全清楚的设定，或者在个体或一代人的思想中起作用的或多或少未意识到的思想习惯。正是这些如此理所当然的信念，它们宁可心照不宣地被假定，也不要正式地被表述和加以论证，这些看似如此自然和不可避免的思想方法，不被逻辑的自我意识所细察，而常常对于哲学家的学说的特征具有最为决定性的作用，更为经常地决定一个时代的理智的倾向。[①]

可见，观念常常是未被察觉的，然而又潜在地支配着人们的思维和行动的隐性力量。美国学者梅吉尔也认为，观念作为一种“未思之物”，包括“人们头脑中模糊的想法和人们可能从未实际思考过的想法，但这些想法却对人们如何看待这个世界和如何在这个世界中行动产生了巨大影响”[②]。将思想与观念区分开来，作为学术史研究的不同对象，学界早有先声。桓占伟的博士学位论文《在观念与思想之间——论先秦义范畴的生成》对观念与思想进行了明确区分，他认为：

> “观念”主要指向于一般意义上的“人”，特别强调为“社会意识”，这就决定了“观念”具有普遍性和内在性，是一种长期以来浸淫在人们头脑中的“未思之物”，那些得到最广泛传播的观念，往往成为思想的原材料的一部分；“思想”则被认为是社会意识的一部分，特别强调为

---

①〔美〕诺夫乔伊著，张传有、高秉江译：《存在巨链——对一个观念的历史的研究》，江西教育出版社2002年版，第5页。

②〔美〕阿兰·梅吉尔、张旭鹏：《什么是观念史？——对话弗吉尼亚大学历史系阿兰·梅吉尔教授》，《史学理论研究》2012年第2期，第108页。

> 一种“理性认识”，那么，理性认识作为一种系统化和理论化的认识，必然具有独特性和个体性，这就决定了“思想”会在认识深度和理论系统性上超越“观念”。①

以此区分为基础，他进而针对其研究对象——义区分了义思想与义观念。他说：“义从发展路径上看，总体上是循着两条既有区别又有联系的线索发展的，一是作为观念的义，二是作为思想的义。义观念多体现在政治层面和社会生活层面；义思想则体现在理论层面，是经过思想家们系统论证后的理论成果。”②

葛兆光先生的《中国思想史》一书对思想史的研究方法进行了一种近乎革命性的创新，他首先对思想史的研究对象进行了反思。研究思想史，首先需要解决的是，思想史研究的是谁的思想？谁的思想才构成思想的历史？葛先生区分了精英和经典的思想与社会一般的思想，他说：“过去的思想史只是思想家的思想史或经典的思想史，可是我们应当注意到在人们生活的实际的世界中，还有一种近乎平均值的知识、思想与信仰，作为底色或基石而存在，这种一般的知识、思想与信仰真正地在人们判断、解释、处理面前世界中起着作用。”③在具体的论述中，他对这二者进行了有意识的区分，如在论述秦汉时代的思想史时就分两部分，第一部分是“秦汉时代的普遍知识背景与一般思想水平”，在这一节之后，他特别点明“下面，我们将视野转向大传统即知识阶层的思想史”，在论述完这一方面之后，他进而讨论了“一般知识与精英思想的互动及其结果”，分析两个方面的互动关系。的确，思想不是思想家的专利，任何人都有思想，除了历史上流传下来的思想家的思想之外，在不同的历史时期，还存在着大量的作为普通人的一般的思想，这是思想史

① 桓占伟：《在观念与思想之间——论先秦义范畴的生成》，河南大学2014年博士学位论文，第31页。

② 桓占伟：《在观念与思想之间——论先秦义范畴的生成》，第28页。

③ 葛兆光：《中国思想史》（导论卷），复旦大学出版社2001年版，第13页。

所不能也不应忽略的。不过，如果按照上述关于观念与思想的区分，则葛先生所说的“一般的知识、思想与信仰”，称为观念似乎更为合适，这样一来，葛先生的著作其实就贯穿了两个线索，一个是对一般观念史的研究，一个是对思想史的研究。秦晖先生在思想史研究中区分了“典籍思想”与“社会思想”，他说：“传统的思想史研究主要关注典籍中的思想，尤其是这些典籍中思想的形而上层面。这种关注当然是有意义的。但是历史进程中真正关键性的还是‘社会思想’而不是‘典籍思想’。并且这里所谓的社会思想不仅是有别于精英的‘民间思想’，也包括精英们通过‘行为’而不是通过言论著述表达的、往往对社会实际影响更大的那些思想。”[①]秦先生所区分的典籍思想与社会思想，与这里提到的思想与观念的区分非常接近。

思想和观念不但含义有很大差别，而且在历史进程中的作用也各不相同。思想作为某种被思想家有意建构的极具系统性的精密理论，其能否产生社会影响及影响的程度具有很大的偶然性，且往往需要多重曲折的转化才能完成，甚至有些非常先进和高明的思想往往湮灭在历史中，或只发生很小的影响，或完全偏离了它的本意。而观念就不同了，诺伊尔·安南曾经这样说过，观念并非只是抽象的存在，它们生活在人们的心灵中，激励着他们，形塑着他们的生活，影响着他们的行动，以及改变着历史的进程[②]。秦晖先生也说，“社会思想”，即观念往往对社会实际影响更大。比如法国大革命正是在自由、平等等观念的影响下的产物。

因此，在正统的思想史研究之外，随着人们渐渐意识到观念的历史作用，对观念及其历史的研究应运而生，观念成为史学家把握历史、研究社会的重要视角。“观念史这一概念起源于19世纪雅克布·布可哈特和阿克顿等人的

① 秦晖：《西儒会融，解构“法道互补”——典籍与行为中的文化史悖论及中国现代化之路》，《传统十论——本土社会的制度、文化及其变革》，复旦大学出版社2004年版，第168页。

② 转引自李宏图《观念史研究的回归——观念史研究范式演进的考察》，《史学集刊》2018年第1期，第38页。

历史学观念。”[①]不过，观念史作为独立的学科和学术流派，则是由美国历史学家诺夫乔伊创立的。他的主要理论贡献是提出了“单元观念”（unit–ideas）的概念，即认为在人类观念史上存在着一些最基本的观念，如同构成物质的原子一样，各种带 ism 的主义、学派等，都是由诸多单元观念所构成的。他用化学中的元素与混合物作类比，认为单元观念就是一个个的元素，而各种主义、学派都是混合物。他说：“任何哲学家或哲学学派的学说，它们在总体上几乎总是一个复杂的和不同来源的聚集体，并且常常是以哲学家自己并未意识到的各种方式聚集在一起。它不但是一个混合物，而且是一个不牢固的混合物。”因此，观念史的研究方法就是：“在处理各种哲学学说的历史时，它按照自己的目的，把它分割成坚固耐久的独立体系，并且把它们分解成它们的组成成分，即分解成可称为单元—观念（unit–ideas）的东西。”[②]观念史就是要找出这些单元观念并对其源流发展和作用进行研究。诺夫乔伊用“存在巨链”来描写在西方历史进程中，观念的单元如同巨链一样环环相扣，支配着人们的行动，它不局限于一个时代，也不限于某个学科。因此，如若没有对“观念单元”的观念史研究的存在，我们也无从理解思想运动以及人类自身的运动。[③]

诺夫乔伊的观念史研究有两个特点：一个是侧重于向哲学史靠近，他所谓的观念，更多的是哲学中的观念，如存在，其著作《存在巨链》就是对存在这一哲学观念的研究；另一个是认为单元观念像化学元素一样本身是不变的，它只是被许多思想家使用而加入不同的思想体系，但它始终保持自身的不变。后世学者对诺夫乔伊进行了很多批评，如昆廷·斯金纳等。20世纪后期，人们又把观念史发展为概念史，概念史所认为的概念，不再是一个含义固定的观念的元素，而是一个与不同时代密切相关的有多元含义的观念，鲍德克

① 许正林：《欧洲传播思想史·绪论》，上海三联书店 2005 年版，第1页。

②〔美〕诺夫乔伊著，张传有、高秉江译：《存在巨链——对一个观念的历史的研究》，第1～2页。

③ 李宏图：《观念史研究的回归——观念史研究范式演进的考察》，第31页。

说：“概念史所要做的就是对于那些富含多元意义的词语，以及在历史进程中发挥着引领作用的概念进行共时性和历时性诠释。”[①] 本书所谈的经观念，类似于诺夫乔伊所说的单元观念，而与概念史之概念含义亦非常接近，就是要从浩瀚的中国古典文化的海洋中，提取出作为单元观念的“经”，对其意义的源流演变进行研究。

二、经与经观念

在中国传统文化中，经是一个举足轻重、不可或缺而又十分独特的观念。中国传统典籍中有大量被称为经的书，这些书除了儒家的五经、六经、十三经之外，还有很多。先秦及秦汉时代，便有《墨经》《黄帝四经》《黄帝内经》《周官经》《法经》《山海经》《水经》《太平经》等，《韩非子》的《内储说》《外储说》等一些篇章之内也有经、说之分。《隋书·经籍志》则著录了更多的经，如多种算经、兵经，甚至有相术方面的经如《相马经》等，大量的佛道典籍也被称为经，可见经的含义之广、门类之富。

经虽然纷繁复杂，门类各别，但既然它们都被称为经，必然有某些共通之处。一般的经学通论、经学史在谈到经的定义时，往往侧重于考察“经”的文字学起源，如《说文》段注云：“织之从丝谓之经，必先有经而后有纬，是故三纲五常六艺谓之天地之常经。”章太炎先生认为，经是以丝编缀竹简册之通称，犹浮屠书称修多罗。如果按此说法，则所有由竹简编成的书都可以称为经，可见这个概念明显太过宽泛，例如《墨子》一书在古代肯定是写在竹简上的，但是只有特定篇章才称为经。要准确理解经这个文化概念和文化现象，还是要运用归纳法，通过大量的实例分析才能实现。考察所有这些被称为经的文献，可以对其特征作如下描述：经是一种通过对知识进行整理、整合，而形成的一种系统性的简明扼要的条目，目的是给人们提供一种具有一定权威性的指导性文本。简单说，经的概念有两大要点：其一，经是系统

① 转引自李宏图《观念史研究的回归——观念史研究范式演进的考察》，第35页。

性的知识条目；其二，经具有一定的权威性和指导性。张舜徽先生说：“大抵古代纲领性文字，皆可名之为经。”①说的正是这个道理。

依据上述定义，我们可以把经分为三大类别。其一，关于抽象知识的经。这一类经多为思想史、哲学史上所研究的经。如《墨子》的《经》上下篇，有《经说》上下篇与其对应。行文中汇集文章要点的经也属于此类，如《韩非子》的很多篇章往往先罗列各个要点称为经，然后再分别用证据证明之。《道德经》之名，也是源自称呼者将此书看作是对道、德之知识的条目总结。《孝经》是对孝的知识要点和行为要点的总括和罗列。最早传入中国的佛经是《四十二章经》，它将佛教教义概括为四十二条，因此被称为经。其二，关于具体事物和客观知识的经。这类经非常之多，如《山海经》是关于山、海的知识性条目，《星经》是关于星宿的条目，《法经》是关于法条的条目，《周官经》②是官职的条目，《水经》是河流的条目，《诗经》是古诗的汇总，《春秋经》是对历史事件的罗列，《易经》是对六十四卦的罗列，《畿服经》是对地理知识的总括和罗列。其三，实用知识的条目。这类经相当于方法手册，是直接用于指导某种专业性活动的，比如《礼经》是对具体礼数的罗列，各类《算经》是对算法知识的总括和罗列，《医经》是对医学知识的总括和罗列，各类《兵经》是对兵学知识的总括和罗列。还有更细微具体的知识，如占籍记载的《相手板经》《相马经》《相鸭经》《相鸡经》《相鹅经》《相贝经》《象经》《漏刻经》《遁甲经》《龟经》《灶经》等。这类经非常多，

① 张舜徽：《汉书艺文志通释》，湖北教育出版社1990年版，第10页。

②《周官经》是《汉书·艺文志》中的称呼。《周礼》书名的演变很有学术史意义。《周礼》最初称《周官》，与作为五经的“礼”并无关系，只不过是一种记载官职的书。荀悦《汉纪》卷二十五云：“(刘)歆以《周官》十六篇为《周礼》。”据此，《周官》可能同时又称《周官经》，不过此“经”只是通俗意义上的经，意为此书为官制之罗列，一如《山海经》为山、海之罗列，《水经》为河流之罗列。自《周官》改称《周礼》，方才成为礼经之一。有学者认为《周官经》之“经”字是刘歆把《周官》作为礼经之后才加上去的，不确。《周官》变为礼经之一，关键在于其名称中加“礼”字，而非“经”字。参杨天宇《周礼译注》前言第3页，上海古籍出版社2004年版。

可以说任何一门具体知识的经典，都可以称为某某经。这种意义上的“经”，由于主要突出其指导性，所以也可以称为法、术，如相马经可以称为相马法、相马术，兵经可以称为兵法、兵术，算经也可以称为算术（《九章算术》又称《九章算经》，见《隋书·经籍志》）、算法，等等。总之，经作为一种知识的系统性条目，其根本目的还是要指导某种活动，第一类抽象知识的经，主要是对人生、社会等的宏观指导；第二类具体事物的经，目的就是让人更快地掌握这类具体事物的知识，如《水经》，其作用就是让人通过这部经，全面和精确地掌握全国的主要水道的知识；第三类的实用性就更明显了。

上文所说的经是就经的一般意义而言，可以称为广义的经。广义的经虽然涵摄甚广，但真正对中国文化产生巨大而深远影响的，则是狭义的经——儒家之经。许道勋、徐洪兴先生的《中国经学史》就将经分为广义的经和狭义的经两类，“狭义的‘经’专指部分由封建政府‘法定’的儒家书籍；广义的‘经’则可包括儒经在内并旁及一些被崇奉为典范的著作和宗教典籍”①。这个区分简单明了，把经的概念问题明朗化。叶国良先生说：“即使在独尊儒术的汉代，‘经’字也并非儒家独有专用的。汉代以后，情况相同，以‘经’名书，所在多有。”②可见，广义的经和狭义的经在中国古代是长期并存的。本书的研究对象是狭义的经，即儒家之经，本书所称的经，如无特殊交代，均指此类经。狭义的经与广义的经不同，它有自己的独特内涵和定义。

关于经的定义，是各类经学史、经学通论最先讨论的问题。例如周予同先生在《群经概论》中对经的定义是：“经是中国儒教书籍的尊称，因历代儒教徒意识形态的不同，所以经的定义逐渐演化，经的领域也逐渐扩张，由相传为孔子所删定的六经扩张到以孔子为中心的其他书籍，如《孟子》《尔雅》等。”③姜广辉先生主编的《中国经学思想史》中也有类似的话：“中国文

① 许道勋、徐洪兴：《中国经学史》，上海人民出版社2006年版，第7页。

② 叶国良等：《经学通论》，台湾大安出版社2005年版，第5页。

③ 周予同：《群经概论》，见《周予同经学史论著选集》，上海人民出版社1996年版，第208页。

化常常单言‘六经’‘五经’‘十三经’‘四书五经’等等，所指即是这些儒家经典。”[①] 许道勋、徐洪兴先生的《中国经学史》说：“经学之‘经’，是指以孔子为宗师的儒家所编著之书籍的通称，是被中国自西汉中期起的历代封建政府‘法定’的‘经典’。”[②] 这些定义对经是什么有一定说明，但严格来说算不上定义，因为它们要么是同义反复，如说经是儒教书籍；要么是列举式说明，如说哪些书是经；要么是一种外在描述，如孔子编订、政府颁布等，都没有从“经”本身的内涵出发对其进行定义，因此不够清楚和明确。

那么，什么是经？经的概念非常复杂，概括起来，经这一概念有三大要素、两大特征。三大要素是指圣、道、文。圣是人的因素，指圣人，它大致有两层含义：一是上古有德有位的圣王，或称先王，这是经记载的对象，另一个是作为经的整理者的孔子，在某些情况下也被认为是经记载的对象。道是蕴含在经中的义理和精神，道与圣人是一体的，故可以称先王之道、圣人之道、周孔之道等。文是物质因素，指经的文本。将三大要素综合起来，可以把经定义为：经是承载圣人之道的文本。分析经的定义，可以发现经有两个特征，即神圣性和指导性，神圣性是指它的记载对象先王或圣人具有神圣性，记载的内容——道也具有神圣性。而由这种神圣性，又使它自然而然具有指导性，成为国家、社会、人生的最高准则。周予同先生说：“从两汉直到民八‘五四运动’以前，儒教的经典本含有宗教性；换句话说，经典是神圣不可侵犯的。”[③]

虽然对经可以下一个统一的定义，但不同的时代、不同的群体对经的理解和认知是不同的。例如，对于圣，有的侧重于理解为先王，有的则侧重于理解为圣人（孔子）；对于道，有的理解为直接指导现实的方法、路径，有的则理解为抽象的原则；等等。对于经的神圣性、指导性，可能在不同的时

① 姜广辉主编：《中国经学思想史》第一卷，中国社会科学出版社2003年版，第2页。

② 许道勋、徐洪兴：《中国经学史》，第1页。

③ 周予同：《〈大学〉和〈礼运〉》，见《周予同经学史论著选集》，第407页。

代也会有不同的定位。所谓经观念，就是指不同时代的人们，对于经这一概念和现象的理解、定位和态度。直白点说，即认为经的内涵是什么，有什么意义和价值，在人类文化中是一个什么定位。因此，经的定义与经观念可以理解为共性与个性的关系。经的定义是所有经观念的共通和一致之处，而经观念则是经的定义在不同时代、不同群体中的具体的、个别的表现。

当然，按照前文对观念的定义，经观念作为一种观念，对当事者来说是一种潜意识，而不是一种自觉的意识，即一个人具有某种经观念，他可能并没有意识到：哦，我有这种经观念，我对经就是有这种态度和定位。当事者是没有这种自觉意识的，也就是说，他没有把经观念对象化。他的经观念与他自身是一体的。他具有这种经观念，是作为研究者的后人总结、归纳出来的。

三、经观念研究的意义

经观念是中国古代文化中极其重要的一种观念，研究经观念，具有多方面的意义。

首先，经是中国古代文化中极其重要的文化现象。经在古代中国具有崇高的地位和权威，被认为囊括了天地间所有最高明、最精微的道理，天地自然的运行、人类社会的发展、人类的生产生活，无不需要它的指导。上至帝王将相，下至平民百姓，都要对它顶礼膜拜，都要虚心学习，接受经书道理的熏习。中国古代的书籍分类单独设立经部，并且高居所有书籍门类之首，解经、注经、传经，被认为是天地间最伟大的工作，中国古代流传最广的童蒙书《三字经》中说“人遗子，金满籯；我教子，惟一经”，一代代的文化学者，怀着巨大的热情，皓首穷经，把大量精力花费在了校经、读经、解经、用经方面，积累了汗牛充栋的文化成果。经书是国家教育体系的核心内容，一个人从童蒙到耄年所接受的绝大部分教育都是经学的教育，所有的学校都要讲授经学。经书是国家选拔官吏的主要参考，只有熟练掌握经学知识，才有机会进入官僚体系，甚至平步青云，许多人的命运因经而改变。从汉至清，经一次次被官方重新校订、注解、颁布，一次次被刻写在石头上，试图传之永久。可以说，经支配了大部分中国古人的思想行为，影响了整个社会的运转。近现代以来，特别是五四之后，经成为人人喊打、人人唾弃之物，但读经运动仍此起彼伏，这正反映出经作为一种根深蒂固的观念，曾经是如何地弥漫全国、充盈人心的。

其次，经不仅是古代中国非常普遍而重要的文化现象，而且也是中华文化有别于其他文化的一种特性所在。第一，它不同于西方的宗教之经。宗教之经大多依托超越之神，强调建立一种宗教徒圣洁的生活方式，而中国的经则以历史中存在的先王之道为依托，以修身齐家治国平天下为目标，直接与世俗的现实生活发生联系，是指导现实政治和人生的最高准则，并构成世俗教育的核心内容，是培养人才、衡量人才的根本标准。如果说先王之道这一术语是中华文化中独有现象的话，那么经也只能是中华文化中的独有现象。蔡尚思先生引孙德谦的观点，认为中国之经，实最精彩而为世界各国之所无①。第二，它与西方所谓的 classics 也有不同。美国学者韩大伟（David B. Honey）著有《西方经学史概论》一书，将西方所谓的 classical scholarship（古典学）翻译为经学，其实西方的 classics 虽然也有典范、标准的意思，但与中国古代经学视域中的经有本质差别，classics 不像中国古代的经那样具有最高的神圣性和指导性。韩先生在其书中也指出："西方经学与中国经学大相径庭，不按经、史、子、集分类，而只要是古代之'文言'皆可视为'经'文。狭义则指古代希腊、罗马的文学研究，尤其是文献的整理与传授。"②既然西方之 classics 与中国的经含义完全不同，为正本清源，循名责实，避免纠缠混淆，自然不宜以中国古代的"经"来翻译之，研究它的学问也不宜翻译为经学，还是按惯例翻译为古典学较好③。第三，它与今人所说的"经典"

① 蔡尚思：《中国思想研究法》，上海古籍出版社2013年版，第12页。

②〔美〕韩大伟：《西方经学史概论》，华东师范大学出版社2012年版，第6页。

③ 韩先生将德国人维拉莫威兹的著作*Geschichte der Philologie*翻译为"经学史"，笔者不懂德文，但其对应英文为History of Philology，直译为语文学史或文献学史，英国人Alan Harris翻译为History of Classical Scholarship，即古典学史，此书有陈恒先生翻译的中文本，称为《古典学的历史》，翻译为经学史似有不妥。详《西方经学史概论》第2页下注1。

的含义也相去甚远。所谓经典，一般指的是在某学科或某方面具有代表性的、独特价值的、影响深远的著作。经典的内涵非常宽泛，很多书都可以称为经典。而经就不同了，经是有神圣性的，它与道、与圣人有关系，而所谓代表性、独特价值、影响等方面的因素尚在其次。经是有明确范围的，不是什么书都可以称为经的。儒家之经只有有限的几部，而儒家经典则可以有很多。本书所探讨的对象是经，而非经典，因此，本书在行文中一般用经、经书或经观念，而尽量不用经典一词。

再次，经观念深刻影响着古代中国人的精神和内心世界，影响着中国文化和中国学术思想的发展走向。经学是中国古代学术的主流和核心，中国古代思想的每一次进步、学术的每一次发展都与经学的变革或对经学的反思脱不了关系。中国古代的大部分学术著作都与经学有关。中国古代思想家思考的大部分问题都是经学的问题，即使不是经学的问题，也多半会以经学的思维来思考，或从经学中寻找可以利用的资源。而经观念又是一个更为深层和更为基础的观念，有不同的经观念便会对经有不同的看法，对经的地位、作用有重新定位，则其对于国家、社会、人生的思考也会变得完全不同。

综上所述，经和经观念在中国古代如此重要，又如此独特，更值得后人对其内涵和源流演变进行深入研究和探讨，以发掘其学术和文化意义。

四、当前经观念研究的缺位

自从汉代经学正式成立以来，对经的研究就从未间断，经学著作汗牛充栋。近现代以来，经的神圣性破灭，经书变成了普通的史料，经学变成史学，被纳入经学史的研究范畴。经学史是以客观态度研究经学及其发展史的学科，自 20 世纪初发轫至今，已经有 100 多年的历史，取得了丰硕的成果。进入 21 世纪，随着大力弘扬中华优秀传统文化，经学也重新受到人们的重视，俨然有再次成为显学的趋势。总结近现代以来的经学研究成就，可以归纳为三个方面：

第一类，经学史和经学通论。20世纪初，随着科举制被废除，经书淡出教育体系，为了帮助学生了解经学，各种经学通论和经学史著作大量出现，它们或作为新式学校经学科目的教科书、讲义，或作为一般的经学通识类读物。据林庆彰先生主编《民国时期经学丛书》的总目录及笔者目力所及，在民国时期这类著作多达三四十种。最早的似乎是王舟瑶的《京师大学堂经学科讲义》，约印于1905年，今国家图书馆有藏本，其他的则有郇庆时《经学导言》，刘师培《经学教科书》（仅完成总论与易经两部分），皮锡瑞《经学历史》《经学通论》，姚永朴《经学举要》，马裕藻《经学史附录》（今藏国家图书馆），叶德辉《经学通诰》，龚向农《经学通论》，江瑔《新体经学讲义》，陈燕方《经学源流浅说》，陈钟凡《经学通论》，唐文治《十三经提纲》，王国维《经学概论讲义》（孙常叙有《笺证》），徐敬修《经学常识》（见《国学常识》），吴承仕《经学通论》《经典释文序录疏证》，龚道耕《经学通论》，栾调甫《经学概论》，卫聚贤《十三经概论》，朱剑芒《经学提要》，陈延杰《经学概论》，顾荩臣《经史子集概要》，周予同《群经概论》，范文澜《群经概论》，蒙文通《经学抉原》，汪国镇《经学概论》，伪满洲国文教部《经学教科书》，关文英《经学教科书参考书》，马宗霍《中国经学史》，钱基博《经学通志》，伍宪子《经学通论》，甘鹏云《经学源流考》，蒋伯潜、蒋祖怡《经与经学》，刘异《六艺通论》，金景芳《经学概论》，朱自清《经典常谈》，李松伍《经学概论》，蒋伯潜《经学纂要》《十三经概论》，李源澄《经学通论》，黄寿祺《群经要略》，胡熊锷《经学通论》，陈汉章《经学通论》，陈鼎忠《六艺后论》《九经概要》。在日本，同期尚有本田成之《经学史论》，安井小太郎、诸桥辙次等编《经学史》，泷熊之助《中国经学史概说》等[①]。

新中国成立初期，受政治运动影响，学术研究基本中断，坚持进行经学

① 上述书目参考了卢启聪《民国时期"经学概论"类教材与陈延杰的〈经学概论〉》，《中国文哲研究通讯》2018年第二十八卷第二期。

史研究和教学的主要是周予同先生，他对经学史的讲授后来被整理为《中国经学史讲义》。此外还有范文澜的《经学史讲演录》。改革开放后，经学史研究重新勃兴，经学概论类著作又大量出现，如杨伯峻等《经书浅谈》，何耿镛《经学概说》，陈克明《中国的经学》，屈守元《经学常谈》，刘晓东《经学源流》，黄开国《经学辞典》，杨成孚《经学概论》，陈克明《群经要义》，许道勋、徐洪兴《中华文化通志·经学志》（2006年上海人民出版社修订后以《中国经学史》之名重新出版），吴雁南等主编《中国经学史》，朱维铮《中国经学史十讲》，姜广辉主编《中国经学思想史》，郑杰文、傅永军主编《经学十二讲》，郑杰文主编《中国经学学术编年》，叶纯芳《中国经学史大纲》等。在台湾地区，有孙雨航《群经述要》，裴普贤《经学概论》，刘百闵《经学通论》，钱穆《经学大要》，王静芝《经学通论》，高明主编《群经述要》，李威熊《中国经学发展史论》，叶国良等《经学通论》等。

上列经学通论性著作数十种，其内容大同小异，主要是对十三经各部经书的内容及其传承源流的知识性介绍。

第二类，断代与专题研究。经学研究进一步深化，是对经学发展的各个阶段，以及经学史上的重点著作、重要人物、重大事件进行更为细致的专题研究，这方面也有非常丰硕的成果。断代研究，如王葆玹的《西汉经学源流》，章权才的《两汉经学史》《魏晋南北朝隋唐经学史》《宋明经学史》，焦桂美的《南北朝经学史》，蔡方鹿的《中国经学与宋明理学研究》等。清代是经学全盛期，一般的清代学术史都可以说是清代的经学史。近代的有田汉云《中国近代经学史》、汤志钧《近代经学与政治》、刘大年《评近代经学》等。专题研究是经学史研究的微观展开，如冯良方《汉赋与经学》、刘再华《近代经学与文学》、杨新勋《宋代疑经研究》、蔡方鹿《朱熹经学与中国经学》、乔秀岩《义疏学衰亡史论》等，这类成果广泛而丰富，难以一一列举。

第三类，经学意义、价值及未来发展的反思研究。早期的经学研究，批判的较多，如周予同、顾颉刚等，将经当作纯粹的史料，致力于打破经的神圣性，极力反对读经，甚至认为经是僵尸。在新儒家学者那里，经学经过改造，成为他们进行新的思想体系构建的材料，如马一浮将经学变成了六艺论，熊十力把经学变成了哲学。近年来，一些学者进一步强调了经学在传统文化中的核心地位，以及它对中华文化的形成、民族素养和性格的形成的巨大作用，从弘扬民族文化的角度，认为值得对经学的精神、义理进行深入研究和探讨，并进行创造性转化和创新性发展。如李学勤先生说："国学的主流是儒学，儒学的核心是经学。"[①] 还有人对读经、经学与现代教育结合进行了探索。

通过上述回顾可以发现，近代以来的经学研究，其研究对象基本上都限定在经书和经学文献上，如各类经学史主要讲的是各经的诠释史，经学通论类的著作大都直接以六经划分章节，这样"经学通论"实际上就变成了"经书通论"。而作为经书存在依据的"经"的概念，却基本上无人关注。何以如此？这实际上是因为自古以来的经学或经学史研究，从来未对经与经书作过严格区分，没有搞清"对经书的研究"与"对经的研究"的区别，再进一步说，就是以对经书的研究，来取代对经的研究。

或许有人会说，经不就是经书吗？二者有什么区别吗？其实经与经书是两个完全不同的概念，需要有所区分。经是一个抽象概念，或者说是一种存在于人的大脑中的观念，而经书则是经的具体体现。简单说，经书是经的概念的外延。举个例子，假如有人问桌子是什么，如果有人指着一张桌子回答说，桌子就是这个东西。这显然不是对桌子的定义。再比如问人是什么？如果回答"人就是所有的中国人和外国人"，这也不是对人的定义。定义包括内涵和外延，内涵是指该概念的本质特征，外延是指符合此本质特征的具体对象。无论五经、六经、十三经还是儒家经典，都只是经这一概念的外延，而不是经的内涵。所以，经与经书是有差别的，经书原本只是普通的书，经过某种认定才成为经。经就像一个光环，罩在某些书上，使这些书成为经。经又像一个束带，将某些书捆在一起，成为一个被称为经书的总体。借用黑

① 见《中华读书报》2010年8月4日第15版。

格尔哲学的概念，经是定在的概念，经书是概念的定在。

经与经书既然是有区分的，因此对经的研究与对经书的研究也必须区分开来。对所有经书的研究的总和，并不就是对经的研究，甚至可能根本未触及经本身。过去的经学研究，正是忽略了对经本身的研究，它只研究经书，而不研究经观念，只研究经的外延，不研究经的内涵。德国哲学家海德格尔曾指出，西方哲学史一直追问的是存在者的问题，而根本没涉及存在本身，以对存在者的研究来取代对存在本身的研究。我们也可以说，一直以来的经学研究，追问和研究的都是经书，而根本没有或很少涉及经本身的问题，以对经书的研究，来取代对经本身的研究。例如，1993 年出版的《经学辞典》一书，甚至没有收“经”这一词条。经学研究中，不能缺少对经本身的研究，经作为一种有明确含义的观念，也完全能够成为一个独立的研究对象。

经观念虽然没有在经学领域成为研究对象，它作为一种观念，似乎应该在哲学史和思想史领域占有一席之地，可惜的是，这一点也没有实现。在中国数千年的文明史中，存在许多影响广泛的基本观念，如天的观念、命的观念、性善的观念、天圆地方的观念等，它们支配着人们的思维和对待世界的方式，在历史上发挥着无形而又非常重要的作用。在中国哲学史或思想史的研究中，对于这些观念及其演变历史，已经有了大量的研究，如同上文所提到的对先秦义观念的研究。而经观念毫无疑问也是古代极其重要的一种观念，却鲜有人关注。劳思光先生的《新编中国哲学史》有一节专门讨论“古代中国思想的重要观念”，包括“命”观念、“天”观念、“鬼神”观念、天命观念、宇宙秩序观念、民本观念、人才观念等，但并没有经观念。这些都体现了当前学界对经观念研究的缺失。

五、经观念研究的内容与方法

鉴于之前的学术界对于经观念研究的缺失，本书试图将经这一古代观念对象化，作为一种“单元观念”（unit–ideas），从观念史和思想史的角度来研究其产生和流变，以弥补学界对这方面研究的不足。本书对经观念的研究，主要集中于以下问题：“经”的具体含义是什么？经观念是如何发生、流变的？不同时代的经观念有什么不同？经观念是如何影响学术史发展的？经观念的发展流变体现了什么规律？为了让读者更清楚本书的研究内容，兹再作如下三个方面的提示。

首先，集中于研究经观念，而基本不涉及经书层面的研究。例如，谈到经观念的源流，可能会有人举例说，关于从五经到七经，到九经，乃至十三经、十四经、四书五经的流变过程，已经有了大量的研究成果，经观念的流变与这是不是重合的？不是的。因为这种研究是关于经书变迁的研究，而不是经观念变迁的研究，当然，归入经观念变迁的研究也未尝不可，但肯定不是经观念变迁研究的主要内容，而是边缘内容。又如，经学研究中有很多“六经皆某”的观点，例如六经皆情（冯梦龙）、六经皆史（章学诚等）、六经皆礼（曹元弼）等，但这些观点本质上仍是在经书层面的探讨，即对五经内容的归纳，找到其共性的东西，按照这种思路，“六经皆某”还可以有更多种说法。而经观念则与之不完全相同，它是集中于“经”这个概念的，而不是作为六部经书的六经，虽然二者本身也有千丝万缕的联系，在一些情况下甚至互通，但必须要有二者区别的意识。

其次，经观念作为一种观念，对它的研究首先需要明确，经观念的主体是谁？谁的经观念？经观念虽然是古代的一种普遍观念，但经学本身就是一种精英的学术，经观念塑造者和主导者主要是上层官僚、贵族、文化精英和知识群体，对于占人口绝大多数的不识字者来说，可能只有最粗浅、最笼统的经观念，如同神佛的观念一样，这些都是无足轻重而没有研究价值的。因此，经观念的研究对象主要以知识阶层为主，因为他们最能代表经观念的特征及其历史衍变。例如，经观念发源于儒家，我们就应研究先秦儒家群体是如何创发经观念的。再比如清代对经最关注的是一批考据学家，我们就要研究他们的经观念是怎样的。

再次，除了经学视域中的经观念，经观念还有另外一层更广的意义，即经的观念作为一种思维模式在其他领域的综合性影响。如神化某些著作，将其作为不容置疑的最高权威，这种思维模式在中华传统文化中普遍存在，儒释道三家自不必说，甚至每一行当都有自己的经。医家有医家之经，如《黄帝内经》，兵家有兵家之经，如《孙子兵法》，甚至诗家有诗家之经，如李杜之诗作，史家有史家之经，如《史记》，等等。这些书被神圣化之后，就成为不可侵犯的权威，一般不允许对其产生怀疑，所以司马迁、李杜等人在各自领域就如同圣人般的存在。王葆玹先生即认为：“中国传统思维方式以至整个的中国传统文化模式都以‘经学形式’为其主要特征。”[①] 再如经观念的另一种思维模式就是“述而不作”，即以对经的注疏、解说为最崇高的文化事业。中国古人往往将注解古书作为一项重要工作，喜欢“述而不作”而不注重发挥个人见解，认为对古书和经典的注解，是有功于古人，有功于圣道，是最有意义的事。中国古代的著作形式多是注解式的，试看一部《四库全书》中，注解体裁的书有多少，凡是稍微有点古老的书，基本上都有层累叠加的注解书，如注、疏、传、说、解、评、纂疏、义疏、校证、校释、注释等。中国的注解书特别发达，比如关于杜诗的各家注解，就数不胜数，关于《史记》的注解，最古的有三家，后世的注解、评说就更多了。从心理学的角度来看，注解者是将被注解的书当作经的。而在西方文化典籍中，几乎很少看到注解书，多是特立发明之独立著作，适与受经观念影响下的中国文化形成鲜明对比。这一层面的经观念，需要另作专门研究，故不在本书讨论范围之内。

葛兆光先生认为，一般的思想和知识具有缓慢演进的连续过程，而精英和经典的思想则更多地具有一种跳跃性，思想史上的所谓连续性，很大程度上是后世学术家构建的结果。他说：“某人在某个年代是思想史的象征，某人在某个时代提出了某种有意义的思想或观念，某人继承了某人的思想因此

① 王葆玹：《西汉经学源流》，台湾东大图书公司2008年版，第8页。

是一环续一环，于是思想史就这样被凸显出它的线索。可是真正在社会生活中延续并直接起作用的，却常常不是那些高明的思想，而是一般性的普遍性的知识与思想。”[①]不过，一种思想、观念或学术，如果不只是单个思想家一闪即逝的思想火花，而产生某种影响从而变成某一群体的观念，那么，借用西方哲学的话说，它就有了自己的定在（existence），因此就有了自我运动的力量，它的运动发展就具有某种内在的规律，从而形成发展链条和发展史。经观念可以说就是这样一种观念。经观念作为一种观念或理念，它的流变发展有其内在的规律，符合思辨逻辑的演进。其流变发展的动力，就来自这一观念自身的内在矛盾性。因此，可以说整个经观念发展的历史，就是经观念展开自身和实现自身的过程，是其内部矛盾运动的过程。

这个内部矛盾，简单说，就是经与经书的矛盾。经是神圣的，是道的载体，如果要保持它的神圣性，就不能将其具象化。天书是最神圣的，因为没有人知道它的内容是什么，但具体的经书不过是“肉身凡胎”的文字资料而已，它是一个客观存在，有它的客观内容。当把经书作为经的时候，意味着经书的内容具有某种绝对真理性，而这与经书的“肉身凡胎”的客观内容未必一致，于是就产生了矛盾。这一矛盾，从历史情境看，就是从经的神圣性出发对经所作出的一系列超出或违背经的客观内容的解释。这种超出或违背发展到一定程度，就会引来大量批评，并产生一种要求，即回到经本身，以客观态度解经，反对任意性和主观性。而一旦以客观态度对待经，那经又变成了普通的书，其神圣性则近乎解体，于是就又产生一个问题，即若不把经当作经，而仅当作纯学问和客观的研究对象，那么经的意义在哪里？经的神圣性和指导性如何体现？于是又产生一种要求，即要重新研究和发现经的义理、经的大义，然后由此又回到主观解经的道路上去。这一矛盾循环往复，成为经学发展的根本矛盾。具体表现就是，汉代博士经学的主观任意性，到东汉以降经学的学术化，再到唐代之后至宋明时代以义理解经的主观任意性，再到清

---

① 葛兆光：《中国思想史》（导论卷），复旦大学出版社2001年版，第17页。

代重新回到经学的学术化，由此继续产生晚清今文经学注重经的大义，不过，此时经学已经穷途末路，没有继续循环的环境了。所以，经观念的思想史考察，是一种对其内在发展规律的考察。每一种经观念的出现，都不是偶然的，而是经观念自身运动发展的必然结果，这些观念前后相接，在貌似纷繁复杂的历史现象背后，形成一个连续不断的观念演化体系。

另一方面，经观念的流变又不完全遵循历史发展的线性规律，而有其复杂性，往往一种经观念可以延续数个朝代，而一个时代也可能有多种经观念并存。因此，本书的研究方法，可以说是“以观念演变为宏观架构的专题式研究”，既强调经观念的前后逻辑演变，又注重不同的经观念的独立发展，所以，各章大体依时代先后，而略有交错。各章基本内容如下：

第一章主要讨论经观念的起源和发生，认为经原本是作为官学科目的艺，后在儒家学者的改造中变成承载先王之道的经。

第二章主要讨论两汉时代的经观念，这一时代经作为先王之道的载体，被当作政治和社会的最高原则来尊奉，经被实际地贯彻到政治生活的各个方面。

第三章主要讨论东汉之后至唐代这一大段时期的经观念，这一时代经失去了政治最高指导原则的地位，而成为一种书斋里的专门学问，从而形成以注释、解说、考证经文为主要内容的学术化经学并积累了大量学术成果。

第四章讨论魏晋南北朝至唐代的另一种经观念，即经的扁平化倾向，经不再局限于六经，传记可称经，佛道经书可与儒经并称，集部文章之学盛行且跃居主流地位而压倒经学。

第五章是向第六章的一个过渡，讨论中唐之后至北宋初期，由于经学作为专门学问而与现实产生隔膜，从而使儒者开始跳出繁琐的学术化经学，而试图从道的角度重新审视经，试图重新发现经的大义和圣人微旨，以应对现实问题。

第六章讨论宋明时代理学视域中的经观念，这一时代理取代经，成为最高概念，经成为理的附庸，成为穷理的一种手段。

第七章讨论中唐以后主要是两宋时代的经世实学视域中的经观念，经世实学一般将经当作先王治国的典范而希望将其重新落实到现实政治生活中，这时期对《周礼》等制度之学比较重视，经学成为实学。

第八章讨论明末到清代的经观念，宋明理学降低了经的权威性，导致了不依经书的空疏之学，从而产生了重建经权威的呼声，要求以客观态度认真研读、学习经文，发现经中之道，进而形成清代考据经学。考据经学只注重考据而忽略了讨论经的大义，且其考据导致学者以客观文本的态度对待经，反而削弱了经的神圣性，发展到近代，便转化成“六经皆史料”的观念。

第一章 从艺到经：经的产生及其内涵

经观念形成的标志是六经概念的确立，六经是经最早的成熟形态，而六经的形成又是一个逐步发展的过程，这一过程实际上包含两个方面的问题，其一是六经之“六”的形成问题，为什么最初形成的是六经，而不是其他数目？六最初就是一个整体，还是逐步累加形成的？其二是六经之“经”的形成问题，“经”这个概念或观念，是如何形成的？本章即对这些问题作初步探讨。

第一节 六经之“六”的成立

在探讨经学起源的问题时，传统观点多将六经自始就作为一个不可分割的整体看待。如马宗霍说：“六艺大备于周，方其盛时，史掌之，故府藏之。”① 又说：“盖古之六艺，自经孔子修订，已成为孔门之六艺矣。”② 在涉及孔子与六经的关系时，一般人也多以六经这样的现成概念来讨论，如认为孔子晚年整理六经，孔子以六经教授弟子，等等，似乎六经自古就是一个不可分割的整体。其实这是一种倒果为因的误解，六经并非一开始就是一个整体，“六”的形成经历了一个逐步累加的过程，最早是诗书礼乐并称四术，然后孔子在

① 马宗霍：《中国经学史》，上海书店1984年版，第3页。

② 马宗霍：《中国经学史》，第9页。

晚年发明了易与春秋，其后二者渐渐合并才形成“六”这个整体。因此，“六”实际上是四加二，即诗书礼乐加易春秋[①]。六经这一概念的成立不会早于孔子去世，也就是说，即使孔子之时存在分别被称为诗、书、礼、乐、易、春秋的六件事物，它们也没有被当成一个整体。

一、诗书礼乐四者并称的时代

从现存的文献资料来看，诗书礼乐易春秋六者并称，或六经、六艺这些词在孔子生前并未出现，而最早见于《庄子》一书中（详下文）。不过，诗书礼乐四者并称，在孔子之前就已广泛使用，并成为具有一定权威性的文化体系，而孔子也以之来教育弟子。

《左传·僖公二十七年》载赵衰之语云：“说礼乐而敦诗书。诗书，义之府也，礼乐，德之则也。”《史记·秦本纪》载秦穆公之言曰：“中国以诗书礼乐法度为政。”司马迁所记秦国历史有《秦纪》为依据，当属实录。鲁僖公、秦穆公时代为春秋早期，可见，诗书礼乐四者合称出现甚早。又《礼记·王制》云：“乐正崇四术，立四教。顺先王诗书礼乐以造士。春秋教以礼乐，冬夏教以诗书。王大子、王子、群后之大子，卿大夫、元士之適子，国之俊选，皆造焉。”据此，诗书礼乐又被合称为“四术”，是培养贵族子弟的四门学习科目。许道勋先生说：“乐正以诗、书、礼、乐‘四术’造士，说明在早期的‘大学’里，是没有《易》和《春秋》的，这两门课应是后来才增设的，但确切的年代现在已难以断定。”[②]《国语·楚语上》申叔时回答楚庄王如何辅导太子时提到春秋、世、诗、礼、乐、令、语、故志、训典九种内容，其实归纳起来也只有诗书礼乐四种，除诗、礼、乐之外，其余所

---

① 今人在标点古书的时候，凡遇六艺或六经大都加上书名号。其实，在六艺的意义之下不能加书名号，因为它们各代表一门艺而非一部书，如乐没有经本，只是代表一门艺而已。只有明确在五经的意义下才能加书名号，本书即循此规则。关于经与艺之区分详下文。

② 许道勋、徐洪兴：《中国经学史》，第27～28页。

谓令、语、故志、训典、春秋、世六种，都是书这一科目的内容（详本章第二节）。

诗书礼乐四者作为一套完整的科目体系，也成为孔子教育弟子的主要内容。司马迁说“孔子以诗书礼乐教”，而不说以“诗书礼乐易春秋教”，足见孔子时六艺尚未合称。《论语》中有大量关于诗书礼乐的论述，孔子与弟子的日常谈论都涉及这些内容。比孔子稍晚的墨子就曾以诗书礼乐来指代孔子的遗说：“公孟子谓子墨子曰：‘昔者圣王之列也，上圣立为天子，其次立为卿大夫。今孔子博于诗书，察于礼乐，详于万物，若使孔子当圣王，则岂不以孔子为天子哉！’”（《墨子·公孟》）即使在孔子身后的战国时代，虽然六经或六艺的称呼已经开始酝酿和形成，但诗书礼乐作为一种传统的固定话语仍被广泛使用，如《庄子·徐无鬼》云：“横说之则以诗书礼乐。”战国中期的郭店楚简《性自命出》：“诗书礼乐，其始出皆生于人。诗，有为为之也。书，有为言之也。礼乐，有为举之也。圣人比其类而论会之，观其先后而逆顺之，体其义而节文之，理其情而出入之，然后复以教。”①

对于孔子生前只有诗书礼乐四者并称这一观点，已经得到许多学者的认同。沈文倬先生评论《礼记》中记载的诗书礼乐四术说：“这一反映春秋以前官学教育贵族子弟只有诗、书、礼、乐四个科目的记载，尽管出于后人的传说，还是可以据为实录的。再证以《史记·孔子世家》所云‘孔子以诗书礼乐教’，孔子在官学所受和以后在私学所教，还只四个科目。”②

二、孔子对易春秋的发明

以上论述了诗书礼乐四者合称作为一种固定话语，广泛流行于春秋战国时代。下面论述易与春秋在孔子生前的状况。

先来看春秋。春秋一词出现甚早，它一般是指记载某国历史的史书，如

---

① 李零：《郭店楚简校读记》，中国人民大学出版社2007年版，第136～137页。

② 沈文倬：《略论礼典的实行和〈仪礼〉书本的撰作》，见《宗周礼乐文明考论》，浙江大学出版社1999年版，第3页。

韩宣子（比孔子略早）说见易象与鲁春秋，墨子说百国春秋，但这与后世所谓六艺中的春秋是完全不同的。六艺中的春秋，特指孔子制作并赋予一定价值和意义的春秋，因此，春秋与诗书礼乐并称的年代，不会早于孔子完成《春秋》的年代。在此之前，春秋只是一种国史流水账，并没有独立的意义和价值，它实质上属于“书”的范畴（详第二节）。孔子制作《春秋》这一命题，虽然近代以来有不少人提出质疑，但确实能经得起文献的考证。首先，从《春秋》的文本看，它只是鲁国国史的一段，而且是首完整（始隐公元年）而尾不完整（终哀公十四年春，哀公共在位二十七年）的一段。这一方面说明它不可能是鲁国史书的原书，史书的记载是有连续性的，隐公之前的鲁国国史肯定存在，只是《春秋》的编者选取了隐公元年作为起点；另一方面说明编者并没有完全经历整个哀公时代，而很可能在哀公十四年之后不久就去世了，所以十四年以后的事不及见。而孔子正是卒于鲁哀公十六年，与《春秋》的截止时间仅差二年，这是孔子晚年作《春秋》的强有力的证据。《左传》的编者把《春秋》的经文延续到哀公十六年夏孔子卒这一事件，作为《春秋》经文的最后一条，此下又以传的形式续记到哀公之后，正是对孔子为《春秋》编者的最好宣示。杜预说得很对：“弟子欲存孔子卒，故并录以续孔子所修之经。”其次，最早提到孔子作《春秋》的是孟子，孟子云：“世衰道微，邪说暴行有作，臣弑其君者有之，子弑其父者有之。孔子惧，作《春秋》。《春秋》，天子之事也；是故孔子曰：‘知我者其惟《春秋》乎！罪我者其惟《春秋》乎！’”后面又说：“昔者禹抑洪水而天下平，周公兼夷狄、驱猛兽而百姓宁，孔子成《春秋》而乱臣贼子惧。”按一般说法，孟子约生于公元前372年，三十而立约为公元前342年，此时距孔子之卒，不过140年左右，孟子在一百多年之后谈到孔子作《春秋》，其可信度应该是很高的。如同西汉后期的刘向谈论汉高祖的事迹，今日在21世纪初讨论曾国藩的作品，仅有百余年的差距，基本的历史事实应该是非常清楚的。因此凭以上两个证据，便可说明孔子在晚年作《春秋》是一个客观的历史事实。

孔子通过晚年作《春秋》这一事件，改造了春秋这一概念，意味着春秋概念的新生。因此，我们可以说作为诗书礼乐易春秋体系中的春秋，萌端于孔子晚年。

孔子对易的改造与对春秋的改造非常类似。易与春秋一样，也非常古老，但从现有文献看，易在孔子之前没有取得与诗书礼乐同等的地位。在孔子之前，易就是一种纯粹的占卜书，据《周官》，太卜"掌三易之法"，当时国之大事，在祀与戎，而在做任何大事之前都要进行占卜，因此太卜的职责非常重要。易的存在状态最符合章学诚所说的"掌在官府"，是一种由专门人员执掌的官方职能，而没有像诗书礼乐那样成为一般贵族的基本修养。《礼记》说"先王以诗书礼乐造士"，而不可能以占卜之易造士。《左传》全书言及"周易"者凡 19 条，其中 16 条讲占筮；《国语》有 3 条，全属占筮。《管子·山权数》也说："易者，所以守凶吉成败也。卜者，卜凶吉利害也。"可见，在孔子之前，易的主要意义和价值就是占卜，而不具有后世儒家视域中经的意义。

使易开始脱离占卜，而具有思想和教育价值，不能不说是孔子的功劳。从仅存不多的记载中可以看到，孔子对易有全新的认识。《论语·述而》载孔子曰："加我数年，五十以学《易》[①]，可以无大过矣。"《史记·孔子世家》的相应记载是："孔子晚而喜《易》，序《彖》《系》《象》《说卦》《文言》。读《易》，韦编三绝。曰：假我数年，若是，我于《易》则彬彬矣。"帛书《要》篇载："夫子老而好《易》，居则在席，行则在橐。"[②]综合以上材料可以发现一个基本事实，即孔子晚年才开始学《易》并有所认识和感悟。孔子一生都在四处求学，在当时是首屈一指的博学者，为何到晚年才接触《易》？这只能说明在当时《易》并非社会上的普通学问，而是一种掌在官府的专业技术而已，所以孔子接触不多。直到孔子晚年闲居在鲁，才有机会接触到《易》，然后结合其一生求学、求道、实践理想的人生经历，从而对《易》的价值有了新的认识，并对《易》产生了浓厚的兴趣，以致"居则在席，行则在橐"。

---

① "易"，《鲁论》读为"亦"，误，古今学者多有辨明，今仍从一般读法。

② 刘彬：《帛书〈要〉篇校释》，光明日报出版社2009年版，第15页。

孔子对《易》的新认识，就是将《易》当作思想教化意义的书来看待。孔子认为《易》可以使人“无大过”。孔子最初应是从卦辞爻辞中体悟出《易》的思想价值的，帛书《要》篇载孔子云：“《周易》……古之遗言焉。予非安亓用也，予乐〔其辞也〕。”“非安亓用”，即不再将其作为卜筮之书，“乐〔其辞也〕”，即从《周易》的“辞”中体悟出了道理，认为它是古先贤的遗言。《论语·子路》载：“子曰：‘南人有言曰：人而无恒，不可以作巫医。善夫！’‘不恒其德，或承之羞。’子曰：‘不占而已矣。’”此章引用了“不恒其德，或承之羞”这句《周易·恒卦》九三的爻辞来解说恒的道理，帛书《要》篇是孔子学习爻辞的体悟，正可与《要》篇所说“乐〔其辞也〕”相合。帛书《要》篇又云：

> 孔子籀易，至于《损》《益》一卦，未尝不废书而叹，戒门弟子曰：……故易有天道焉，而不可以日月星辰尽称也，故为之以阴阳。有地道焉，不可以水火金土木尽称也，故律之以柔刚。有人道焉，不可以父子君臣夫妇先后尽称也，故要之以上下。有四时之变焉，不可以万物尽称也，故为之以八卦。故《易》之为书也，一类不足以亟之，变以备其情者也。故谓之易。有君道焉，五官六府不足尽称之，五正之事不足以阐之，而《诗》《书》《礼》《乐》不〔止〕百篇，难以致之。不问于古法，不可顺以辞令，不可求以志善。能者由一求之，所谓得一而群毕者，此之谓也。[①]

孔子认为《易》中有天道、地道、人道、君道等最高的道理，而传统的诗书礼乐虽然地位很高，但内容繁复，很难从中找到这些道理。这也可见孔子在学习了易之后，就不再满足于诗书礼乐，而认为易有更深的道理和更高的价值，这实际上在昭示孔子独创了一种新的易学，借用后世二程的话，是

① 刘彬：《帛书〈要〉篇校释》，第16页。为便于理解，原文的古字（加点字）已改为通行字。

“自家体贴出来”的。徐复观先生说：“《周易》虽盛行于春秋时代，而《易》得成为经学的意义，实出于孔子。”[①]虽然今存的《易传》未必是孔子所作，但肯定与孔子或孔门有密切关系。帛书《要》篇的出土提示我们，《易传》可能最初并不是固定的十篇，而是一系列关于易的论说的片段，直到易在汉代被立为经，为了解经，才有人将这些论说汇集起来，经过增删而形成今本《易传》。帛书《周易》与今本《易传》，都有大量的子曰而不是老子曰、庄子曰，这就充分说明，即使它不是孔子所作，也必是孔子后学在孔子所开创的解易新模式之下发展的产物，也就是说，它必是“孔学”的，而不是“老学”或“庄学”的。因此，可以说，孔子晚年发现了易的新价值，使后世易被纳入五经六艺成为可能[②]。

也有人认为易成为讲思想的书并不始于孔子，而是迟至秦汉时代的事情。如日本学者近藤浩之说秦焚书时“《易》还未被认为是一部思想性的书，这是无疑的”[③]。王葆玹解释道：“原来在秦代焚书令与挟书律的限制下，《诗》、《书》、《礼》和《春秋》都成为禁书，《周易》及其占筮学却未遭到禁止，儒者遂利用这一缝隙，改而采用解《易》的方式来阐扬儒学。”[④]廖名春先生利用郭店楚简对《周易》的记载进行了反驳[⑤]。实际上这种观点是一种片面的线性思维，忽略了思想史的复杂性，因为孔子只是晚年对易有一些新体悟，这些新想法可能只是被个别弟子接受和传承，未必成为所有孔门弟子的共识，更不要说成为当时的主流认识了。《孟子》诗书礼乐春秋都提到了，就是没

① 徐复观：《中国经学史的基础》，见《徐复观论经学史二种》，上海书店出版社2002年版，第26页。

② 这只是一种可能，而不是现实，孔子生前，甚至孔子去世后的很长时间，易并没有被纳入六艺。

③〔日〕近藤浩之：《从出土资料看〈周易〉的形成》，转引自廖名春《论六经并称的时代兼及疑古说的方法论问题》，《孔子研究》2000年第1期，第52页。

④ 王葆玹：《儒家学院派〈易〉学的起源和演变——兼论中国文化传统的问题》，《哲学研究》1996年第3期，第56页。

⑤ 廖名春：《论六经并称的时代兼及疑古说的方法论问题》，《孔子研究》2000年第1期。

提到易。在整个先秦时代，大多数人仍是将易作为卜筮书来看待的，这种看法甚至一直延续到秦汉之后。也就是说，孔子只是留下了新思想的火种，经过数百年的蛰伏，到汉代立于学官，才成为燎原的思想之火。

综上所述，诗书礼乐在孔子之前就已存在，属于传统留给孔子的遗产，且孔子对它们非常熟悉，掌握其精髓，而且还以之教育弟子。而易与春秋则是孔子晚年才关注并有所发明的东西，是孔子的创造。“诗书礼乐”与“易春秋”，二者属于两个时代、两种体系。这一点从古到今很多学者都已经认识到。司马迁云：“先人有言，自周公卒五百岁而有孔子，孔子卒后，至于今五百岁，有能绍明世，正易传，继春秋，本诗书礼乐之际，意在斯乎？”这段话将易春秋与诗书礼乐分开讲，易是正，春秋是继，诗书礼乐则是本，隐含了诗书礼乐与易春秋的不同特质。宋初学者孙复认为“尽孔子之心者大《易》，尽孔子之用者《春秋》，是二大经，圣人之极笔也，治世之大法也”①，单独提出来表彰易与春秋。现代新儒家熊十力先生说：“孔子之道，内圣外王。其说具在《易》《春秋》二经。余经皆此二经之羽翼。”②也单独强调了二书对于孔子的独特价值。

另外，从《史记》《汉书》关于六经传承谱系的记载中，我们发现一种值得关注的现象，即诗书礼乐都没有先秦的传承谱系，最早的解经者都只追溯到汉初，如诗是齐鲁韩毛，齐诗辕固生，鲁诗浮丘伯、申培公，韩诗韩婴，毛诗毛公，都是汉初人；书最早是伏生，礼是高堂生，乐是制氏。而《易》与《春秋》则往往有较为完整的先秦谱系。如《易》可以追溯六代直接到孔子，《史记》载：“孔子卒，商瞿传《易》，六世至齐人田何，字子庄。”《汉书》更是指出了六世的具体人名：“自鲁商瞿子木受《易》孔子，以授鲁桥庇子庸。子庸授江东馯臂子弓。子弓授燕周丑子家。子家授东武孙虞子乘。子乘

---

① [宋]石介著，陈植锷点校：《徂徕石先生文集》卷十九《泰山书院记》，中华书局1984年版，第223页。

② 熊十力：《读经示要》卷三《略说六经大义》，见《熊十力全集》第三卷，湖北教育出版社2001年版，第1015页。

授齐田何子装。”春秋三传的先师，公羊高、穀梁赤、左丘明，都是先秦人。这也从侧面说明，诗书礼乐是公共的知识，世人皆知，世人皆学，没有单独的传承谱系，而《易》与《春秋》则是孔门的专门学问，必须有特定经师的代代相承。只是到五经正式立为官学之后很晚的时代，儒者们才为诗书礼乐补齐了先秦的传承谱系。

三、“六”成立于战国时代

既然诗书礼乐与易春秋是不同时代的产物，那么，二者合并为六又是在什么时候呢？主流观点认为孔子晚年就将易春秋与诗书礼乐并称，从而正式形成了六经或六艺，即认为六经之六成于孔子之手。认同此说者大有人在，如清代学者惠栋说：“春秋以前止有四经，《管子》曰泽其四经，谓诗书礼乐也。及孔子赞《易》作《春秋》，始著六经之目。”[①] 金景芳先生也说：“六经……实际上它是当时孔子为了教学所编的教科书。”[②] 舒大刚先生也认为：“孔子……将旧传‘诗书礼乐’四类文献编成可供教学的《诗》《书》《礼》《乐》四经……晚年再加《易》和《春秋》，于是形成了儒家早期经典‘六经’。”[③] 魏忠强说：“可以说《诗》《书》《礼》《乐》《易》《春秋》六经于孔子时已有并称的可能，早期儒家从孔子开始就已奉行这一六经系统。”[④] 但这一观点是很可怀疑的。对于“六艺”之“六”的具体成立年代，即“易春秋”是何时开始与“诗书礼乐”并称的，需要作进一步研究。

首先，从孔子的角度考察。孔子对易有心得和作春秋都在晚年，其时他一生的教学活动已基本结束。对于易，孔子本人也处于学习阶段，可能与一

---

① [清] 惠栋：《九曜斋笔记》卷一“四经”条，《丛书集成续编》第92册，上海书店出版社1994年版，第502页。

② 金景芳：《孔子与六经》，《孔子研究》1986年创刊号，第15页。

③ 舒大刚：《〈十三经〉：儒家经典体系形成的历史考察》，《社会科学研究》2011年第4期，第110页。

④ 魏忠强：《孟子的“五经”系统说》，《东岳论丛》2011年第2期，第84页。

些弟子谈论切磋过，但直接拿来讲授则不太可能。至于春秋，最早完成于获麟（孔子卒前二年），或许孔子以微言大义口授个别弟子，但不可能将春秋作为教材教授所有弟子。因此，孔子生前将六者并列合称，作为教学科目是不可能的。比较合理的推测是，孔子去世后，随着七十子及其弟子对孔子思想和学说的整理、传习，渐渐地将孔子晚年也比较重视的易、春秋与诗书礼乐并列，并合称为六艺，以代表孔子的遗教，这中间应该经历了一个漫长的过程。而在这一过程中，或四者、或五者，或六者并称的情况都有可能出现，如《商君书》和《荀子》都仅称诗书礼乐春秋，甚至仍单独用诗书礼乐。许道勋先生说："以诗书礼乐易春秋合称的大学六艺，在孔子以前就存在了。"[①]他的主要论据是《左传·昭公二年》记载的韩宣子出使鲁国"观书于太史氏，见易象与鲁春秋"，以此认为鲁国的官学中已有读易之事。其实此条记载是说太史氏有易与春秋，而非太学有易与春秋，因为易和史作为国家的某种专门职能，本身就是由专官（太史或太卜）负责的。

其次，从文献角度考察。传世文献中，最早将诗书礼乐易春秋合称的是《庄子》，其《天运》篇称："孔子谓老聃曰：丘治诗书礼乐易春秋六经，自以为久矣，孰知其故矣。"在另外一处，诗书礼乐易春秋被排列在一起，但没有合称六经："诗以道志，书以道事，礼以道行，乐以道和，易以道阴阳，春秋以道名分。"（《庄子·天下》）还有一处有疑似六经的说法："孔子西藏书于周室。子路谋曰：'由闻周之征藏史有老聃者，免而归居，夫子欲藏书，则试往因焉。'孔子曰：'善。'往见老聃，而老聃不许，于是繙十二经以说。"（《庄子·天道》）陈鼓应、严灵峰等均以为"十二"为"六"的坏字[②]。叶国良先生认为六经成为儒家经典有一个先后次序："孔子之时：《诗》《书》《礼》《乐》。庄子之时：《诗》《书》《礼》《乐》《易》《春秋》。"[③]

---

① 许道勋、徐洪兴：《中国经学史》，第28页。

② 陈、严说见陈鼓应《庄子今注今译》，商务印书馆2007年版，第404～405页。

③ 叶国良等：《经学通论》，第10页。

不过，学界对于《庄子》这几篇是否为先秦文献尚有争议[①]。出土文献中，郭店楚简出土的《六德》已将诗书礼乐易春秋并称了：“观诸诗、书则亦在矣，观诸礼、乐则亦在矣，观诸易、春秋则亦在矣。”[②]在《语丛一》也有诗书礼乐易春秋并称之语[③]。郭店楚简的年代一般认为是公元前300年前后。廖名春先生根据这些材料认为：“六经的形成，源于孔子。早在先秦时期，《周易》就已与《诗》《书》《礼》《乐》《春秋》并列，进入儒家群经之中。”[④]他也只是认为六经渊源于孔子，六经并称在先秦已出现，但没有断定一定出于孔子本人，这是非常谨慎中肯的说法。目前尚没有任何文字材料，可以证明孔子生前已经有六经或六艺并称的说法。

但有些学者又把六者并称的时代定得很晚，认为出现于秦汉之际。如徐复观先生根据《商君书·农战》及《荀子·儒效》均只提到“诗书礼乐春秋”而没有提到易，而认为“《六经》的成立，可能是在秦博士之手，或其并世的儒者”[⑤]。并认为《礼记》中的《经解》是出于荀子门人之手，是六经完成的首次宣告[⑥]。郝明朝先生认为：“郭店《六德》篇《诗》《书》《礼》《乐》《易》《春秋》并称……都是特例……尚不足以证明《易》‘已经入经’……只有到了汉代‘六（五）经并称’才成为常态。”[⑦]其实，一种经书体系的形成必然要经历一个长期的过程，不可能一蹴而就。如朱子的四书之学，要到元明时代才真正完成了神圣化。六艺（六经）并称在战国时代已经出现，这

---

① 罗根泽先生认为《庄子·天道》为汉初作品，其证据是文中“孔子西藏书于周室”，姚鼐谓此为汉人语，藏书者谓圣人知有秦火而预藏之，所谓藏之名山也。参罗根泽《罗根泽文存》，江苏人民出版社2012年版，第122页。

② 李零：《郭店楚简校读记》，第171页。

③ 李零：《郭店楚简校读记》，第209页。

④ 廖名春：《论六经并称的时代兼及疑古说的方法论问题》，第47页。

⑤ 徐复观：《中国人性论史·先秦篇》，九州出版社2014年版，第326页。

⑥ 徐复观：《中国经学史的基础》，见《徐复观论经学史二种》，第50页。

⑦ 郝明朝：《论荀子与〈周易〉的关系兼及“六经并称”的时代问题》，《周易研究》2009年第5期，第60页。

是没有问题的，但可能还没有普及，也远未成为社会上的普遍观念，孟子提到过诗、书、礼、乐、春秋等，但没有提到易。荀子也很少提到易。这说明，春秋应该比易更早被纳入“六”的系统。到秦汉之际，“五经六艺”已经成为社会普遍认同的具有一定权威和神圣性的话语，这从有过战国和秦朝经历的陆贾的《新语》中可以得到证明：“礼义不行，纲纪不立，后世衰废，于是后圣乃定五经，明六艺。”（《新语·道基》）汉文帝时代贾谊的《新书》也已明确使用六艺一词：“是故内法六法，外体六行，以与《书》《诗》《易》《春秋》《礼》《乐》六者之术以为大义，谓之六艺。”（《新书·六术》）陆贾和贾谊的五经、六艺的观念，显然是来自对战国思想的继承。

综上所述，在孔子之前只有诗书礼乐四者并称，孔子发明易与春秋的新意义，被孔门后学加入到诗书礼乐四者之中，于是变成了“六”。因此，可以说六经或六艺源于孔子，但不可以说孔子时已有六经或六艺的概念。司马迁说孔子弟子“身通六艺者七十有二人”，这是一种笼统的说法，不可指实，因为孔子生前没有六艺这一概念。如果按身通六艺，那么今天我们所知的许多大弟子，如颜回等，都不能算入七十二之数，因为颜回死的时候，孔子尚未完成春秋，更谈不上六艺。因此，所谓身通六艺，不过是“学有所成”的笼统说法，司马迁是以他当时已经神圣化了的六艺来推测孔子生前的情况，日本学者武内义雄先生也说：“《史记》中所谓‘身通六艺者七十二人’，只是在六经齐备并成为儒家经典的遥远后世，基于后人的传说的记事。‘孔子以诗书礼乐教’之上半句，记述了孔门教学的实情，而孔子所谓‘游于艺’一艺，不是‘六经’的意思，而是诗书礼乐四种。”[①]可为不刊之论。

---

① 〔日〕武内义雄著，廖娟译：《经学的起源》，载干春松、陈壁生主编《曹元弼的生平与学术》，中国人民大学出版社2018年版，第398页。

第二节　六经之“经”的成立

上节讨论六经之“六”的成立问题，本节探讨六经之“经”这一概念的成立。经观念的前身是术、艺，孔子之前，诗书礼乐合称“四术”，随着易与春秋的发明，诗书礼乐易春秋逐渐合称为六艺，艺与术基本内涵是一致的。六艺又逐渐变为五经（或六经），从术、艺到经，则发生了质的改变。

一、作为四术的诗书礼乐

孔子之前的诗书礼乐，合称四术。何谓术？我们将四术出处《礼记·王制》原话再引之于下：

> 乐正崇四术，立四教。顺先王诗书礼乐以造士。春秋教以礼乐，冬夏教以诗书。王大子、王子、群后之大子，卿大夫、元士之適子，国之俊选，皆造焉。

又《礼记·文王世子》云：

> 春诵，夏弦……秋学礼……冬读书。

又《周礼·春官·大胥》云：

> 春入学，舍采，合舞。秋颁学，合声。以六乐之会正舞位，以序出入舞者。

由此可见，诗书礼乐是官学中的四门科目。四门科目的教学安排大体是：春、秋两季主要学习礼、乐（含舞），冬、夏两季则主要学诗、书。四门科目代表了四个方面的修养，在当时看来都是一些非常实用的“技”或“术”，故称四术，这与现在加了书名号的《诗》《书》《礼》《乐》是完全不同的。这些修养和技能体现了贵族生活的基本规则，也成为其地位合法性与正统性的标志。具体说来，四术又各有其特殊的意义。

诗代表了一种交往之道和交际的技术。当时的贵族之间交往的习惯是，通过赋诗来含蓄地表达自己的心思和想法，这是一种“文”，文代表了修养和尊贵，是君子的象征，与文相对的是野，野就是直抒胸臆，缺乏修辞，是底层庶民的表达方式。《尚书》说“诗言志”，“志”不能直接说出来，而要通过诗来言，直接说出来就是俗，就是贱了；孔子说，诗可以兴、观、群、怨，就是将诗作为表达个人意志的委婉渠道。这种表达可用于不同的场合，如朝聘、盟会、谏言、饮宴、出使，等等。孔子曰：“诵诗三百，授之以政，不达；使于四方，不能专对；虽多，亦奚以为？”可见诗在诸侯外交中有非常突出的作用。《汉书·艺文志》说：“古者诸侯卿大夫交接邻国，以微言相感，当揖让之时，必称诗以谕其志，盖以别贤不肖而观盛衰焉。”总之，在贵族生活中，诗是不可或缺的交流工具。诗的这种效用，在《左传》中有大量体现。如昭公元年所载的一件事：

> 夏四月，赵孟、叔孙豹、曹大夫入于郑，郑伯兼享之。子皮戒赵孟，礼终，赵孟赋《瓠叶》。子皮遂戒穆叔，且告之。穆叔曰：“赵孟欲一献，子其从之！”子皮曰：“敢乎？”穆叔曰：“夫人之所欲也，又何不敢？”及享，具五献之笾豆于幕下。赵孟辞，私于子产曰：“武请于冢宰矣。”乃用一献。赵孟为客，礼终乃宴。穆叔赋《鹊巢》。赵孟曰：“武不堪也。”又赋《采蘩》，曰：“小国为蘩，大国省穑而用之，其何实非命？”子皮赋《野有死麕》之卒章。赵孟赋《常棣》，且曰：“吾兄弟比以安，尨也可使无吠。”穆叔、子皮及曹大夫兴，拜，举兕爵，曰：“小国赖子，知免于戾矣。”饮酒乐。赵孟出，曰：“吾不复此矣。”

各国大臣以赋诗作为外交手段顺利地完成了自己的使命，堪称诗在实践中运用的典范。正因为诗有如此重要的作用，所以它成为四术之首。

关于书的内涵和性质，徐复观先生说：“《书》的成立，其目的在由义理而来的教戒，并不在后世之所谓史。”[1]这种看法真正抓住了书概念的核心，即书的意义不在于史实，而在于因史实而产生的教戒意义。《说文》云：“书，箸也。从聿者声。”段玉裁释云：“此琴禁、鼓郭之例，以叠韵释之也。叙目曰：箸于竹帛谓之书。书者如也。箸于竹帛。非笔末由矣。”[2]“书”字的本义是书写，后来书写下来的东西渐渐地也被称为书。上古时代，由于书写不易，书写被当成一件很神圣、很慎重的事，不是什么事情都有资格被书写下来的，只有那些具有特殊意义，特别是对人有教育教化意义的内容，才会被书写下来。《墨子·天志》云：“书于竹帛，镂之金石，琢之槃盂，传遗后世子孙，曰将何以为？将以识夫爱人利人，顺天之意，得天之赏者也。”也就是说，书写的内容必须具有教化意义，告诉人们一些做人做事的道理。春秋之前，书写内容多刻写在鼎铭等青铜器物上，文末多为“子子孙孙永宝用之”，这就是教戒，也就是书写的意义。那么，对士大夫和贵族具有教戒意义的书写内容包括哪些呢？由于祖先崇拜的观念在当时生活中的支配作用，首要的书写内容就是本族的历史，即祖先的英勇事迹。《国语·楚语上》申叔时回答楚庄王如何辅导太子时说：

> 教之《春秋》，而为之耸善而抑恶焉，以戒劝其心；教之《世》，而为之昭明德而废幽昏焉，以休惧其动；教之《诗》，而为之导广显德，以耀明其志；教之《礼》，使知上下之则；教之《乐》，以疏其秽，而镇其浮；教之《令》，使访物官；教之《语》，使明其德，而知先王之务，用明德于民也；教之《故志》，使知废兴者而戒惧焉；教之《训典》，使知族类，行比义焉。

① 徐复观：《中国经学史的基础》，见《徐复观论经学史二种》，第8页。

②［清］段玉裁：《说文解字注》，上海古籍出版社1998年版，第117页。

这段话记载了九种教学内容，但归纳起来其实只有诗书礼乐四种，所谓令、语、故志、训典、春秋、世六种，其实都是书这一科目的内容。根据韦昭的注，“令，先王之官法、时令也”。即先王所颁布的某些具有教戒意义的命令，如今本《尚书》中的《甘誓》《泰誓》等。“语，治国之善语。”可能是古代圣王或贤人流传下来的具有教育意义的格言。“故志，谓所记前世成败之书。”记载历代兴亡的书。“训典，五帝之书。”可能是古代帝王训诫的诏书之类。“春秋”，韦昭注云：“以天时纪人事，谓之春秋。”春秋大概是编年史，但也并非事无巨细都要记载，而只记载那些有明显“意义”的内容，后世所谓“常事不书”，或许对于孔子之前的春秋类著作也适用。“世”，韦昭云：“先王之世系也。”世系本身可以让人了解自己的先世，如果有光辉的先世，还可以激发自己的某种情感和意志，另外还具有“为之陈有明德者世显，而暗乱者世废也”这类作用。这六项内容都是选取具有教戒意义的历史材料，因此它们无疑都属于书这一门类[①]。程苏东也觉察到了这一点，他说：“从某种意义上说，《国语》所载楚国泮宫的《春秋》、《世》、令、《语》、故志、训典，晋国泮宫的《春秋》，就其性质与功能而言，正与辟雍中的‘书教’相同。”[②]

关于书要排除两个错误观点，一是认为书是单纯记录史实的史。其实书并非专为记录史实而作，而是通过记录特定的史实进行“垂教”。清代的章学诚说：“书取足以达微隐，通形名而已矣。因事命篇，本无成法，不得如后史之方圆求备，拘于一定之名义者也。夫子叙而述之，取其疏通知远，足以垂教矣。世儒不达，以谓史家之初祖实在《尚书》。”[③]二是认为书是专门记言的。书既然用意在于垂教，则凡具有垂教作用的，如上述六类体裁，皆

① 从这个角度看，在孔子之前，春秋已经包含在书这个门类中了。许道勋先生虽然认识到令、语、故志、训典是书的教学范围，但没有将春秋包括在内，或许是受传统记事与记言相分的观点影响。参见《中国经学史》第26页。

② 程苏东：《仪式与文本：周代官学之“诗礼乐”教与“书教”考异》，《上海大学学报》（社会科学版）2016年第6期，第52页。

③［清］章学诚：《文史通义》卷一《书教上》，上海古籍出版社2008年版，第9页。

可以人书。所以章氏接着又说：“典、谟、训、诰、贡、范、官、刑之属，详略去取，惟意所命，不必著为一定之例焉。斯《尚书》之所以经世也。”“言”不过是其中的一种体裁而已。

礼与乐代表了西周文化的精华，传自周公。西周的礼乐文化是维系西周社会的重要制度。礼规范了上下的等级秩序，以及人与人交往的基本规范。《礼记·文王世子》云：“凡三王教世子，必以礼乐。乐，所以修内也；礼，所以修外也。礼乐交错于中，发形于外，是故其成也怿，恭敬而温文。”孔子说不学礼，无以立，不学诗，无以言，一个是赖以言的诗，一个是赖以立的礼，在当时的社会背景之下是一个人（主要指上层人士）在社会上立足的基本要求。无论是在宗庙祭祀等大型场合，还是在日常交往中，是否“知礼”都是一个非常重要的规范和标准，不知礼会被人看不起。在《左传》《国语》等文献中，随处可见对非礼的贬斥和对知礼的称赞。公元前537年鲁昭公聘晋，“自郊劳至于赠贿，无失礼。晋侯谓女叔齐曰：‘鲁侯不亦善于礼乎？’对曰：‘鲁侯焉知礼？’公曰：‘何为？自郊劳至于赠贿，礼无违者，何故不知？’对曰：‘是仪也，不可谓礼。’”昭公在外交活动中，一言一行都符合礼的规范，所以被认为是知礼，而这些礼仪规范可能都是在其为世子时就开始训练和学习的。

礼与乐常常是相互配合的。乐更多是指所谓的“先王之乐”，即古代圣王创作的乐舞，或后人创作的歌颂古代圣王的乐舞。《周礼·春官·大司乐》云：“以乐舞教国子，舞《云门》《大卷》《大咸》《大磬》《大夏》《大濩》《大武》。”《庄子·天下》云：“黄帝有《咸池》，尧有《大章》，舜有《大韶》，禹有《大夏》，汤有《大濩》，文王有《辟雍》之乐，武王周公作《武》。”《礼记·乐记》中孔子的一段话，比较形象地记录了《武》这一乐舞的表演过程及其意义：

子曰：“居！吾语汝。夫乐者，象成者也；总干而山立，武王之事也；发扬蹈厉，大公之志也。《武》乱皆坐，周、召之治也。且夫《武》，始而北出，再成而灭商，三成而南，四成而南国是疆，五成而分，周公左召公右，六成复缀以崇。天子夹振之而驷伐，盛威于中国也。分夹而进，事蚤济也，久立于缀，以待诸侯之至也。”

《大武》之乐是对武王征伐之伟大功绩的反映和再现。乐舞主要用于祭祀等大型礼仪活动，通过乐舞取悦祖先，教育观者，升华精神。因此乐成为官学的一项重要科目。

综上可知，诗书礼乐四术是西周和春秋时代官学中教授贵族子弟的主要科目，代表了上层士大夫需要掌握的基本修养和技能。

二、先王之道与六艺的成立

诗书礼乐的内容都与先王有关，是“先王崇拜”观念的体现。先王这一概念包含两层含义，一个是本族的祖先，一个是古代的圣王。对周人来说，本族的文武周公是先王，更古的尧舜禹汤也是先王。诗书礼乐都是先王留下的，是先王治国之迹和丰功伟业的体现，是后人效法和模仿的对象，所以才能够成为教育子弟的内容，成为周代贵族子孙必备的修养。因此，先王崇拜，就使诗书礼乐本身具有一定的神圣性。但是随着时代的发展和周王朝的衰落，诗书礼乐开始与社会生活脱节，贵族子弟不再学习它了，官学也渐渐崩溃，官学中具有专门诗书礼乐知识的人都四散奔逃。如《论语》所说的：“大师挚适齐，亚饭干适楚，三饭缭适蔡，四饭缺适秦。鼗方叔入于河，播鼗武入于汉，少师阳、击磬襄入于海。”所以诗书礼乐渐渐被废弃，这就是所谓的礼崩乐坏。

孔子生在那个时代，目睹这种状况，便试图重新振兴诗书礼乐的教育和文化体系，并以此作为自己毕生使命。孔子的一生，就是为诗书礼乐这一文化体系奋斗的一生。从小时候的陈俎豆设礼容，到长大后去夏商周三代的国都考察古代礼制文化，尤其是适周问礼于老聃，问乐于苌弘，学鼓琴于师襄，在齐国闻韶，观摩季札之子的葬礼，最终成为通晓诗书礼乐文化的专家，孟僖子临死前嘱咐他的儿子拜孔子为师，向孔子学礼。郑隐公即位不久，要举行冠礼，通过孟懿子来向孔子请教，孔子向他详细讲述了冠礼的内容，使郑隐公顺利地举行了冠礼。孔子对传统诗书礼乐文化的积累和体认，贯穿了他的整个生命活动。

在这一过程中，孔子渐渐认识到诗书礼乐不仅仅只是一些技能、技术，其中蕴含着一些更加抽象、更为重要的东西，是国家、社会、人生所不可或缺的，这就是道，或称先王之道。孔子对诗书礼乐最重要的贡献，就是重新诠释了诗书礼乐的价值，将诗书礼乐中蕴含着的先王崇拜的观念，逐渐转换为抽象的先王之道的观念。这个先王之道，既是“文武之道未坠于地”的道，也是“文王既没，文不在兹乎”的文，它是抽象的、神圣的，是治国的最高标准，是个人行为的最高准则，亘古不变。而诗书礼乐就成了承载先王之道的载体[①]，而不再仅仅是一些术和教学科目。

孔子既体认出先王之道这一抽象概念，而其毕生的经历就是为了实践由诗书礼乐所代表的先王之道，恢复诗书礼乐所养成的那个和谐的、温润如玉的优雅世界。孔子将其当作上天赋予自己的“天命”，孔子说“五十而知天命”，就是指对这一使命的体认。五十岁之后，孔子积极入世求取现实功业，如他在鲁国的从政经历以及十余年周游列国以图实现其弘扬礼乐文化的理想。经过一番努力之后，孔子慢慢意识到，在他有生之年将先王之道付诸实践是很难实现了，于是只能将先王之道的精华整理出来传承下去，并希望在不远的未来得到实现。所以他在晚年可能对诗书礼乐进行了一定程度的整理，故司马迁说“孔子自卫反鲁，然后乐正，雅颂各得其所”。

从孔子开始，诗书礼乐不再只是一种官学科目和贵族生活修养，而是作为先王之道的载体存在，成为尧舜禹汤文武周公等古代圣王治国大道的承载者，进而成为后世治国者效法的对象。这就使四术渐渐被抽象化和神圣化，成为具有神圣性的文化体系。孔子去世后，随着孔门后学对孔子思想学说的整理和弘扬，孔子晚年发明的易与春秋也加入这个神圣的文化体系，由此四

① 这里没加书名号，不是指诗书礼乐四本书，而是指诗书礼乐四门学问或四种修养，即仍是四术的意义。将《诗》《书》《礼》《乐》当作先王之道的载体，这已属于后世经观念的范畴。

术也渐渐变成六艺。“术”与“艺”两个概念本身是相通的，术就是方法、道路，而艺也是方法、技艺，汉初贾谊的《新书·六术》就将诗书易春秋礼乐称为“六术”。因此，四术即四艺，六艺即六术，无论是术还是艺，都是指先王的治国之艺、治国之术。四术所承载的先王之道，自然就演变成六艺所承载的先王之道。因此，战国时期的儒者就成为一个尊奉先王之道的群体。《韩非子·显学》说：“今世儒者之说人主，不言今之所以为治，而语已治之功；不审官法之事，不察奸邪之情，而皆道上古之传誉，先王之成功。”这是当时一个旁观者对儒者的一般印象，从这里可以看出当时儒者对先王之治、先王之道抱着一种强烈的崇拜心理。《庄子·天运》称老子曰：“夫六经，先王之陈迹也。”对于这句话，一般人多关注“陈迹”一词，其实“先王”一词更值得关注，这句话意味着，在当时诗书礼乐易春秋不但被称为六经，而且已经与先王、与先王之道有密切关系。到秦汉时代，六艺的神圣性进一步趋于成熟。陆贾云：“礼义不行，纲纪不立，后世衰废，于是后圣乃定五经，明六艺。”五经六艺的作用是什么呢？就是为国家建立纲纪的，它就是治国之道的最高标准。《史记·滑稽列传》记载孔子的话说：“六艺于治一也。礼以节人，乐以发和，书以道事，诗以达意，易以神化，春秋以义。”六艺的目的就是“治”，六艺对于治，各有其不可替代的作用。东汉班固说：“六艺者，王教之典籍，先圣所以明天道，正人伦，致至治之成法也。”也是这一观念的写照。

综上所述，四术经过孔门的改造，由模糊的先王崇拜观念转变为抽象的先王之道的观念，而具有较高的神圣性。由于易春秋的加入，四术变成六艺，其神圣性进一步传播，在秦汉时代已经非常成熟。

三、六艺的文本化与五经的成立

六艺的概念在秦汉时是比较流行的，但同时流行的还有五经、六经的概念。经和艺又是什么关系？六为什么又变成五了？对此，有必要作一番梳理。

最早使用后世经学意义上“经”的概念的，是《庄子》中所称的“六经”[①]，其后汉初的陆贾也称“五经六艺”。汉武帝设五经博士后，经的概念才广泛流行起来。那么，经与艺到底是什么关系，难道仅仅是同实异名吗？未必如此。简单说，经与艺的区别是，经是一种内容固定的文本，而艺指一种具有实用意义的学习科目或技艺，其内容不是完全固化的，也并非都有文本。艺这一概念，更多地体现出实践的倾向。如《诗》作为经，是指《诗经》的文本，而诗作为艺，则是指诗这种修养和技能，至于所学的是哪些诗篇，则未必是固定的。其实，不同的时代、不同的诸侯国，其诗书礼乐的内容可能都是不同的。在战国秦汉时代，人们对六艺大多只是从技艺的角度来理解的，所以最好不要加书名号。例如《商君书》所说的：“诗、书、礼、乐、善、修、仁、廉、辩、慧，国有十者，上无使守战。”这里的诗书礼乐与善、仁、廉等表示德性的词汇并列，明显不是文本，而是一种修养或技艺。

经与艺的含义有很大不同，但它们又是密切相关的。简单说，艺的产生在前，经的产生在后，经是艺文本化的产物。当六艺渐渐神圣化之后，鉴于六艺内容的宽泛性和不确定性，人们很自然地希望获得一个有固定内容的能够看得见摸得着的实体性的东西，即固定文本。如同佛陀去世后，佛弟子多次召开会议，把佛说的内容结集成经。而当六艺被固定化和实体化而写成具体的文本时，经就正式诞生了。因此，借用一位学者的术语，经实际上产生于一种“文献自觉”[②]，即认为有必要将重要的、神圣的东西通过文本固定下来。六艺的文本化是一个漫长的过程，而且有先后之不同，不是在某一天突

---

①《国语·吴语》有“挟经秉枹”一语，韦昭注云“经，兵书也”。因此常被人作为“经”这一概念的最早出处。范文澜先生云：“按战陈之间，十行一嬖大夫，十旌一将军，无皆各挟持兵书之理。此经当是金之假借，即下文丁宁錞于之属，秉枹所以击金，故吴王秉枹亲就鸣钟鼓丁宁錞于。”此说甚是。参见范文澜《群经概论》，载《范文澜全集》第一卷，河北教育出版社2002年版，第2页。

② 聂麟枭：《“乐本无经”——从经学史与“六艺”教学活动解读“乐经”疑案》，《人民音乐》2011年第8期。不过该文认为文献自觉产生于秦朝焚书坑儒的刺激，笔者则认为经本的产生早于焚书坑儒。

然同时出现的。易掌在官府，本就有固定文本，春秋是孔子亲自编撰，诗、书可能有一个内容不完全固定的、松散的文本，而礼、乐则可能有一些简单的仪式流程或符号记录。这些原始性文本是经成立的基础。

诗书易春秋的文本选定工作可能都不会有太大问题，礼、乐的问题要多一些。礼更多的是实践操作，文本性资料应该非常少，因此可能需要做一些重新写定和汇总的工作。《礼记·杂记下》说："恤由之丧，哀公使孺悲之孔子学《士丧礼》，《士丧礼》于是乎书。"这是《士丧礼》一篇成书的缘由。沈文倬先生说："由礼物、礼仪构成的各种礼典早已存在于殷和西周时代，而'礼书'则撰作于春秋之后。"[①]在从艺到经的演化过程中，最成问题的是乐。乐是声音，文字显然无法记录，乐的传承主要是靠乐师一代代口耳相传。古代乐师多是盲人，盲人一般听力比较灵敏，所以适合传习乐，《大戴礼记·保傅》记载太子学习情况时说"鼓夜诵诗"，鼓通瞽，即盲乐师，"太子所'习'的内容是由盲乐师所诵的诗歌为重要对象的，还有乐人所诵的'正谏'等，皆无例外为口传文化的方式"[②]。因此，乐本质上是一种口传文化，而非书写文化。正是这种口传文化，当它需要被记录下来的时候就产生了难以克服的困难。《汉书·艺文志》说："周衰俱坏，乐尤微眇，以音律为节，又为郑卫所乱，故无遗法。"别的艺都可以用文字记录下来，但"乐尤微眇"，根本没法用文字记录，而以当时的水平也不太可能创造出一套精密的记录音乐的符号系统，即使有一些符号，也需要有师傅亲自传授，否则如同天书一样。蒋伯潜先生说："拿目前浅近的事来比，六经中的《乐》，怕就是这三百五篇《诗》的乐谱，和现在的五线谱同一性质，而《诗》则为其歌辞。"[③]如果乐经存在，那它应该是乐谱，但这只具有理论上的可能性，因为乐谱在上古时代可能并没有存在过。有学者就指出："'乐'的特点就是'以音律为节'，因此'不

① 沈文倬：《略论礼典的实行和〈仪礼〉书本的撰作》，见《宗周礼乐文明考论》，第7页。

② 叶舒宪：《"学而时习之"新释——〈论语〉口传语境的知识考古学发掘》，《文艺争鸣》2006年第2期，第72页。

③ 蒋伯潜、蒋祖怡：《经与经学》，世界书局1941年版，第40页。

可以书传’。遥远的先秦时期当然没有记谱法来记录具体的音乐。”[1]对于众说纷纭的乐经问题，我们可以这样回答，虽然作为六艺之一的乐是存在的，但在它需要转换为作为文本的经的时候无法完成转换，所以乐经并没有存在过。虽无作为经的“乐”，却不能否认有作为艺的“乐”存在。由于乐这一艺无法固定化为一经，六艺就只能变成五经。不能记录下来的东西，也是最容易失传的，故《汉书·艺文志》称乐艺到汉代已经基本上无遗法。至于后世王莽又造出一个乐经，并立为六经博士，则完全是一种附会了。

有人认为五经无乐是因为乐不具有独立性，而是依附于诗或礼：“今考察先秦两汉文献关于古乐的各种记载，无不依附于《诗》与礼仪。”[2]如果因为乐不具独立性所以五经无乐，那么为何六艺又有乐？所以这种说法显然不能服人。乐作为与诗书礼并列的一艺，肯定是有其独立性的，而绝不是诗书礼所能涵盖的。虽然许多学者举出先秦典籍中的例子认为诗是用来演唱的，已经成为歌词，但这只能说明“诗必有乐”，不能说明“乐必有诗”。因为古乐很多，如上文列举的黄帝《云门》，舜的《韶》乐等，这些乐与古帝王相关，而与诗明显不属于一个年代，诗中也没有黄帝、尧舜时代的诗，可见，古乐必然有一套独立于诗书礼的系统。《史记·孔子世家》说：“三百五篇，孔子皆弦歌之，以求合《韶》《武》《雅》《颂》之音。”这句话常被引用来证明诗乐为一，其实这句话恰恰说明诗乐不是合一的，孔子是拿《韶》《武》等乐来给三百五篇谱曲，那么在孔子谱曲之前，这些古曲并不以诗为词，而是独立的曲子。诗用来吟唱并不是从孔子开始的，也就是说诗本来有乐律，但作为六艺之一的乐应该是在诗的乐律之外独立存在的文化内容。孔子虽以古乐唱诗，但古乐并不因此就依附于诗了。

现代一般认为五经文本都出自孔子之手，且孔子以五经为教材教授门徒。

---

① 聂麟枭：《“乐本无经”——从经学史与“六艺”教学活动解读“乐经”疑案》，第61页。

② 王葆玹：《西汉经学源流》，第23页。

对这种观点需要正确理解。因为孔子生前既没有六艺的概念，更没有五经的概念，他可能出于传承的缘故，对诗书的文本进行过整理，而在后世的传承过程中，这些文本才渐渐被认定为经。其实孔子对文本的依赖程度并不高，他的教学方式主要是口头和实践传授，而不是文本传授。有学者指出："从商代传下来的官学瞽宗和周代的成均，到春秋时期的孔门私学，似乎都验证了上古教学体制不围绕书写文字，而是围绕着口头传统。"[1]又说："孔门教育在认知方式的培养上还是以口耳相传的'闻'作为主要的手段，而与读书写字的关联自然是后起的，因而也是相对次要的。"[2]《论语》记载"子以四教：文行忠信"，而不说以诗书礼乐教，更不说以六艺教，这只能说明当时并无经的概念，孔子的教学不是以传授文本为主，而是以具体的道德和社会实践的学习为主。到司马迁，便将"子以四教：文行忠信"改为"子以诗书礼乐教"，虽然不能算错，但那是在经学成立之后的氛围中的话，与孔子当时的语境并不完全相符。

五经产生于六艺，但五经的概念取代六艺的概念，也经历了一个漫长的历史过程。在战国秦汉，五经与六艺的名称常常是并行的，甚至六艺要比五经更流行。在汉人那里，虽然五经的概念已经稳固并正式立为官学，但六艺的概念仍有它的影响力，当时人对诗书礼乐易春秋在很大程度上仍然是当作六门技艺来看待的，而不是作为具体的五本书的五经。司马迁在《史记·儒林列传》中谈到礼的时候，不仅仅是讲了礼经的传承，还谈到了善为容的鲁徐生，说他"天姿善为容，不能通礼经"，并且子孙都做礼官大夫。可见，徐生所传的礼就是一种世代相传的演习之礼，而非作为文本的礼经，司马迁也将其作为礼的内容来叙述，这是把礼当作一门艺来看待。《史记·太史公自序》："夫儒者以六艺为法，六艺经传以千万数，累世不能通其学，当年不能究其礼。"六艺是科目，经传都是相应科目之下的书籍，有学者就指出："西

---

① 叶舒宪：《"学而时习之"新释——〈论语〉口传语境的知识考古学发掘》，《文艺争鸣》2006年第2期，第69页。

② 叶舒宪：《"学而时习之"新释——〈论语〉口传语境的知识考古学发掘》，第71页。

汉学者在提到‘六艺’的时候，也都是在经传结合的意义上使用这一概念的。”[①]在《汉书·艺文志》中，六艺正是作为六门学科来记载的，每一门中都有经、传、说，等等。同一门类中除经之外的其他书，有的也可以其门类之名称呼，如易传也可以直接称易[②]，《公羊传》可直接称春秋。不过随着经学的发展，五经之称渐渐成为主流而压过六艺。东汉之后，经的观念完全稳固，六艺的称呼为五经或六经取代，基本退出了历史舞台。

在五经、六艺之外，还有六经之称。据上文所言，经只有五，而不可能有六，所谓六经不过是一种虚称，其所指的还是六艺。清人邵懿辰说：“周秦间六经、六艺之云，特自四术加以易春秋而名之耳。”[③]说明六经只是对诗书礼乐易春秋六者的笼统称呼。最早称六经的出自《庄子》。汉人在使用五经、六艺的同时，偶尔也使用六经，如《史记·封禅书》：汉文帝“使博士诸生刺六经中作《王制》”。司马相如《封禅文》：“五三六经载籍之传。”不过，六经的称呼在先秦及秦汉时代非常少见，人们要么称五经，要么称六艺。但五经和六艺各有缺陷，单称五经，缺少乐，而汉代之后随着经学地位的稳固，六艺的称呼也已不合时宜，所以，“六经”的称呼往往更多，这一称呼既是虚指，又是实指，把经和艺两个概念融为一体。尤其是宋代之后，六经成了经的代名词，因此，本书在行文中也往往沿用这一称呼。

关于六艺，还有一种礼乐射御书数合称六艺的说法，此说来自《周礼·地官·大司徒》：“以乡三物教万民而宾兴之：一曰六德，知、仁、圣、义、忠、和；二曰六行，孝、友、睦、姻、任、恤；三曰六艺，礼、乐、射、御、书、数。”又《周礼·地官·保氏》：“养国子以道，乃教之六艺：一曰五礼，二曰六乐，

---

① 吴龙辉：《六艺的变迁及其与六经之关系》，《中国哲学史》2005年第2期，第47页。

② 司马迁在《太史公自序》中引易曰“失之豪厘，差以千里”，《大戴礼记·礼察》《礼记·经解》并云：“易曰：君子慎始，差若毫厘，缪以千里。”这句话在今本的《易经》及《易传》中都没有，而见于《易纬乾凿度》，这除了说明《易纬》的时间较早以外，也说明当时人对于与易相关的书，都可以以易来称呼，因为易本来就不是特指一书，而是指一个门类。

③［清］邵懿辰：《礼经通论·论乐本无经》，《皇清经解续编》卷一二七七。

三曰五射，四曰五驭，五曰六书，六曰九数。”其实，《周礼》之六艺与经学上的六艺并没有任何关系，二者完全是一种称呼撞车现象，如同在丧礼上有“五服”的概念，而在统治区域上也有“五服”的概念，但此“五服”非彼“五服”，而只是名称偶合而已。《周礼》是在西汉之末才开始被人重视，后经郑玄注解，遂与《仪礼》《礼记》并驾齐驱合称三礼，甚至还曾经是三礼之首。郑玄解经，凡遇到艺字，多解为《周礼》所言之六艺，如《礼记·少仪》“士依于德，游于艺”，郑注云：“艺，六艺也，一曰五礼，二曰六乐，三曰五射，四曰五御，五曰六书，六曰九数。”《礼记·学记》“不兴其艺，不能乐学”郑注亦云：“艺，谓礼、乐、射、御、书、数。”《论语·述而》“志于道，据于德，依于仁，游于艺”，郑注云“艺，六艺”[①]，虽未明言何为六艺，想来应该也是指《周礼》六艺。而在西汉末之前《周礼》尚未流行时，此六艺之说甚少人知，正如日本学者武内义雄所说：“《周礼》本来只是西汉至东汉前期才为人所知的书籍，仍存在真伪的问题，不能无条件地认同基于此书的郑注。不仅如此，西汉的学者皆不将六艺解释为‘礼乐射御书数’六种技术，而解释为《易》《书》《诗》《礼》《乐》《春秋》之六经。”[②]大体说来，《周礼》之六艺，与诗书礼乐一样，可能也是上古时期的一些学习科目，所以它们有共同的科目礼乐。但其地位和价值似不如诗书礼乐为高，《周礼》之六艺，其内容或较初级，如书、数，或许是小学所学；或较具体，如射、御、礼、乐等，都是具体的手艺。与诗书礼乐之能够与先王之史相联系较为不同。所以，《周礼》六艺与经学视域中的四术、六艺完全不同，不能将二者混淆。

综合本节论述，四术、六艺只是作为教学科目而存在，而六艺经过神圣化和文本化，逐渐变成五经，乐因无法用文本记录，故无经。四术、六艺、五经的关系是：四术—（增加易与春秋）—六艺—（神圣化、文本化）—五经—（泛称）—六经。

---

① 见王素编著《唐写本论语郑氏注及其研究》，文物出版社1991年版，第75页。

②〔日〕武内义雄著，廖娟译：《经学的起源》，载干春松、陈壁生主编《曹元弼的生平与学术》，第396页。

第三节　“经”的基本内涵

前文论述了六经的形成过程，六经的成立意味着经观念的正式产生。分析六经的概念，可以进一步归纳出经的基本内涵。在本书“导论”中曾简单提到经的定义包括三个要素，即圣、道、文，以及两大特征，即神圣性和指导性。其实两大特征已经包含在三要素中，本节再对经的定义的三要素作一详细阐述。

一、圣：经之人的因素

圣是指经的定义中人的因素，有多种不同称呼，或称先王，或称圣人，或称圣王。它其实可以细分为两种，一个是作者，一般指先王；一个是述者，一般指孔子。

先王崇拜是西周时期弥漫于上层社会的重要观念，这种观念认为，作为古代君主的先王，具有高贵的品质和丰功伟绩，是完美无缺的圣人，是后人效法和模仿的对象；先王治理之下的时代是最理想的盛世，是后世治国的典范。所以先王又可以称为圣王。降及战国，虽然周室衰败，王纲解纽，但这一观念仍有重要影响，所以诸子百家大多依托于古代圣王而立论。虽然他们对圣王的解释未必一致，但是在他们心中无疑都有一个圣王的观念存在。

对先王观念进行全面继承和系统改造的是儒家。作为孔子后学的儒生们经常以通晓先王之道的专家自命和自许，所以“孟子道性善，言必称尧舜”的意思是“那个一天到晚念叨着尧舜的人”，这可以代表当时儒生的一般形象。秦末孔子的九世孙孔鲋的形象是：“生于战国之世，长于兵戎之间，然独乐先王之道，讲习不倦。”（《孔丛子·独治》）秦始皇之所以焚灭诗书，就是因为儒生们“皆道古以害今，饰虚言以乱实”（《史记·秦始皇本纪》），站在先王之道的制高点上来衡量和批评现实政治。《汉书·艺文志》称儒者是“祖述尧舜、宪章文武”，就是法先王。儒者把先王的观念寄托在经书上，所以，经书实际上就成了“先王的实录”，从某个角度也可以说先王是经书的灵魂和“首席作者”。所以，先王是经书成立的首要因素。

但先王的时代毕竟还没有经，经是后来确定的，经的产生除了需要先王，还需要有一个整理它、认定它的人，这个人在后世经学家看来就是孔子，他们认为，孔子真正继承了先王的衣钵，并且将承载先王之道的经书进行整理、制作、认定。孔子虽然只是述而不作，但没有孔子的这项工作，经就不存在，再英明神武的先王，后人也不得而知。因此，孔子就成了六经成立的一个枢纽和关键。

对于孔子与经的关系，后世存在两种不同的解释，一种认为孔子“述”六经，即只是简单传述、整理，经的重心在先王而不在孔子。另一种认为孔子不只是述，还有“作”，六经是孔子有意整理和制作的，并在其中赋予微言大义，有学者指出：“五经乃圣人（即孔子）有意识、有条理的著作，等于是圣人用以治世的成文法则。”[1]这里经的重心在于孔子而不在先王。这两种观点代表了经观念的两个不同路向，认同第一种观点的，代表了一种求古、复古的倾向，强调先王的重要性，孔子不过是经的整理者而已。认同第二种观点的，则代表了新王、新法的观念，强调孔子作为圣人的重要性，先王只是作为孔子思想的来源和背景，经的根本在于孔子。笼统地说，汉人主要倾向于第一种观点，宋代以降的学者则更倾向于第二种观点。无论以上哪种观点，都承认孔子本身的言行也具有一定的典范意义，主要体现在《孝经》《论语》等记载孔子言行的典籍中。这些典籍也需要研习，其地位仅次于经。在后世地位不断上升，甚至超过了经。

---

① 郭永吉：《先秦至西汉博士论考——兼论博士与儒的关系》，台湾《清华中文学报》2008年第二期，第89页下注69。

二、道：经之理的因素

经所承载的核心内容就是道，也可以称为先王之道、圣人之道。先王与道是一体两面，这里只是为了论述方便，所以分开来讲。道大概是中国哲学史上最早的抽象概念之一，内涵也是最复杂的，诸子百家都在讲道，都诉之于道。在经观念的视域中，道有其独特的内涵，具体来说就是天地间最高的道理，它被认为是指导人类社会稳定发展的根本原则，是治理天下的最高原则和最高标准，掌握了这个道，就能够真正把天下治理好，实现天下太平，重现上古三代的盛世。班固在《汉书·儒林传》中说得最明白：“六艺者，王教之典籍，先圣所以明天道，正人伦，致至治之成法也。”元帝时的丞相匡衡说：“《六经》者，圣人所以统天地之心，著善恶之归，明吉凶之分，通人道之正，使不悖于其本性者也。故审《六艺》之指，则人天之理可得而和，草木昆虫可得而育。此永永不易之道也。”（《汉书·匡衡传》）他们将道拔高到“人天之理”的高度，所谓人天之理，说到底不过是社会人道之理。而经则是道的最明确、最集中的载体。《汉书·蔡义传》载：“久之，诏求能为《韩诗》者，征义待诏，久不进见。义上疏曰：‘臣山东草莱之人，行能亡所比，容貌不及众，然而不弃人伦者，窃以闻道于先师，自托于经术也。愿赐清闲之燕，得尽精思于前。’”所谓“闻道于先师，自托于经术”，就是把经当作先师所传之道的书。《汉书·儒林传》载经师严彭祖曰：“凡通经术，固当修行先王之道，何可委曲从俗，苟求富贵乎！”可见，经术即先王之道，二者是一而二、二而一的整体。

道是经观念的核心要素，但在不同时代对于道有不同的理解，因此形成不同的经观念。汉人理解的道与宋儒是不同的。在汉人那里，道是方法、路径、行动指南，先王之道即先王治理天下的方法、路径，它是一个具体的而非抽象的名词，它也可称为术，道术、经术是汉人的常用语，道是一种术，经也是一种术，它们都是直接指向于治国实践的。因此，经在汉代绝不仅是作为经学而存在的，它是现实政治的指南，是直接为政治服务的。汉武帝令有云：“征吏民有明当时之务、习先圣之术者，县次续食，令与计偕。”先圣之术，就是道术、经术，在他的意识中，先圣之术与当世（时）之务是相关联的。而宋儒所理解的道就不同了，宋儒一方面将道理解为抽象的概念，另一方面又以理来取代道，从而使经观念发生哥白尼式的重大变革（详第六章）。

三、文：经之物的因素

无论是先王之道，还是圣人的微言大义，最终都要落实到文本上，经的直接和最终体现就是经书的文本。经观念中的“文”有两层含义，一是文本之文，二是文章之文。

就文本之文看，经有理想文本和现实文本之别。理想的经书文本，是先王治天下之迹的全面记录，是经孔子亲自修订整理的、完美无缺的皇皇宝典。现实的文本则是在历史传承中真实存在的为人们所学习的文本。理想文本和现实文本既有区别又有联系，现实文本从理想文本演变而来，但受抄写工具、抄书环境等历史条件限制以及焚书坑儒等某些历史事件的影响，现实文本与理想文本产生了很大差异，如文本的残缺，《尚书》据说本有百篇，秦火后仅存二十九篇，《诗经》本有三百一十一篇，仅存三百零五篇，《仪礼》本有五十六篇，仅存十七篇，《周礼》本有六篇，丢失了最后一篇，后以《考工记》凑数；如文本的作伪，《古文尚书》就是后人伪造的《尚书》文本，明代则有人伪造《石经大学》；如文本流传过程中的文字错讹，或有书写文字之不同，如今文经、古文经等，产生众多的不同版本，形成不同的学派，《春秋》在汉代有五家之传，每一家都有自己的文本和解说体系。再如对经书范围的不同认定，如《周礼》在汉代不是经，但在唐代则成为九经之一，南宋形成新六经体系，是对经书的重新遴选和确认，元代以降的四书五经体系则是另一种经书体系。经的理想文本和现实文本的区分非常重要，甚至影响了经学史上很多问题的讨论和研究。例如，王安石否定《春秋》的价值，但他所否定的是现实流传的《春秋》，而不是理想中的《春秋》，他认为现实中流传的《春秋》是秦火之后拼凑而成的，根本不是孔子所作的那部《春秋》，所以称之为“断烂朝报”，可见王安石否定的是《春秋》的现实文本，而不是理想文本。

就文章之文看，经本身就是一种文章，代表一种文体，圣人之道也需要通过合理的文体来表现。如《诗经》代表一种文学化的文体，《尚书》是典雅的公文，礼与《春秋》都是简洁、直白的条目记录式文体。扩大到四书，则《孟子》之文雄伟激昂，《论语》之文淡雅平实。不同的经书有其自身的文体特色，但在经观念中，它们都是道的载体。魏晋之后，专门追求文章之美的文学逐渐独立发展，而经书的文体、语言、修辞等在一定程度上也成为文学效法的对象。在后人眼中，经书既有义理，又有文采，是文与义相结合的最高境界，南朝刘勰的《文心雕龙》作为中国第一部文学理论著作，就鲜明地提出“文必宗经”的观点。唐人发明的所谓“文以载道”，此文，最初就是指经文，经文是承载道的，道也需要通过文来表现。后人阐发经义，发明大道，也要以文章的形式表达出来。

关于经的定义的三要素，汉代翼奉的一段话有比较准确的体现，他说：

> 臣闻之于师曰，天地设位，悬日月，布星辰，分阴阳，定四时，列五行，以视圣人，名之曰道。圣人见道，然后知王治之象，故画州土，建君臣，立律历，陈成败，以视贤者，名之曰经。贤者见经，然后知人道之务，则《诗》《书》《易》《春秋》《礼》《乐》是也。《易》有阴阳，《诗》有五际，《春秋》有灾异，皆列终始，推得失，考天心，以言王道之安危。（《汉书·翼奉传》）

这段话完整地论述了经的三大要素，其中圣人即先王，贤者即孔子，先王通过观察天地而发明了道，并以此道来治国，而后世的贤者将其道总结为诗书礼乐易春秋六经，六经的文本就是道的体现。总之，经的定义包含三个基本要素，即先王、道、文本，对三者内涵及相互关系的不同理解，影响了经观念的历史流变过程。

第二章　以经治国：作为政治典范的经

经从产生开始就与政治有密切关系，经的三要素中，先王是国家的最高统治者，道是治国的最高原则，儒家治国平天下的理想都寄托在经中。当经的观念正式成立之后，它的首要任务就是寻求在政治上的实现。因此，经观念展开和发展的第一个阶段，就是作为政治典范的经，也可以称为“以经治国”，这个阶段主要包括两汉时代，而以西汉表现最为突出。这一时期，经与政治直接挂钩，对政治和社会生活产生切切实实的指导作用，不过，这也经历了一个漫长的过程才得以完全实现。起初经只是政治人物为达成某种政治目标的一种手段，随着经权威的树立，经又成为左右政治的指挥棒，对政治生活产生广泛而深刻的影响，许多政治行动都会不自觉地寻求经的依据。汉代的政治因此可以称为经术政治，汉代的经学可称为政治经学，汉代的社会可以称为经学社会，这是汉代经学与后世经学的最大区别。刘师培说：“两汉之世，户习七经，虽及子家，必缘经术。”[1] 正是这种经观念的真切写照。

---

① 刘师培：《中国中古文学史讲义》第三课《论汉魏之际文学变迁》，人民文学出版社1957年版，第8页。

第一节　政治系统中经权威的确立

一、秦汉统治阶层对经术的接受

从战国到秦汉，经观念在萌芽生长的过程中，也在慢慢地向统治阶层渗透。战国时代，诸侯纷争，西周礼乐文明丧失殆尽，各国为寻求富国强兵，都在谋求各种方法对策，顺应此种需要，便产生了许多治国思想。儒家主张以先王之道治国，恢复古代的礼乐制度，但这种治国之道具有浓重的理想化色彩，并不能立即实现富强的目标，所以很难为处于争霸中的诸侯国所接受。但倡导先王之道，以先王之道的正统自居，往往能够占据思想和道义的制高点。所以，当秦统一天下之后，富国强兵的需求减弱了，如何治理天下成为当务之急，于是坚守先王之道的东方邹鲁一带的儒生便进入秦统治者的视野，秦朝设立七十博士，其中大量的是来自鲁国的儒生。对于政治上的许多重大作为，秦始皇都会咨询儒生们的意见。但儒生们书生气太重，自认为是先王之道的专家，往往拿古代的文化、制度来批评时政，这对十分自负的秦始皇无疑是严重的冒犯，他可能会这样想，什么劳什子五经六艺、先王之道，老子就是从古至今的天下第一圣王，老子的话就是经，就是法。当儒生（术士）与秦始皇的矛盾激化后，秦始皇通过焚书坑儒，与儒家彻底决裂，又重回了法家的老路。法家的主张就是反对学习古代文化，强调君主最大，法令为先，故韩非子说：“故明主之国，无书简之文，以法为教；无先王之语，以吏为师。”（《韩非子·五蠹》）

焚书坑儒给儒生群体造成的创伤是很严重的。当看到秦朝快灭亡的时候，他们以为机会来了，便积极奔走，试图重建法古尊经的信念，孔子九世孙孔鲋，在陈胜称王后就急忙投靠了他，正如司马迁所说：“陈涉起匹夫，驱瓦合适戍，旬月以王楚，不满半岁竟灭亡，其事至微浅，然而缙绅先生之徒负孔子礼器往委质为臣者何也？以秦焚其业，积怨而发愤于陈王也。”（《史记·儒林列传》）可惜陈胜没有成功，孔鲋也与之俱死。此后，叔孙通、陆贾等儒生代表开始向汉王朝靠拢，向他们灌输尊经法古的道理。

汉初的统治阶层大多出身底层，文化水平不高，对先王、经基本没什么概念，甚至抱有轻视心理。汉高祖就曾说："吾遭乱世，当秦禁学，自喜，谓读书无益。"[1]儒生陆贾向高祖言及诗书，高祖非常反感，说："乃公居马上而得之，安事《诗》《书》！"（《史记·陆贾列传》）他们没有治国方略可言，只是沿袭秦的那一套。不过，他们不像秦始皇那么专断霸道，多少也能倾听和采纳一些意见，再加上当时一些儒生的逢迎变通，一方面用经术的实用价值吸引统治者，例如通过礼仪的制定使皇帝更加威严尊贵，另一方面极力夸饰由五经六艺所构建的那个理想的上古盛世，这些对统治者来说都有一定的诱惑性。因此，汉初的几位皇帝都在某种程度上对儒生有所接受。陆贾向汉高祖"时时前说称《诗》《书》"，并以"行仁义，法先圣"说之，高祖接受了他制定的礼仪。汉文帝还专门派晁错去济南找伏生学《尚书》。这些都为汉武帝时经学的全面复兴奠定了良好的基础。通过汉初数十年的酝酿，统治者也慢慢地意识到儒生所谓的五经六艺、先王之道对于政权的稳固和发展还是有用的，于是在这个由农民建立起来的政权中，先王、先王之道、经的权威渐渐树立起来，由儒生群体心目中的理想和目标变成统治者心中的理想和日标。

汉武帝年少即位，励精图治，很想有一番大作为，但应该从哪里开始做起呢？治国方略又从哪里来？一直提倡"法先王"并构建了一个上古理想盛世的儒家学说特别吸引他。他刚一即位即"诏丞相、御史、列侯、中二千石、二千石、诸侯相举贤良方正直言极谏之士"。但当时热衷黄老的窦太后握有实权，崇儒的进程受阻，直到建元六年（前135）窦太后去世，汉武帝才真正开始向儒家靠拢，这也标志着统治阶层对经学的认识进入到一个新的阶段。《汉

① 佚名编：《古文苑》卷十《手敕太子文》，《四部丛刊》影印南宋绍定五年（1232）章樵注本。

书·董仲舒传》及《公孙弘传》记载了武帝的几则策问，集中反映了他对经和先王之道的看法。

首先，他对儒者所说的先王之道已经有所了解，并有初步的信心。如已充分了解儒者所勾画的先王治世的盛况：“盖闻上古至治，画衣冠，异章服，而民不犯；阴阳和，五谷登，六畜蕃，甘露降，风雨时，嘉禾兴，朱草生，山不童，泽不涸；麟凤在郊薮，龟龙游于沼，河洛出图书；父不丧子，兄不哭弟；北发渠搜，南抚交阯，舟车所至，人迹所及，跂行喙息，咸得其宜。”也已明悉礼乐之治在先王治理中的重要性，“盖闻五帝三王之道，改制作乐而天下洽和，百王同之。当虞氏之乐莫盛于《韶》，于周莫盛于《勺》”。对于先王之道，汉武帝也有一定的信心，故其策问中屡次出现“先圣之业”“惟前帝王之宪，永思所以奉至尊，章洪业”，又云：“上嘉唐虞，下悼桀纣，寖微寖灭寖明寖昌之道，虚心以改。”

其次，汉武帝对先王之道仍存有疑问。如后世欲效法先王的君主很多，为什么都没有成功？“夫五百年之间，守文之君，当涂之士，欲则先王之法以戴翼其世者甚众，然犹不能反，日以仆灭，至后王而后止，岂其所持操或悖缪而失其统与？固天降命不可复反，必推之于大衰而后息与？”又如，为什么先王之道中也有看起来矛盾的地方？虞舜垂拱无为，而周文王则宵衣旰食；殷商崇尚简约，而周代则崇尚繁文缛节；殷人重刑罚，以五刑督奸，而周成康时则刑罚不用。方略不同而同致太平，“夫帝王之道岂异指哉”？

再次，汉武帝最关心的问题是通过什么途径落实先王之道，从而达到先王时的盛世？与儒者勾画的上古盛世相比，现实中显然存在很多问题，如“阴阳错缪，氛气充塞，群生寡遂，黎民未济，廉耻贸乱，贤不肖浑淆”等，对于儒者讲论的先王之道以及所描绘的那种盛世，汉武帝关心的是，如何将其落实在现实政治中，解决现实的问题，使先王盛世重现。他对公孙弘的策问就提出诸多问题：“今何道而臻乎此？子大夫修先圣之术，明君臣之义，讲论洽闻，有声乎当世，（敢）问子大夫：天人之道，何所本始？吉凶之效，安所期焉？禹汤水旱，厥咎何由？仁义礼知四者之宜，当安设施？属统垂业，物鬼变化，天命之符，废兴何如？天文地理人事之纪，子大夫习焉。其悉意正议，详具其对，著之于篇，朕将亲览焉，靡有所隐。”

由这些策问可以看出，汉武帝对先王之道颇为向往，急切希望能够落实，重现上古的盛世。通过对策，董仲舒、公孙弘等儒生得以崭露头角，其后汉武帝确实也采取了不少重视儒学的举措，如设立五经博士，后来还为博士设弟子员。但是，若以此便认为经的权威已经完全确立，那就大错特错了。先王观念的重新建立，距经权威的确立还有很长的路要走。综观整个汉武帝时代，儒生和经学只具有形式上的地位和权威，而在实际政治生活中并没有发挥非常重要的作用。司马迁在《史记·龟策列传》中说：“至今上即位，博开艺能之路，悉延百端之学，通一伎之士咸得自效，绝伦超奇者为右，无所阿私。”关于汉武帝是“独尊儒术”，还是“悉延百端之学”，学界是有争论的，但其实无论是儒术还是百家之学，都只是帝王的工具或玩偶，是为帝王服务的，只要能够迎合帝王的某方面需要，就会被重视，所以像东方朔这样的诙谐人物，司马相如这样的文章写手，乃至会炼丹的方士、会皮影戏的术士都成为汉武帝的座上客，而儒生也不过是以其一技之长（如懂古礼）成为他们中的一员而已。汉武帝时代活跃在政治权力核心的，绝不是通经的儒生，而是南征北战的武将、外戚、方士和刑法之臣如张汤等，儒生的边缘地位并没有完全改变。

有一个例子可以看出汉武帝对儒生的态度。元封元年（前110），汉武帝想搞封禅，请儒生筹划典礼仪程。由于儒生们争论不休、泥古不化，而且对武帝的初步设计很不以为然，斥之为“不与古同”，但又拿不出一套真正符合古代礼制的方案，因为作为五经之一的《仪礼》残缺严重，只有《士礼》而缺少天子之礼，所以兒宽就对皇帝说：“其封泰山，禅梁父，昭姓考瑞，帝王之盛节也。然享荐之义，不著于经，以为封禅告成，合祛于天地神祇，祇戒精专以接神明。总百官之职，各称事宜而为之节文。唯圣主所由，制定其当，非群臣之所能列。”（《汉书·兒宽传》）认为儒生不堪用，需要皇帝“乾纲独断”，汉武帝于是“尽罢诸儒不用”，自己另起炉灶。可见，在武帝的心中，儒生的地位并不高。《史记·匈奴列传》载：“天子意欲遂困胡，乃下诏曰：

‘高皇帝遗朕平城之忧，高后时单于书绝悖逆。昔齐襄公复九世之雠，春秋大之。’是岁太初四年也。”汉武帝要打仗，于是拿《春秋》作为论据，但《春秋》也只是服务于他的征伐而已。总体来说，在汉武帝时，经的权威有了一定程度的体现，经术之士在官僚系统中有了一席之地，即博士及博士弟子，但他们仍是边缘人物，处于积蓄力量的阶段。

昭帝时，事情开始发生一些新变化。《汉书·隽不疑传》载：

> 始元五年，有一男子乘黄犊车，建黄旐，衣黄襜褕，著黄冒，诣北阙，自谓卫太子。公车以闻，诏使公卿、将军、中二千石杂识视。长安中吏民聚观者数万人。右将军勒兵阙下，以备非常。丞相、御史、中二千石至者（并）莫敢发言。京兆尹不疑后到，叱从吏收缚。或曰：“是非未可知，且安之。”不疑曰：“诸君何患于卫太子！昔蒯聩违命出奔，辄距而不纳，《春秋》是之。卫太子得罪先帝，亡不即死，今来自诣，此罪人也。”遂送诏狱。天子与大将军霍光闻而嘉之，曰：“公卿大臣当用经术明于大谊。”

对于这个冒充的卫太子的处理方式，在诸位高官狐疑不定的时候，隽不疑当机立断，将其逮捕，并引用《春秋》中卫国辄对待蒯聩的态度为依据。这种做法迅速稳住了局面，化解了危机。昭帝和辅政大臣霍光“闻而嘉之”，便情不自禁地说“公卿大臣当用经术明于大谊”，从这句话可以看出，当时经术并不经常被引用来处理一些政治上的大事，但是通过这次事件使他们见识到原来经术还有这种功用，所以才要求公卿大臣们在遇到大事需要决断时应当以经术为根据。

在昭帝末年的废立活动中，经术再次展示了其关键作用。《汉书·夏侯胜传》载：

> 征为博士、光禄大夫。会昭帝崩，昌邑王嗣立，数出。胜当乘舆前谏曰：

“天久阴而不雨，臣下有谋上者，陛下出欲何之？”王怒，谓胜为祆言，缚以属吏。吏白大将军霍光，光不举法。是时，光与车骑将军张安世谋欲废昌邑王。光让安世以为泄语，安世实不言。乃召问胜，胜对言：“在《洪范传》曰‘皇之不极，厥罚常阴，时则下人有伐上者’，恶察察言，故云臣下有谋。”光、安世大惊，以此益重经术士。后十余日，光卒与安世白太后，废昌邑王，尊立宣帝。光以为群臣奏事东宫，太后省政，宜知经术，白令胜用《尚书》授太后。迁长信少府，赐爵关内侯，以与谋废立，定策安宗庙，益千户。

夏侯胜利用《洪范传》，预言有人将要废昌邑王，使当政者霍光再次见识了经学的威力，进一步增强了对经的信心，“以此益重经术士”，并要求“群臣奏事东宫，太后省政，宜知经术”，让夏侯胜以《尚书》来教授太后，并给他加官晋爵。同样生活于昭宣时代的张敞以治《春秋》名家，“本治《春秋》，以经术自辅……朝廷每有大议，引古今处便宜，公卿皆服”。可以说，正是经术之士将经在政治实践中的一次次运用，才使经的权威得以在统治阶层中树立起来。郭永吉指出：“武、昭之世，儒生任公卿的人数还不多，虽有博士在朝议时可发言，他们的政治影响力恐仍微乎其微，只能附会权势，无多大的自主空间。但若在论事时，引经据典，为当权者服务，予以儒雅的包装，当然要较那些朴直无文之论，更有说服力而易受青睐了，而儒术也因此得以在政治场合上渐渐建立起一股风气，就连‘不学无术’的霍光想要废昌邑王时，也必须寻求经典的依据。”①

综上所述，汉武帝只是表面上对经学有所尊崇，到昭宣时代统治者才渐渐信服和依赖经术，经学的权威才真正开始树立起来。元成以后，统治者已经完全为经术所征服，帝王从小就受到完善的经学教育，元帝、成帝本身就具有儒者的气质，《汉书·儒林传》称“元帝好儒，能通一经者皆复”。成

① 郭永吉：《先秦至西汉博士论考——兼论博士与儒的关系》，第107页。

帝命刘向整理经籍，也是其儒者气质的重要体现。

二、官僚系统的儒生化

司马迁说：“孝惠、吕后时，公卿皆武力有功之臣。”（《史记·儒林列传》），其实这一状况直到汉武帝初年仍是如此。从武帝开始，随着统治阶层对经术的接受与认同，整个官僚系统经历了一次大换血，即由皇族、外戚、功臣及其后裔主导变为由通经术的儒生主导。用钱穆先生的话说，是由军人政府向士人政府的演进。[①]这就使经学和经观念进一步深入到政治系统的内部，并深刻改变了整个政治运作的习气、作风和走向。

官僚系统的儒生化，以汉武帝立五经博士为开端。博士原为帝王的普通顾问官，并不限于儒生。汉武帝设立五经博士，标志着博士开始成为儒家经学博士的专称。五经博士是帝王所组织的专门研习经书的人员，并以其经学知识来备皇帝的顾问、协助处理军国大事。成帝阳朔二年（前23）诏书称：“古之立太学，将以传先王之业，流化于天下也。儒林之官，四海渊原，宜皆明于古今，温故知新，通达国体，故谓之博士。”博通古今，通达先王之业，故称为博士。因此，博士是经在官僚系统中的化身[②]。汉武帝设五经博士后，又在元朔五年（前124）为博士设弟子，弟子学习一年通过考试就可以分配官职，“一岁皆辄课，能通一艺以上，补文学掌故缺；其高第可以为郎中，太常籍奏。即有秀才异等，辄以名闻”（《汉书·儒林传》）。博士弟子是儒生进入官僚系统的第一个制度性合法通道，对于汉代官僚系统的变革具有重要意义。武帝时，进入官僚系统的经学儒生已经为数不少，《史记·儒林列传》记载申公的弟子云：

弟子为博士者十余人：孔安国至临淮太守，周霸至胶西内史，夏宽

---

① 参阅钱穆《国史大纲》第八章，商务印书馆2013年版。

② 关于博士在汉政府中的地位与作用，下节将详细论述，此处只是略作提及。

> 至城阳内史，砀鲁赐至东海太守，兰陵缪生至长沙内史，徐偃为胶西中尉，邹人阙门庆忌为胶东内史。其治官民皆有廉节，称其好学。学官弟子行虽不备，而至于大夫、郎中、掌故以百数。

他们的官职有的达到了二千石，而且为大夫、郎中这类中下层官职的也有数百人，虽然这些人仍处在权力外围而未进入权力核心，但毕竟开始渐渐渗入官僚系统的各个层级。随着博士培养的弟子一年年增多，一批批进入官僚系统，潜移默化地改变着官僚系统的结构。昭帝时，“以盐铁会议召开为契机，儒家经学的影响迅速回升，大批治经儒者涌入政界，有的还当了丞相，成为权臣”[①]。《汉书·儒林传》云：

> 昭帝时举贤良文学，增博士弟子员满百人，宣帝末增倍之。元帝好儒，能通一经者皆复。数年，以用度不足，更为设员千人，郡国置《五经》百石卒史。成帝末，或言孔子布衣养徒三千人，今天子太学弟子少，于是增弟子员三千人。岁余，复如故。平帝时王莽秉政，增元士之子得受业如弟子，勿以为员，岁课甲科四十人为郎中，乙科二十人为太子舍人，丙科四十人补文学掌故云。

汉武帝最初设博士弟子，仅有50人，到昭帝时达到100人，宣帝末200人，元帝好儒，设千人，成帝末竟达到3000人。而博士弟子一般都是“一岁皆辄课”，相当于一年毕业一批，按此计算，昭帝在位13年，培养的博士弟子约1300人，宣帝在位26年，也按年均100人算，则有2600人，到元成时则更多。

除了博士和博士弟子进入官僚系统这一通路，官方还定期或不定期通过征召、察举等方式吸收民间通经人士，最早的是汉武帝时以白衣做宰相的公孙弘。昭宣元成时此类例子更多，如贡禹、韦贤、疏广、匡衡、尹敏等都是

① 张涛：《经学与汉代社会》，河北人民出版社2001年版，第182页。

以大儒居要职。汉代察举的科目有孝廉、贤良、文学等，而“察举各科，无一不与经学有关”[①]。以孝廉为例，据学者统计，“两汉孝廉的个人资历以儒者为最多”。如路温舒“受《春秋》，通大义”，师丹“治《诗》，事匡衡”，冯豹“以《诗》《春秋》教丽山下”，鲁峻“治《鲁诗》，兼通《颜氏春秋》”，等等。

从昭宣时代开始，通经入官渐渐成为底层人士进入仕途的首选途径，当时的经师夏侯胜就常常对他的弟子说：“士病不明经术；经术苟明，其取青紫如俯拾地芥耳。”（《汉书·夏侯胜传》）汉宣帝虽然对儒生并不感冒，并且还有轻视之言，但整个宣帝时代却是经学迅速发展膨胀的时代，由于经术的渐渐盛行，才有了五经分家和诸经的异说，以至于需要通过石渠阁会议的争辩来调和不同的经说，经过这次会议，五经博士扩充为十二博士。到元成时代，朝堂之上济济一堂，已经基本上是清一色的儒生了。《汉书·韦贤传》云：“少子玄成，复以明经历位至丞相。故邹鲁谚曰：‘遗子黄金满籯，不如一经。’”

大批儒生进入官僚系统，彻底改变了官僚系统的组成结构、运作规则和思想行为方式，使经术成为名副其实的官方意识形态。下表是西汉时期历任丞相出身表，从中可以略窥官僚系统儒生化之经过。

西汉时期历任丞相（相国）出身表[②]

序号	姓名	在位帝王	出身
1	萧何	汉高祖、惠帝	功臣、谋略家
2	曹参	汉惠帝	功臣、武将
3	王陵		功臣、武将
4	陈平	汉惠帝、吕后	功臣、谋士
5	审食其	吕后	功臣、侍从
6	吕产		外戚

① 张涛：《经学与汉代社会》，第159页。

② 据《汉书·百官公卿表》编制。

（续表）

序号	姓名	在位帝王	出身
7	周勃	汉文帝	功臣、武将
8	灌婴		功臣、武将
9	张苍		功臣，擅长理财
10	申屠嘉	汉文帝、景帝	功臣、武士
11	陶青	汉景帝	功臣后裔
12	周亚夫		功臣后裔、武将
13	刘舍		项氏后裔，赐姓刘
14	卫绾	汉景帝、武帝	以弄车之技出身
15	窦婴	汉武帝	外戚
16	许昌		功臣后裔
17	田蚡		外戚
18	薛泽		功臣后裔
19	公孙弘		布衣通经之士
20	李蔡		武将
21	严青翟		功臣后裔
22	赵周		袭爵为侯
23	石庆		外戚之后
24	公孙贺		武将
25	刘屈氂		宗室
26	田千秋	汉武帝、昭帝	小吏
27	王䜣	汉昭帝	小吏
28	杨敞		霍光随从
29	蔡义	汉昭帝、宣帝	布衣，以通《诗》显
30	韦贤	汉宣帝	鲁大儒
31	魏相		小吏，通《易经》
32	丙吉		狱吏，通律令
33	黄霸		小吏，通律法
34	于定国	汉宣帝、元帝	小吏，习《春秋》

（续表）

序号	姓名	在位帝王	出身
35	韦玄成	汉元帝	大儒韦贤子
36	匡衡	汉元帝、成帝	大儒，善《诗》
37	王商	汉成帝	外戚
38	张禹		大儒，习《易》《论语》
39	薛宣		小吏
40	翟方进		习《春秋》，以明经举
41	孔光	汉成帝、哀帝	孔子后裔，通经，曾任博士
42	朱博	汉哀帝	小吏
43	平当		富家子，曾为博士
44	王嘉		明经出身

三、博士及其政治作用

博士因经而存在，是经在官僚系统中的“道成肉身”，其地位的盛衰变迁是经之盛衰的晴雨表。

1. 汉代博士制度辨

提到五经博士，一般认为是每经各立一个博士，共有五位博士，如沈文倬先生说：“武帝立经学博士则定员五人，宣帝增员十二人。”[①]他的一系列研究都是以这一观点为前提展开的，如称：“既然当时只有欧阳学立于学官，那末非常明显，夏侯胜以简卿、欧阳某的弟子而被征为欧阳师法博士，也就是说夏侯胜、孔霸相继担任欧阳《尚书》博士。”[②]范文澜先生认为专某经之博士在文景时即已出现，如谓韩婴、辕固生为《诗》博士，董仲舒为《春秋》博士等，“是专经博士文景时已有之”[③]。然而，还有另一种理解，以钱穆先生为代表，他说：“其时所谓《五经》博士，乃一总名，以别于前之博士。

① 沈文倬：《宗周礼乐文明考论》，第469页。

② 沈文倬：《宗周礼乐文明考论》，第486页。

③ 范文澜：《群经概论》，载《范文澜全集》第一卷，第8页。

前博士掌通古今不限《五经》，此则限以《五经》为博士也。而博士员数，不限于五。有一经数博士者，如《鲁诗》，申公弟子为博士者十余人；有虽列《五经》而并无博士者，如《礼》；有一博士而兼通数经者，如上举申公、董仲舒、瑕丘江公、韩婴、褚大皆是也。”[①]又云：“殆自汉武以来，博士员数尚颇盛，虽无往者七十之数，然并不分经各立，限《五经》立五博士，或总《五经》诸家各立一博士也。”[②]今人郭永吉也说：“所谓五经博士的五经乃是一个整体的称呼，针对汉初百家均可立博士而言。既然并非经经独立成一范畴，就会形成或一经无人教授、或数人同授某经、一人授数经的情况，连带地影响到当时太学中博士名额至多以整体计，而不是各经各有定员。”[③]这种看法更有说服力，所谓五经博士只是一个总称、一个官衔，并不是只有五人，也不分《尚书》博士、《诗经》博士等，而是所有的博士统称“五经博士”，博士可以通五经中的一经、二经、三经乃至五经。《汉书·楚元王传》云：“《泰誓》后得，博士集而读之。”所谓“集而读之”，说明所有的博士是一个整体，而并不各专攻一经，所以发现一篇经文，所有博士都一起来研究学习。

《后汉书·翟酺传》载翟酺上书云：“孝文皇帝始置一经博士。”王国维先生校语云：“北宋景祐、南宋嘉定本作‘一经’，何焯校宋本作‘五经’。”[④]他是按照“一经”来理解的。徐复观先生也认同“一经”的说法，认为“五经”乃“后人不明‘一经’之义而妄改”[⑤]。陈鸿森先生认为作“五经”为确，他说：“李贤此注云：‘武帝建元五年始置五经博士，文帝之时未遑庠序之教，酺之此言，不知何据。’味此，则李贤所据本原作‘五’，故《注》疑酺言

① 钱穆：《两汉博士家法考》，见《钱宾四先生全集》第8册，台湾联经出版事业股份有限公司1998年版，第210页。

② 钱穆：《两汉博士家法考》，见《钱宾四先生全集》第8册，第211页。

③ 郭永吉：《先秦至西汉博士论考——兼论博士与儒的关系》，第91页。

④ 王国维：《汉魏博士考》，见《王国维全集》第八卷，浙江教育出版社、广东教育出版社2009年版，第107页。

⑤ 徐复观：《中国经学史的基础》，《徐复观论经学史二种》，第58页。

无据。”又引《后汉书》校勘记云：“作‘一经’者，殆后人以文帝未尝于《五经》遍置博士而改之耳。”[①] 历史上似从未出现过“一经博士”之类的称呼，此必后人所改。

因此，五经博士颇有些类似东晋时代所立的“不复分掌《五经》”的博士[②]。至于一些博士专习某经，只是他们凭借某经的学问而为博士，而非有一个某经的博士岗位请其担任。

昭宣时，随着经权威的确立，研习经的人渐渐多了起来，分家现象也开始产生，钱先生说：“汉武置《五经》博士，说经为利禄之途，于是说经者日众。说经者日众，而经说益详密，而经之异说亦益歧。经之异说益歧，乃不得不谋整齐以归一是。于是有宣帝石渠会诸儒论《五经》异同之举。其不能归一是者，乃于一经分数家，各立博士。其意实欲永为定制，使此后说经者限于此诸家，勿再生歧也。”[③] 因此：“《五经》博士置自武帝，而博士分家起于宣帝。则诸经章句之完成，亦当在宣帝之后矣。”[④] 郭永吉也说：“石渠阁会议后，方经分数家而并立于学官，此后官学中博士各依某经某家来教授，彼此不再笼统混杂，一经博士于焉确立。”[⑤] 故而《五经》博士被打散为一经一家的博士。因此，认为武帝以前已有某经博士，都是误以后世的现象来回溯前代，正如钱先生所说：“窃疑《诗》分齐鲁韩三家，其说亦后起，故司马迁为《史记》，尚无《齐诗》《鲁诗》《韩诗》之名。”[⑥] 关于孔安国为今文《尚书》博士还是古文《尚书》博士的问题，曾经引起不少

---

① 陈鸿森：《皮锡瑞〈经学历史〉周注补正》，见彭林主编《中国经学》第一辑，广西师范大学出版社2005年版，第16页。

②《晋书·职官志》云：“及江左初，减为九人。元帝末，增《仪礼》《春秋公羊》博士各一人，合为十一人。后又增为十六人，不复分掌《五经》，而谓之太学博士也。”

③ 钱穆：《两汉博士家法考》，见《钱宾四先生全集》第8册，第218页。

④ 钱穆：《两汉博士家法考》，见《钱宾四先生全集》第8册，第224页。

⑤ 郭永吉：《先秦至西汉博士论考——兼论博士与儒的关系》，第91页。

⑥ 钱穆：《两汉博士家法考》，见《钱宾四先生全集》第8册，第215页。

争论，王国维先生云："孔安国虽传古文《尚书》，而实为今文《尚书》博士。"[①] 其实在孔安国时代，既无所谓今文与古文的分家问题，也不存在欧阳与夏侯《尚书》的分家问题，《尚书》就是一个《尚书》，"孔氏有古文《尚书》，孔安国以今文字读之，因以起其家"，安国因为通习《尚书》而起家为五经博士。

在西汉后期博士分家之后乃至东汉初，一家也不仅限于只有一个博士："一经博士不限一人，似在石渠议后犹然也。《后汉书·范升传》：建武二年，迁博士，上疏让曰，臣与博士梁恭，山阳太守吕羌，俱修《梁邱易》，二臣年并……是一经博士不限一人，虽至东京犹然也。"[②] 但到了东汉十四博士制度稳固之后，博士似乎就稳定为一家一博士。如《后汉书·桓荣传》称："会欧阳博士缺，帝欲用荣。"又《后汉书·张玄传》云："后玄去官，举孝廉，除为郎。会《颜氏》博士缺，玄试策第一，拜为博士。居数月，诸生上言玄兼说《严氏》《冥氏》，不宜专为《颜氏》博士。光武且令还署，未及迁而卒。"说明当时某家博士已固定为一员，有缺才会补。

大体来说，两汉博士制度经历了三个阶段，一个是汉武帝五经博士阶段，所有博士统称五经博士，其中并没有细分为某一经博士。第二个阶段是汉宣帝之后家法博士阶段，每一个博士都明确归属于某一家法，并按照家法讲学传授，但一个家法并不只有一个博士。第三个阶段是光武帝之后一家法一博士阶段，每个家法只设一个博士，一共有十四位博士。

2. 博士的政治作用

博士在汉代的地位崇高，这种崇高地位是所有朝代都无法比拟的。博士的地位代表的是经的地位，尊博士即为尊经。《后汉书·朱浮传》载浮上书云："寻博士之官，为天下宗师，使孔圣之言传而不绝。"博士俨然成为天下师道的表率。《汉书·百官公卿表》称博士秩比六百石。《后汉书·百官志》："博

① 王国维：《汉魏博士考》，见《王国维全集》第八卷，第115页。

② 钱穆：《两汉博士家法考》，见《钱宾四先生全集》第8册，第207页。

士十四人，比六百石。”注：“本四百石，宣帝增秩。”博士虽然品级不高，却发挥着重要的政治作用。王国维先生说：“汉博士秩卑而职尊，除教授弟子外，或奉使，或议政。”[1]博士经常参与重要政治活动，许多政治上的疑难问题，都要靠博士或需要博士的参与来解决，这也是以经术指导政治的一种突出表现。汉代皇帝每遇到重大事件往往先交给核心班子成员进行讨论，然后形成意见供皇帝采纳。参与讨论的人员主要是高官重臣，如丞相、将军、御史大夫、二千石的官吏等，而博士作为六百石的小官，却每每能够参与其中，这是很值得注意的一个现象。关于博士参与的重要政务，前人已多有讨论[2]，今列举重要者如下。

皇帝废立。《汉书·霍光传》记载，昌邑王即位后，行淫乱，霍光想要废掉他，便召集一部分重要人物进行商议，“统一思想”，所召诸人中有：“遂召丞相、御史、将军、列侯、中二千石、大夫、博士会议未央宫。”在发表的诏书中，也赫然有博士的名字：“臣敞等谨与博士臣霸、臣隽舍、臣德、臣虞舍、臣射、臣仓议。”

册封皇子。《史记·三王世家》记载了汉武帝封三位皇子为王的过程，这其中决策班子里面也有博士在列：“丞相臣青翟、御史大夫臣汤昧死言：臣谨与列侯臣婴齐、中二千石二千石臣贺、谏大夫博士臣安等议曰。”

改定正朔。《汉书·律历志》记载，元封七年，汉朝建立已有百年，大中大夫公孙卿、壶遂、太史令司马迁等建议“改正朔”，“是时御史大夫兒宽明经术，上乃诏宽曰：‘与博士共议：今宜何以为正朔？服色何上？’宽与博士赐等议”。兒宽因为明经术，故让他牵头与五经博士共同商量，到底如何改正朔。

大案判决。在司法方面，博士也有很大的发言权。《汉书·韩延寿传》记载，御史大夫萧望之劾奏左冯翊韩延寿“上僭不道”，僭越了天子的礼仪，

① 王国维：《汉魏博士考》，见《王国维全集》第八卷，第123～124页。

② 张汉东：《论秦汉博士制度》，载安作璋、熊铁基《秦汉官制史稿》（上册），齐鲁书社1984年版，第430～432页。

但由于韩延寿之前也曾劾奏萧望之的某些不法事实（后经查不实），因此萧望之的此番劾奏可能会被其他人认为是公报私仇，于是萧望之要求皇帝“下丞相、中二千石、博士议其罪”。最后竟然导致韩延寿被杀。又《汉书·朱博传》，朱博为丞相，与御史大夫赵玄、孔乡侯傅晏等勾结欲废高武侯傅喜为庶人，后被人察觉劾奏，于是皇帝请“将军、中二千石、二千石、诸大夫、博士、议郎议”，而谏大夫龚胜等十四人更引用《春秋》之义来给朱博定罪，最后导致博自杀，国除。在这些涉及高级官员的大案要案的判决中，都有博士的参与。

制定律令、礼乐。《汉书·刑法志》记载，成帝河平中鉴于当时“大辟之刑千有余条，律令烦多”，诏“中二千石、二千石、博士及明习律令者议减死刑及可蠲除约省者，令较然易知，条奏”。《汉书·夏侯胜传》载，宣帝初即位，诏曰：“孝武皇帝……功德茂盛，不能尽宣，而庙乐未称。朕甚悼焉。其与列侯、二千石、博士议。”

奉命出使。博士经常直接奉皇帝之命外出巡察，相当于钦差大臣。王国维在《汉魏博士考》一文中举了不少这方面的例子：“《汉书·武帝纪》，元狩六年，夏，‘遣博士大等六人分循行天下’。同上：元鼎二年，夏，大水。秋，‘遣博士中等分循行’。同上《终军传》：元鼎中，‘博士徐偃使行风俗’。同上《元帝纪》：建昭四年，‘临遣谏大夫博士赏等二十一人循行天下’。同上《王尊传》：‘博士郑宽中使行风俗。’同上《成帝纪》：河平四年，‘遣光禄大夫博士嘉等，行举濒河之郡水所毁伤、贫乏不能自存者’。同上：阳朔二年秋，‘关东大水，流民欲入函谷、天井、壶口、五阮关者，勿苛留。遣谏大夫博士分行视’。同上《孔光传》：光为博士，‘成帝初即位，数使录冤狱，行风俗，赈赡流民，奉使称旨’。同上《平当传》：当为博士，‘使行流民幽州’。”①

从以上例证可以看出，西汉时期博士经常参与重大政务的处理，在某种

① 王国维：《汉魏博士考》，见《王国维全集》第八卷，第123～124页。

程度上已经属于皇帝核心决策圈的成员，这是其他任何时代的博士都没有的。博士的本职固然已经非常重要，而有了博士履历之后的迁官也非常显赫，对此王国维先生的总结非常全面：“其迁擢也，于内则迁中二千石、二千石，或迁千石及八百石，于外则为郡国守相，或为诸侯王太傅或为部刺史、州牧，或为县令，盖清要之官，非同秩之文吏比矣。”① 可见其职位的重要性。博士在政治生活中发挥重要作用，显示的是经在政治生活中的崇高地位，因为博士被认为是先王之道的专家，通晓掌故、古礼，所以在诸多大事的决断方面可以提供参考意见。

第二节　经观念在政治运作中的应用

上节考察了汉代经的政治地位的变迁，重点分析了经的地位逐步上升，经的权威逐步确立的过程。本节则重点考察经在政治生活中发挥的具体作用。关于这一点，王利器先生概括得好：“汉有通经致用之说，谓治一经必得一经之用也。”② 汉代经观念的核心，就是认为经蕴含着所有能够解决现实问题的方法和原则，经在政治和社会生活中具有最高权威及指导作用，尤其是元帝、成帝之后，这种观念更加牢固。汉成帝时大将军王凤说：“《五经》圣人所制，万事靡不毕载。”（《汉书·宣元六王传》）认为经可以指导一切，这代表了当时上层对经的一般看法。皮锡瑞所说：“元、成以后，刑名渐废，上无异教，下无异学。皇帝诏书，群臣奏议，莫不援引经义以为据依。国有大疑，辄引《春秋》为断。一时循吏多能推明经意，移易风化，号为‘以经术饰吏事’。”③ 叶国良先生也说：“经书中的知识与汉人的日常行事有相当

① 王国维：《汉魏博士考》，见《王国维全集》第八卷，第132～135页。

② 王利器：《颜氏家训集解》卷三《勉学》，中华书局1993年版，第170页。

③［清］皮锡瑞：《经学历史》，中华书局1959年版，第103页。

密切的关系，举凡政治上的谏诤人君、改立君主、更定法制、治狱、对外政策、任官赐爵等，无一不是依据经义来行事；在社会生活方面，制作礼乐、服丧、移风易俗等，也都以经义为依据。”[①] 本章围绕经观念在现实政治生活中的表现对此略作举证。

一、以经定大事

汉人在政治上遇到重大问题时，常常通过援引经义来作最后决定。汉成帝时谷永上疏云：“臣闻贤材莫大于治人，宣已有效。其法律任廷尉有余，经术文雅足以谋王体，断国论。”（《汉书·薛宣传》）认为必须要有足够的经学知识，即“经术文雅”，才能“谋王体，断国论”。魏相曾援引《春秋》之义来建议汉宣帝亲政：“《春秋》讥世卿，恶宋三世为大夫，及鲁季孙之专权，皆危乱国家。自后元以来，禄去王室，政繇冢宰。今光死，子复为大将军，兄子秉枢机，昆弟诸婿据权势，在兵官。光夫人显及诸女皆通籍长信宫，或夜诏门出入，骄奢放纵，恐浸不制。宜有以损夺其权，破散阴谋，以固万世之基，全功臣之世。”（《汉书·魏相传》）

在处理与匈奴关系问题时，统治阶层也常引经为根据。五凤年间（前57—前54），匈奴发生内乱，五单于争立，一些人主张乘乱灭之。萧望之表示反对，并引用《春秋》中的事例作为根据：“《春秋》晋士丐帅师侵齐，闻齐侯卒，引师而还，君子大其不伐丧，以为恩足以服孝子，谊足以动诸侯。前单于慕化乡善称弟，遣使请求和亲，海内欣然，夷狄莫不闻。未终奉约，不幸为贼臣所杀，今而伐之，是乘乱而幸灾也，彼必奔走远遁。不以义动兵，恐劳而无功。宜遣使者吊问，辅其微弱，救其灾患，四夷闻之，咸贵中国之仁义。如遂蒙恩得复其位，必称臣服从，此德之盛也。”（《汉书·萧望之传》）

汉元帝时大臣曾引用《春秋》经义来决定是否应当毁庙的问题：“丞相玄成、御史大夫郑弘、太子太傅严彭祖、少府欧阳地馀、谏大夫尹更始等七十

① 叶国良等：《经学通论》，第490页。

人皆曰：“……‘《春秋》之义，父不祭于支庶之宅，君不祭于臣仆之家，王不祭于下土诸侯。臣等愚以为宗庙在郡国，宜无修，臣请勿复修。’奏可。因罢昭灵后、武哀王、昭哀后、卫思后、戾太子、戾后园，皆不奉祠，裁置吏卒守焉。”（《汉书·韦贤传》）

元帝初年珠厓郡造反，对于如何解决这一问题，经义成了关键因素：

> 元帝初元元年，珠厓又反，发兵击之。诸县更叛，连年不定。上与有司议大发军，捐之建议，以为不当击。上使侍中驸马都尉乐昌侯王商诘问捐之曰：“珠厓内属为郡久矣，今背畔逆节，而云不当击，长蛮夷之乱，亏先帝功德，经义何以处之？”捐之对曰：“……臣愚以为非冠带之国，《禹贡》所及，《春秋》所治，皆可且无以为。愿遂弃珠厓，专用恤关东为忧。”（《汉书·贾捐之传》）

在这一事件中，当别人质问贾捐之放弃珠厓郡的观点“经义何以处之”的时候，就已经隐含了一切作为都要有经义上的依据这种观念。而贾捐之说珠厓郡不是“《禹贡》所及，《春秋》所治”的地方，不属于先王的管辖范围，所以应该放弃。

天人关系是古人面临的头等大事，而经本身就被认为有“通天人之际”的作用，所以每遇到异常的自然现象都要引经义决断，这类例子在汉代比比皆是。《汉书·宣帝纪》载：“夏四月壬寅，郡国四十九地震，或山崩水出。诏曰：‘盖灾异者，天地之戒也。朕承洪业，奉宗庙，托于士民之上，未能和群生。乃者地震北海、琅邪，坏祖宗庙，朕甚惧焉。丞相、御史其与列侯、中二千石博问经学之士，有以应变，辅朕之不逮，毋有所讳。’”《汉书·成帝纪》云：“秋七月，有星孛于东井。诏曰：‘乃者，日蚀星陨，谪见于天，大异重仍。在位默然，罕有忠言。今孛星见于东井，朕甚惧焉。公卿大夫、博士、议郎其各悉心，惟思变意，明以经对，无有所讳。’”《汉书·平当传》云：“平当字子思……以明经为博士，公卿荐当论议通明，给事中。每有灾异，当辄傅经术，言得失。”以上三条提到“博问经学之士，有以应变”“明以经对”“每有灾异，当辄傅经术，言得失”，可见经在处理和解释自然事件中也处于最高权威的地位，是人们心理的一个依赖，认为遇到这些问题不必害怕，有圣人之经可以解决。

臣子在行使自己的职权时，遇到一些重大问题也常常以经义作为处理原则。《汉书·谷永传》称：“往年郡国二十一伤于水灾，禾黍不入。今年蚕麦咸恶。百川沸腾，江河溢决，大水泛滥郡国十五有余。比年丧稼，时过无宿麦。百姓失业流散，群辈守关。大异较炳如彼，水灾浩浩，黎庶穷困如此，宜损常税小自润之时，而有司奏请加赋，甚缪经义，逆于民心，布怨趋祸之道也。”这是站在经的角度来批评现实政治，认为增加赋税是“甚缪经义”之举。元成之时，丞相匡衡兼并土地收其租赋，一些士大夫即以“《春秋》之义，诸侯不得专地”上告成帝，结果匡衡被定为“专地盗土以自益”之罪而被免职。

二、各经的具体应用

由于五经内容各异，旨趣不同，每一经都有它特殊的应用领域，透过这些领域，经才真正转化为指导现实方方面面的精神力量。

《诗经》常作为表达情感或讽谏的工具。《尚书》称“诗言志”，孔子说“不学诗无以言”，诗在与人交往中有助于传达情感、增强说服力和感染力，尤其是在臣子规劝帝王、下级向上级进谏方面。《汉书·王式传》云：“昌邑王嗣立，以行淫乱废，昌邑群臣皆下狱诛，唯中尉王吉、郎中令龚遂以数谏减死论。式系狱当死，治事使者责问曰：‘师何以亡谏书？’式对曰：‘臣以《诗》三百五篇朝夕授王，至于忠臣孝子之篇，未尝不为王反复诵之也；至于危亡失道之君，未尝不流涕为王深陈之也。臣以三百五篇谏，是以亡谏书。’”以诗为谏书就成为汉代《诗经》现实作用的集中体现。汉武帝云：“盖君者心也，民犹支体，支体伤则心憯怛。日者淮南、衡山修文学，流货赂，两国接壤，怵于邪说，而造篡弑，此朕之不德。《诗》云：‘忧心憯憯，念国之为虐。’”（《汉书·武帝纪》）这里引用诗句，是为了表达自己对处理骨肉同胞的不忍之心。鲍宣曾向汉哀帝进谏：“天下乃皇天之天下也，陛下上为皇天子，下为黎庶父母，为天牧养元元，视之当如一，合《尸鸠》之诗。今贫民菜食不厌，衣又穿空，父子夫妇不能相保，诚可为酸鼻。陛下不救，将安所归命乎？”（《汉书·鲍宣传》）鲍宣通过引用诗句，表达了对贫民的哀怜，希望引起皇帝的重视。谷永在奏疏中称赞薛宣说：“宣考绩功课，简在两府，不敢过称以奸欺诬之罪。臣闻贤材莫大于治人，宣已有效。其法律任廷尉有余，经术文雅足以谋王体，断国论；身兼数器，有‘退食自公’之节。宣无私党游说之助，臣恐陛下忽于《羔羊》之诗，舍公实之臣，任华虚之誉，是用越职，陈宣行能，唯陛下留神考察。”（《汉书·薛宣传》）以《羔羊》之诗来称赞薛宣节俭正直的为官作风。东汉灵帝时刘陶在奏疏中说：“臣尝诵《诗》，至于鸿雁于野之劳，哀勤百堵之事，每喟尔长怀，中篇而叹。近听征夫饥劳之声，甚于斯歌。”（《后汉书·刘陶传》）这是在以谈论《鸿雁》之诗的形式向君主进谏，希望君主能够体恤民情。总之，《诗经》常用在一些需要表达情感或增强说服力的文章、说辞中。

《尚书》所载多为上古圣王治理国家的事迹，因此成为汉人在政治运作方面效法、模仿的主要对象，如“三载考绩”、五年一巡守、设立州牧等制度都来自《尚书》。选用人才方面，如武帝的政令中有引《尚书》：“朕闻咎繇对禹，曰在知人，知人则哲。”（《汉书·武帝纪》）《尧典》的辟四门、达四聪，常被引用为要广纳贤才。和睦宗室方面，汉平帝为宗室选师的诏书云：“昔尧睦九族，舜惇叙之。”（《汉书·平帝纪》）《吕刑》等篇对国家的刑法方面具有指导作用。《洪范》是汉人极为重视的篇章，其中论述的五行、皇极、八政、庶征与天人感应等思想，都对汉人的政治生活有重大影响，刘向等经常以《洪范》的灾异学说劝谏帝王。《禹贡》是中国最早的地理书，记载水道颇详，因此它常被汉人用来指导治水工作，《汉书·沟洫志》记载治理屯氏河事：“事下丞相、御史，白博士许商治《尚书》，善为算，能度功用。遣行视，以为屯氏河盈溢所为，方用度不足，可且勿浚。”又平当“以经明《禹贡》，使行河，为骑都尉，领河堤”（《汉书·平当传》）。另外，《尚书》作为古代公文典册的汇编，在文体方面具有典范作用，皇帝发布诏书不但经常引用其中文句，还往往模仿其文体和语气，如武帝元狩六年《策封齐王闳》：“维六年四月乙巳，皇帝使御史大夫汤庙立子闳为齐王，曰：於戏，小子闳，受兹青社！朕承祖考，维稽古建尔国家，封于东土，世为汉藩辅。於戏念哉！恭朕之诏，惟命不于常。人之好德，克明显光。义之不图，俾君子怠。悉尔心，允执其中，天禄永终。厥有愆不臧，乃凶于而国，害于尔躬。於戏，保国艾民，可不敬与！王其戒之。”（《史记·三王世家》）这类文字极尽模仿《尚书》之能事。其他例证尚多[①]。

礼是中国古代政治运作中的重要规则，也是儒生的“本行”，是先王之道的主要体现，历代对礼都高度重视。西汉立国之初，礼制处于草创阶段，大的礼仪架构基本上沿袭了秦朝的仪制。西汉后期，随着经学权威的确立和官僚系统的儒生化，礼制渐渐向儒生所主张的复古化的方向转化，许多重要礼仪都在儒生的坚持下向经书中记载的上古理想制度回归，例如元成时代就曾进行了声势浩大的宗庙制度改革，并就此产生了一系列的学术争论。当然，由于作为礼经的《仪礼》仅为士礼，而缺天子、诸侯之礼，因此凡遇到庙制、明堂、辟雍、封禅等重大礼仪问题的时候，人们往往综合援引《诗》《书》《春秋》等经及其他文献来研究确定，但其基本格调则是复古的，这也是经观念发挥作用的重要体现。

易在汉代被尊为五经之首，由于它在五经当中具有极强的哲理性和抽象性，汉人由此发展出一套非常复杂的象数易学体系，其主要作用是解释天道、各种自然现象以及天人关系。汉人常以卦气等易学道理来评议朝政，如京房、谷永等，还将卦气说等应用到历法制定、气象学等方面。“汉代易学，特别是其象数学体系，将政治、经济、军事、伦理、天文、历法、气象、物候、音律、文学、建筑等领域中结构、形态各不相同的因素，以体现阴阳五行相

---

① 可参于雪棠《西汉诏策与帝王的经学师受》，《东疆学刊》2010年第3期。

生相克、《周易》卦爻周流六虚、刚柔相推原理的象数模式来对应、安排，沟通、阐释，形成了综合性的文化解释功能的网络。”①

《春秋》在汉代被认为是孔子为汉代立法，具浓厚的法令意味，尤其是在处理一些有关名分之事的时候往往能发挥很大作用。董仲舒常以《春秋》决狱，《汉书·艺文志》载有《公羊董仲舒治狱》十六篇。《后汉书·应劭传》载："故胶〔西〕相董仲舒老病致仕，朝廷每有政议，数遣廷尉张汤亲至陋巷，问其得失，于是作《春秋决狱》二百三十二事，动以经对，言之详矣。”今其书不存，散见于类书的征引，如以下一则：

> 甲父乙与丙争言相斗，丙以配刀刺乙，甲即以杖击丙，误伤乙，甲当何论？或曰：殴父也，当枭首。议曰：臣愚以父子至亲也，闻其斗，莫不有怵怅之心，扶伏而救之，非所以欲诟父也。《春秋》之义，许止父病，进药于其父而卒。君子原心，赦而不诛。甲非律所谓殴父，不当坐。（《太平御览》卷六四〇）

董仲舒弟子吕步舒继承了以《春秋》决狱的做法，“至长史，持节使决淮南狱，于诸侯擅专断，不报，以《春秋》之义正之，天子皆以为是”（《史记·儒林列传》）。

汉哀帝时，丞相朱博等人为逢迎太后而奏免傅喜、何武，后为皇帝追责，于是谏大夫龚胜等十四人以为：“《春秋》之义，奸以事君，常刑不舍。鲁大夫叔孙侨如欲颛公室，谮其族兄季孙行父于晋，晋执囚行父以乱鲁国，《春秋》重而书之。今晏放命圮族，干乱朝政，要大臣以罔上，本造计谋，职为乱阶，宜与博、玄同罪，罪皆不道。”（《汉书·朱博传》）于是“上减玄死罪三等，削晏户四分之一，假谒者节召丞相诣廷尉诏狱”，可见《春秋》之义在此案的判决中起了决定性作用。《春秋》还常用来处理一些重

---

① 黄黎星：《论汉代易学文化解释功能的扩张》，《周易研究》2010年第4期，第80页。

要政务，《后汉书》中记载了10余次以《春秋》之义劝谏皇帝的奏疏，其中相当一部分都是皇族事务、屯田戍边、对外关系等军国大事，如永平二年，樊儵上书劝光武帝伏诛广陵王刘荆；建初中，宋意上书劝章帝命济南王和中山王遣子就国；建初元年，大旱谷贵，杨终上书章帝勿向边境徙民屯田；永元元年，乐恢劝和帝不要派遣窦宪出征匈奴等。①

除了在政治实践中，五经的运用还鲜明地体现在日常语言和文学中，汉代的诏书、奏疏、文学作品等，到处都充满着对经的引用和崇敬。在汉代上传下达的公文书中，六经之语被广泛运用，这一点上文已经多有提到。谷永公车奏对，一篇奏文6次提到"经曰"，都是在每段之后。杜邺说车骑将军王音云："邺闻人情，恩深者其养谨，爱至者其求详。夫戚而不见殊，孰能无怨？此《棠棣》《角弓》之诗所为作也。昔秦伯有千乘之国，而不能容其母弟，《春秋》亦书而讥焉。"（《汉书·杜邺传》）短短几句话，连续引用《诗》《春秋》，可见时人对经的熟悉程度。据学者统计："汉元帝在位期间至新莽灭亡，奏议征引儒家经传达到高峰，共引经传269次，其中汉元帝朝征引57次，成帝朝征引108次，哀帝朝引53次，至新莽灭亡前的时间内征引51次；细度之，奏议所引儒家各经传的次数同样不平衡，其中引《诗》76次，引《书》56次，引《礼》22次，引《易》30次，引《春秋》39次，引《论语》37次，引《孝经》9次。儒家经传频频被引的同时，仅有3次征引儒家经传之外的典籍。"②这正是汉代"以经治国"观念的真切反映。汉人不仅引用经文，还刻意模仿经的文体。汉代的文学被认为是经学的辅翼和补充，最明显的表述是班固《两都赋序》中的一段话："赋者，古诗之流也……或以抒下情而通讽喻，或以宣上德而尽忠孝，雍容揄扬，著于后嗣，抑亦雅颂之亚也。"关于这一点，学界研究成果颇丰，不再赘述。

---

① 参佟晟昱《〈春秋〉、孔子与今古文经学之争——以东汉的诏书奏议为例》，《燕山大学学报》（哲学社会科学版）2017年第3期。

② 蔡旭：《西汉奏议征引儒家经传研究》，陕西师范大学2017年硕士学位论文，第73页。

三、王莽与以经治国观念的极端化

在西汉时代的经观念中，经是先王之道的载体，是现实政治的模范和最高指导原则。这种观念发展到极致就是，现实不能只是偶然零星地效仿经书，而要完全模仿经书，使经书中的内容完完全全、原原本本地落实到现实，西汉末年的王莽改制就是其具体体现。王莽改制使汉代经观念的展开达到一个顶峰，也走向一个极端①。有学者指出：“汉初制度未尝原本经书，及元帝、成帝时，儒者议礼转多以六艺古典为据，其论逐渐见行。至元始中王莽定制，则每以经书为根据。”② 这段话非常敏锐地指出了经一步步深入地影响汉代政治和整个社会运作的过程，并以王莽作为其顶峰。

王莽往往给人一种乱臣贼子的印象，其实王莽是一个标准的儒生，或者说是一个经学的狂热分子。把王莽先天地看作一个篡位者，认为他的一切图谋都是为篡位而作，经不过是一种借口或工具而已，这种看法在很大程度上是“事后诸葛亮”。如果从当时浓厚的经学氛围这一历史情境考虑，王莽本身并不能置身其外，《汉书·食货志》说王莽“性躁扰，不能无为，每有所兴造，必欲依古得经文”，王莽对经的极度崇拜可见一斑。王莽曾模仿《尚书·大诰》作《大诰》，对其行文、用语极尽模仿。这还不算什么，他还模仿《金縢》篇中周公代成王受疾的做法，“平帝疾，莽作策，请命于泰畤，戴璧秉圭，愿以身代。藏策金縢，置于前殿，敕诸公勿敢言”（《汉书·王莽传》）。仅此便可见在王莽心中，经是一种怎样的权威性和实用性的存在。王莽在他那个时代是很受人欢迎的，特别是儒生和士大夫，正是因为他对经权威的极

① 这里可以借用黑格尔的思想作一个解释，即一种理念是自我运动和展开的过程，由无规定性一步步丰富发展，最后达到最丰富和最现实的存在。汉代的这种实用性的经观念为现实树立了一个经书的理想世界，现实必须模仿这个理想世界。这个模仿也有一个逐步展开和发展的过程，最初只是影响政治和社会的表层，但最终必然会导致一种最严格和最绝对的模仿。

②〔日〕乔秀岩：《〈魏晋礼制与经学〉论赞》，载《北京读经说记》，台湾万卷楼图书公司2013年版，第145页。

度推崇，而成了所有对经抱有希望和信念的人的偶像。《汉书》评价他“诵《六艺》以文奸言”，恰恰从反面肯定了他对六经的绝对尊崇。《汉书·王莽传》载：“莽奏起明堂、辟雍、灵台，为学者筑舍万区，作市、常满仓，制度甚盛。立《乐经》，益博士员，经各五人。征天下通一艺教授十一人以上，及有逸《礼》、古《书》、《毛诗》、《周官》、《尔雅》、天文、图谶、钟律、月令、兵法、《史篇》文字，通知其意者，皆诣公车。”这些活动，无一不是其尊经用经观念的体现。

从某种角度上说，王莽的一切改革活动都是在经书的指导下进行的，并希望以此实现理想中的太平盛世，而并非刻意要把天下搞乱。例如，他要恢复井田制，说：“古者，设庐井八家，一夫一妇田百亩，什一而税，则国给民富而颂声作。此唐虞之道，三代所遵行也。秦为无道，厚赋税以自供奉，罢民力以极欲，坏圣制，废井田，是以兼并起，贪鄙生，强者规田以千数，弱者曾无立锥之居。又置奴婢之市，与牛马同兰，制于民臣，颛断其命。……今更名天下田曰‘王田’，奴婢曰‘私属’，皆不得卖买。其男口不盈八，而田过一井者，分余田予九族邻里乡党。故无田，今当受田者，如制度。”（《汉书·王莽传》）王莽认为井田制是唐虞圣王之道，能够实现国给民富，而现实却是“强者规田以千数，弱者曾无立锥之居。又置奴婢之市，与牛马同兰，制于民臣，颛断其命”，这是一种对现实贫富不均、虐待人命的现状的不满，要解决这种状况，他的方法是恢复经书所记载的古代理想制度。

再比如，王莽另一项大的改革是五均六筦，《汉书·食货志》载：“（王）莽乃下诏曰：‘夫《周礼》有赊贷，《乐语》有五均，传记各有斡焉。今开赊贷，张五均，设诸斡者，所以齐众庶，抑并兼也。’”颜师古注引臣瓒曰：“其（《乐语》）文云：天子取诸侯之（士）〔土〕以立五均，则市无二贾，四民常均，强者不得困弱，富者不得要贫，则公家有余，恩及小民矣。”五均官是负责调节市场价格的官吏，王莽进行这项改革的目的是“齐众庶，抑并兼”，改变日益严重的贫富差距现象，但这种对市场的粗暴干涉，虽然有经的依据，却并不能真正发挥效用，反而变成横征暴敛的工具，激化了社会矛盾。在王莽的观念中有一个不容置疑的定律，即只要经书中有记录的，把它拿来用肯定是没有问题的。如匈奴单于的名字为囊知牙斯，为音译，但王莽引《春秋公羊传》定公六年、哀公十三年“讥二名，二名非礼也”的说法，而要求单于改名，单于没办法，只得改成单名“知”。他还曾根据经书大肆修改新设官名、地名，如根据《尚书·尧典》设置“羲和”官等，导致“吏民不能纪，每下诏书，辄系其故名”。这不是一种最机械的经学实用主义和最狂热的经学崇拜主义者吗？

皮锡瑞在《经学历史》中说：“孔子道在六经，本以垂教万世。惟汉专崇经术，犹能实行孔教。虽《春秋》太平之义、《礼运》大同之象尚有未逮，而三代后政教之盛、风化之美，无有如两汉者。降至唐、宋，皆不能及。”[①]两汉时代，经确实在指导现实政治方面发挥过切切实实的作用，但是，是否就直接产生“政教之盛、风化之美”的效果，似乎应该存疑。王莽改制失败，意味着以经作为政治典范这一观念的破产。正如葛兆光先生所说：“无论王莽是哗众取宠还是故作姿态，但那时他的举措无疑刺激了士人阶层的自信心，鼓励了一种近乎苛刻的人格理想与政治理想，使他们能在这种理想立场中坚持他们的信念，凸显他们的存在，而王莽的最终失败，即使不是决定性的，也是在一定程度上导致了这种理想的破灭。”[②]在笔者看来，这种理想的破灭，就是经作为政治典范的破灭，是经实用化倾向的破灭。东汉之后直到明清，经虽然仍在表面上维持着其最高学术权威的地位，但已经不能像西汉那样在实际政治生活中发挥指导作用了，几乎再也没有人敢将经文内容直接落实到现实中，而是将经理念化、抽象化、学术化，即以所谓的经的大义而不是经的具体内容与现实相关联。

---

① [清]皮锡瑞：《经学历史》，第104页。

② 葛兆光：《中国思想史》(第一卷)，复旦大学出版社2001年版，第303～304页。

第三节　经的政治典范地位的丧失

王莽改制是经观念衍变的转捩点，从东汉开始，虽然经依然活在帝王、大臣、士大夫的口头和书面上，研讨经学的人数继续增加，但其现实政治作用已经大不如前，在国家大政方针等许多方面，经学的影响力逐渐衰退，渐渐沦为一种典故、礼仪方面的专业之学。经在政治上权威的衰落表现在两个方面：一是作为反映经的地位晴雨表的博士职权大减，二是其他思想体系被纳入政治系统并取代经发挥重要作用。

一、博士制度的衰落

在汉代，博士是经学在官僚体系中的化身，博士地位的高低也成为经的地位升降的晴雨表。上文已经谈到，在西汉时代博士“位卑而职尊”，可以参与重大事务的处理，可以作为钦差大臣巡察地方。这种显赫的地位在东汉以后渐渐失去。王国维先生说：“中兴以后，此制（笔者按，指议政）渐废，专议典礼而已。”[①]说明到了东汉时代，博士已经没有参与大政要务的资格了，其职能主要集中于讨论一些具体的、专门性的典礼仪式。周予同先生也说：“东汉中叶以后，经学转到民间师儒手里，博士官制度虽历朝相沿，但在政治上已不能再起什么作用了。”[②]东汉中期以后，“由于社会危机的充分暴露，经学的社会政治功能逐渐减缩，经学博士的政治地位大大跌降，不但今文学已经失去其作为封建政权政治工具的意义，就是古文学的经典注疏也不足以使人满意”[③]。据张汉东对汉代历朝博士议政事例的统计，两汉博士议政事例

① 王国维：《汉魏博士考》，见《王国维全集》第八卷，第127页。

② 周予同：《博士制度与秦汉政治》，见《周予同经学史论著选集》，上海人民出版社1996年版，第739页。

③ 张涛：《经学与汉代社会》，第81页。

共计43例，而东汉仅13例，其中光武朝就占了7例，因此“博士议政一职，自和帝以后减弱了”[1]。到南北朝时，博士议政就更少了，“相较于秦汉时期，两晋南北朝时期的博士已很少有参政议政者”[2]。政治对博士的疏离，意味着经已经不能在政治生活中发挥直接作用。

由于博士职权渐轻，从东汉中后期开始，博士的经学学业也渐渐荒废。清人胡秉虔说：“（东汉之后）师法渐乱，博士之官亦渐轻……至和帝而博士倚席不讲矣。”[3]永元十四年（102）徐防上疏云：

> 伏见太学试博士弟子，皆以意说，不修家法，私相容隐，开生奸路。每有策试，辄兴诤讼，论议纷错，互相是非。孔子称“述而不作”，又曰“吾犹及史之阙文”，疾史有所不知而不肯阙也。今不依章句，妄生穿凿，以遵师为非义，意说为得理，轻侮道术，浸以成俗，诚非诏书实选本意。改薄从忠，三〔代〕常道，专精务本，儒学所先。臣以为博士及甲乙策试，宜从其家章句，开五十难以试之。解释多者为上第，引文明者为高说；若不依先师，义有相伐，皆正以为非。《五经》各取上第六人，《论语》不宜射策。虽所失或久，差可矫革。

当时博士制度颇有淆乱废弛的迹象，博士及其弟子“皆以意说，不修家法”，章句家法被废弃，任凭自己主观的发挥，导致争辩纷纭不决，因此徐防上书要求返本追源，重新树立家法的权威。延平元年（106）安帝即位，邓太后临朝，当时“儒学陵替”，樊准上疏云：“今学者盖少，远方尤甚。博士倚席不讲，儒者竞论浮丽，忘謇謇之忠，习诡诡之辞。”（《后汉书·樊准传》）此时学习经学的人大为减少，博士没了弟子，也无事可做，“倚席不讲”；

① 张汉东：《论秦汉博士制度》，载安作璋、熊铁基《秦汉官制史稿》（上册），第432页。

② 宋晔：《两晋南北朝经学博士考论》，山东大学2013年硕士学位论文，第39页。

③ 胡秉虔：《汉西京博士考·序》，《丛书集成初编》本，商务印书馆1935年版，第1页。

一般儒者不专心经学，而竞相高谈阔论，“竞论浮丽”。《后汉书·儒林列传》更称：“自安帝览政，薄于蓺文，博士倚席不讲，朋徒相视怠散，学舍颓敝，鞠为园蔬，牧儿荛竖，至于薪刈其下。”翟酺也称“（太学）顷者颓废，至为园采刍牧之处”（《后汉书·翟酺传》）。学舍被荒废，以至于杂草丛生，成为牧羊采薪之所。安帝在位十余年间，博士经学之业大为衰颓。

顺帝即位，感翟酺进谏之言，“乃更修黉宇，凡所造构二百四十房，千八百五十室。试明经下第补弟子，增甲乙之科，员各十人，除郡国耆儒皆补郎、舍人。本初元年，梁太后诏曰：‘大将军下至六百石，悉遣子就学，每岁辄于乡射月一飨会之，以此为常。’自是游学增盛，至三万余生”。太学有复兴迹象，学生更达到空前的三万余人，太学生甚至直接走上了历史舞台。但这不过是经学的回光返照而已，学生虽多，但没有多少专心习经的，大都忙着“社交”和“议政”。献帝建安中，侍中鲍衡奏：“今学博士并设表章，而无所教授，兵戎未戢，人并在公，而学者少。可听公卿一千石、六百石子弟在家及将校子弟见为郎舍人，皆可听诣博士受业。其高才秀达，学通一艺，太常为作品式。”[①] 经历汉末的大乱，博士经学荡然无存。有学者发现“灵帝、献帝所发的救灾诏书中，未见有称述经义之处”[②]。

魏文帝黄初五年（224）于洛阳正式恢复太学。《魏略·儒宗传序》云：

> 从初平之元，至建安之末，天下分崩，人怀苟且，纲纪既衰，儒道尤甚。至黄初元年之后，新主乃复，始扫除太学之灰炭，补旧石碑之缺坏，备博士之员录，依汉甲乙以考课。申告州郡，有欲学者，皆遣诣太学。太学始开，有弟子数百人。至太和、青龙中，中外多事，人怀避就。虽性非解学，多求诣太学。太学诸生有千数，而诸博士率皆粗疏，无以教弟子。弟子本亦避役，竟无能习学，冬来春去，岁岁如是。又虽有精者，

① ［唐］杜佑：《通典》卷五十三。
② 张涛：《经学与汉代社会》，第190页。

而台阁举格太高，加不念统其大义，而问字指墨法点注之间，百人同试，度者未十。是以志学之士，遂复陵迟，而末求浮虚者各竞逐也。正始中，有诏议圜丘，普延学士。是时郎官及司徒领吏二万余人，虽复分布，见在京师者尚且万人，而应书与议者略无几人。又是时朝堂公卿以下四百余人，其能操笔者未有十人，多皆相从饱食而退。嗟夫！学业沉陨，乃至于此。（《三国志·王肃传》裴松之注引）

这则材料比较集中地描述了汉魏之际经学的衰败，“博士率皆粗疏”，而“弟子本亦避役”，博士及弟子不过是具官备位而已，并没有真正要传习经学的想法。而一旦朝廷有大政要征求经学方面的意见时，几乎没有一个人能够以充分的经学知识来回答。由此可见经学与政治生活的远离。

魏晋南北朝时期，博士与政治进一步疏离，博士的地位益趋低下。《晋书·徐邈传》载：“时皇太子尚幼，帝甚钟心，文武之选皆一时之俊。以邈为前卫率，领本郡大中正，授太子经。帝谓邈曰：‘虽未敕以师礼相待，然不以博士相遇也。’”传后史臣论云：“古之帝王，受经必敬，自魏晋以来，多使微人教授，号为博士，不复尊以为师，故帝有云。”由于当时博士多是低贱的人充当，所以，徐邈做太子的老师，太子虽然不以师礼相待，但也不把他当作博士来对待。言外之意，不以博士对待是对他的一种尊敬。《陈书·沈文阿传》载：“及高祖受禅，文阿辄弃官还武康，高祖大怒，发使往诛之。时文阿宗人沈恪为郡，请使者宽其死，即面缚锁颈致于高祖，高祖视而笑曰：‘腐儒复何为者？’遂赦之。”陈高祖一句“腐儒复何为者”，意为看你还往哪里跑，将皇帝对儒者之轻贱暴露无遗。

随着博士政治地位的下降，其主要职能向两个方向分化，其一是教师化。汉代博士既是官员，又是教师。魏晋之后，博士的政治功能弱化，教育功能则进一步凸显。当时国家设立了不少学校，如国子学、太学、四门学、皇宗学等，而博士就成为这些学校的专任教师，这在北方表现尤其显著。后赵石虎“下书令诸郡国立五经博士”（《晋书·载记第六》），前秦苻坚“中外四禁、二卫、四军长上将士，皆令修学。课后宫，置典学，立内司，以授于掖庭，选阉人及女隶有聪识者署博士以授经”（《晋书·载记第十三》）。北魏时，“太祖初定中原，虽日不暇给，始建都邑，便以经术为先，立太学，置五经博士，生员千有余人。天兴二年春，增国子太学生员至三千”（《魏书·儒林传》）。北魏刚一开国，就设立太学，博士的定位很明确，就是太学教师，这是北魏博士职位的总基调。其后，“太宗世，改国子为中书学，立教授博士”，所谓“教授博士”，即指负责讲授的博士。北魏不仅在中央太学有博士，在地方也设立了更多的博士：“显祖天安初，诏立乡学，郡置博士二人，助教二人，学生六十人。后诏：大郡立博士二人，助教四人，学生一百人；次郡立博士二人，助教二人，学生八十人；中郡立博士一人，助教二人，学生六十人；下郡立博士一人，助教一人，学生四十人。”（《魏书·儒林传》）后来，还在京师设立皇宗学，主要教授皇室子弟，相应地也设有皇宗博士，《魏书·高祖本纪》记太和十六年（492）皇帝幸皇宗学，亲问博士经义，孙惠蔚曾为皇宗博士。又设立四门小学，教授文字之学，“世宗时，复诏营国学，树小学于四门，大选儒生，以为小学博士，员四十人”（《魏书·儒林传》）。这种凡学校教师皆可称博士的现象，是博士一职的泛化和庸俗化，与两汉时代博士参议国家大政的显赫形象形成鲜明对照。

博士职能分化的另一个表现是专业化，设立了许多擅长某一种专门学问的博士。最早的如三国时苏林以“通古今字指”为博士（《三国志·王卫二刘傅传》注引《魏略》），邯郸淳以“特善《仓》《雅》，许氏字指，八体六书精究闲理”为博士（《魏书·江式传》）。还出现了太常博士、律博士等。太常博士，魏文帝初置，主要职责是“掌引导乘舆。王公已下应追谥者，则博士议定之”（《晋书·职官志》），可见太常博士是精通礼仪的专业博士。魏明帝时，卫觊奏请设立律博士，专属于廷尉，其职责即专门教授律令、保管法律文书等，也是一种专业博士。晋初除了沿袭太常博士、律博士等非学官博士外，还增设了书博士，《晋书·荀勖传》称：“（荀勖）俄领秘书监，与中书令张华依刘向《别录》，整理记籍。又立书博士，置弟子教习，以钟、胡为法。”北魏设立了更多专精于某些技艺的博士，如算生博士、太医博士、太史博士、太乐博士、太卜博士，甚至还有专门负责修炼丹药的仙人博士等，其中的仙人博士，因太祖道武皇帝好老子之言，求长生不老，于天兴三年“置仙人博士官，典煮炼百药”（《魏书·官氏志》）。到了唐代，专业化的博士品目更多，如漏刻博士、医博士、针博士、按摩博士、兽医博士等，博士名称严重泛化[①]。明清时期，博士甚至成了一种世袭的荣誉，专门授予圣贤子孙[②]。

博士地位的下降，意味着经学逐渐远离了政治中枢，经对政治和现实生活的影响全面消弱。

二、其他思想取代经的指导地位

政治的运作需要某种指导思想，经衰落之后，自然有其他的思想体系来取代经的地位，这在不同的时代有不同的表现。

东汉时，谶纬渐渐兴起。所谓谶纬，就是为达成某种政治目的而人为制造的预言。与经学的复杂性相比，谶纬更加短平快，可以直接为皇权的合法性及重要事务的决断提供依据。经学以上古先王之道为依据，其大体是历史学的，而谶纬则以天启和神学为依据，其大体则是神学的。谶纬古已有之，秦末陈胜起义，故意搞出“大楚兴，陈胜王”的把戏，就是谶纬的先例。东汉光武帝刘秀正是靠着谶纬才建立个人权威并夺取政权的，因而在东汉时期谶纬受到皇帝的极大欢迎，成为指导政治活动的极具权威性的思想体系，其地位甚至超过经学，《后汉书·张衡传》载：“初，光武善谶，及显宗、肃宗因祖述焉。”学者如果不通谶纬，即使精通经学也可能不被重用。《后汉书·郑兴传》记载：“帝尝问兴郊祀事，曰：‘吾欲以谶断之，何如？’兴对曰：‘臣不为谶。’帝怒曰：‘卿之不为谶，非之邪？’兴惶恐曰：‘臣于书有所未学，

① 可参齐凤云《唐代博士官制度考》，《鸡西大学学报》2012年第2期。

② 孔莹、王成舜：《圣贤后裔五经博士考》，《山东档案》2007年第5期。

而无所非也。’帝意乃解。兴数言政事，依经守义，文章温雅，然以不善谶故不能任。”郑兴因不懂谶学而差点激怒皇帝。谶纬甚至可以决定经义的去取，《后汉书·樊儵传》载：“永平元年，拜长水校尉，与公卿杂定郊祠礼仪，以谶记正《五经》异说。”《后汉书·章帝纪》载章帝建初四年（79），诸儒在白虎观讨论五经同异，章帝亲自裁决，多“决之以谶”。不过，谶纬虽然见效快，但对政治来说无疑是饮鸩止渴，既然皇帝可以用谶语治国，那其他人也可以用谶纬达到自己的目的，如造反夺权等，因此，必须对谶纬进行规范。建武二年（26），光武帝命儒生尹敏校订图谶。建武中元元年（56），光武帝“宣布图谶于天下”，正式出台了谶纬的标准版本，防止他人私自造作。后来，由于“自中兴以后，儒者争学图纬，渐复附以妖言”，政府干脆就把谶纬给禁止了①，谶纬也就终结了其政治使命。

东汉之后，佛教、道教兴起，中国文化的内涵进一步丰富，可供帝王选择的思想学说增多，由于帝王的好尚不同，它们都有可能占据上层政治空间。尊儒者，如梁武帝，好制礼作乐，舞文弄墨，喜欢讲论经义。高欢评价他称：“江东复有一吴儿老翁萧衍者，专事衣冠礼乐，中原士大夫望之以为正朔所在。”（《北齐书·杜弼传》）因此梁代的经学大为复兴，但这只是皇帝的一时兴致而已。至于佞佛、佞道的皇帝，就更多了。

除此之外，不容忽视的一点是关于法的思想。学界一般认为，秦汉之后，法家已经不存在了，殊不知，在很多时候，法家思想在政治体系中发挥着重要的甚至是主导作用。西汉时代是经的地位最高的时代，上至皇帝下至小吏，无不尊经习经，但其实还有另外一个东西也具有与经几乎同等的权威，那就是以皇帝名义颁布的律令。如果说经是软性的权威，因为使用它的人有一定的解释空间，那律令就是硬性的权威，律令的条文规定该如何就要如何，不容置疑。汉代的律令常被称为三尺法，宋王应麟考证云：“《汉·杜周传》‘不

---

① 谶纬在魏晋之后完全被禁止，有学者认为在东汉后期就已经开始被禁止，参见俞林波《论谶纬在东汉的禁毁》，《福州大学学报》（哲学社会科学版）2012年第1期。

循三尺法’，注谓‘以三尺竹简书法律也’。朱博亦云：‘奉三尺律令以从事。’《盐铁论》乃云：‘二尺四寸之律。古今一也。’盖律书以二尺四寸简，举其大数，谓之三尺。”（《困学纪闻》卷六）。越是重要的内容，竹简越长，律令是二尺四寸，而经书也是二尺四寸，律令与经书所用竹简长度相同，意味着在当时律令与经书具有同等的权威。汉宣帝时，盖宽饶上书说：“方今圣道寖废，儒术不行，以刑余为周召，以法律为《诗》《书》。”（《汉书·盖宽饶传》）可见，在汉代弥漫全社会的经学空气之下，律令却在暗处发挥着实际的作用，这正是汉代经学的尴尬之处。

法的本质是帝王的权威，法的地位越高，意味着帝王的权威越稳固，武则天、明太祖、清世宗均实行过严刑峻法，是对法家思想的彻底贯彻，这些只是法家思想的显性存在。在人们看不见的地方，法是无处不在的，在皇权社会，它始终是皇权的一个隐性支撑，在政治体系中发挥着不可替代的作用。

三、皇权祖训拟经地位的确立

传统社会的集权和神权性质，意味着真正具有最高指导地位的只能是帝王的“金口玉言”，与它相比，其他所有的东西，无论是神圣的经，还是儒佛道，都是装饰和点缀。经学的核心是先王之道，尊经就相当于在统治阶层头上悬挂了一个更高的东西，因此经的权威难免与帝王的权威发生冲突。虽然没有哪个帝王敢公开否定经的权威，但完全可以置之不理。在官僚系统中真正发挥作用的是皇帝的金口玉言，它是现实世界中活着的“经”，而真正的五经六艺在他们眼中不过是一种作为具文的“文化事业”。皇帝的金口玉言，在当时是律令，在后代就是祖训。

中国历来有尊祖敬宗的传统，经，在某种意义上说也是祖先崇拜和圣王崇拜的产物。而对帝王们来说，与其尊上古之先王的权威，不如尊本朝祖宗之权威，自己的祖宗对本朝来说是先王，而祖宗的金口玉言、嘉言懿行以及所创立的制度体系，也算得上是经。因此，皇权祖训就越来越被重视，并提升到经的高度。这一点，从唐代之后便越来越明显。《贞观政要》一书的编纂，第一次明确体现了重视本朝“先王”祖训的自觉意识。宋仁宗天圣五年（1027），王曾奏请仿《贞观政要》体例修太祖、太宗、真宗三朝事迹为一书，即著名的《三朝宝训》，“宝训”之名盖始于此。所谓宝训，意为“前圣典谟，布在方册，后代纂之，宝为大训”[①]。宋朝自《三朝宝训》后几乎每一位皇帝即位后都为前代皇帝修《宝训》，并形成一种制度延续到明清时代。《宝训》《圣训》将本朝前代皇帝的诏令谕旨、嘉言懿行分门别类地编录下来，其内容涉及敬天法祖、制度法令、机构设置、百官规范、求言纳贤、文治教化、恤民劝农、招降怀远等国家政治运作中的重大方面。《宝训》代表的是一朝的家法，称为宝训，意为对后代皇帝治理天下具有示范、训戒的作用，是一种楷模、典范和指导原则，是后世皇帝必须遵守的。《宝训》具有经的地位，甚至超过了经，并成为经筵讲读的主要内容。最早的《三朝宝训》，宋代诸帝几乎都曾听讲过。吕大防曾夸耀说：“不须远法前代，但尽行家法，足以为天下。”（《宋史·吕大防传》）言外之意，经书都太陈旧了、过时了，当朝的宝训才是真正有效用的。南宋高宗绍兴五年（1135）臣僚要求读《三朝宝训》时说：“仰惟陛下复开经筵，宜依仿仁宗时，于经筵中读《三朝宝训》，仍令侍读之官如李淑所请，先取论政体、听断，更益以谨灾祥、省费用数卷进读，则内修之道尽矣。次取议武备、制军旅、论边防、抚夷狄数卷进读……则外攘之策举矣。事要理切，既有以开广圣志，兴利除弊，庶足以拯济阽危。帝王之学，莫大于此。”[②]《宝训》成了“莫大于此”的帝王之学，经学尚排在后面。

延及明代，祖训的重要性更加突出。明太祖朱元璋出身底层，本来就对经没有太多的认识，为提高皇帝的权威，他颁布了《皇明宝训》《御制大诰》等，要求天下人都当成经来学习诵读，“上令天下府州县民，每里置塾，塾置师，

① ［宋］周麟之：《海陵集》卷三《论乞修神宗以后宝训》，《影印文渊阁四库全书》第1142册，第18页。

② 刘琳等校点：《宋会要辑稿·崇儒七》，上海古籍出版社2014年版，第2886页。

聚生徒教诵《御制大诰》，欲其自幼知所循守”[1]。还将其纳入科举考试，“诏礼部，今后科举岁贡，于《大诰》内出题，或策论判语参试之”[2]。确实，在朱元璋看来，自己说的话才是最管用的，天下人直接按我说的做就完事了，而那些劳什子的经书几千年争论不休，连到底说了什么都搞不明白，太费事了。明代虽然也有尊经的举动，如编《四书五经大全》，以四书为科举考试主要内容等，但祖训的地位凌驾于经书之上，也是一个非常明显的特色。明朝前期编写的《文渊阁书目》，彻底打破了传统经史子集以经为首的四部分类法框架的束缚，而分为数十个类别，其最大特色，就是第一类不再是经，而是与明朝历代皇帝有关的“国朝”之书，包括御制、敕撰、政书、实录等，这一体例为此后明代的很多目录学著作所效仿，“陆深、沈节甫、叶盛、焦竑、孙能传皆仿行勿违，几成明代众录之共同特色”[3]。如明末焦竑所撰的《国史经籍志》在经史子集之前增加“制书”一类，包括御制、中宫御制、敕修、记注时政，内容主要是明代皇帝御制的诰命、法令、诗文，以及官修的皇帝实录等。焦竑在此类小序中说：“我圣祖投戈讲艺，间有撰造，朝出九重，暮行四海，风动草偃，晓然如推赤心置于人腹中，窃伏而读之，亹亹乎如家人父子提耳以命，唯恐其不尽也；如导师之于弟子，唯恐其不达也。”[4]这种目录分类学上的细微变动，往往为研究者所忽略，但它无疑具有非常重要的思想史意义，充分彰显了权力在知识体系中的统治地位，已经超越经学，经的权威必须要在帝王权威的笼罩之下。万历时的张居正曾有一段话很有代表性：

窃以为远稽古训，不若近事之可征；上嘉先王，不如家法之易守。

---

①《明太祖实录》卷二一四“洪武二十四年十一月己亥”。

②《明太祖实录》卷二一二“洪武二十四年九月乙酉”。

③ 姚名达：《中国目录学史》，上海古籍出版社2005年版，第82页。

④［明］焦竑：《国史经籍志》卷一，见《明代书目题跋丛刊》，书目文献出版社1994年版，第220页。

昔伊尹、周公，矢谟作诰，撮其大指，不过两言：曰“明言烈祖之成德”，曰“觐扬文武之光烈”而以。唐宪宗读《贞观政要》，竦慕不能释卷；宋仁宗命侍臣读《三朝宝训》及《祖宗圣政录》，前史书之，皆为盛事。良以羹墙如见，自不忘继志之思，耳目既真，又足为持循之地，守成业而致盛治，莫要于此。仰惟我二祖开创洪业，列圣纂绍丕图，奎章睿谟则载之宝训，神功骏烈则纪之实录，其意义精深，规模弘远，枢机周慎，品式详明，足以迈三五之登闳，垂万亿之统绪，此正近事之可征，家法之易守者也。[①]

张居正明确指出，所谓古训、先王之法，都不如近事、家法的价值高，并用“意义精深，规模弘远，枢机周慎，品式详明，足以迈三五之登闳，垂万亿之统绪”等夸张的词句来褒奖明朝的宝训。这段话充分体现了经学在帝王祖训家法面前的全面落败。到了清代，家法、宝训的地位更为崇高，不仅代代编纂宝训，而且将“宝训”改成“圣训”，虽一字之改，但意味深远。圣训不仅是经筵讲读之书，还是皇帝每日早晨必读之书，早晨皇帝起床洗漱、向太后请安后，都要先到养心殿或乾清宫读圣训和实录，然后再进早膳。某电视剧中，有一大臣一大早在皇帝寝殿外大声朗读前代皇帝圣训以催促皇帝起床早朝的画面，相信很多人都知道，他读的不是经，而是圣训，因为圣训的权威性更高。

汉代以后，虽然历代沿袭着对经的尊崇，读经、校经、刻经等经学活动持续不断，但经在政治生活中已经处于边缘地位，只在某些特殊领域如礼仪等方面发生作用，经学更多地作为一种文化传统被继承下来。艾尔曼说：在帝制中国，掌握了经书的诠释权，实际上便如同掌握了对王朝移转和政治合法性的解释权。在这一点上，历朝皇室非得仰赖学者和官僚们的合作不可。

---

① ［明］张居正：《新刻张太岳先生诗文集》卷四十四《请敷陈谟烈以裨圣学疏》，《四库全书存目丛书》第114册，第106页。

从公元1313年至1905年的三个朝代便是显例。蒙古人入主中国、建立元朝后，统治者便接受士人的建议，将宋代程朱学派大师程颐（1033—1107）和朱熹（1130—1200）的经书诠释定为科举考试的权威标准。[①]这似乎是对经的政治影响力的夸大。由于中国古代政权的更替是以暴力为基础的，确立皇权合法性的最主要的途径是制造天命，如封禅、谶语、改制度易服色、祥瑞等，统治者对经书的推崇不过是一种文化传统的承袭，诠释经书虽有助于说明其合法性，但这种功能显然是非常有限的。唐代虽然编定《五经正义》，统一了经书诠释，但是经学在唐代是非常衰落的，唐朝最优秀的人中很少有经学方面的人才。元代恢复科举考试，但蒙古政权的合法性并不是靠科举考试来确立的。事实上，科举考试在元朝到底发挥了多大的作用，是很令人怀疑的。

经与政治的疏离，意味着“以经治国”经观念的完结，此后的中国历史中再也没有出现过像西汉那样，认真地以经作为现实政治的直接指导的情形。清代的阎若璩说：“以《禹贡》行河，以《洪范》察变，以《春秋》断狱，或以之出使，以《甫刑》校律令条法，以《三百五篇》当谏书，以《周官》致太平，以《礼》为服制，以兴太平。斯真可谓之经术矣。”[②]《禹贡》治河，抵挡不住河水的泛滥，《三百五篇》谏书，抵挡不住皇帝的胡作非为，《周官》可致太平，王莽却以《周官》致大乱。这种实用性的经术，只存在于两汉时代，其后，它变成儒者的一个再也无法再现的梦。随着“以经治国”经观念的解体，代之而起的是另一种经观念的兴盛，即把经作为一种专门学问的观念。

①〔美〕艾尔曼：《早期现代还是晚期帝国的考据学？——18世纪中国经学的危机》，《复旦学报》（社会科学版）2011年第4期，第10页。

②［清］惠栋《九曜斋笔记》卷二引“潜邱语”，《丛书集成续编》第92册，上海书店出版社2014年版，第509页。

第三章　章考句析：作为学术志业的经

汉代通经致用的博士经学，由于过于向现实靠拢，导致经学自身的腐败，产生繁琐、任意解说等弊端，从而遭人诟病而渐渐荒废，经学亟须转换发展方式。这时，产生了一批新的经学学者，他们力图纠正汉代经学的弊端，尽量以客观的、实事求是的立场去解经注经，并把经当作自己的终身志业，默默无闻、关起门来对经作专业、细致的研究和整理。他们研究经，不是为了致用，而只是作为一种传承圣人之道的志业和精神寄托。这实际上代表了一种新的经观念，即把经作为一种学术志业。所以他们非但不去主动出仕，甚至有意逃避做官，而甘坐冷板凳。在这种经观念之下，虽然产生了大量有分量的学术研究成果，但也使经逐渐脱离社会现实，从而产生新的问题。这种经观念广泛存在于东汉至魏晋南北朝隋唐时代，而在唐代中期以后开始出现新的变化。

第一节　新旧经观念转换的逻辑

经学远离政治、向学者专门志业的转换，既有内在基因，又有外在特殊的历史条件。内在基因是，经学本来就是在远离政治的情况下产生的，真正有经学情怀者往往与政治保持一定距离。外在特殊的历史条件是，政治化的经学的腐化堕落，呼唤经学向严谨、严肃的学术化方向转型。

一、经学范式的转换

两汉时代，经学的主流是官方的博士经学，这种经学依附于政治，完全成了利禄之途，因此逐渐走向腐败和裂变。对此种腐败经学的反动，就是一场经学范式和经观念的深刻转换，这一转换，既是经观念演变的合理逻辑进程，又是一个现实的历史进程。

上章已经提到，汉人是以实用的态度来看待经的，认为经记载了先王治国平天下的“王道”，是指导现实的最高准则。因此，他们就设立了专门的经书研读官员，即博士及其弟子，并使他们凭自己的经学知识为政治提供指导和借鉴。但由于解经活动与个人的功名利禄和现实政治活动直接相关，而经书本来又有很大的解释空间，对它所提出的解释如果能迎合权力，便很容易获得现实利益，而若与权力相抵触，则很可能招来灾祸。因此，博士经学不可避免地流于牵强附会、信口巧说，通过罗织经义以取媚现实，而不顾及经书的本义。《汉书·艺文志》称：“后世经传既已乖离，博学者又不思多闻阙疑之义，而务碎义逃难，便辞巧说，破坏形体；说五字之文，至于二三万言。后进弥以驰逐，故幼童而守一艺，白首而后能言；安其所习，毁所不见，终以自蔽。此学者之大患也。”所谓“碎义逃难”，即为了逃避非难，应对辩论，在学说竞争中占据优势地位，而编造较为完善的解说体系，导致经学日益繁琐化，故有人讲《尧典》“粤若稽古”四字就可以讲好几万字。这已经与最初非常淳朴简单的经学偏离甚远。最早的经学，只是简单解释疑难字词，甚至根本谈不上解释体系，如夏侯建说夏侯胜的经学“为学疏略，难以应敌”，这种经学显然敌不过那些“精密”的经学。所谓“破坏形体”，即牵强附会地解释经文的字形。解经首先要解字，但由于博士可能没有丰富的文字学知识，也没有严肃的解经态度，于是就只能信口开河，望文生义。《论衡·正说》云：“儒者说五经，多失其实。前儒不见本末，空生虚说。后儒信前师之言，随旧述故，滑习辞语，苟名一师之学，趋为师教授，及时蚤仕，汲汲竞进，不暇留精用心，考实根核。故虚说传而不绝，实事没而不见，五经并失其实。”为了“竞进”，这些儒者根本不用心去进行认真的考证、研究，只顾信口胡说，所以把五经的真实面目给掩盖了。东汉末何休对博士经学的弊病也有指陈："是以讲诵师言至于百万，犹有不解，时加酿嘲辞。援引他经，失其句读，以无为有，甚可闵笑者，不可胜记也。"（《春秋公羊经传解诂·序》）到何休的时代，博士对经书的任性解读，已经到了非常严重的程度。

以博士为代表的官方经学，其所有弊端归结到一点，就是解释活动与经书本身完全背离，或者用一个字概括，就是"凿"。这对于那些对经书真正抱有信仰的经师来说，是难以容忍的。他们仍坚持以求道之心，而不是求利禄之心来解经，因此看不惯博士经学对经的任意解释和繁琐化。他们希望抛弃那些虚浮的、远离经之本义的解说系统，而回到简明客观的轨道上来，不能信口胡说，而要一切以经文为本，一切围绕经文，所有的解说都要有理有据，要简单明了。沿着这一诉求前进，许多学者开始抛弃博士经学的繁琐家法，而另起炉灶对经书进行重新注解，从而走上一种新的经学研究之路。他们不再以实用为本位看待经，反而努力远离实用和现实政治，以近似"做学问"的客观态度解经，试图探寻经中蕴含的真实意义而不是被后人附会的含义。五经虽然篇幅不大，但内容古奥，牵涉面广，典故名物非常多，要真正以相对客观平实的态度解经就需要有广博的知识积累，因此许多经师就在这一过程中把自己培养成了专业的学问家，沉酣于经书中，以解经为志业。

这样，一种新的经观念就产生了，即把经看作一种学术志业，而非以实用为目的。这种"作为学术志业"的经观念，包含学术和志业两个方面的特点：首先，远离现实和政治，把读经、讲经、注经作为自己的志业和精神寄托。所以很多经学家都隐居民间，不乐于做官，即使出来做官也绝不有意追求功名利禄。其次，把经作为专门的学术研究对象，强调证据，解经风格客观、简明。当然并非所有人都有能力对经作学术化研究，或对经书诠释有新的创见，他们可能更侧重于读经、讲经，但其学风则是学术化的，而非过去那种臆说式和烦琐化的。

这种新的经观念萌生的典型标志是东汉古学的兴盛。蒙文通先生说："马融答刘瑰，郑玄答何休，必曰‘义据通深’；李育、贾逵争论今、古学，必曰‘往复皆有理证’。盖承博士倚席不讲，儒者竞论浮华之后，徒言义理不足以振其颓，必以证据济之，以引文明者为高说。”① 这段话充分说明新的经学风尚讲究证据、态度踏实，实为对博士经学的直接反动。关于兴起于东汉的古学，葛兆光先生说：“‘古学’在注释经典的形式中强调的不是神秘体验也不是任意想象，不是对圣贤哲理的敬虔心情也不是对微言大义的钩玄索隐，而是历史、事物以及语言文字的确定性知识，是对经典的学术性诠解。”② 古学兴起于东汉民间，至魏初随着博士经学彻底没落，古学正式走上历史的前台，成为经学的主流。王国维说：“古文学之立于学官，盖在黄初之际。自董卓之乱，京洛为墟。献帝托命曹氏，未遑庠序之事，博士失其官守垂三十年。今学日微，而民间古文之学乃日兴月盛，逮魏初复立太学博士，已无复昔人。其所以传授课试者，亦绝非曩时之学。盖不必有废置明文，而汉家四百年官学，今文之统已为古文家取而代之矣。”③ 魏朝所立博士，基本上都是由民间经学发展而来的新经学。程苏东指出：“曹魏初期太学博士所治师法以古学为主，贾、马、服、郑之学皆列于学官，而郑学可称大宗。”④ 郑玄之学成为官学的核心，旧有的十四博士经学几乎完全消亡。魏晋之后，汉代四百年官学完全为新的经学所取代了，这意味着经学已经成为远离政治独立发展的一种学术。

二、新经观念的历史渊源

“学术志业”这种新的经观念，虽然兴起于东汉，但其渊源则可以上溯至西汉甚至更早，或者说，它在某种程度上就是经学自身的题中之义。

---

① 蒙文通：《经学抉原》，上海人民出版社2006年版，第71页。

② 葛兆光：《中国思想史》（第一卷），第310页。

③ 王国维：《汉魏博士考》，见《王国维全集》第八卷，第115页。

④ 程苏东：《从六艺到十三经：以经目演变为中心》，北京大学出版社2018年版，第383页。

1. 经学具有远离现实政治的传统

经学虽然与政治密切相关，但从发展历程看，它起于民间私学，是在政治系统之外萌芽和发展的，具有独立于政治的意义和价值。经是古代圣王之道的寄托，代表着一种信仰和信念，学习、传承经学意味着是在传承先王之道、圣人之道，本身就具有非常神圣的意义。正是有这种观念，所以当习经者与政治接触的时候，便常常有一种心理上的优越感：我是圣人之道的学习者和掌握者，我是来指导你们的。虽然西汉时经学与政治紧密结合，很多经学学者变成政治的奴仆，但民间仍有很多人以一种独立的精神传承经学，保留着一种自古相传的对道的担当。这使得经学作为一种独立的学统能够持续生存，而不会因某些政权的毁灭而消亡。西汉时，民间的著名经师有申公、辕固生、严彭祖、夏侯胜等。

关于申公，《史记·儒林列传》载：

申公者，鲁人也。高祖过鲁，申公以弟子从师入见高祖于鲁南宫。吕太后时，申公游学长安，与刘郢同师。已而郢为楚王，令申公傅其太子戊。戊不好学，疾申公。及王郢卒，戊立为楚王，胥靡申公。申公耻之，归鲁，退居家教，终身不出门，复谢绝宾客，独王命召之乃往。弟子自远方至受业者百余人。申公独以《诗》经为训以教，无传，疑者则阙不传。

兰陵王臧既受《诗》，以事孝景帝为太子少傅，免去。今上初即位，臧乃上书宿卫上，累迁，一岁中为郎中令。及代赵绾亦尝受《诗》申公，绾为御史大夫。绾、臧请天子，欲立明堂以朝诸侯，不能就其事，乃言师申公。于是天子使使束帛加璧安车驷马迎申公，弟子二人乘轺传从。至，见天子。天子问治乱之事，申公时已八十余，老，对曰："为治者不在多言，顾力行何如耳。"是时天子方好文词，见申公对，默然。然已招致，则以为太中大夫，舍鲁邸，议明堂事。太皇窦太后好老子言，不说儒术，得赵绾、王臧之过以让上，上因废明堂事，尽下赵绾、王臧吏，后皆自杀。申公亦疾免以归，数年卒。

这里有两件事值得注意：其一，申公被楚王戊责罚，于是退居家教，终身不出门，远离政治，而以教授《诗经》为其人生之寄托。其二，汉武帝召申公，是为了让他协助建立明堂的事，而他并不逢迎皇帝，却说了句皇帝甚不爱听的话：“为治者不在多言，顾力行何如耳。”这自然不对皇帝胃口，但毕竟召来了，也不好意思直接打发回去，就随便给了个官，后来因为发生政治变故，便找个理由把他给打发回家了。可见，申公作为较早的一代经师，无意向政治靠拢，对于他来说，《诗经》的传承教习是其立命之志业，而不需要与政治发生关系。

与申公差不多同时的辕固生，也具有类似的朴拙性格：

> 窦太后好《老子》书，召辕固生问《老子》书。固曰：“此是家人言耳。”太后怒曰：“安得司空城旦书乎？”乃使固入圈刺豕。景帝知太后怒而固直言无罪，乃假固利兵，下圈刺豕，正中其心，一刺，豕应手而倒。太后默然，无以复罪，罢之。居顷之，景帝以固为廉直，拜为清河王太傅。久之，病免。
>
> 今上初即位，复以贤良征固。诸谀儒多疾毁固，曰“固老”，罢归之。时固已九十余矣。固之征也，薛人公孙弘亦征，侧目而视固。固曰：“公孙子，务正学以言，无曲学以阿世！”自是之后，齐言《诗》皆本辕固生也。诸齐人以《诗》显贵，皆固之弟子也。

对于太后喜欢的《老子》一书，辕固生竟贬之为“家人言”，所谓家人言，钱穆以为“即谓平民私家之言”①，显得不识时务。从辕固生的语气可以看出，他认为只有诗书六艺才是正宗的学问，《老子》不过是私家之言、旁门左道而已。他的话惹怒了太后，虽然关键时候景帝帮了他的忙，没有获罪，但也只能把他遣返。他还告诫公孙弘“务正学以言，无曲学以阿世”，言外之意，

① 钱穆：《两汉博士家法考》，见《钱宾四先生全集》第8册，第201页。

就是希望公孙弘坚守经和经学的自家道理，而不可一味附庸政治。这说明，在辕固生心目中，经是某种需要坚守的信念，做官与否尚在其次。

严彭祖是汉宣帝时人，即东汉严氏春秋学博士的始祖。《汉书·儒林传》记载："彭祖为宣帝博士，至河南、东郡太守。以高第入为左冯翊，迁太子太傅，廉直不事权贵。或说曰：'天时不胜人事，君以不修小礼曲意，亡贵人左右之助，经谊虽高，不至宰相。愿少自勉强！'彭祖曰：'凡通经术，固当修行先王之道，何可委曲从俗，苟求富贵乎！'彭祖竟以太傅官终。"严彭祖廉直不事权贵，坚守自己的经学立场，当别人要他委曲从俗，不然升不了官的时候，他认为，经术是以探究先王之道为最高目标的，而不能以现实的政治需求为转移，更不能作为求富贵的工具。

《汉书·眭弘传》记载了一件趣闻，说汉昭帝元凤三年（前78）正月出现了几件异常事件，一个是泰山旁边有大石自立，一个是昌邑地区有枯社木卧复生，一个是上林苑中大柳树断枯卧地，亦自立生，有虫食树叶成文字，曰"公孙病已立"。对这些异相，通习《春秋》的眭弘认为这是民间将有天子出现的征兆，而且这个新天子应该是一个姓公孙的故家大族。于是，他上书劝皇帝寻找这个真命天子并把皇位让给他："先师董仲舒有言，虽有继体守文之君，不害圣人之受命。汉家尧后，有传国之运。汉帝宜谁差天下，求索贤人，禅以帝位，而退自封百里，如殷周二王后，以承顺天命。"当时昭帝尚幼，大将军霍光秉政，以妖言惑众、大逆不道的罪行将其诛杀。在皇权至上的年代，不要说直接要求皇帝让位，就是批评皇帝都要冒很大风险，可是眭弘竟然不顾这些，直接根据经义要求皇帝让位给所谓的真命天子，显得非常不可思议，但这恰恰说明他对经义的坚信不疑，认为经义理所当然是正确的，任何人包括皇帝都要服从它。他这种看似愚蠢之极、自寻死路的做法，其实与上述申公、辕固生的行为是有内在一致性的，是经学独立精神的一脉相承。

夏侯胜为汉宣帝时的博士，通《尚书》。汉宣帝想要褒崇武帝，为其立庙乐，便诏丞相御史，历数武帝的丰功伟绩，要求臣下讨论这件事。群臣都一致同意皇帝的诏书，只有夏侯胜提出异议：

> 群臣大议廷中，皆曰：“宜如诏书。”长信少府胜独曰：“武帝虽有攘四夷广土斥境之功，然多杀士众，竭民财力，奢泰亡度，天下虚耗，百姓流离，物故者半。蝗虫大起，赤地数千里，或人民相食，畜积至今未复。亡德泽于民，不宜为立庙乐。”公卿共难胜曰：“此诏书也。”胜曰：“诏书不可用也。人臣之谊，宜直言正论，非苟阿意顺指。议已出口，虽死不悔。”于是丞相义、御史大夫广明劾奏胜非议诏书，毁先帝，不道，及丞相长史黄霸阿纵胜，不举劾，俱下狱……胜、霸既久系，霸欲从胜受经，胜辞以罪死。霸曰：“朝闻道，夕死可矣。”胜贤其言，遂授之。系再更冬，讲论不怠。（《汉书·夏侯胜传》）

夏侯胜说了一大堆武帝的坏话，甚至说“亡德泽于民”，群臣以“此诏书也”来恐吓夏侯胜，他却说“人臣之谊，宜直言正论，非苟阿意顺指。议已出口，虽死不悔”，并因此下狱。他的这种勇气、胆识和自信来自哪里？毫无疑问来自他对经的执信。在狱中黄霸要拜他为师，并引孔子之言曰“朝闻道，夕死可矣”，在黄霸看来，夏侯胜作为经师，就是闻道者、传道者，而夏侯胜即使在狱中也无丝毫胆怯，不但收了这个徒弟，而且经过了两个冬天，“讲论不怠”，这正是经师以道自居所产生的力量。

宣、元时代的薛广德曾以鲁诗教授，经明行修，为博士，论石渠，及为三公，直言谏诤。有一次，他甚至挡住乘舆之车：

> 上酎祭宗庙，出便门，欲御楼船，广德当乘舆车，免冠顿首曰：“宜从桥。”诏曰：“大夫冠。”广德曰：“陛下不听臣，臣自刎，以血污车轮，陛下不得入庙矣！”上不说。先驱光禄大夫张猛进曰：“臣闻主圣臣直。乘船危，就桥安，圣主不乘危。御史大夫言可听。”上曰：“晓人不当如是邪！”乃从桥。（《汉书·薛广德传》）

东汉时代也不乏坚守独立经学立场以对抗政治的人。如郑兴“数言政事，依经守义，文章温雅，然以不善谶故不能任”（《后汉书·郑兴传》）。陈元说：“臣元愚鄙，尝传师言。如得以褐衣召见，俯伏庭下，诵孔氏之正道，理丘明之宿冤；若辞不合经，事不稽古，退就重诛，虽死之日，生之年也。”（《后汉书·陈元传》）在他看来，辞要合经，事要稽古，才是作为一个经师的最根本原则。张酺“为人质直，守经义，每侍讲闲隙，数有匡正之辞，以严见惮”（《后汉书·张酺传》）。鲁恭“性谦退，奏议依经，潜有补益”（《后汉书·鲁恭传》），其弟鲁丕曾上疏曰：“臣闻说经者，传先师之言，非从己出，不得相让；相让则道不明，若规矩权衡之不可枉也。难者必明其据，说者务立其义，浮华无用之言不陈于前，故精思不劳而道术愈章。”

对上述这些经师来说，传经、习经并不完全是做官的工具，而是一件具有独立意义和价值的神圣工作，正如《后汉书·儒林列传》所论：“所谈者仁义，所传者圣法也。”所以他们能够坚守经术的独立立场而不向政治妥协，这就是经学能够在动荡的政治环境中发展不辍，并成为一种独立的专业学术的内在精神力量所在。

2. 简明客观注经是经学的最初形态

西汉初期，经学刚刚发轫，经学著作大多简单明了，只是对经文作简单处理，例如分章、断句和注解疑难字词等，而没有繁琐的说辞和理论化的义理构建。查阅《汉书·艺文志》，可以看到早期的经学著作都非常简略，如易类的《周氏》二篇、《服氏》二篇、《杨氏》二篇、《蔡公》二篇、《韩氏》二篇、《王氏》二篇，都只有两篇，大概只是对《易经》上下篇的简单训诂。书类的，三家夏侯章句、解故，都是二十九篇，与《尚书》本文同。夏侯建说夏侯胜的经学“为学疏略，难以应敌”，指的就是夏侯胜的经学简易而不繁难。《诗经》方面，“故”这一体裁的著作最多，故就是“诂”，即简单训诂。尤其是三家诗中的鲁诗，非常简明，《汉志》称：“汉兴，鲁申公为《诗》训故。而齐辕固、燕韩生皆为之传。或取《春秋》，采杂说，咸非其本义。与不得已，鲁最为近之。”又《儒林传》云：“申公独以《诗经》为训故以教，亡传，疑者则阙弗传。”鲁诗只有训故而无传，最为简明，也最接近《诗经》本义，申公遵循了多闻阙疑的实事求是精神。今传本《毛诗》，又称《毛诗故训传》，仅对疑难字词进行训诂，简单明了，江西海昏侯墓出土的《诗经》文本，其注解也非常简明扼要，与毛诗的体式非常相似，都颇有汉初的遗风[①]。

经学初兴之时，经学家以传经为使命，没有现实利益的羁绊，所以不需要通过说经取悦官方，因此表现出一种简朴求实的风格。这说明，以简明客观的态度注经是经学的最原初的朴实形态。

第二节 新经学疏离政治

新经学的首要特征，是对政治和社会现实的疏离，把经学作为个人的志业和精神寄托，这也成为东汉至魏晋南北朝时期经学家的基本生存形态。这种生存形态成为经学的主流，维系了经学在乱世的存在。

一、东汉时民间经学家对政治的疏离

东汉时代民间经学发展迅速，并在汉末之后完全取代了延续数百年的官方博士经学。有学者指出：“到了东汉，由于普及经学教育的任务加重，而官学教育弊端日显，私学教育更是声势浩大，作用和影响远在官学之上。一般说来，此时私学师生的学术水平也超过了官学师生。”[②]东汉民间经学兴盛的标志是出现了大量安居民间研习、讲授经学的经师，他们刻意远离政治，不求仕进，而其生徒动辄成百上千人，可谓声势浩大。范晔在《后汉书·儒

① 可参拙文《海昏侯墓新出文献与汉代“经传合编”问题》，《管子学刊》2021年第1期。

② 张涛：《经学与汉代社会》，第229页。

林列传》中概述了东汉私学发展的盛况：“自光武中年以后，干戈稍戢，专事经学，自是其风世笃焉。其服儒衣，称先王，游庠序，聚横塾者，盖布之于邦域矣。若乃经生所处，不远万里之路，精庐暂建，赢粮动有千百，其耆名高义开门受徒者，编牒不下万人，皆专相传祖，莫或讹杂。”据学者统计，两《汉书》中从事过私人讲学和讲学有关者有163人，其中《汉书》36人，《后汉书》127人。受业弟子在千人以上者就达30家，其中西汉2家，东汉28家。东汉这28家私学中受业万人以上者也有3家[①]。由此可见，东汉的民间经学远比西汉兴盛，这正是经观念转换期的真实情形。

这些民间的经学家往往刻意逃避做官，隐居民间注经、讲经，对经学甚至达到一种痴迷的程度。他们之中，比较有成就的是郑玄、何休、包咸等人。通过研习经学，他们的生命得到安顿，也实现了自己的人生价值。

关于郑玄，其本传云：

> 玄少为乡啬夫，得休归，常诣学官，不乐为吏，父数怒之，不能禁。遂造太学受业，师事京兆第五元先，始通《京氏易》《公羊春秋》《三统历》《九章算术》，又从东郡张恭祖受《周官》《礼记》《左氏春秋》《韩诗》《古文尚书》。以山东无足问者，乃西入关，因涿郡卢植，事扶风马融。融门徒四百余人，升堂进者五十余生。融素骄贵，玄在门下，三年不得见，乃使高业弟子传授于玄。玄日夜寻诵，未尝怠倦……玄自游学，十余年乃归乡里。家贫，客耕东莱，学徒相随已数百千人。及党事起，乃与同郡孙嵩等四十余人俱被禁锢，遂隐修经业，杜门不出……灵帝末，党禁解，大将军何进闻而辟之。州郡以进权戚，不敢违意，遂迫胁玄，不得已而诣之。进为设几杖，礼待甚优。玄不受朝服，而以幅巾见。一宿逃去。时年六十，弟子河内赵商等自远方至者数千。

① 郭海燕：《汉代平民教育研究》，山东大学2011年博士学位论文，第69页。

郑玄从小就不喜欢做官，“不乐为吏，父数怒之，不能禁”，父亲也拿他没办法。李贤注引《郑玄别传》还讲了一个特别的故事，说“玄年十一二，随母还家，正腊会同列十数人，皆美服盛饰，语言闲通，玄独漠然如不及，母私督数之，乃曰‘此非我志，不在所愿也’”。郑玄长大后四处求学，拜第五元先、张恭祖、马融等名儒为师，全面学习了多部经书。尤其是在马融之门“日夜寻诵，未尝怠倦”。后来朝廷召他做官，竟然“一宿逃去”。本传所记载的他的一段自述，可以了解他的心曲：“坐党禁锢，十有四年，而蒙赦令，举贤良方正有道，辟大将军三司府。公车再召，比牒并名，早为宰相。惟彼数公，懿德大雅，克堪王臣，故宜式序。吾自忖度，无任于此，但念述先圣之元意，思整百家之不齐，亦庶几以竭吾才，故闻命罔从。”多次被征召做官而没有出山，而与他同时被召的人后来都高居宰辅。他之所以不做官，是因为他志不在此，其心志在于“述先圣之元意，思整百家之不齐”。这表明他将自己的生命价值寄托在对经的研习上，认为通过研习经书，发明了圣人的本义，传承了圣人流传下来的道统，是最有意义和价值的事情，而现实的政治活动则远远比不上经学研究这件事。

相似的还有何休[①]：

> 何休字邵公，任城樊人也。父豹，少府。休为人质朴讷口，而雅有心思，精研《六经》，世儒无及者。以列卿子诏拜郎中，非其好也，辞疾而去。不仕州郡。进退必以礼。
>
> 太傅陈蕃辟之，与参政事。蕃败，休坐废锢，乃作《春秋公羊解诂》，覃思不窥门，十有七年。又注训《孝经》《论语》、风角七分，皆经纬典谟，不与守文同说。又以《春秋》驳汉事六百余条，妙得《公羊》本意。

---

① 下述何休、包咸事迹均见《后汉书·儒林列传》。在一般学术研究中，何休传承的是今文公羊学，但在本书的视域中，并没有今文古文之分，而只有博士官学与民间古学之分。而何休是民间经学的代表，他对博士经学有反思，也是新的经观念的体现者。上文已经引用了何休对博士官学弊病的抨击，可见他是站在了博士官学的对立面。

休善历算，与其师博士羊弼，追述李育意以难二传，作《公羊墨守》《左氏膏肓》《穀梁废疾》。

何休“精研《六经》，世儒无及”，虽然靠家庭的关系得拜郎中，但做官“非其好也”，他宁愿沉浸于经书的海洋中，十七年不出门。他对经书的注解“皆经纬典谟，不与守文同说”，体现了新学的特征。

包咸，光武、明帝时人，“少为诸生，受业长安，师事博士右师细君，习《鲁诗》《论语》。王莽末，去归乡里，于东海界为赤眉贼所得，遂见拘执。十余日，咸晨夜诵经自若，贼异而遣之”。他被贼人所扣押，却能够在牢狱里每天早晚“诵经自若”，结果“贼异而遣之”。这是一种怎样的对经的痴迷精神？可能贼人也认为这个人“精神有问题”，就把他放了。包咸的主要经学成就是《论语包氏章句》，后来被何晏的《论语集解》所引用。

一些学者虽然不是纯粹的民间学者，曾经出入官场多年或曾身居高位，但其经学研究也取得了新的成就，如马融、许慎、服虔、卢植等，他们的经学成就也代表了经学的新发展。

隐居民间传授经学的学者，除了以上名人，更有大量默默无闻者，他们甚至成为经学在民间的一股巨大潜流。代表性人物有张玄、景鸾、赵晔[①]等。

张玄，光武时人，少习《颜氏春秋》，兼通数家法，史称其“清净无欲，专心经书，方其讲问，乃不食终日。及有难者，辄为张数家之说，令择从所安”，习经非常专心，以至于经常“不食终日”。在县里做小官，向上级汇报时竟然不知道对方的办公地点，可见他虽在官场，但心在经术。

景鸾，少随师学经，涉七州之地。能理《齐诗》《施氏易》，兼受河洛图纬，作《易说》及《诗解》，文句兼取河洛，以类相从，名为《交集》。又撰《礼内外记》，号曰《礼略》。又抄风角杂书，列其占验，作《兴道》一篇。及

① 下述张玄、景鸾、赵晔、任安、孙期、杨伦、张匡、颍容事迹，均见《后汉书·儒林列传》。

作《月令章句》。凡所著述五十余万言。数上书陈救灾变之术。州郡辟命不就。景鸾的经学成就很高，涉猎广泛，但他并不以此作为做官从政的工具，“州郡辟命不就”。

赵晔，少时尝为县小吏，奉命迎接督邮，他不愿干鞍前马后奔波服务的事，于是弃官逃走。后来到犍为资中拜杜抚为师，受《韩诗》，究竟其术，积二十年不还家，也不通音讯，以至于家人都认为他不在了，而“为发丧制服”，等他学成之后方才回家。但是，他这样的用功努力不是为了做官，州里召他做官而“不就”，最后终老于家。赵晔著有《吴越春秋》《诗细历神渊》。蔡邕对《诗细历神渊》颇为称赞，认为长于《论衡》。

董扶，“少游太学，与乡人任安齐名，俱事同郡杨厚，学图谶。还家讲授，弟子自远而至。前后宰府十辟，公车三征，再举贤良方正、博士、有道，皆称疾不就”（《后汉书·方术列传》）。

任安，少游太学，受《孟氏易》，兼通数经，学终，还家教授，诸生自远而至。初仕州郡。后太尉再辟，除博士，公车征，皆称疾不就。

孙期，少为诸生，习《京氏易》《古文尚书》。家贫，事母至孝，牧豕于大泽中，以奉养焉。远人从其学者，皆执经垄畔以追之，里落化其仁让。黄巾军起，过期里陌，相约不犯孙先生舍。郡举方正，遣吏赍羊酒请期，期驱豕入草不顾。司徒黄琬特辟，不行，终于家。

杨伦，少为诸生，师事司徒丁鸿，习《古文尚书》，为郡文学掾。他也出仕了几次，但因为“不能人间事”，即不通官场规则，所以干脆辞职不干，回家隐居传经。后来官府多次召他出来做官，都被拒绝。阳嘉二年（133）被召为太中大夫，但因为与当权者意见不合，被贬为常山王傅，这下他托病死活不去上任，甚至说出“有留死一尺，无北行一寸”的狠话。回家“闭门讲授，自绝人事”。

颖容，博学多通，善《春秋左氏》，师事太尉杨赐。郡举孝廉，州辟，公车征，皆不就。初平中，避乱荆州，聚徒千余人。刘表以为武陵太守，不肯起。著《春秋左氏条例》五万余言。

张楷，通《严氏春秋》《古文尚书》，门徒常百人。宾客慕之，车马填街，徒从无所止，黄门及贵戚之家，皆起舍巷次，以候过客往来之利。楷疾其如此，辄徙避之。司隶举茂才，除长陵令，不至官。隐居弘农山中，学者随之，所居成市，五府连辟，举贤良方正，不就。汉安元年（142），顺帝特下诏告河南尹召之，复告疾不到。后坐系廷尉诏狱，积二年，恒讽诵经籍，作《尚书注》。后见原还家。建和三年（149），下诏安车备礼聘之，辞以笃疾不行。年七十，终于家。（《后汉书·张楷传》）

法真，好学而无常家，博通内外图典，为关西大儒。弟子自远方至者，陈留范冉等数百人。性恬静寡欲，不交人间事。太守请见之，真乃幅巾诣谒，辟公府，举贤良，皆不就。会顺帝西巡，弱又荐之。帝虚心欲致，前后四征。真曰："吾既不能遁形远世，岂饮洗耳之水哉？"遂深自隐绝，终不降屈。（《后汉书·逸民列传》）

高凤，少为书生，痴迷经学，家里晾晒小麦，让其照看，但恰逢暴雨，竟然因读经入迷而忘记收麦，致使被水冲走。讲学名声著闻，被太守召请，却假装与嫂子发生争执，从而让人认为其品行不高而放弃召他。建初中，将作大匠任隗举凤直言，到公车，托病逃归。推其财产，悉与孤兄子。隐身渔钓，终于家。（《后汉书·逸民列传》）

下及二国时期，有乐详，史载：

> 少好学，建安初，详闻公车司马令南郡谢该善《左氏传》，乃从南阳步〔涉〕诣〔许，从〕该问疑难诸要，今《左氏乐氏问》《七十二事》，详所撰也。所问既了而归乡里……黄初中，征拜博士……惟详五业并授，其或难解，质而不解，详无愠色，以杖画地，牵譬引类，至忘寝食，以是独擅名于远近……详学优能少，故历三世，竟不出为宰守。（《三国志·任苏杜郑仓传》注引《魏略》）

为了求学，乐详从南阳步行到许（直线距离300余里）。虽然后来征为博士，但仍坚持旧有作风，授业经常“至忘寝食”，所以不得升官，“竟不出为宰守”。

除了史书所载，出土文献中也不乏相关的例子。东汉建宁三年（170）立的《淳于长夏承碑》云：“受性渊懿，含和履仁，治《诗》《尚书》，兼览群艺，靡不寻畅，州郡更请，屈己匡君，为主簿。”①《博陵太守孔彪碑》云：“帅礼不爽，好恶不愆……郡将嘉其所履，前后聘召，盖不得已，乃翻尔束带。”②夏承、孔彪都精通诸经，但都不愿出来做官，最后不得已出来，碑文的用词很有意思，一个是“屈己匡君”，一个是“盖不得已，乃翻尔束带”，屈己、不得已这类词语的运用，生动地说明在当时人的观念中，通经之士都以远离政治、隐居民间为风尚，做官都是委屈自己不得已的行为。

东汉的民间经学家，抱有一种独特的经学信念，远离政治，隐居民间，以讲习、传授经学作为其终生志业。所以，当时真正的经学不在庙堂，而在民间，不在倚席不讲的博士那里，而在郑玄、何休等人那里，他们从民间的潜流，在东汉末期渐渐成为经学的主流，取代了作为政治典范的经这一观念，而完成了经观念的转型。

二、魏晋南北朝民间经学的传承

魏晋南北朝继承和延续了东汉以来民间经学的发展，师学和家学齐头并进③，在动荡的乱世，既维系了前代形成的经学传统于不坠，又为此后经学的进一步发展积蓄力量。

就师学传承看，南朝早期的经师主要有周续之、雷次宗、关康之三人，皆隐居不仕，在民间教授学徒。其后，刘瓛、吴苞、徐伯珍、伏曼容、何佟之、严植之、何胤、贺玚、太史叔明、沈文阿、皇侃等，都是比较著名的经师。北朝的讲学之风更是直接承袭两汉遗风，其传授系统源流清晰，斑斑可考，

① 徐玉立主编：《汉碑全集》第4册，河南美术出版社2006年版，第1293页。

② 徐玉立主编：《汉碑全集》第4册，第1379页。

③ 关于师学与家学的发展，可参焦桂美《南北朝经学史》（山东大学2006年博士学位论文）第一章《关于南北朝经学的宏观考察》，本小节据之略为撮述。

著名经学大师如徐遵明、李铉、刘轨思、刘献之、熊安生、刘焯、刘炫等皆以教授学徒而著称。徐遵明讲学教授二十余年，学徒众多，海内宗仰。《魏书·徐遵明传》载业兴上表为遵明求谥，云："信以称大儒于海内……束脩受业，编录将逾万人。"可以与东汉传经大师媲美。刘焯与刘炫最为士师，"天下名儒后进，质疑受业，不远千里而至者，不可胜数。论者以为数百年已来，博学通儒，无能出其右者"。熊安生专以三礼教授，弟子自远方至者千余人。

除了经师讲学作为经学的传承形式，家学传承也有发展。家学在汉代就已萌生，如欧阳氏六世博士，伏生之后世传经学，孔氏世传古文尚书之学等，这种家学传承在汉代之后被许多家族继承下来，如虞翻家五代传《孟氏易》，王肃之学除师受于宋衷外，更深受其父王郎影响，王弼之《易》则承自曾外祖父刘表与族祖王集等。在南朝，有会稽贺氏（贺循、贺玚等）、顺阳范氏（范宁等）、东莞徐氏（徐邈、徐广等）、平昌伏氏（伏曼容等）等；北朝有范阳卢氏（卢景裕、卢辩等）、赵郡李氏（李舞、李绘、李公绪、李曾、李谧、李郁、李同轨、李神威等）、敦煌张氏（张湛等）等学术家族，使经学发展得以家族为载体获得相对稳定的发展空间①。

这一时期，经学大师们仍然继承了东汉以来远离政治、专心学问的风气，把读经、讲经、传经作为一种使命、一种志业，经学成为他们的安身立命之所和实现自己人生价值的寄托，而不以为利禄之工具。也正是因为这种信念，经学才能在动乱中传承不绝。虞喜（281—356），少立操行，博学好古，专心经传，兼览谶纬，三次以博士征，一次以贤良，一次散骑常侍征，均不出。不但如此，朝廷有什么不决的事，还"遣就喜咨访"。刘兆，博学洽闻，温笃善诱，从受业者数千人。武帝时五辟公府，三征博士，皆不就。安贫乐道，潜心著述，不出门庭数十年，凡所赞述百余万言。徐苗，少家贫，昼执锄耒，夜则吟诵。弱冠，与弟贾就博士济南宋钧受业，遂为儒宗。公府五辟博士，再征，并不就。武惠时计吏至台，帝辄访其安否。杜夷，少而恬泊，操尚贞素，

① 参见焦桂美《南北朝经学史》第一章第二节。

居甚贫窘，不营产业，博览经籍百家之书，算历图纬靡不毕究。寓居汝颍之间，十载足不出门。年四十余，始还乡里，闭门教授，生徒千人，数征不就，“国有大政，恒就夷咨访焉”。范宣，年十岁，能诵《诗》《书》。少尚隐遁，加以好学，手不释卷，以夜继日，遂博综众书，尤善三礼。宣虽闲居屡空，常以讲诵为业，谯国戴逵等皆闻风宗仰，自远而至，讽诵之声，有若齐、鲁……太尉郗鉴命为主簿，诏征太学博士、散骑郎，并不就[①]。沈麟士幼而俊敏，及长，博通经史，高尚不仕。隐居吴差山，讲经教授，从学者数十百人，时为之语曰“吴差山中有贤士，开门教授居成市”（《南史·隐逸传》）。

这些民间的经学学者，讲习不倦，代代传袭，我们可以用北魏时期常爽《六经略注》序中的一段话来作总结：

> 《传》称：“立天之道曰阴与阳，立地之道曰柔与刚，立人之道曰仁与义。”然则仁义者人之性也，经典者身之文也，皆以陶铸神情，启悟耳目，未有不由学而能成其器，不由习而能利其业……昔者先王之训天下也，莫不导以诗书，教以礼乐，移其风俗，和其人民。故恭俭庄敬而不烦者，教深于礼也；广博易良而不奢者，教深于乐也；温柔敦厚而不愚者，教深于诗也；疏通知远而不诬者，教深于书也；洁静精微而不贼者，教深于易也；属辞比事而不乱者，教深于春秋也。夫乐以和神，诗以正言，礼以明体，书以广听，春秋以断事，五者盖五常之道相须而备，而易为之源。故曰：“易不可见则乾坤其几乎息矣。”由是言之，六经者先王之遗烈，圣人之盛事也。安可不游心寓目，习性文身哉！（《魏书·儒林传》）

这段话认为经是神圣的，是“先王之遗烈，圣人之盛事”，每个人都应该游心寓目，用以“陶铸神情，启悟耳目”。经的神圣性、权威性，已经超

① 上述虞喜、刘兆、徐苗、杜夷、范宣五人事迹并见《晋书·儒林传》。

越了其实用性，对经的研习本身，就是一件最神圣、最有意义的事，这正是经学在魏晋南北朝时代传承不衰的内在动力。

第三节　学术化经学的表现及其弊端

一、学术化经学的主要表现

在经作为“学术志业”这一观念的支配下，解经成了一种高度专业化的学术活动，这使解经的学术成果呈井喷式出现。《隋书・经籍志》记载的经部文献主要以东汉至隋为主，其总量就达到7000余卷。以其为基础进行考察，可以发现学术化经学在解经内容、解经体裁、研究重心三个方面都有突出表现。

解经内容方面，作为学术志业，经学家致力于实事求是地解经，反对过度解释和任意解释，主要成果集中于对经文进行的客观性、实证性的研究。首先，对经文字、词、音、义等的解释修订。例如出现了大量专门给经文注音的著作，如《周易音》（有三种）、《周易并注音》、《古文尚书音》、《今文尚书音》、《大传音》、《毛诗并注音》、《毛诗音》、《毛诗笺音证》、《毛诗音隐》、《礼音》、《礼记音》（多种）、《春秋左氏传音》（多种）、《春秋公羊音》、《穀梁音》、《五经音》等，最著名者，则为隋末唐初陆德明所编的《经典释文》。再比如对经文文字进行专门校订，这项工作一般都体现于对经文的注解中，但也有单独进行的。唐贞观四年（630），颜师古撰《五经定本》，代宗大历十年（775），张参撰《五经文字》，文宗太和七年（833）唐玄度有《九经字样》，后来据此刻成《开成石经》。其次，解释经文中的人名、地名、制度、史实等，并通过征引各类材料进行详尽考证。这方面以郑玄对群经的注解为代表，其《三礼注》《毛诗注》，简洁明了，有理有据，名物考据自成体系，一扫博士经学的推衍臆说。除了综合性经书注解外，还有专题研究，如《周易爻义》《周易乾坤义》《周易释序义》《尚书闰义》《毛诗草木虫鱼疏》《礼记中庸传》《中庸讲疏》《私记制旨中庸义》《明堂议》等，尤其是《丧服经》的专门研究成为一个大宗。最后，解说辨析经义等，如《尚书驳议》《尚书义问》《毛诗义问》《毛诗义驳》《毛诗驳》《毛诗答问》《毛诗异同评》《难孙氏毛诗评》《毛诗辨异》《毛诗异义》《周官礼异同评》《周官礼驳难》《驳丧服经传》《丧服问答目》《礼答问》《春秋塞难》《答春秋穀梁义》等。

由于大量的经师将主要精力用来研究经文，从而使对经文的研究愈来愈精细，甚至到了毫发入微的程度，每一个字词、每一个名物，都有可能引起学术争论。为形象直观地了解学术化经学的特征，再举两个比较直观的例证。一个关于郑玄，一个关于梁武帝。郑玄是经学大家，他的经学从本质上说就是一种对经文的实证研究。如张逸问：“豕生三曰豵，不知母豕也？豚也？”答曰：“豚也。过三以往，犹谓之豵。以自三以上，更无名也。”（《毛诗·驺虞》正义引《郑志》）这里是在讨论《驺虞》一诗中“豵”这个字的准确含义，它到底指的是公的呢，还是母的呢？又如张逸问：“殷爵三等，公、侯、伯。《尚书》有微子、箕子何？”郑答云：“微子、箕子实是畿内采地之爵，非畿外治民之君，故云子也。”（《礼记·王制》正义引）这是解释既然商代的爵位只有公侯伯三等而无子爵，那经文中常出现的微子、箕子又该如何解释？这些讨论见于《郑志》，是对郑玄注经、讲学过程的记录片段，从中可以略窥郑玄经学的基本特征。

北朝儒者李业兴出使梁朝，与梁朝儒者和梁武帝有一番争论，兹不避繁琐引之于下：

> 四年，与兼散骑常侍李谐、兼吏部郎卢元明使萧衍，（1）衍散骑常侍朱异问业兴曰：“魏洛中委粟山是南郊邪？”业兴曰：“委粟是圆丘，非南郊。”异曰：“北间郊、丘异所，是用郑义。我此中用王义。”业兴曰：“然，洛京郊、丘之处专用郑解。”（2）异曰：“若然，女子逆降傍亲亦从郑以不？”业兴曰：“此之一事，亦不专从。若卿此间用王义，除禫应用二十五月，何以王俭《丧礼》禫用二十七月也？”异遂不答。

（3）业兴曰：“我昨见明堂四柱方屋，都无五九之室，当是裴頠所制。明堂上圆下方，裴唯除室耳。今此上不圆何也？”异曰：“圆方之说，经典无文，何怪于方？”业兴曰：“圆方之言，出处甚明，卿自不见。见卿录梁主《孝经义》亦云上圆下方，卿言岂非自相矛盾！”异曰：“若然，圆方竟出何经？”业兴曰：“出《孝经援神契》。”异曰：“纬候之书，何用信也！”业兴曰：“卿若不信，灵威仰、叶光纪之类经典亦无出者，卿复信不？”异不答。

萧衍亲问业兴曰：“闻卿善于经义，儒、玄之中何所通达？”业兴曰：“少为书生，止读五典，至于深义，不辨通释。”（4）衍问：“《诗·周南》，王者之风，系之周公；《邵南》，仁贤之风，系之《邵公》。何名为系？”业兴对曰：“郑注《仪礼》云：昔大王、王季居于岐阳，躬行《邵南》之教，以兴王业。及文王行今《周南》之教以受命。作邑于酆，分其故地，属之二公，名为系。”衍又问：“若是故地，应自统摄，何由分封二公？”业兴曰：“文王为诸侯之时所化之本国，今既登九五之尊，不可复守诸侯之地，故分封二公。”（5）衍又问：“《乾卦》初称‘潜龙’，二称‘见龙’。至五‘飞龙’。初可名为虎。”问意小乖。业兴对：“学识肤浅，不足仰酬。”（6）衍又问：“《尚书》‘正月上日受终文祖’，此是何正？”业兴对：“此是夏正月。”衍言何以得知，业兴曰：“案《尚书中候·运行篇》云‘日月营始’，故知夏正。”衍又问：“尧时以何月为正？”业兴对：“自尧以上，书典不载，实所不知。”衍又云：“‘寅宾出日’，即是正月。‘日中星鸟，以殷仲春’，即是二月。此出《尧典》，何得云尧时不知用何正也？”业兴对：“虽三正不同，言时节者皆据夏时正月。《周礼》，仲春二月会男女之无夫家者。虽自周书，月亦夏时，尧之日月，亦当如此。但所见不深，无以辨析明问。”（7）衍又曰：“《礼》，原壤之母死，孔子助其沐椁。原壤叩木而歌曰：‘久矣夫，予之不托于音也。狸首之班然，执女手之卷然。’孔子圣人，而与原壤为友？”业兴对：“孔子即自解，言亲者不失其为亲，故者不失其为故。”又问：“原壤何处人？”业兴对曰：“郑注云：原壤，孔子幼少之旧。故是鲁人。”衍又问：“孔子圣人，所存必可法。原壤不孝，有逆人伦，何以存故旧之小节，废不孝之大罪？”业兴对曰：“原壤所行，事自彰著。幼少之交，非是今始，既无大故，何容弃之？孔子深敦故旧之义，于理无失。”衍又问：“孔子圣人，何以书原壤之事，垂法万代？”业兴对曰：“此是后人所录，非孔子自制。犹合葬于防，如此之类，《礼记》之中动有百数。”（8）衍又问：“《易》曰太极，是有无？”业兴对：“所传太极是有，素不玄学，何敢辄酬。”（《魏书·儒林传》）

以上共讨论了八个问题，已在文中用括号数字标出。第一个讨论郊、丘的区别问题，郑的说法与王的说法不同；第二个讨论丧礼中禫礼，是二十五月还是二十七月。第三个讨论明堂到底是不是上圆下方，以及谶纬之书能不能作为经书来看待；第四个讨论《诗经》周南、召南的关系及名义问题；第五个讨论《周易》乾卦的卦辞问题；第六个讨论《尚书》所记载的尧时的正朔问题；第七个讨论《礼记·檀弓》中关于原壤的一段话；第八个讨论《易经》中所说的太极到底是有还是无的问题。这些问题都与经文字句、名物密切相关，非常专业化、学术化，而与经书的精神价值和实用性渺不相涉。这一记载只是当时关于经文的学术讨论一斑而已，由此即可见作为“学术志业”经观念的基本表现。

解经体裁方面，从注、集注发展为义疏之学。如果说西汉博士经学的代表体裁是说，那么东汉以降的代表体裁则是注。注与说不同，说充满主观性，所以一字可以说数万言，而注则不同，注是以经为主，为经之注脚，是理解经文的工具。从东汉开始各经都陆续出现了新注，如三礼、毛诗、《尚书》、《论语》之郑注，《左传》之服虔、杜预注，《易》之王弼注，《公羊》之何休注等，原来的博士经说则渐渐亡佚。因新注的大量出现，集合诸家之注的集注、集解应运而生，最早出现的集解当属何晏《论语集解》，汇集了郑玄等8家学说，后来又有江熙的《论语集解》，汇集了13家注解，等等。集注、集解是注的进一步发展，本质上还是注。

由于一代代经师的努力，诸经的新注层出不穷，到南北朝时期，诸经也都注得差不多了，于是便产生了对此新注之注，即所谓义疏[①]。其实，疏不仅是对注的注，而是对经、注的全面疏通和解说。义疏之学是近年来经学领域的研究热点，已经有多位学者进行过专门探讨。从经观念的角度看，义疏之学是学术化经学发展到顶峰的标志，有学者概括出义疏的两大特点：其一，凡称义疏者，须疏通经文字词并解说原文句意章旨。其二，凡称义疏者，必须博引群书，以为参证。[②]第一个特点是就目的言，即通过更认真更细致地解读经文来获取经的真义。第二个特点是以广引论据为主要特色。这正是学术化经学的重要表现。乔秀岩先生说："无论南北，义疏的学术内容与当时政治社会较少关联，形成纯学术性、为义疏而义疏的专门学术。"[③]远离现实，纯粹学术，这是对义疏之学非常精要的概括。翻阅义疏体的代表作《五经正义》便会发现，其内容之所以如此繁琐，就是因为作疏者试图实现这样一种目的，即通过征引各类证据、各种观点、各家注解并对其进行对比研究、分析，来确定一个最可信、最优的解说，从而确证经文的意义到底是什么。以《礼记正义》为例，对于书名"礼记"二字，孔颖达做了长达3500余字的疏，其中引文涉及《礼运》、《左传》、《易纬》、《礼纬》、郑玄《六艺论》、谯周《古史考》、皇甫谧《帝王世纪》、《广雅》、《易系辞》、《明堂位》、《郊特牲》、《封禅书》、《史记》、《论语撰考》、《舜典》、《论语》、郑注《大宗伯》、《洛诰》、《老子》、《孝经说》、《礼器》、《中庸》、《汉书·艺文志》、《缁衣》、卢植语、《汉书·儒林传》等数十种，在分析过程中又有"其文不同，未知孰是""《世纪》之文未可信用""《老子》意有所主，不可据之以难经也"等，充分体现出其囊括百家，综合众说，试图归于一是的苦心。

研究重心方面，向三礼之学转移。经书是多部性质各异的书构成的一个

① 最早的义疏出现于晋宋之间，参刘卫宁《两晋南北朝儒经义疏研究》，暨南大学2008年博士学位论文，第36页。

② 刘卫宁：《两晋南北朝儒经义疏研究》，第30页。

③〔日〕乔秀岩：《经疏与律疏》，载《北京读经说记》，第61页。

松散集合，由于经观念的不同，不同的时代，所重视的经书是不一样的，例如春秋学，汉代重视《公羊传》，因为它以微言大义著称，是一种政治哲学，而东汉之后，经学已经不关心政治了，所以《公羊》《穀梁》迅速衰落，几乎无人问津[①]，《左传》成为显学，因为《左传》资料丰富，可资考证和学术研究的内容较多。在汉代经学中，礼学并不突出，因为礼经只有一部残缺不全的《仪礼》，《周礼》《礼记》尚未获得足够重视。魏晋南北朝时，《周礼》《仪礼》《礼记》三礼之学正式成立，并成为经学研究的主体，达到一个空前的发展高峰，许多经师都是三礼专家。这一点前人多有论断，清人赵翼说：“六朝人最重三礼之学。”[②]马宗霍总结本时期的经学特征说：

> 经学之最可称者，要推三礼。故《南史·儒林传》何佟之、司马筠、崔灵恩、孔佥、沈峻、皇侃、沈洙、戚衮、郑灼之徒，或曰“少好三礼”，或曰“尤明三礼”，或曰“尤精三礼”，或曰“尤长三礼”，或曰“通三礼”，或曰“善三礼”，或曰“受三礼”。而晋陵张崖、吴郡陆诩、吴兴沈德威、会稽贺德基，亦俱以礼学自命。三礼之中，又有特精者，如沈峻之于《周官》，见举于陆倕，贺德基之于《礼记》，见美于时论。《仪礼》则专家尤众。鲍泉于《仪礼》号最明。分类撰著者，有明山宾《吉礼仪注》《礼仪》《孝经丧礼服仪》，司马褧《嘉礼仪注》，严植之《凶礼仪注》，贺玚《宾礼仪注》，而沈不害则总著《五礼仪》。[③]

从著作数量看，《隋书·经籍志》记载的三礼类著作达到2186卷，而其他各经，如《诗》683卷，《书》296卷，《易》829卷，《春秋》1192卷，都与三礼相差甚远。这还只是纯粹的三礼文献的研究，如果再加上与三礼学

---

①《经典释文·序录》云：“和帝元兴十一年，郑兴父子奏上《左氏》，乃立于学官，仍行于世，迨今遂盛行，二《传》渐微。”王应麟《困学纪闻》卷六指出和帝元兴无十一年，且郑兴父子未及生活于元兴年间，此时间或有误。

②［清］赵翼：《廿二史札记》卷二十“唐初汉书三礼文选之学”条。

③ 马宗霍：《中国经学史》，第79页。

密切相关、大部分由经学学者所撰的史部仪注类著作的3094卷，则三礼类著作达到5000多卷，相当于《经籍志》所著录经史子集全部49467卷的十分之一还要多。

三礼之学何以能够脱颖而出，成为经师们青睐和关注的研究对象？这大体有三个方面的原因：首先，三礼是诸经中最需要进行实证研究的部分，包括礼仪、制度、风俗习惯、历史典故等，而且《礼经》残缺严重，对各种礼仪细节往往众说纷纭，难有定论，这些都需要通过客观的实证性研究才能获得结果。其次，当时社会上对礼学的需求很大，政治上需要礼来维持统治秩序，私家门第、世家大族需要礼来维持门第秩序。南朝宋傅隆的一段话可以代表当时人对礼的重视程度："原夫礼者，三千之本，人伦之至道。故用之家国，君臣以之尊，父子以之亲。用之婚冠，少长以之仁爱，夫妻以之义顺。用之乡人，友朋以之三益，宾主以之敬让。所谓极乎天，播乎地，穷高远，测深厚，莫尚于礼也。其乐之五声，《易》之八象，《诗》之风雅，《书》之典诰，《春秋》之微婉劝惩，无不本乎礼而后立也。"（《宋书·傅隆传》）最后，自先秦以来，礼学就是儒者的本业，东汉之后儒者政治地位衰落后又大多重拾本业，继续以礼学专家身份而存在，故他们将主要精力用在礼学研究上。当时的许多礼学问题，都依赖经学家来解决。宋代王应麟说："朱文公谓六朝人多精于《礼》。当时专门名家有此学，朝廷有礼事，用此等人议之。"（《困学纪闻》卷五）如西晋咸宁四年（278）何曾薨，"将葬，下礼官议谥。博士秦秀谥为'缪丑'，帝不从，策谥曰孝"（《晋书·何曾传》）。太康三年（282）贾充薨，"及下礼官议充谥，博士秦秀议谥曰荒，帝不纳。博士段畅希旨，建议谥曰武，帝乃从之"（《晋书·贾充传》）。《陈书·儒林传》载"世祖即皇帝位，克日谒庙，尚书右丞庾持奉诏遣博士议其礼"。所以，王国维也说："中兴以后，此制（笔者按，指议政）渐废，专议典礼而已。"[①]

---

① 王国维：《汉魏博士考》，见《王国维全集》第八卷，第127页。

总之，这一时期，对经文本身的学术性研究，可以说已经达到毫发必究的细致地步了，经的学术化这一经观念，通过这些数量庞大的经学著作，得到充分的外化和体现。

二、学术化经学的价值及其衰落

从东汉至隋，是中国历史上最动乱的时代，经在某种程度上成了经师躲避现实的藏身之所和精神的唯一寄托。抱着一部遗经日夜诵读研究，终日不问世事，也确实乐在其中。经的学术化与专业化的发展，有两个重要意义。其一，开放了对经的研究，促进了经学的繁荣。任何有志于经书研究的人，都可以进行自由研究，因为它已成为一种专业学问，一种专门化的工作，所以不会再如汉代石渠阁会议或白虎观会议那样需要官方统一经义，也不会有诸如东汉禁止私修国史之类的行动。正是因为这种开放，才使经书的注疏解释工作更加繁荣，新的注疏作品层见迭出，其中许多有价值的成果都是隐居民间的经师做出来的，如许慎、郑玄乃至后来的熊安生、刘焯、刘炫等。其二，使经学脱离与政治的关联，不再依附于政治而存在，不再追求经的现实政治效果甚至为了追求经的政治效果而任意歪曲经的意义，从而更少地受到政治风气或政权兴衰的影响，而成为一种独立发展的学术体系。

但是，当这种经观念发展到一定程度之后，也出现了新的问题。因为学术化的经观念，使人们将经本身的学习和研究作为目的，即为习经而习经，而与现实脱钩，这意味着经学不再关心现实了，不能为现实问题的解决提供资源和能量了。经学成了一种学术考古，一种完全脱离现实的文字游戏，一种不同学派争诘不休的无聊辩论，成了纸上谈兵和繁琐复杂的训诂、考据。它所研究的问题，如果说有价值的话，那也仅仅是学术价值，这既无关于儒家的道德与理想，也无关于治国平天下的大道理。上一节提到北朝儒者李业兴与梁武帝及其臣子所讨论的八个问题，基本上都是琐碎无聊、钻牛角尖的问题，与现实生活毫无关系。宋代陈亮对此有精辟的评论，他说：“九师三传，齐、韩、毛、郑、大戴、小戴，与夫伏生、孔安国之徒，其于《六经》之文，穷年累岁，不遗余力矣；

师友相传，考订是非，不任胸臆矣；而圣人作经之大旨，则非数子之所能知也。”[①] 这个时代的经学，仅着眼于对经文本身的细致研究，努力求取经的真相，在这方面他们确实在某种程度上坚持了实事求是的原则，纠正了博士经学的缺陷，这是其优点，但对于经的意义和价值，即“圣人作经之大旨”，却基本上毫无发明[②]。这一点毫无疑问是其最大缺陷。叶国良先生说：“汉唐传下的注疏，以分章析句、解说名物制度为主，和西汉今文之学的经世色彩，颇异其趣。”[③] 蔡方鹿先生说：“西汉的今文经学专明微言大义，同时存在着对经书的穿凿附会；东汉的古文经学则详于章句训诂，但有陷入繁琐考据的弊端；魏晋南北朝时，经学演变为义疏之学，其特点是比‘注’更加详细地逐字、逐句、逐章解释古经，而不注重阐发新思想。”[④] 都关注到了这一点。

经与现实日渐疏离的问题，到唐代中期就逐渐凸显出来。唐代的经学继承了魏晋以来的学术化经学，先是编定《五经正义》，后来又设明经之科，将一些经书连同其注解都作为考试的内容。唐代赵匡说：“疏以释经，盖筌蹄耳。明经读书，勤苦已甚。其口问义，又诵疏文，徒竭其精华，习不急之业。而当代礼法，无不面墙。”（《通典》卷十七引）赵匡批评研究经书只是一种不急之业，与“当代礼法”的现实情况毫无关系，而仅成为书斋里的学问。在这种情况下，中唐之后向经中求道的观念就渐渐萌生，经观念的发展便又进入到新的历史阶段。

---

① ［宋］陈亮：《陈亮集》卷十二《传注》，中华书局1987年版，第137页。

② 当然，它在某些方面也可以发挥对现实的作用，如谥号拟定、丧服服制等礼制方面，但这些毕竟都只是细枝末节，与传统儒者家国天下的理想相去甚远。

③ 叶国良等：《经学通论》，第560页。

④ 蔡方鹿：《二程的经学思想及其对朱熹经学的影响》，载姜广辉主编《中国哲学》第二十五辑，辽宁教育出版社2004年版，第313页。

第四章　众经纷杂：经的扁平化倾向

上一章主要从经学的传衍层面讨论了东汉至魏晋南北朝时期的经观念，本章的讨论仍以此一时段为范围，但尝试跳出具体的经学，而从经书外延变化的角度进行探讨。

魏晋南北朝时，由于政治上动荡不安，政权多以武力夺取，发展文教的大环境已经不复存在，经学退化为书斋里的考古学，虽然传承不断，但总体上看仍处于衰落的状态，而新兴的佛道二教又契合了乱世中人们的心理需求，从而进一步挤占了经学的发展空间。《梁书·儒林传序》总述汉末至南朝经学衰败的情况时说：“汉末丧乱，其道遂衰。魏正始以后，仍尚玄虚之学，为儒者盖寡。时荀顗、挚虞之徒，虽删定新礼，改官职，未能易俗移风。自是中原横溃，衣冠殄尽，江左草创，日不暇给，以迄于宋、齐，国学时或开置，而劝课未博，建之不及十年，盖取文具，废之多历世祀，其弃也忽诸。乡里莫或开馆，公卿罕通经术。朝廷大儒，独学而弗肯养众；后生孤陋，拥经而无所讲习。三德六艺，其废久矣。”隋唐时代实现了大一统，社会环境趋于稳定，经学也被纳入科举考试，但经学非但没有复兴，反而越发消沉，失去了发展的生机和活力。

因此，从魏晋以至唐代这一时段，相对于其前的两汉以及其后的宋明，经学发展是一个低谷，这在经观念上的表现就是：众经纷杂，呈现一种扁平化趋势。所谓扁平化，如同一个平面中，经处于中央，是一个最高的凸起，而其他文化门类处于平面环列四周。扁平化则是经的高度下降，其他门类上升，从而与经渐渐处于同一高度，甚至分享了经的概念。经的扁平化主要有几个方面的表现。首先，从经书体系内部看，传注解说地位上升，几与经等，甚至超越正经。其次，佛道经书与儒经赫然并列，当时人普遍认为儒释道三教典籍都是经，并无高下之分。最后，作为经史子集四部之一的集部之学异军突起，在声势和成就上完全超过经，文辞、文章成为一个时代最优秀人才的认定标准。

经的扁平化倾向使经的权威性和区分度大大降低，这才会有中唐以后儒家学者的谋求复兴，要遏制经的扁平化趋势，重塑经的权威，重建儒家在社会和文化中的引领地位。

第一节　传注的经书化

传注本来都是解经的，是从属于经的，但随着经学的发展，它们的地位得到很大提升，具有了近似于经甚至超越经的地位。这种情况大致可分两个方面，一个是传记的经书化，一个是注解的经书化，兹分述如下。

一、传记升经

这里所说的传记，指的是《孝经》、《论语》、《春秋》三传、《礼记》《周礼》七部典籍。它们最初只是经的“传记”和附庸，但在东汉之后，它们的地位得到很大提升，与正经已经没有差别。

《论语》《孝经》虽然不是直接解释经书的，但由于它们被认为是圣人言行之要，因此普及率很高，几乎人人通习，据王国维先生的考证，《论语》《孝经》在汉代相当于今天中小学的学习内容，五经（六艺）则类似大学的学习内容[①]。在汉代，《论语》《孝经》与五经是有严格区别的，只

① 王国维：《汉魏博士考》，见《王国维全集》第八册，第109页。

有五经的家法才有资格立为博士，《论语》《孝经》则没有博士资格，而且官方经学考试中只考五经，《论语》《孝经》基本不考，或仅作为预科考试[①]。魏晋之后，《论语》《孝经》与五经的区别变得模糊，渐渐被当作正经对待。

《春秋》与三传的关系比较微妙。《春秋经》文字简洁，只记何时发生了何事，没有前因后果，后世称之为“断烂朝报”，直接阅读会不知所云，其意义和价值全靠传的解说，这也是三传升格为经的内在原因。《公羊传》最早立在学官，是汉代《春秋经》的唯一法定解释，具有准经书的地位，汉末刻熹平石经，它被刻入其中。《穀梁传》曾在石渠阁会议后立为博士，虽然后来被废，但它与《公羊》《左氏》并称《春秋》三传的地位一直没变，其传习虽不兴盛，但也没有中断，东晋时范宁为《穀梁》作注，成为《穀梁传》最古老、最权威的注。《左传》内容翔实、文辞典雅，记载的大量史实可以补《春秋》经文之不足，因此吸引了大量的经师去研究，东汉时曾有人主张立为学官，没有成功，但其影响则越来越大，后来成为三传中的一枝独秀。《后汉书·郑兴传》云：“郑兴字少赣，河南开封人也。少学《公羊春秋》，晚善《左氏传》，遂积精深思，通达其旨，同学者皆师之。天凤中，将门人从刘歆讲正大义，歆美兴才，使撰条例、章句、传诂及校《三统历》。”在刘歆的指导下郑兴对《左传》作了条例、章句、传诂等，当时一般只有经文才有章句、传诂，可见郑兴已经把《左传》当作经了。其后贾逵作《左传解诂》，服虔为《左传》作注，后者成为后世尊奉的经典之注。西晋时期，杜预为《左传》作注，与服注媲美。南北朝时，北方《左传》学者尊服注，南方尊杜注，各成一派。唐代编《五经正义》，《左传》直接作为五经之一取代《春秋》。总而言之，魏晋南北朝至隋唐，三

① 东汉徐防上疏要求改革博士考试制度时说：“《五经》各取上第六人，《论语》不宜射策。”李善注引《东观记》又载防上疏曰：“试《论语》本文章句，但通度，勿以射策。”（《后汉书·徐防传》）可见，当时考试只考五经，《论语》只通章句，可视为预科考试，《孝经》则不在考试范围内。

传逐渐脱离《春秋经》而各成一学，因此，这一时期的经学只闻有公羊学、穀梁学、左氏学，而未闻有春秋学，三传已经具有经的地位，而真正的《春秋经》反而被忽略了。

大、小戴《礼记》相传分别是西汉经学博士戴德、戴圣所辑，主要是七十子及其后学的作品。它们只是因礼经残缺严重，故辑录以作为礼经的补充资料，故其地位无法与真正的礼经——《仪礼》相比，汉代官学博士所传授的内容是各家的礼经章句，今郑玄的《仪礼注》中，尚保留了大、小戴博士对于《仪礼》篇章次序的不同划分，足见大、小戴博士的区别，不在大、小戴《礼记》，而在大、小戴《仪礼》。但由于二戴《礼记》中包含了不少意义隽永、思想深刻的篇章，其价值远远超过博士所传的礼经的家法、章句，故渐渐引起学者们的重视。郑玄在为《仪礼》作注的同时，又特意为小戴《礼记》作注，从此，《礼记》的地位就逐渐凸显，自成一学，俨然成为正经，而与《周礼》《仪礼》并称三礼。北朝时，“诸生尽通《小戴礼》。于《周仪礼》兼通者，十二三焉”（《北史·儒林传》）。《礼记》的地位超越了正统的礼经《仪礼》。至于大戴《礼记》，或许是历史机缘使然，就没有那么幸运，因为郑玄和其他大儒未为其作注，所以关注者较少，据史书记载，只有北朝卢景裕曾经为其作过注，故一直没有成为与《礼记》匹敌的经。《周礼》原为《周官》，与礼经无涉，但后来由于王莽的重视，改《周官》为《周礼》，从此《周礼》成为礼经之一。东汉时《周礼》受到经师的重视，郑众、贾逵、马融、卫宏、张衡等都传《周礼》学，特别是郑玄专门为《周礼》作注，使《周礼》的礼经地位得到稳固。

上述传记地位提升的主要标志，是与其各经一起被立于学官。曹魏时《孝经》等已被明确立于学官。《三国志·王肃传》称：“初，肃善贾、马之学，而不好郑氏，采会同异，为《尚书》《诗》《论语》《三礼》《左氏》解，及撰定父朗所作《易传》，皆列于学官。”西晋初置十九博士，《宋书·礼志》载东晋初荀崧上书云：“世祖武皇帝……先儒典训，贾、马、郑、杜、服、孔、王、何、颜、尹之徒，章句传注众家之学，置博士十九人。”对于此十九博士具体所掌，学界有不同看法[①]。《宋书·礼志》又载东晋初博士制度云：“太兴初，议欲修立学校，唯《周易》王氏，《尚书》郑氏，《古文》孔氏，《毛诗》《周官》《礼记》《论语》《孝经》郑氏，《春秋左传》杜氏、服氏，各置博士一人，其《仪礼》《公羊》《穀梁》及郑《易》，皆省不置博士。”后者显然是在前者基础上的简省，由此可以逆推《春秋》三传、《礼记》、《周礼》、《论语》、《孝经》等在西晋时皆立于学官，只是东晋时有所简省。又《宋书·百官志》云：“《周易》《尚书》《毛诗》《礼记》《周官》《仪礼》《春秋左氏传》《公羊》《穀梁》各为一经，《论语》《孝经》为一经，合十经。助教分掌。”各传记亦均立于学官。就北朝看，北魏道武帝天兴二年（399），“初令五经群书各置博士，增国子太学生员三千人”（《魏书·太祖纪》）。五经群书，似当理解为五经及群书，则《论语》《孝经》等必属于群书之内。《周书·高昌传》在论及高昌国文化情况时称：“有《毛诗》《论语》《孝经》，置学官弟子，以相教授，虽习读之，而皆为胡语。”这都说明，魏晋南北朝时代，《孝经》《论语》《礼记》《周礼》《春秋》三传与正经的界线渐渐模糊，已成为事实上的经。

由于历史的惯性，魏晋南北朝时“五经”的称呼仍然存在，而且不少政权也设立“五经博士”，但此时所谓的五经变成了一个泛称，所谓“五经”实即“群经”，上述“传记”皆在其中，例如《北史·儒林传》云“遍通《五经》，尤明《三传》”，这与汉代经传的严格区分有很大不同。唐初编《五经正义》，此时的五经也不再是汉代的五经，除了《诗》《书》《易》没变，《春秋》变成了《左传》，《仪礼》变成了《礼记》。而且，唐人观念中的经不是五经，而是九经，即《易》《书》《诗》外加三礼三传，再加上若干兼经（如《孝经》《论语》《老子》等[②]）。从五经到九经，是经的扁平化的一个重要表现。除此之外，唐人对待经不再像过去那么严肃，而具有一种随意性。例

① 可参程苏东《从六艺到十三经——以经目演变为中心》，第436页。

② 可参程苏东《从六艺到十三经——以经目演变为中心》第四章第五节“多元归一：一元化的唐代经目”。

如，唐人对经的分类不是按照其内容，而是按照字数，分为大经、中经、小经，据《新唐书》卷四十四《选举志上》记载：“《礼记》《春秋左氏传》为大经，《诗》《周礼》《仪礼》为中经，《易》《尚书》《春秋公羊传》《穀梁传》为小经。”[①] 这种对经如此轻率随意的分类简直荒唐可笑。官方如此处理，士人对经的态度就更随意了：“今明经所习，务在出身。咸以《礼记》文少[②]，人皆竞读，《周礼》经邦之轨则，《仪礼》庄敬之楷模，《公羊》《穀梁》历代宗习，今两监及州县，以独学无友，四经殆绝。”（《通典》卷十五《选举三》）因为《礼记》篇幅少，故人们都争着学，而《周礼》等四经属于冷门，所以学习的人非常少。

二、注解升经

注解升经，指一些有影响力的注解渐渐垄断了经书的解说，甚至超越经

---

① 许道勋先生认为：“或以为经文多少分大、中、小三等。《左氏传》文字确实比《公羊传》《穀梁传》多，但《礼记》文字却比《周礼》少。看来，区分的标准主要不在经文多寡，而是唐朝士人重视的程度以及爱好的风尚的不同。”（《中国经学史》第172页）按，大中小经的划分，确实是按照字数划分的，《左传》约19万字，《礼记》约9万字，是为大经。《诗经》约4万字，《周礼》约4.5万字，《仪礼》约5.6万字，是为中经。《周易》约2.4万字，《尚书》约2.6万字，《公羊传》约4.4万，《穀梁传》约4.1万，是为小经。《公》《穀》字数多于《诗经》，之所以列为小经，可能是因为它们只是《春秋》的传记，且文字浅显。又《册府元龟》卷六四〇载长庆二年殷侑称：“《公羊》《穀梁》比《尚书》《周易》多较五倍。”其实就字数言，前者仅比后者多一倍，何来五倍？殊不可解，或笔误或抄误。

② 杨天宇注云：“案就大经言，《礼记》文少于《左传》，故以为文少也。”（《周礼译注》，上海古籍出版社2004年版，前言第30页）。此说可从，但还需要补充。当时实行九经选考制度，有选考二经、三经、五经三种方法。二经规定两种选法：一大一小或两中，三经一种选法即大小中各一，五经一种即大经全选其余随意。在这几种选择中，显然几乎不会有人考五经。剩余的三种选法，《周礼》《仪礼》由于太难读，几乎没人选这两个经，因此就不会有人选两中。那么，选择最多的应是一大一小或大中小，这两个科目中都需要选大经，而大经中《礼记》篇幅比《左传》小，所以，肯定人们都选《礼记》而不选《左传》。故《礼记》盛而《左传》衰，故开元二十六年国子祭酒杨玚奏称“今明经习《左氏》者十无二三”。此《礼记》文少之真义也。

书本身。注解升经在汉代就有表现，所谓十四博士，本质上就是十四种关于经书的注解体系，它们成为官方认定的权威解释。汉代之后，博士经学基本衰歇，马融、郑玄、王肃、服虔等人的新注解也渐渐开始经书化。当时人们谈经，一般不是谈某部经书，而是谈经的某家注解，如谈《左传》，就要区分是杜注还是服注；谈《周易》，要区分是王弼注还是郑玄注，等等。魏晋以降所立博士，全都是某家之经解。如《宋书·礼志》记载东晋初的博士制度：“太兴初，议欲修立学校，唯《周易》王氏，《尚书》郑氏，《古文》孔氏，《毛诗》《周官》《礼记》《论语》《孝经》郑氏，《春秋左传》杜氏、服氏，各置博士一人，其《仪礼》《公羊》《穀梁》及郑《易》，皆省不置博士。”一种注解被立于学官，意味着这种注解成为事实上的经，具有了经的权威，注解的内容即足以代表经的内容。

魏晋南北朝时代，南北经学风气不同，在很大程度上是所尊崇的注解不同，《隋书·儒林传序》论南北经学之别云：“南北所治，章句好尚，互有不同。江左《周易》则王辅嗣，《尚书》则孔安国，《左传》则杜元凯。河、洛《左传》则服子慎，《尚书》《周易》则郑康成，《诗》则并主于毛公，《礼》则同遵于郑氏。”由此演变为激烈的门户之争，如曾经颇为激烈的服、杜之争。南朝尊杜，北朝尊服，因此两地学者之交流常争服杜长短，《北史·李崇祖传》云：“姚文安难服虔《左传解》七十七条，名曰《驳妄》。崇祖申明服氏，名曰《释谬》。”对于这种尊注忽经、恪守某注之门户的做法，北齐张耀的话颇能道出其中之弊。《北齐书·张耀传》载：“（耀）好读《春秋》，月一遍，时人比之贾梁道。赵彦深尝谓耀曰：‘君研寻《左氏》，岂求服虔、杜预之纰缪邪？’耀曰：‘何为其然乎？《左氏》之书，备叙言事，恶者可以自戒，善者可以庶几。故厉己温习，非欲诋诃古人之得失也。’”张耀喜欢读《左传》这件事甚至被人怀疑为是想参与服、杜之争，从中找出他们的纰缪之处，而张耀却认为，读《左传》不一定要去讨论古人某种注解的得失，而是它本身就有其自身的价值，起到戒恶扬善的效果，这就是要超越注解，而直接去理解经文本身的意义。

唐代明经科的考试，实质上考的并不是经，而是经的注疏。唐德宗贞元末年柳冕上疏称："自顷有司试明经，奏请每经问义十道，五道全写疏，五道全写注。其有明圣人之道，尽六经之意，而不能诵疏与注，一切弃之。恐清识之士无由而进，腐儒之生比肩登第，不亦失乎？"[①]明经考试十道经义，五道是注，五道是疏，注疏完全取代了经文。所以当时甚至有人说："宁道周孔误，不言郑服非。"意思是，宁可认为经是错的，也不敢说注疏是错的，非常形象地道出了注解的权威地位，完全掩盖了经本身的意义和价值。这一情况到唐代中期以后，才渐渐开始有人反省，于是一场超越注疏、直面经书，从而重新凸显经书意义和价值的运动就开始了（详下章）。

第二节　佛道经书与儒经并称

魏晋南北朝隋唐是佛道二教最盛行、地位最高的时期，其社会影响力之大远超儒家，这对于儒家之经的观念造成很大冲击，经观念在无形中被稀释，佛道经典与儒经并驾齐驱。

一、老庄经的地位的确立

魏晋时期玄学盛行，经学没落，当时真正具有经的地位和影响力的是号称"三玄"的易、老、庄[②]，一如汉代人们言必称五经一样，它们在当时成为人们讨论和引用最多的经典，此后直到唐代，老庄之书的经典地位一直没有被撼动。

---

①［唐］柳冕：《与权侍郎书》，附载《权德舆诗文集》卷四十一《答柳福州书》前，上海古籍出版社2008年版，第625页。

② 虽然《周易》是儒家五经之一，但《周易》一书本来就有多种解释路径，以玄理解释《周易》则是不同于经学的另一解释途径，作为三玄的《周易》与作为五经的《周易》可以被看作完全不同的两部经典。

玄学的经学化，以刘宋时官方设立“玄学”为重要标志。自汉代以来，官学无不以五经为主，而玄学的设立则使道家经典也被纳入官学。宋元嘉十三年（436），宋文帝刘义隆命丹阳尹何尚之在南郊建立学馆，传授“玄学”：

乃以尚之为尹，立宅南郭外，置玄学，聚生徒。东海徐秀，庐江何昙、黄回，颍川荀子华，太原孙宗昌、王延秀，鲁郡孔惠宣，并慕道来游，谓之南学。（《宋书》卷六十六《何尚之传》）

又《宋书》卷九十三《雷次宗传》云：

元嘉十五年，征次宗至京师，开馆于鸡笼山，聚徒教授，置生百余人。会稽朱膺之、颍川庾蔚之并以儒学，监总诸生。时国子学未立，上留心蓺术，使丹阳尹何尚之立玄学，太子率更令何承天立史学，司徒参军谢元立文学，凡四学并建。车驾数幸次宗学馆，资给甚厚。

宋文帝创立了儒、玄、史、文四个科目，并委任专门教师讲授，由此“玄学”正式成为官学的科目[①]。王晓毅先生对此评价说：“南朝时期‘玄学’作

① 王晓毅先生将以上两则材料所述内容当作两件事，以为元嘉十三年是玄学立于官学的序幕，而元嘉十五年是玄学的正式成立：“二年后的元嘉十五年（438），宋文帝刘义隆在官学中创立了儒、玄、史、文四个科目，并委任专门老师讲授，‘玄学’作为一官方学科始立。”（《魏晋玄学对官方哲学的影响——以诏书、官学为中心》，《东岳论丛》2013年第12期）这是一种误解，两则材料实为一事，玄学只设立了一次，并没有十三年设立一次、十五年又设立一次。从原文叙述看，元嘉十五年主要记载的是雷次宗开馆于鸡笼山之事。此下因雷次宗之事，顺带提到了设立儒学、玄学、史学、文学之事，但此四学的设立并非都在十五年，而是大体在十五年前后。如何承天的史学就设立于元嘉十六年之后。《宋书》卷六四《何承天传》云：“十六年，除著作佐郎，撰国史……寻转太子率更令，著作如故。”是何承天为太子率更令在十六年之后，而此处云“太子率更令何承天立史学”，可见史学必然立于十六年后。准此，知玄学实立于十三年，十五年只是附带提及。

为一门学科存在。玄学家崇尚的《老子》《庄子》，取得了‘经典’地位，与儒家六经相同。”[①]不过也有学者认为，当时玄学一词与今日所说的玄学含义并不完全一致，不仅包括老庄，还包括佛学在内：“元嘉十五年设立四学而无佛学之名，并不意味着佛学不被重视。众所周知，此时佛学问题被纳入到玄理中讨论，僧人与名士在学术与生活中多有交流；何尚之所立的‘玄学’并不仅仅是老庄之学，佛学也应该包括在内。”[②]但无论如何，玄学的设立意味着儒家经学独尊的地位被打破，经不再局限于儒家之六经，佛道之书皆可跻身于经的行列，这是经扁平化的鲜明体现。在整个南朝，老庄都是毫无疑问的经，“齐、梁学者，无间儒释，靡不通《庄》《老》，资谈助”[③]。陈朝末年陆德明编纂《经典释文》时，除了儒家的十二部经（即后世的十三经除去《孟子》），另外还包括了《老子》《庄子》，这是老庄经书地位的直接表达。翻阅《隋书·经籍志》子部道家类，便可见有大量老庄的注疏、讲疏等经学题材的著作，它们占到全部道家类文献的90%以上，也可见当时的学者是把老庄当成经看待的。

到了唐代，由于李氏认老子为祖先，道家经典更受尊崇，甚至驾五经而上之。唐高祖武德八年（625）对三教作了一个正式排名，道教第一，儒学第二，佛教第三，从而确立了道教在唐朝的独尊地位。唐太宗李世民为了神化唐王朝和鼓舞军心，编造老子降灵的政治神话，尊老子为“圣祖”和“太上老君”，在老子的故乡建造太上老君庙，又在各地增建道教宫观，并于贞观十一年（637）下诏规定道士女冠的地位在僧尼之上。唐高宗于乾封元年（666）追封老子为“太上玄元皇帝”，老子之母为“先天太后”，命王公、官僚和举人皆习老子的《道德经》。唐高宗对《道德经》所做的最有影响的一件事是第一次将其纳入科举考试，“上元元年十二月二十七日，天后上表曰：伏以圣绪出自

① 王晓毅：《魏晋玄学对官方哲学的影响——以诏书、官学为中心》，《东岳论丛》2013年第12期，第75页。

② 杨杰：《“玄学”称谓流变考论》，《中国哲学史》2015年第1期，第22页。

③ 王伊同：《五朝门第》，中华书局2006年版，第259页。

元元，五千之文，实惟圣教，望请王公以下内外百官，皆习老子《道德经》。其明经咸令习读，一准《孝经》《论语》。所司临时策试，请施行之。至二年正月十四日，明经咸试《老子》策二条，进士试帖三条”①。《道德经》取得与《孝经》《论语》同等的地位，从而成为明经科的基础课程。唐玄宗更加眷顾《道德经》，亲自为《道德经》作注，开元二十一年（733）御注《道德经》成，“制令士庶家藏《老子》一本，每年贡举人量减《尚书》《论语》两条策，加《老子》策”（《旧唐书·玄宗纪》）。为了增加《老子》在科举中的分量，竟然要减少《尚书》《论语》的考试内容。他在《分道德为上下经诏》中说：“昔有周季年，代与道丧，我烈祖玄元皇帝乃发明妙本，汲引生灵，遂著玄经五千言，用救时弊。义高象系，理贯希夷，非百代之能俦，岂六经之所拟。”②可见，在唐玄宗心目中，《道德经》的意义和价值要远远高于儒家六经。开元二十九年（741），科举考试中前无古人后无来者的“道举”科目正式成立。《新唐书》卷四十四《选举志上》载：

（开元）二十九年，始置崇玄学，习《老子》《庄子》《文子》《列子》，亦曰道举。其生，京、都各百人，诸州无常员。官秩、荫第同国子，举送、课试如明经。

《册府元龟》卷六四三《考试第一》云：

（开元）二十九年八月，御兴庆门楼亲试明《道德经》及《庄》《文》《列子》举人。……有姚子彦、靳能、元载等入第，各授之以官。③

① ［宋］王溥：《唐会要》卷七五，中华书局1955年版，第1373页。

② ［宋］王钦若等编：《册府元龟》卷六四〇，中华书局1960年版，第7393页。

③ ［宋］王钦若等编：《册府元龟》卷六四三，第7711页。

如果说高宗要求在科举考试中增加《老子》的试题，这还只是将道家经典依附于以考儒家六经为主的明经科，而道举则成为与明经、进士等并驾齐驱的科目，意味着士人即使六经一句不读，只要能通习道经即可通过科举做官。生活于德宗至宣宗时的刘轲说："今天下白屋之士，有角立秀出者，或能以黄老言，或能以儒术言，或能以刑法言。"[①]可见当时科举影响之下的学术风尚之一斑。为了与道举配套，唐玄宗还在京师和各地设立教学机构——崇玄学，崇玄学大体依托于各地的老子庙，可谓之"庙学"[②]，类似于教授儒家经典的国子学、太学和各地的府州县学，它们也大体依托于各地的孔庙。

道举的考试内容，也在老庄的基础上进一步扩充为一个完整的经书体系，即《老子》《庄子》《列子》《文子》四经，唐玄宗说："朕听政之暇，常读《道德经》《文》《列》《庄子》，其书文约而义精，词高而旨远，可以理国，可以保身，朕敦崇其教，以左右人也。"[③]后来为了模仿儒家五经，又加了《庚桑子》以足五经之数。由于《老子》之前已称《道德经》，而其他几部书都还称为子，为了提高其规格，天宝元年（742）又给它们赐以经名："改《庄子》为《南华真经》，《文子》为《通玄真经》，《列子》为《冲虚真经》，《庚桑子》为《洞虚真经》。"（《旧唐书·礼仪志》）这样，道家也有了自己的五经，俨然与儒家五经并驾齐驱。

道举的考题与明经科类似，也以道经及其注疏为主。在权德舆文集中保留了《道举策问五道》，是他在德宗贞元十八年（802）、十九年以中书舍人知贡举时所出的试题。通过这些试题，我们可以了解道举的形式。其中有一道问题是这样的："问：庄生曰：'吾闻庖丁之言，得养生焉。'盖以其游刃无全，善刀而藏之故也。御寇则曰：'养生如何？肆之而已。'庄生曰：'嗜欲深者天机浅。'御寇则以'朝穆善理内而性交逸'，何二论背驰之甚耶？

---

① ［唐］刘轲：《上韦右丞书》，载《唐文粹》卷八十九，四部丛刊本。

② 丁煌：《唐代道教太清宫制度考》（下），台湾《成功大学历史学报》1980年第7期。

③ ［宋］王钦若等编：《册府元龟》卷六四三，第7711页。

夫一气之暂聚，为物之逆旅，诚不当伤性沽名，以耗纯白。傥昧者未通矫抗之说，因遂耳目之胜，甘心置力，则如之何？既学于斯，伫有精辨。”① 道举留下的资料虽然不多，但它在唐代中后期一直没有间断，甚至延续到后唐②。宋代儒学复兴，道举被废除，但宋徽宗由于其极度的崇道倾向，还一度恢复过道举③，不过没几年他就被金人掳走，道举自此真的变成了绝响。

总之，道家经典《老子》《庄子》等，在魏晋南北朝隋唐这一大段时期中，都具有等同于甚至超越于儒家经书的地位。梁启超甚至将这一大段历史称为老学时代，“三国、六朝，为道家言猖披时代，实中国数千年学术思想最衰落之时代也。申而论之，则三国、六朝者，怀疑主义之时代也，厌世主义之时代也，破坏主义之时代也，隐诡主义之时代也，而亦儒、佛两宗过渡之时代也”④。

二、三教经典的混称与并习

魏晋南北朝时代，由于佛道思想的广泛传播，渐渐形成一股三教经典混称、并习的风俗。混称，指儒释道经书常常混在一起叙述或称呼，不分彼此，不分高下；并习，指很多人同时学习和研究儒释道经书，不作高下区分。这也是三家经典的界线趋于模糊的重要表现。焦桂美以为：“南北朝皇帝、诸王及世族多与佛教结缘，对之崇信有加。上好下尚，儒佛双修或三教并重成为该时期学术风尚之主流。在时风影响下，南北朝通经之士与佛教亦结下了不解之缘。”⑤ 儒家的经师与僧人、道士交往频繁，往往同时并学佛道经典，

① ［唐］权德舆：《权德舆诗文集》卷四十《道举策问五道》，第603页。

② 王海霞：《道举制度与唐代士人》，《中华文化论坛》2007年第3期，第70页。

③《道藏》中有署名为“五陵玄学进士胡混成编”的《金丹正宗》一书，成书于北宋靖康时期。可参阅卢国龙《权力与信仰简单结合的悲剧——漫谈宋徽宗“崇道”》，《世界宗教文化》1995年第1期。

④ 梁启超：《中国学术思想变迁之大势》之第五章“老学时代”，上海古籍出版社2001年版，第73页。

⑤ 焦桂美：《南北朝经学史》，第69页。

在他们眼中，儒经、道经、佛经都是经。梁武帝曾问北朝来访的李业兴说："闻卿善于经义，儒、玄之中何所通达？"（《魏书·儒林传》）。从这句问话可以看出，在梁武帝的潜意识中，他已经把儒、玄的经书都算作经的范畴，这正是当时流行的普遍观念。今略举史传所载经学家相关事迹以为证明。

前文提到何尚之曾受宋文帝之命设立"玄学"，大概以讲授佛道经典为主，但他也习儒经，"宋元嘉末，文帝令尚书仆射何尚之抄撰《五经》，访举学士"（《南齐书·高逸传》）。尚之子何偃"素好谈玄，注《庄子·逍遥篇》传于时"，尚之孙何胤"注《百论》《十二门论》各一卷，注《周易》十卷，《毛诗总集》六卷，《毛诗隐义》十卷，《礼记·隐义》二十卷，《礼答问》五十五卷"（《南史·何尚之传》）。这说明何氏作为一个学术世家，是三教混习的。

严植之，建平秭归人。少善《庄》《老》，能玄言，精解《丧服》《孝经》《论语》。及长，遍习郑氏《礼》、《周易》、《毛诗》、《左氏春秋》。梁天监四年（505），初置五经博士，各开馆教授，以植之兼五经博士。植之馆在潮沟，生徒常百数。（《南史·严植之传》）严植之是梁代的五经博士，却以学习老庄玄言起家。

贺玚，会稽山阴人，贺循玄孙，世以儒术显，善三礼，有盛名。天监四年，初开五馆，以玚兼五经博士。别诏为皇太子定礼，撰《五经义》。所著礼、易、老、庄讲疏，朝廷博士议数百篇，《宾礼仪注》一百四十五卷。（《南史·贺玚传》）山阴贺氏是经学世家，世传礼学，号称"南土儒宗"。就这样一个经学世家，老庄方面的注疏也不乏其例。

潘徽，吴郡人。性聪敏，少受《礼》于郑灼，受《毛诗》于施公，受《书》于张冲，讲《庄》《老》于张讥，并通大义。（《隋书·文学传》）。潘徽是皇侃的再传弟子，他学习的内容也非常庞杂，除了《诗》《书》《礼》外，还讲《庄》《老》。

周弘正，字思行，幼孤，及弟弘让、弘直，俱为伯父舍所养。年十岁，通《老子》《周易》。善清谈，梁末为玄宗之冠。弘正特善玄言，兼明释典，虽硕德名僧，莫不请质疑滞。在梁为国子博士，入陈，两为国子祭酒。所著《周易讲疏》十六卷，《论语疏》十一卷，《庄子疏》八卷，《老子疏》五卷，《孝经疏》二卷，集二十卷，行于代。（《南史·周弘正传》）周弘正通老庄，又明释典，还有《论语》《孝经》方面的著作，是典型的三教经典兼通的人物，代表了那个时代知识分子的一般特征。焦桂美说：“吴明彻从周弘正学天文，陆瑜从学《成实论》，皆非经学范围。”[①] 其实在当时的经观念中，三教之经皆属于经，无论是《老》《庄》，还是《成实论》，都可以算作那个时代经的范畴。

另有如太史叔明，少善《庄》《老》，兼治《孝经》《礼记》，其三玄尤精解，当世冠绝。（《梁书·儒林传》）顾越，遍该经艺，深明《毛诗》，傍通异义。特善《庄》《老》，尤长论难，除五经博士，所著《丧服》《毛诗》《老子》《孝经》《论语》等义疏四十余卷。（《南史·顾越传》）全缓，幼受《易》于博士褚仲都，笃志研玩，得其精微。梁太清初，专讲《诗》《易》。缓治《周易》《老》《庄》，时人言玄者咸推之。（《陈书·儒林传》）

以上为有代表性的南朝儒家经师三教经典混称并习的情况。北朝此类大儒亦复不少。

卢景裕，字仲儒，范阳涿人。前废帝初，除国子博士。先是景裕注《周易》《尚书》《孝经》《论语》《礼记》《老子》，其《毛诗》《春秋左氏》未讫。景裕虽不聚徒教授，所注《易》大行于世。又好释氏，通其大义。天竺胡沙门道悕每论诸经论，辄托景裕为之序。景裕之败也，系晋阳狱，至心诵经，枷锁自脱。是时又有人负罪当死，梦沙门教讲经，觉时如所梦，默诵千遍，临刑刀折，主者以闻，赦之。此经遂行于世，号曰《高王观世音》。（《魏书·儒林传》）卢氏家族是北朝著名的传经世家，现在流传的《大戴礼记》卢辩注就来自卢景裕家族，但也难免沾染佛道的习气，不但儒经与道经并注，还能通释氏的大义。

刘献之，博陵饶阳人。少而孤贫，雅好《诗》《传》，善《春秋》《毛诗》，

① 焦桂美：《南北朝经学史》，第14页。

海内称为儒宗。魏承丧乱之后，《五经》大义虽有师说，而海内诸生多有疑滞，咸决于献之。六艺之文，虽不悉注，然所标宗旨，颇异旧义，撰《三礼大义》四卷，《三传略例》三卷，《注毛诗序义》一卷，今行于世，并《章句疏》三卷。注《涅槃经》未就而卒。（《魏书·儒林传》）刘献之是北朝大儒，号称儒宗，但他除了通习儒经，有多种注解外，竟然在去世之前还注解佛典之《涅槃经》。

许彦，字道谟，高阳新城人。祖茂，慕容氏高阳太守。彦少孤贫，好读书，后从沙门法睿受《易》。（《魏书·许彦传》）许彦学《易》不拜大儒为师，竟然从沙门受学，可见当时儒佛经典界限之模糊。

孙惠蔚，字叔炳，武邑武遂人也，小字陀罗。自言六世祖道恭为晋长秋卿，自道恭至惠蔚世以儒学相传。惠蔚年十三，粗通《诗》《书》及《孝经》《论语》。十八，师董道季讲《易》；十九，师程玄读《礼经》及《春秋》三传。周流儒肆，有名于冀方。先单名蔚，正始中，侍讲禁内，夜论佛经，有惬帝旨，诏使加“惠”，号惠蔚法师焉。（《魏书·儒林传》）孙惠蔚是儒学世家，却在侍讲的时候与皇帝讨论佛经，并且获得“惠蔚法师”这样的佛教称号。

李同轨，赵郡高邑人，学综诸经，多所治诵，兼读释氏，又好医术。出帝幸平等寺，僧徒讲说，敕同轨论难，音韵闲朗，往复可观，出帝善之。使萧衍。衍深耽释学，遂集名僧于其爱敬、同泰二寺，讲《涅槃大品经》，引同轨预席。衍兼遣其朝臣并共观听。同轨论难久之，道俗咸以为善。（《魏书·儒林传》）李同轨学综诸经，佛典造诣也毫不逊色，与人辩论咸以为善。

徐遵明，北魏后期大儒，当时儒生传《周易》《尚书》及《三礼》者，几乎皆出遵明之门。遵明虽为一代大儒，却曾与弟子李铉同受菩萨戒法于僧范[1]。

南北朝儒家经师与沙门、道士交往密切，这意味着他们已经不再单纯是儒家经师这样一个单一的身份，准确地说，他们是包含三教经典在内的经的概念之下的“经师”。

---

① 其事载唐释道宣《续高僧传》卷八《僧范传》。

三、讲经与三教经典界线的模糊

三教经典界线的模糊，还体现在讲经活动上。无论是儒家经学，还是其他宗教，面对学习者公开讲经都是经典传承和普及的重要形式。魏晋南北朝时期，儒、道、佛三家的讲经活动常常混杂在一起。

首先，许多经师在讲会上可以同时讲三教经典，而听众方面，普通民众、儒者、僧人、道士也可同时参加。如北朝经师沈重，“天和中，复于紫极殿讲三教义，朝士、儒生、桑门、道士至者二千余人。重辞义优洽，枢机明辩，凡所解释，咸为诸儒所推”（《周书·儒林传》）。沈重讲的是三教义，而听众则包括了三教信徒，且其所讲内容又为诸儒所推。《梁书·庾承先传》云：“（承先）弱岁受学于南阳刘虬，强记敏识，出于群辈，玄经释典，靡不该悉，九流七略，咸所精练……讲《老子》，远近名僧，咸来赴集。”庾承先讲《老子》，却吸引了许多名僧前来听讲，似乎不可理解，但这也充分说明在当时人心目中，佛道经典皆是经。《陈书·徐孝克传》称孝克“每日二时讲，旦讲佛经，晚讲《礼》《传》，道俗受业者数百人”，早上讲佛经，晚上讲礼经，两次开讲内容同为经，并无高下之区分。《北史·周本纪下》载周武帝天和三年（568），“帝御大德殿，集百僚及沙门道士等，亲讲《礼记》”，讲《礼记》，听众包括了官僚以及沙门、道士。《陈书·马枢传》云：“六岁，能诵《孝经》《论语》《老子》。及长，博极经史，尤善佛经及《周易》《老子》义。梁邵陵王纶为南徐州刺史，素闻其名，引为学士。纶时自讲《大品经》，令枢讲《维摩》《老子》《周易》，同日发题，道俗听者二千人。”《维摩》是佛经，《周易》是儒经，《老子》是道经，三教经典由同一人同时开讲，可称得上是学术史上的“奇观”。

其次，三教讲经形式趋于混同。史载，周末隋初，元善讲《春秋》，“初发题，诸儒毕集。善私谓妥曰：‘名望已定，幸无相苦。’妥然之。及就讲肆，妥遂引古今滞义以难，善多不能对”（《隋书·儒林传》）。讲经先发题，这是典型的佛教讲经程式而为儒家讲经者所袭用。又如，北朝儒士讲诵经书，必升高座，而中国人原本讲授经典都是席地而坐，讲经升座也是对佛教讲经形式的沿袭[①]。采用同样的形式讲经，意味着在这一形式之下所讲的经书没有严格的区分界限。

最后，三教经学的著述形式趋于雷同，即注疏、讲疏体著作的盛行。有学者指出："讲经和撰写讲疏体义疏，实为两晋以来特别是南北朝时期流行于士大夫之间的一种风尚，并为社会各个阶层所推崇。"[②] 牟润孙先生《论儒释两家之讲经与义疏》一书，专论释家讲经撰疏与儒经讲经撰疏之关系，认为儒家讲经撰疏是当时释家影响所致。其《引言》略谓："僧徒之义疏或为讲经之纪录，或为预撰之讲义，儒生既采彼教之仪式，因亦仿之有纪录有讲义，乃制而为疏。讲经其因，义疏则其果也。"三教同时开展讲经活动，都发展了讲疏这类经学著作，这使儒家经典与佛道经典的界限进一步模糊，故牟先生说："南北朝时儒家著有经疏者，多出于讲经之士，其时儒者所重亦在于讲，诸史儒林传中人物与高僧传义解篇之法师盖多有同焉者矣。"[③]

总之，讲经这一活动，使三教经典的界线进一步模糊，经观念因佛道经典的掺入，而进一步扁平化。正如牟润孙先生所说，仅从讲经这一活动中看，如果将儒林传中的讲经人物放到高僧传义解篇中，"洵无愧色矣"[④]。

四、世俗生活中佛道经典的权威

在经师的经观念中，三教经典固已难分，而在世俗生活中三教经典也日趋混同。

佛经作为宗教经典，往往被人赋予某种神奇的功效，而佛经所具有的神秘色彩往往被应用到儒经之上。《梁书·皇侃传》载：

---

① 参牟润孙《论儒释两家之讲经与义疏》之《儒家之讲经仪式》，见《现代佛学大系》第26册，台湾弥勒出版社1984年版。

② 刘卫宁：《两晋南北朝儒经义疏研究》，第36页。

③ 牟润孙：《论儒释两家之讲经与义疏》，见《现代佛学大系》第26册，第40页。

④ 牟润孙：《论儒释两家之讲经与义疏》，见《现代佛学大系》第26册，第42页。

> 侃少好学，师事贺玚，精力专门，尽通其业，尤明《三礼》《孝经》《论语》。起家兼国子助教，于学讲说，听者数百人。撰《礼记讲疏》五十卷，书成奏上，诏付秘阁。……常日限诵《孝经》二十遍，以拟《观世音经》。

皇侃是南朝著名的经学大师，他的《论语义疏》至今仍是《论语》研究的重要参考书。就是这样一位儒家经学大师，竟把《孝经》当成《观世音经》来诵读。佛家认为诵读佛经具有若干种功德，《高僧传》记载了大量因诵经而出现的各种神异现象，如上文引用的卢景裕“系晋阳狱，至心诵经，枷锁自脱”就是一例。皇侃认为诵读儒家的《孝经》也有佛经的神通和效用，这是混同儒佛经典极为鲜明的例子。又《南史·徐份传》云：“……性孝弟，陵尝疾笃，份烧香泣涕，跪诵《孝经》，日夜不息，如是者三日。陵疾豁然而愈。”徐份认为诵儒经有治病的功效。

前文曾从制度层面谈到唐代老庄等道家经典的重要地位，其实，在一般唐朝人的心目中，儒经与道经也往往混在一起，这从现存的大量唐代普通人的墓志中可见一斑。韦泰真（627—687）是一名上层官僚，其墓志云：“博涉经史，尤好老庄，非圣之书，未尝玩习。”陈弱水先生解释说：“‘博涉经史，尤好老庄’之后紧接‘非圣之书，未尝玩习’，显示对墓志作者而言，‘圣’并不限于周孔，老庄乃至其他某些古代的学者、思想家亦在其列。”[①]生活于开元天宝年间的郭虚己，颜真卿为其撰墓志铭称：“十岁诵老庄，即能讲解，枭诸经典，一览无遗。”在一些墓志中，孔墨与老庄常常并列，如“研精孔墨之场，放旷老庄之囿”，陈先生说：“墓志提及世俗学问时，很少专讲儒学或强调经典的神圣性，儒学常与百氏（即诸子）、史学、文辞并列，类似‘孔墨’的词语也颇常见。”[②]

这一时期，同时以三教经典陪葬也成为习俗。南齐张融临终遗令：“三千买棺，无制新衾，左手执《孝经》《老子》，右手执《小品》《法华经》。”（《南

---

① 陈弱水：《唐代文士与中国思想的转型》，广西师范大学出版社2009年版，第116页。

② 陈弱水：《唐代文士与中国思想的转型》，第114页。

齐书·张融传》）已出土的唐代墓志中记载了一位叫赵宗（598—664）的人，他也曾以《老子》与《孝经》随葬[①]。

最后，佛经在世俗生活中的指导性开始超越儒经。魏晋南北朝，儒经中的礼经最受重视，尤其是《丧服经》。但到了唐代，许多人不再用儒家的丧礼仪式，而改用佛教的仪式。沈亚之（781—832）《送洪逊师序》云："自佛行中国以来，国人为缁衣之学多几与儒等，然其师弟子之礼传为严专，到于今世，益则儒道少衰，不能与之等矣。"（《沈下贤集》卷九）中唐时杨垂撰《丧仪》，主张"七七斋以其日送卒者衣服于佛寺，以申追福"[②]。诵经、超度这类佛教仪式渐渐地渗入丧礼中，甚至占据主导地位，这一切都导致儒经影响力的衰落。

综上所述，儒、道、佛三教之经同称为经，并且有强烈的混同趋势，这样，佛、道二家所推崇的圣人和道，也与儒经中的圣人和道混一。北周武帝设立通道观，其所谓道就是包罗三教的道，他在诏书中说："圣哲微言，先贤典训，金科玉篆，秘赜玄文，可以济养黎元扶成教义者，并宜弘阐，一以贯之。"（《北史·周高祖纪》）在他看来，儒释道三家的圣人都是圣人，他们的言论都是圣言，他们的典籍都是经书，这显示着传统经的概念的扁平化趋势，只是到唐中期之后，儒者们开始对圣人、道的含义进行清理，认为只有儒经所载的内容才是真正的道，才是真正的中国之道，从而打破了经观念的扁平化。

第三节　集部超越经部

经观念的扁平化，还体现在集部文章之学对经学的超越上。在这一时期，

① 周绍良主编：《唐代墓志汇编》，上海古籍出版社1992年版，第448页。

② ［唐］李翱：《李文公集》卷四《去佛斋》，《影印文渊阁四库全书》第1078册，第117页。

文章之学成为一个人修养、才华的主要标志，正如经学是汉代人修养、才华的标志一样。蒋伯潜先生说：“自三国、六朝至唐则文学居中心的地位，如诗之古近体、小说之传奇、文之骈文与古文、词之长短句，皆蓬勃萌芽于此一时期，而经学则已奄奄无生气了，故可谓为文学的时代。”[①] 以下分魏晋南北朝与唐代两个阶段略述之。

一、魏晋南北朝集部之学的兴起

魏晋南北朝是中国古代最混乱的时期，但也是文学的发达和昌盛期，其影响远超经学。隋代李谔在《上隋高祖革文华书》中云：“降及后代，风教渐落。魏之三祖，更尚文词，忽君人之大道，好雕虫之小艺。下之从上，有同影响，竞骋文华，遂成风俗。”（《隋书·李谔传》）他站在隋代的历史坐标下，指出自三国以降，好文辞成为一种主流的风尚和习俗。宋文帝建立的四学，第一个就是文学。《南史·王俭传》云：“先是宋孝武好文章，天下悉以文采相尚，莫以专经为业。”宋代的苏轼在《韩文公庙碑》中评韩愈，用了一句耳熟能详的话：“文起八代之衰，而道济天下之溺。”八代一般认为指东汉、魏、晋、宋、齐、梁、陈、隋，在苏轼看来，八代是文衰的时代，而韩愈则起而振之。此所谓“文”不是文章之文，而是儒家斯文之文。所谓八代之衰，正足以证明，此八代是文辞独盛而经学衰败的时期。而韩愈的关键作用就在于反对追求华词，重新主张文要载道。今人研究魏晋南北朝文学时，对其态度也归于两个极端，贬者大多从儒家正统诗教出发，认为其总体特征在重文轻道。褒者大多看重魏晋南北朝文学重文重情之特点，尤其羡慕和推崇其时文人相对自由的创作心态。其实无论是褒者还是贬者，说的都是一个意思，即这一时期文学较为自由和繁盛，脱离了经学的束缚。

集部之学在这一时期，真正成为一门独立学问。集部是经史子集四部之一，来源于汉刘歆《七略》的《诗赋略》。在汉代，诗赋很难说是完全独立的一

---

① 蒋伯潜、蒋祖怡：《经与经学》，世界书局1941年版，第215页。

门学问，它其实是经学的附庸。班固《两都赋序》曰："赋者，古诗之流也。"又云："或以抒下情而通讽谕，或以宣上德而尽忠孝，雍容揄扬，著于后嗣，抑亦雅颂之亚也。"将赋与《诗》相提并论，也就是说，赋不是作者个人抒情言志的文体，而是用于政教，在赋中个人情感不仅是不必要的，甚至是有碍"事君"。在经学的笼罩下，《诗赋略》只是《六艺略》的附属和陪衬而已。而作为四部之一的集部就不同了，集部的根本特征就是以文辞为主而不以思想为主[①]。梁昭明太子萧统主持编选《昭明文选》，以"事出于沉思，义归乎翰藻"为选文标准，清代阮元评云："昭明所选，名之曰文，盖必文而后选也，非文则不选也。经也，子也，史也，皆不可专名之为文也。故昭明《文选序》后三段特明其不选之故，必沉思、翰藻，始名之为文，始以入选也。"[②]可见《文选》的选文标准有明确的文学意识，即只看重文采，不选经、史、子类文章，因为它们或以说理、或以叙事、或以考证注疏为主，但都不是以文辞修饰为主，因此统统不入选。这就使集部足以成为一门独立的学问体系，从而可以与经、史、子三大部并立。梁元帝萧绎《金楼子·立言》将"文"的标准概括为三点："绮縠纷披"即华辞丽藻，"宫徵靡曼，唇吻遒会"即音韵和谐，"情灵摇荡"即情感充沛，这实际上是对文章之学的一种理论化分析。另外，六朝时出现了我国第一部文学理论著作《文心雕龙》，也是文章之学开始独立并具有自觉意识的重要体现。

罗宏梅将魏晋南北朝文学的特征概括为"非正统的主流文学"，其中有两个核心概念，一个是非正统，指的是："其三百八十余年间，其中一个与它时段文学截然不同、不容置疑的基本事实就是儒家诗教自始至终从未堂而皇之地居于正统地位，这是该时段文学与它时段文学最为明显的区别……魏

① 当然后世集部也有变化，如到清代，由于当时崇尚考证，许多集部之书充满了各种各样的考证文章，这应属于学术类的文章，而不以文辞为主了，有人甚至把自己的集子重新分类为经史子集四种。

②［清］阮元：《揅经室三集》卷二《书梁昭明太子文选序后》，《续修四库全书》第1479册，第197～198页。

晋南北朝文学，实质上是给我们充分展示了儒家诗教正统地位缺失下中国文学可能出现的形态与样式。”一个是主流，指的是：“在这一时段内，文学虽疏离甚至悖离了儒家诗教传统，但无论就其规模和影响看，还是从其地位和作用看，它当之无愧的是这一时段占主导地位的文学。它集中体现了这一时段的社会生活、思想观念、文人的心态和情感。”① 所谓主流文学，准确来说应该是“文学是主流”，即文学取代了儒家经学成为这一时期最具影响的、最能体现时代特征的文化形态。

集部之学在当时发展到什么程度？我们可以通过一些统计数字来考察。首先，作品数量之大，远超经部。《隋书·经籍志》著录的别集达929部，7736卷；总集360部，4817卷，总计集部著作达到1300部，12594卷，而经部著作仅有995部，7655卷，② 才相当于集部总量的一半多一点，这与清代大量的经学著作，甚至大部分文集中也充斥着各种经学考证，而几乎看不到几首像样的诗词歌赋，形成鲜明对比，也更说明学术变迁之沧海桑田。其次，作者范围广。这一时期几乎所有的名人，上至帝王，下至普通文人、经师、道士、和尚等，都有集，编辑自己的文集似乎成了当时的一种风尚。经师方面，如《王肃集》《杜预集》《郭璞集》《孙绰集》《韩康伯集》《范宁集》《刘瓛集》等。和尚文集，如《支遁集》《支昙谛集》《释惠远集》《释僧肇集》《释惠琳集》《释智藏集》等。皇帝也几乎人手一集，他们作为最高统治者，另一个身份就是文士。魏朝有《武帝集》《文帝集》《明帝集》《高贵乡公集》，晋朝有《宣帝集》《文帝集》《齐王攸集》《明帝集》《简文帝集》《孝武帝集》等，宋代有《武帝集》《文帝集》《孝武帝集》《废帝集》《明帝集》等，齐有《文帝集》，梁有《武帝集》《简文帝集》《元帝集》等，

① 罗宏梅：《非正统的主流文学——兼论魏晋南北朝文学的总体特征》，《文学评论》2011年第3期，第81页。

②《隋书》原文数字有讹误，张晚霞《〈隋书·经籍志〉著录情况的统计研究——〈隋书·经籍志〉研究之二》（《淮北煤炭师范学院学报》2004年第5期）一文做了订正，此据该文订正后的数字。

最早的总集《文选》，就是梁太子萧统所编。当时的人不但为自己编辑文集，而且还为前代许多名人编了集子，如《荀况集》《董仲舒集》《宋玉集》《司马迁集》等。值得注意的是，这时期所说的“集”是比较纯粹的文学作品，与后世作品汇总意义上的集有别，后世所谓全集，实际上是把一个人所有的作品进行汇总，与仅指文学作品的集的含义有所区别，例如《司马迁集》所收应该纯粹是司马迁的文学作品，而不包括《史记》等专著。

二、唐代文学的兴盛及其在科举中的体现

唐代，文学发展到一个新的高峰，并集中体现于诗这种体裁。唐诗是唐代最具代表性的文化形式，而经学则甚为衰落，这从《新唐书·艺文志》的著录更可见一斑。该书著录经部著作 9505 卷，而集部达到 17748 卷，相当于经部数量的近二倍。《旧唐书》设《儒学传》《文苑传》，前者上下两卷，列 45 人（含附），后者上中下三卷，列 102 人，二者高下立见。笔者曾统计唐代的《论语》学著作，搜遍各类史志目录，仅得约二十种，这与卷帙浩繁皇皇五万首的全唐诗来对比，不啻天壤之别。比较而言，宋代《论语》学著作达到了近 300 种，清代更是达到上千种。

唐代文学兴盛并超越经学，还体现在国家科举制度上。汉、唐两朝虽然都将经学升为国家制度，但二者从方式到内容都完全不同。在汉代，经学是最高的、唯一的官学，经学对士人的政治前途具有更直接、更显著的影响，只要能通经，取青紫如俯拾地芥。而在唐代，经学则并没有这样崇高的地位，它对个人政治前途的影响也不像汉代那么大。唐初经学确有复兴的势头，如编写《五经正义》等，但这种复兴的影响非常有限，而且明显后劲不足。有学者说：“唐初，《五经正义》颁行天下后，科举‘每年明经令依此考试’，形成了经学注文和义疏统一的局面。儒家经学由此得以确认在唐代的话语中心地位。”① 这种说法对经学在唐代的地位有所夸大，其实经学只是官学

① 康宇：《论中晚唐时期儒家解经思想之变新》，《人文杂志》2014年第2期，第6页。

和科举的一种科目，其他与经学并列的非经学科目非常多，《新唐书》卷四十四《选举志上》记唐岁举科目云：

> 其科之目，有秀才，有明经，有俊士，有进士，有明法，有明字，有明算，有一史，有三史，有开元礼，有道举，有童子。而明经之别，有五经，有三经，有二经，有学究一经，有三礼，有三传，有史科。此岁举之常选也。

这些科目显得比较繁杂，其实是将一级科目与二级科目混淆，据陈秀宏的研究，这其中的一级科目是“秀才、明经、进士、明法、明书、明算、童子、道举、史科、三礼、开元礼、三传”。其他都属于二级科目[①]。从这些一级科目看，经学只是其中一科而已，其他的如进士、书法、律法、史科、开元礼，甚至道举，都处于与经学并列的地位，官学已经打破了经学的垄断地位。

再从科目的重要性看，在众多的科目中，表面看明经居首，但最受重视的其实不是明经，而是进士科，而进士的特色是以文辞为主。陈寅恪先生指出：“高宗、武则天以后，偏重进士词科之选，明经一目仅为中材以下进取之途径。”[②]最优秀的人才都考进士科，只有中下等的人才选明经。

有学者认为，进士科的考试并非只重文辞，也往往兼考经学的内容，如龚鹏程先生说：“进士科，大家只知它要试诗赋，因此说它是以文章取士，与明经科考经文经义仿佛甚为不同。却不知进士还要考策问，而策问的内容就是经义和时务。且就是考时务，也仍然是要用经义来讨论国政时务的。考诗赋亦然，试赋多问经义。”[③]他列举了韩愈、权德舆文集中收录的若干策问题目来说明这一点。固然，从这些题目看，确实都是从经文的某点入手

① 陈秀宏：《科举制度与唐宋士阶层》，东北师范大学2004年博士学位论文，第19页。

② 陈寅恪：《论韩愈》，载《金明馆丛稿初编》，上海古籍出版社1980年版，第287页。

③ 龚鹏程：《唐朝中叶的文人经说》，《湖南大学学报》（社会科学版）2006年第1期，第17页。

来提问，但是，韩、权在当时都是主张儒学复兴的代表人物，他们思想先进、对选拔人才有自己独特的看法，但这些个案能否代表整个时代的风潮呢？我们从唐人自己对进士科的评价中就可以看出，经学在进士科考试中并没有太大分量，进士科最看重的还是文采。陈秀宏总结了进士科考试侧重点在唐代不同时期的变化情况，说："在不同的时期，进士科的考试内容的侧重点有所不同。大致可以分为如下几个时期：（一）隋及唐初只试策时期；（二）高宗至玄宗以文取士时期；（三）天宝以后诗赋取士时期；（四）贞元以后诗赋文章并存时期。"[①] 从这一概括看，重文辞是其始终一贯的风格。开元二十五年（737）敕令云："进士以声韵为学，多昧古今。"[②] 所谓声韵，无非是合辙押韵，这不是文章文采的主要标准吗？赵匡《举选议》云："进士者，时共贵之，主司褒贬，实在诗赋，务求巧丽。"[③] 所谓巧丽，指的是文句的巧妙华丽。唐高宗时刘晓上疏云："礼部取士，专用文章为甲乙，故天下之士，皆舍德行而趋文艺，……文成七步，未足化人。况尽心卉木之间，极笔烟霞之际，以斯成俗，岂非大谬！"（《资治通鉴》卷二〇二）取士专门看文章的好坏，所谓"卉木""烟霞"不正是诗赋中常用的陈词滥调吗？还有一个例子，《旧唐书·韦陟传》载："好接后辈，尤鉴于文，虽辞人后生，靡不谙练。曩者主司取与，皆以一场之善，登其科目，不尽其才。陟先责旧文，仍令举人自通所工诗笔，先试一日，知其所长，然后依常式考核，片善无遗，美声盈路。"作为考官，韦陟竟然在正式考试之前加了一场预试，先让举子们把自己的诗赋作品拿来看看，心里有数之后，再按照常规考试进行。这也可见文采在进士科中的重要性。进士科虽然也曾兼考经学内容，但其在进士的评价体系中到底能占多少分量，是很值得怀疑的。进士科中的经学考试如同今天考试中的"副科"，常常只是走过场。一般帖经为首场，相当于资格性考试，必须先过了这一关才有资格进入下场考试。在实际操作中，

---

① 陈秀宏：《科举制度与唐宋士阶层》，东北师范大学2004年博士学位论文，第30页。

② ［宋］王钦若等编：《册府元龟》卷六三九，第7390页。

③ ［唐］杜佑：《通典》卷十七，中华书局1988年版，第419页。

这一“规定”常常变通。《唐语林》卷八载：“天宝初，达奚珣、李岩相次知贡举。进士声名高而帖落者，时或试诗放过，谓之‘赎帖’。”如果帖经场考不过，竟然可以通过加试作诗来“赎”，可见，当时的进士科是想尽各种办法要规避这个令人讨厌的“帖经”场的。

由于进士科更受重视，吸引了大量人才，经学自然没人研究，这正是国家考试指挥棒的作用。杨绾说：“幼能就学，皆诵当代之诗，长而博文，不越诸家之集，递相党与，用致虚声，《六经》则未尝开卷，《三史》则皆同挂壁。”（《旧唐书·杨绾传》）汉人崇尚经学，有“遗子金满籯不如一经”的俗语，而唐人判断一个人高下的标准是文辞，“五尺童子耻不言文墨焉，是以进士为士林华选”[①]。葛兆光先生的话很有针对性，他说：“依赖取得社会声望的资本，也不再是知识的渊博和思想的深刻，而是文词的华丽和想象的丰富。”[②] 又说：“过去推崇的笃实庄重的经学，渐渐被轻浮华丽的文学所替代，射策的题目和答案常常如同儿戏，行卷的文章倒比严肃的著述更容易赢得声誉，诗歌的写作成了殚精竭虑的主课，声韵讲究的赋体表达着并不深刻的意思。”[③]

经的概念的扁平化趋势，在中唐之后开始引起儒家士人的警觉，他们试图厘清儒经与佛道经书的界线，重新凸显儒经的独特意义。宋代之后，经的扁平化趋势得到遏制。其具体表现对应于本章的三个方面，一是传注地位下降，回归经书本身的呼声渐强，膨胀起来的九经得以重归六经或五经；二是道家的《老子》《庄子》《列子》等书恢复为诸子，佛经成为出世之书，再也不可能与儒家经籍并驾齐驱了；三是诗词歌赋文章之学被贬低为雕虫小技，甚至逐渐被逐出科举考试，经学成为科举考试的唯一内容。这一切，都意味着一个新的经观念的到来。

---

① ［唐］杜佑：《通典》卷十五《选举典三》，第358页。

② 葛兆光：《中国思想史》（第二卷），复旦大学出版社2001年版，第93页。

③ 葛兆光：《中国思想史》（第二卷），第94页。

第五章　呼唤圣道：经中之道的重新发现

由上两章的论述可以看出，在东汉以后至隋唐时期，经观念大体上有两种表现，一是经变成了一些经学家的学术志业，成为书斋里和纸上的学问；二是经的扁平化，冲淡了原有的经观念，降低了其权威性。所谓物极必反，这两种情形发展到一定程度，就势必会产生相反的诉求，一方面要求跳出繁琐无用的书斋式经学，重新确立经的现实价值和效用；另一方面要求重新树立儒经独尊的权威，严格区分佛道经书与儒经。这些新诉求集中到一点，就是要在经中重新发现和彰显道的价值。这种新的经观念萌芽于唐代中期，而持续到宋代初期理学产生之前，是宋明理学产生之前的序曲。

第一节　道重新发现的历史背景

学术发展总是应运而生，一时代有一时代的学术。唐代中期为什么会突然产生对道的渴求？传统的学术化经学为什么走不下去了？这些都要回到当时的历史情境中才能够有所理解。

一、经学发展的瓶颈

从汉至唐，经学不仅仅作为一种学问而存在，它本身就是儒家的存在方式，是承载着儒家理念和理想的思想学术体系，儒者就是经学家，经学家就是儒者。

在儒者看来，经是圣人之道的根本所在，所以传承和弘扬经学就是儒者的头等大事。尤其是在魏晋南北朝非常恶劣的社会环境中，经学在民间的传承不绝如缕，成为儒家思想和文化乃至整个汉民族文化的寄托。到了隋唐时代，国家重新实现大一统，经学再次获得稳定发展的机会，《五经正义》编纂颁行，经学被纳入科举考试，一切都显得欣欣向荣，但这只是表面现象，其实在唐代，尤其是进入唐代中期，经学已经走入一个非常艰难的瓶颈期。这主要有四个方面的表现。

首先，经的权威性降低。如上章所论，魏晋南北朝数百年间，经学独尊的权威正在被兴盛的佛道文化冲淡，造成经观念的扁平化。佛道二家大行其道，吸引了大量优秀人才，并且逐渐改变了过去儒家经学所主导和塑造的世俗文化，经学有被边缘化的危险。这对于有理想、有志向的儒家学者来说，是非常痛心和难以接受的，无疑会刺激他们想尽办法批判佛道二教从而重建儒经的权威，韩愈的《谏迎佛骨表》就是向佛教的宣战。

其次，经与现实的疏离。从汉至唐的几百年，经学一直以专业学术的形式存在，虽然产生了许多的优秀成果，但充其量只是一种纸上的研究，而几乎不与现实发生任何关系，更提不出应对现实问题的方法、策略。而儒者的性格，从孔子以来一向是胸怀天下、关注现实的，纯粹书斋式的经书文本研究显然无法承载他们的理想和信念。因此，他们必须为经学、为儒学发展寻找新的出路。

第三，学术化经学已没有开拓空间。本书第三章提到，从东汉后期到唐代，学术化的经学得到全面发展，积累了大量学术成果，尤其是到了唐代，《九经正义》全部完成，意味着义疏之学达到顶峰，也意味着它行将穷途末路，后人可以继续开拓和创新的空间已极度狭小。

第四，经学考试使经学成为记诵之学。唐代明经考试大体包括三场，即帖经、问经义、时务策，但最重要的是帖经，俞钢指出：“我们知道，明经科帖文、问义、答策三场考试，最重帖经文。”[①] 唐玄宗开元二十五年（737）

① 俞钢：《唐代明经科试的体系、方式及其地位变化》，《上海师范大学学报》（哲学社会科学版）2010年第5期，第70页。

的敕令已经指出："明经以帖诵为功，罕穷旨趣。"所谓帖经，就是默写经文或注疏，只要记忆力好，不需要理解经义就能够通过考试。唐文宗开成四年（839）闰正月，皇帝问宰相："明经会义否？"宰相明白宣称："明经只念经疏，不会经义。"上曰："只念经疏，何异鹦鹉能言。"可见，明经已经完全沦落为鹦鹉学舌的记诵之学。因此，到宋代明经科最终被取消[①]。

总体来说，经学发展到唐代中期，各种弊端逐渐显露，成为一种僵化而毫无生气的学问，正如葛兆光先生所说，经学"成了背诵和应急的文本，它缺乏内在信仰力量，缺乏实际生活意义，成为徒具装饰性的条文，它失去了与之相符的社会秩序与结构，于是，它成为悬浮在生活世界之上的文字形式，失去了诊断和批判当时社会问题的能力"[②]。上一章第一节提到，唐人甚至以字数的多寡来区分大中小经，而不考虑其义理和思想，可见当时的人对经书价值的认知是何等匮乏，经书之为经书只是一种文化惯性而已。经学发展进入了一个瓶颈期，必须有所突破才能进一步发展。

二、社会现实的迫切要求

唐玄宗统治后期，逐渐疏于朝政，耽于酒色，长期积累的各种矛盾最终导致安史之乱的爆发，从此唐朝由盛转衰。从安史之乱到唐朝灭亡的一百五十多年间，唐王朝始终面临着非常严重的社会问题。首先是唐王朝中央皇权权威被削弱，在中央有宦官专权、朋党之争，皇帝权力空间被压缩；在地方有藩镇割据，尾大不掉，叛乱此起彼伏，严重影响着国家的统一和安定，也成为唐代后期最为棘手的问题；在周边，有多个少数民族政权虎视眈眈，边境战争不断，甚至都城长安多次被攻陷。其次，社会动荡，经济无从发展，

① 明经科取消后，经学考试内容纳入进士科，进士科考经学，则是发挥义理的所谓制义，即后来的八股文。不过物极必反，当八股文发展到极端后，考生只顾发挥义理，甚至经文都不看了，于是又有人怀念帖经了，认为古人帖经虽然很笨拙，但毕竟还以经为本，八股文则完全是无根之学，虚无缥缈，详参本书第八章。

② 葛兆光：《中国思想史》（第二卷），第91页。

民生凋敝，人民流离失所，生活痛苦。

这些现状给儒者的心理以很大的冲击，使他们的担当精神和问题意识重新觉醒。从本质上讲，儒家学者最关心的问题是现实社会秩序，是世道人心，而不是书斋里的学问。儒家所抱持的治国平天下的理念，就是要实现天下的和谐稳定、人民的安居乐业，而现实恰恰与其理想背道而驰。怎么办？如何改善？如何解决？成为他们不得不去认真思考的问题。他们需要分析原因，需要提出应对策略，但当时书斋里的经学显然对此无能为力。因此，他们亟须跳出传统的繁琐经学，通过观念创新和思想创造，重新赋予经书以新的价值和意义，促使经学和经观念转型，从而为解决现实问题提供方案。

在上述内部和外部的双重问题之下，儒家学者逐渐认识到，经的根本意义和价值就在于它蕴含了能够应对和解决现实问题的道，不去求道而只从事于分章析句的学术化研究，沉湎于繁琐的解经工作，并不能真正彰显经的价值。所以，“道”渐渐成了一个流行词汇和应时概念，成了经和儒家的代名词，经是为道而存在的，习经就是求道。这一观念转型，简单说，就是要把对经书的学术化研究，变成对经书要义的探讨，要在经中发现道，重新确立道与经的对应关系。这种转型大致起自中唐，持续到宋初。

三、道的重新提出

这种超越传统的学术化经学，而致力于从经中求道的新的经观念，可以称作“道的重新发现”。道本是经概念中的核心要素，是经之为经的根本标志，在几百年前的汉人那里，经就是代表了先王之道，通经致用是当时最为普遍的经观念。经变成书斋学问之后，道被遗忘，所有人都在谈经，但没有人谈道。这一时期可以说是道沉沦的时代，《宋史·道学传》评论说：“两汉而下，儒者之论大道，察焉而弗精，语焉而弗详，异端邪说起而乘之，几至大坏，千有余载。”这时期由于儒者把主要精力都放在研究经书文本上，而对于比较抽象的道则“察焉而弗精，语焉而弗详”，从而导致“异端邪说”的炽盛。又说：“凡诗、书、六艺之文，与夫孔、孟之遗言，颠错于秦火，支离于汉儒，幽沉于魏、晋、六朝者，至是皆焕然而大明，秩然而各得其所。”认为汉魏六朝时代的经学是支离的、幽沉的，没有把其中蕴含的大道表彰出来，只有到了宋代，道才以新的形式复活了。中唐以后，研习经典不再是一种纯粹的解经、证经的学术活动，学者们开始以求道的心态去重新认识经书，龚鹏程先生即指出：“言道之目的，在于化成人文。这乃是他们通经致用的态度，并不空言道之性质与内涵，因此与宋人相比，其言道较少形上学气味，大体着重在仁义的发用上。”①

唐代文化的主流是文学，因此，试图突破繁琐的学术化经学，重提道的重要性，是由中唐时期的文人群体发起的。龚鹏程先生在《唐朝中叶的文人经说》一文中精辟地指出，中唐以后出现了一个以文章说经的文人群体。陈弱水先生也说：“在唐代知识界，经学家的角色相当隐晦，新春秋学兴起后，声势也不彰，这个学派是因在八、九世纪之交向文人群传播成功而生出影响的。”②这个文人群体不再以追求华丽的辞藻为主要目标，而开始反复谈论道的问题，谈论道与经的关系问题，“道”几乎成了他们使用频率最高的词。他们怀抱着复兴儒家的责任感和使命感，标举出“求道”的宗旨，试图对经学进行改造。这一过程，大致以啖助、赵匡、陆质的《春秋》学开其端，其再传弟子中以吕温、柳宗元最为著称。吕温、柳宗元皆为中唐著名的古文家、思想家，正是他们的赓续阐扬，《春秋》新学才为中唐文士所接受，成为当时的一大显学。与此同时，以韩、柳为中心形成了两大古文创作团体，韩愈周围有李翱、皇甫湜、樊宗师等人，世称“韩门弟子”，热衷于儒道的复兴，政治上略趋于保守，但也受到了《春秋》新学的影响，他们对道的提倡尤其值得重视。韩愈专门写了一篇《原道》，郑重地提出了道的问题，标举了道的重要性。其所谓道，即是自古相承的儒家圣人之道。韩愈《重答张籍书》

---

① 龚鹏程：《唐朝中叶的文人经说》，《湖南大学学报》（社会科学版）2006年第1期，第23页。

② 陈弱水：《唐代文士与中国思想的转型》，第3～4页。

中更是强调：“己之道乃夫子孟轲扬雄所传之道也。”①《答李秀才书》亦云：“然愈之所志于古者，不惟其辞之好，好其道焉尔。”②韩愈所看重的并不是经书的文辞，而是经书所蕴含的道。

柳宗元、吕温等人参与永贞革新，也形成了一个政治指向性很强的创作团体，他们思想激进，以《春秋》新学自居，在创作上有强烈的批判精神。柳宗元（773—819）说：“近世之言理道者众矣。”③这句话透露出一个重要信息，即“近世”之前，言道、理者很少，大都沉浸在经学章句注疏的汪洋大海中，直到柳宗元的“近世”，谈论“理”“道”的才渐渐多起来。比柳宗元稍晚的杜牧（803—852）也说：“今之言者必曰：‘使圣人微旨不传，乃郑玄辈为注解之罪。’”④可见在当时的一般人看来，探究圣人微旨（即道的主要内涵，详下文），则已是公认的经学的最高目标，而以郑玄为代表的学术化经学则变成了一种反面教材。龚鹏程先生指出：“在中唐以前，并未有如此集中且大量地使用道、孔子之道、孔孟之道的语辞，来总括指涉儒家义理的现象。”⑤唐朝中叶以来，学者文人大量使用道、孔子之道等词汇，这标志着一个新的理念的诞生，意味着唐人在经学的故纸堆上，试图重新建立道的地位和价值。乔秀岩先生在谈到义疏学衰亡之后学术思想的发展时说：“中唐以后思想潮流，先提出‘道’的理想概念，随后‘道’的内涵逐渐丰富具体，然后开始探索其中之‘理’。”⑥也是对这一学术大势的准确概括。

---

①［唐］韩愈：《重答张籍书》，《韩昌黎文集校注》，上海古籍出版社1986年版，第136页。

②［唐］韩愈：《答李秀才书》，《韩昌黎文集校注》，第176页。

③［唐］柳宗元：《柳宗元集》卷三十一《与吕道州温论非国语书》，中华书局1979年版，第822页。

④［唐］杜牧：《杜牧全集》卷十三《上池州李使君书》，上海古籍出版社1997年版，第122页。

⑤龚鹏程：《唐朝中叶的文人经说》，《湖南大学学报》（社会科学版）2006年第1期，第23页。

⑥〔日〕乔秀岩：《经疏与律疏》，载《北京读经说记》，第72页。

第二节　道的新内涵及其与经的关系

经观念能够成立的一个根本要素，在于“经是载道之书”这一信念。不过不同的时代对“道”有不同的理解。在汉代“道”多数情况下是一个具体而非抽象的名词，指方法、路径、行动指南，“经是载道之书”意味着经文本身就是现成的法典和行动指南，它具有直接指导现实行动的作用。但是，唐人对“道”的理解有了很大变化。道不再是具体的方法、举措了，而是一种抽象的原则、道理，是具体方法和举措背后的形上依据。如果说汉人的“道”解决的是“如何做”的问题，唐人的“道”解决的则是“为何如此做”的问题。这样一来，经与道的关系也进一步抽象化：经书的文句和教条并不是道，经文的主旨、大义才是道。道的这种转变的重大意义在于，经观念的重心由外在的经文转向了经文背后的道。因此，仅仅弄明白经文的字面意义是不行的，更要弄清楚经的要旨，即经中之道是什么。经不再是一个待解决的问题，道才是真正的问题所在，真正重要的不是解经，而是“解道”。

一、道与经的关系：大义与微旨

中唐文人所理解的这种道与经的关系，又可以分为两个方面：第一，认为道是经之大义；第二，认为道是圣人微旨。而这两点又全都可以归结到“求道以致用”上，即无论是经之大义，还是圣人微旨，其最终目标都指向现实，都要为现实问题的解决提供指南。因此，可以这样总结，经之大义即是圣人微旨，圣人微旨即是道，道就是现实的行动指南。所以，唐人对道的重新发现表现在经学上，就是对经之大义和圣人微旨的探讨。有学者指出：“中唐伊始，在经学内部，开始对作者原意及经典本意、经典的微言大义‘本义’的探究，这就是宋学‘义理’学的雏形。”[①]

道是经之大义，所谓大义，即指经文要表达的主旨和要义。当时之所以提出这一点，主要是用来反对传统的学术化经学，其言外之意是“道不是经文字面意义，而是经之大义”，因此通过传统的注解、训诂、考据等工作根本无法获得真正的道。如同学习一篇古文，将每一字每一句的具体意义都弄清楚了，这只是明白了此文的字面意义，但其主旨、要义甚至其隐含的寓意，则仍不能获得透彻的认识。当然，学术化经学也谈经文的旨意、要义，如赵岐《孟子章句》在每一章之后都要标出“章旨曰”，撮要论述本章的要义，后来的义疏说得更详细，对每章的大义也都有通讲。但这种讲解仍是就着经文来谈的，不脱经文的字面意思。而唐人所谈的经之大义，则试图超越对经文字面意义的探讨，而从一个更高的高度去总括、提炼经所要表达的大义、总纲，即经中之道。杨世文说：“在经典注释中，凸显主体意识，不仅诠释经典的本意（meaning），更注重对文本‘意义’（significance）的发掘。”[②]如果说学术化经学探讨的是 meaning，那么经之大义则是探讨的 significance。

对学术化经学分章析句的弊端，唐初就有人提出反对意见。刘知几说：“儒者之学，苟以专精为主，至于治章句、通训释，斯则可矣，至于论大体，举宏纲，则言罕兼统，理无要害，故使今古疑滞，莫得而申者焉。”[③]可见，当时的经学给人的一个印象就是“专精”之学，即高度的专业化、学术化，但真正有意义的工作则是研究经文的“大体”“宏纲”，也就是经之大义，这种大义的要点是“通”“统”，能够贯穿经文义理，并疏通古今许多疑难问题。刘知几的第五子刘迅与古文运动的先驱萧颖士、李华等人交往密切，他“述诗、书、礼、乐、春秋为《五说》，条贯源流，备今古之变”[④]。《五说》贯穿五经而立说，能够“条贯源流，备今古之变”，显然属于对经之大义的研究和探讨。

① 李伏清：《论柳宗元与儒学复兴》，华东师范大学2008年博士学位论文，第130页。

② 杨世文：《宋代经学怀疑思潮研究》，四川大学2005年博士学位论文，第2页。

③［唐］刘知己：《申左》，载《史通新校注》，重庆出版社1990年版，第839页。

④［唐］李华：《三贤论》，载《文苑英华》卷七四四，中华书局1966年版，第3886页。

盛唐、中唐时代，对经文大义的呼唤进一步强烈。梁肃称独孤及（725—777）“博究五经，举其大略，而不为章句学”[①]，这正是求经之大义的治学路数。生活于代宗、德宗年间的文学家柳冕说：“明六经之义，合先王之道，君子之儒，教之本也。明六经之注与六经之疏，小人之儒，教之末也。”[②]他将六经之义与六经之注疏直接对立起来，认为研究六经大义才真正合乎先王之道，才是君子之儒，而研究六经注疏的只是小人之儒而已。到韩、柳时代，对章句的批评，对六经大义和道的认取更为普遍。柳宗元在为其从祖柳浑所撰的墓志铭中评价他说：“凡为学，略章句之烦乱，采摭奥旨，以知道为宗。”[③]采摭奥旨，即探究经文的大义、要旨，以知道为宗，把求道当作研究经的根本目的和指向，奥旨与道是一而二、二而一的关系。他又说：“本之《书》以求其质，本之《诗》以求其恒，本之《礼》以求其宜，本之《春秋》以求其断，本之《易》以求其动，此吾所以取道之原也。”[④]六经各有其大旨和要义，如《书》是“质”、《诗》是“恒”，《礼》是“宜”、《春秋》是“断”、易是“动”等，通晓了这些大义，就可探取“道之原”。韩愈友人刘轲也是这方面的典型，“病今之学者涉流而迷源，舍经以习传，摭直言而不知其所以言，此所谓去经纬而从组缋者矣，既传生于经，亦所以纬于经也。三家者盖同门而异户，庸得不要其终以会其归乎？”[⑤]因而作《三传指要》，所谓“指要”，即是会归三传的旨意以探求《春秋》经文的大义，“冀始涉者开卷有以见圣贤之心焉”。龚鹏程先生说：“中唐文士说经，旨在人文化成，以道济世，故不复如往时经生考释名物度数，训诂章句，以疏通文义，而重在融

---

①［唐］梁肃：《朝散大夫使持节常州诸军事守常州刺史赐紫金鱼袋独孤公行状》，载《文苑英华》卷九七二，第5115页。

②［唐］柳冕：《与权侍郎书》，附载《权德舆诗文集》卷四十一《答柳福州书》前，第626页。

③［唐］柳宗元：《柳宗元集》卷八《故银青光禄大夫右散骑常侍轻车都尉宜城县开国伯柳公行状》，第181页。

④［唐］柳宗元：《柳宗元集》卷三四《答韦中立论师道书》，第873页。

⑤［唐］刘轲：《三传指要序》，《唐文粹》卷九五，四部丛刊本。

贯经旨，以阐发义理。这个义理，总称就叫道或孔孟之道、仁义之道。”[①]比较具体地指明了在中唐文人那里，解经的路径是融贯经旨、阐发义理，即探求经中之道[②]。

道与经的关系，从近了说是经之大义，如果追本溯源，则道更是“圣人微旨”。经本来是圣人所作，是圣人意志、理想、观念的载体，但这些意志、理想和观念可能并不表现在字面意思上，而是隐藏在文本的背后，需要通过某种抽象思维或体悟才能获得，由于非常隐微、隐蔽，因此称为“微旨”，当然也可以称“孔氏之志”“先王之心”“圣人之心”“先王之道”等，但用一个最准确的词概括，就是圣人微旨。

经之大义与圣人微旨，二者其实是一体的，经之大义本身就是圣人赋予的，所以必然是圣人微旨。探求经书中的圣人微旨，汉人已有此论，如东汉末年的徐幹在《中论·治学》中曾指出：“凡学者，大义为先，物名为后；大义举，而物名从之。然鄙儒之博学也，务于物名，详于器械，考于诂训，摘其章句，而不能统其大义之所极，以获先王之心。”主张为学应以大义为本，以获先王之心为目标，名物训诂之学只是为其服务的。但在当时，以训诂、考据、求真为特征的学术化经学方兴未艾，这种观点很难产生实际影响。只有到了唐代，学术化经学的弊端充分暴露之后，它才能真正成为一种有生命力的思潮。生活在开元年间的李岑说：“吾友兰陵萧茂挺、赵郡李遐叔、长乐贾幼几，洎所知河南独孤至之，皆宪章六艺，能探古人述作之旨。”[③]以萧颖士、李华、贾至及上文提到的独孤及等人为代表，形成一个专求“古人述作之旨”的文人经学群体。

韩柳等诸多古文家对探求圣人微旨非常重视。韩愈在《答侯生问〈论语〉

① 龚鹏程：《唐朝中叶的文人经说》，《湖南大学学报》（社会科学版）2006年第1期，第23页。

② 不过，中唐文人所谓道不能称为孔孟之道，因当时虽然孟子地位有所提高，但尚无孔孟之称，当时多称为周孔之道、尧舜之道、孔门之道、圣人之道。

③ 此语为其子李舟所撰《独孤常州集序》称引，见《文苑英华》卷七〇二，第3622页。

书》中自言：“愈昔注解其书，而不敢过求其意；取圣人之旨而合之，则足以信后生辈耳。”[①]韩愈对《论语》的注解，完全跳出传统注疏之学的框架，而直接以其所体悟到的圣人之旨为标准进行注解。韩愈认为前人的注疏淹没了圣人微旨：“汉氏以来，群儒区区修补，百孔千疮，随乱随失，其危如一发引千钧，绵绵延延，浸以微灭。”[②]又云：“古圣人言，其旨密微；笺注纷罗，颠倒是非。”[③]韩愈的弟子李翱也说：“近代已来，俗尚文字。为学者，以钞集为科第之资，曷尝知不迁怒不贰过为兴学之根乎？入仕者以容和为贵富之路，曷尝以仁义博施之为本乎？由是经之旨弃而不求，圣人之心外而不讲。”[④]韩、李的这些言论，都充分体现了当时跳出注疏之学而对“经之旨”“圣人之心”的渴求。

柳宗元说：“今之文士咸能先理。理不一，断于古书，老生直趣尧舜之道、孔氏之志，明而出之。”[⑤]研究经，即是将经中蕴含的尧舜之道、孔氏之志“明而出之”。他称颂吴武陵“多举六经圣人之大旨，发言成章”[⑥]。柳宗元对礼的看法尤其表现了他对圣人之意的重视。他反对拘泥于繁琐的古礼，而主张探求圣人制礼的本意。他在《禬说》一文中批判了禬祭的迷信形式，认为更重要的是探求圣人之所以设禬祭的用心，即“夫圣人之为心也，必有道而已矣”，又说“不明斯之道，而存乎古之数，其名则存，而教之实则隐。以为非圣人之意，故叹而云也”[⑦]。他批评时俗只保存了禬祭的形式，导致其背后深藏的“圣人之意”被埋没。其实礼学自汉代以来就已经沦为古礼的考古考据之学，而对于圣人作礼的用意、微旨，却不能有所发明。杜牧云：“今之言者必曰：‘使

①［唐］韩愈：《答侯生问〈论语〉书》，《韩昌黎文集校注》，第728页。

②［唐］韩愈：《与孟尚书书》，《韩昌黎文集校注》，第215页。

③［唐］韩愈：《施先生墓铭》，《韩昌黎文集校注》，第352页。

④［唐］李翱：《李文公集》卷八《与淮南节度使书》，《影印文渊阁四库全书》第1078册，第138页。

⑤［唐］柳宗元：《柳宗元集》卷三十《与杨京兆凭书》，第789页。

⑥［唐］柳宗元：《柳宗元集》卷二十一《濮阳吴君文集序》，第581页。

⑦［唐］柳宗元：《柳宗元集》卷十六《禬说》，第458页。

圣人微旨不传，乃郑玄辈为注解之罪。’”[①]从这句话似乎可以感觉到，当时探求圣人微旨已是公认的经学的最高目标，而郑玄之学是探求圣人微旨的障碍。柳宗元的好友吕温也主张经学要以探求圣人之心为主，他说：“夫学者岂徒受章句而已，盖必求所以事君，求所以事亲，求所以开物，求所以化人。日新又日新，以至乎终身。夫教者，岂徒传文字而已……魏晋之后，其风大坏……以讽诵章句为精，以穿凿文字为奥，至于圣贤之微旨，教化之大本，人伦之纪律，王道之根源，则荡然莫知所措矣。”[②]吕温在这里提到四个关键词，圣贤之微旨，教化之大本，人伦之纪律，王道之根源，其实四即是一，都可以归结为圣人作经之用心，这才是经学真正需要关注的问题。

二、求道之方：以心通经与以文解经

经书是上古的文献，无论是经文大义，还是圣人微旨，都显得非常遥远，要通过什么途径去获得和把握呢？唐人在这方面进行了不少探索。

自魏晋以后，随着学术化经学的发展，大量的解经著作层累叠加，如同大山一样顽固地横亘在读经者与经文本身之间，要想学习经书，必须先爬过这一座座大山，费事不说，最终能不能到达经文本义？谁也无法确定。与其通过这个并不可靠的“中介”来获知经的本旨，还不如直接面对经典，以我之心去体会圣人之心，实现我与经、与经所传达的圣人之意的直接对话和沟通，即所谓的“圣人有心，由我而得”。李翱说：“彼以事解者也，我以心通者也。”[③]学术化经学主要是通过客观的文献研究来解经，研究经文中的一事一物，而李翱则强调以心通经，进而体会经中蕴含的圣人之心，这就挺立了个人在解经活动中的主导性和主体性。李伏清说：“道逐步由经传而转向‘我心’，

①［唐］杜牧：《杜牧全集》卷十三《上池州李使君书》，第122页。

②［唐］吕温：《吕和叔文集》卷三《与族兄皋请学春秋书》，四部丛刊本。

③［唐］李翱：《李文公集》卷二《复性书中》，《影印文渊阁四库全书》第1078册，第109页。

这正是儒学从章句训诂学向内在心性学转变的中间环节。”[①]又说：“从解经范式变革的角度而言，我们甚至可以将宋学的生命历程直接追溯到中唐。”[②]宋人的内求路向，无疑是从唐人那里开端的。

以心解经在经学上的主要表现，就是怀疑和否定传注的可靠性，主张舍传求经。近人马宗霍指出：“自大历而后，经学新说日昌，初则难疏，继则难注，既则难传，于是离传言经。”[③]指出了怀疑传注的渐进过程，先是怀疑唐代法定的疏文，后来怀疑古注，再后来则怀疑更古的传记，最后干脆远离这些而直接谈经。唐代中叶以啖助、赵匡为代表的春秋学派，就是“舍传求经”观念的直接倡导者，目前学界对此已有较多研究，不烦作过多论述，仅引《新唐书·儒学传赞》的评价以见其学派的特征：“啖助在唐，名治《春秋》，摭讪三家，不本所承，自用名学，凭私臆决，尊之曰‘孔子意也’，赵、陆从而唱之，遂显于时。”摒弃三传，凭借自己的主观见解大言“孔子意”，这正是以道解经的一个典范。韩愈、李翱的《论语笔解》绝不广征博引，而是直论经文本义，对先儒注解也大多持驳斥的态度，据学者统计，在今本《论语笔解》中，共摘录孔安国注 43 条，驳斥 34 条；共摘录包咸注 19 条，驳斥 18 条；摘录周氏注 2 条，驳斥 1 条；摘录马融注 14 条，驳斥 13 条；摘录郑玄注 11 条，驳斥 10 条；摘录王肃注 3 条，驳斥 2 条[④]。柳宗元也是怀疑传注的健将。他严格区分经传，曾批判过《左传》《国语》《月令》等经书传记。针对《国语》中记载的大量祥瑞、灾异、命数、禄相、卜筮、神怪、妖异等内容，柳宗元认为“其说多诬淫，不概于圣”[⑤]，并作《非国语》六十七篇，可见其火力之猛。针对《左传·隐公三年》“六逆之说”而作《六逆论》；针对《左传·昭公二十年》中所记载孔子“守道不如守官”之说而作《守道论》。针对《礼记·月

① 李伏清：《论柳宗元与儒学复兴》，华东师范大学2008年博士学位论文，第147页。

② 李伏清：《论柳宗元与儒学复兴》，第132页。

③ 马宗霍：《中国经学史》，第105页。

④ 唐明贵：《论韩愈、李翱之〈论语笔解〉》，《孔子研究》2005年第6期，第101页。

⑤ ［唐］柳宗元：《柳宗元集》卷四十四《非国语序》，第1265页。

令》的感应、附会之说，而作《时令论》，云：“观《月令》之说，苟以合五事，配五行，而施其政令，离圣人之道，不亦远乎？”① 并认为《月令》中的一些话乃“瞽史之语，非出于圣人者也”②。除柳宗元之外，司马贞对《子夏易传》真伪的辨疑，韩愈、成伯玙对《诗序》作者的辨疑以及与李翱一起发动对《论语》的质疑和辨析，赵匡对《礼记》《周官》作书时代的辨疑，等等，都是当时怀疑传注思潮的体现。

中唐文人对道的探求，对六经大义和圣人之意的关注，不是一种空洞的主张，更形成一种新的解经文体——文章。唐代之前，经学著作的主要形式是注疏，注疏显然是经文的奴仆，一字一句都要与经文对应。而单篇的文章则在经文之外独立成篇，它不局限于某句经文或某部经书，而是对经文大义的综合性的抽象论说，意在阐明经中所蕴含的“道”。这种解经方式更自由、更活泼，更有主动性，这就是中唐文人倡导的以文载道，用经学语言说就是以文解经。韩愈在《上宰相书》中说：“所读皆圣人之书。……其所著皆约六经之旨而成文。”③ 在《韦侍讲盛山十二诗序》谈到韦处厚云：“韦侯读六艺之文，以探周公孔子之意，又妙能为辞章，可谓儒者。”④ 所谓“约六经之旨而成文”，及探周孔之意发为辞章，“都说明了在韩愈这批文人的心目中，儒者的事业，已不再是传统的笺释训诂，而是融会经义，发为文章”⑤。这类形式活泼的解经性的文章在中唐以后的文人那里比比皆是，如韩愈的《原道》《原性》《原毁》《原人》《原鬼》《对禹问》《获麟解》《师说》《本政》《守戒》《子产不毁乡校颂》，柳宗元的《四维论》《守道论》《辨侵伐论》《六逆论》《晋文公问守原议》《桐叶封弟辨》《论语辩》，李翱的《复性书》

① [唐]柳宗元：《柳宗元集》卷三《时令论上》，第85页。

② [唐]柳宗元：《柳宗元集》卷三《时令论上》，第86页。

③ [唐]韩愈：《上宰相书》，《韩昌黎文集校注》，第155页。

④ [唐]韩愈：《韦侍讲盛山十二诗序》，《韩昌黎文集校注》，第290页。

⑤ 龚鹏程：《唐朝中叶的文人经说》，《湖南大学学报》（社会科学版）2006年第1期，第20页。

等，上文提到的刘迅综合五经大义所作的《五说》、刘轲的《三传指要》等也属于此类。代宗、德宗时的房凛"每言五经之旨寖，其道大备，而去圣浸远，义类繁滋，博而寡要，学者罕究，乃撮其异同，各以汇聚，凡三百余篇"①。可惜书未成而房凛已卒。因此，如果将经学著作按学术化经学的框架来界定，那么唐人严格的经学著作非常之少，这也是人们认为唐代经学衰落的原因，但是如果深入到唐人著述的内部，便会发现唐人解经类的文章非常多。唐代这类经学文章的出现，龚鹏程先生归因于唐代的策问考试②，其实这更是求道于经这一时代命题的产物。

三、独立与依附：道与经的离合

道的重新发现，高扬了道的价值，使道成为一个时代思想文化的中心和焦点，这对于经的概念有一定冲击，因为道与经不是完全对应的，二者存在既相互独立，又相互依赖的复杂关系。

道有其自身的独立性，不完全依赖于经而存在。中晚唐文人在谈论道的时候，经并不是一直在场的。在这些文人儒者心中，即使离开经，他们对道也可以有一个基本的理解，它无非就是自孔子以来相承不绝的那些基本的儒家道德理念。韩愈作《原道》一篇，对仁、义、道、德四个儒家重要概念进行了重新定义，理顺了其基本的逻辑关系，并将道解释为达到仁义的途径，这些都是一种独立的学术思维活动，而没有以经书诠释为背景。因此，一旦学者们将求道作为问题的中心，就意味着他们对道已经有了基本的理解，这无疑极大地增强了儒者自身的底气和自主性。在此心态之下再去谈经学，就会对经有完全不同的认识。一方面，他们仍然坚守经是载道之书的观念，经的大义、微旨无疑都是道的体现。另一方面，经文作为自古相传、客观存在的文本系统，它是外在于我的它者，因此不可能其所有内容都能够与我心中

---

① [唐]梁肃：《房正字墓志铭》，载《文苑英华》卷九四六，第4977页。

② 龚鹏程：《六经皆文——经学史/文学史》，台湾学生书局2008年版，第34页。

所构想的道完全符合。这就导致了经与道的某种矛盾冲突。如何处理这一矛盾？儒者所采取的方法，不是以经修正我心中的道，而是以我心中的道来修正经。当他们遇到经文不通或有异议的地方，就会站在道的高度进行解释疏通，如果解释不通，那就会怀疑经文本身出了问题。这里举两个例子。

韩愈、李翱的《论语笔解》对《论语》的某些字句往往提出全新的解释，甚至为了使《论语》符合自己的理念而不惜改动经文。据统计，《笔解》一书改易《论语》文字16处，变更经文次序2处，主张删除经文1处[①]。例如，对于《雍也》“人之生也直，罔之生也幸而免”，韩愈的解释说：“直当为德字之误也，言人生禀天地大德。罔，无也，若无其德，免于咎者鲜矣。古书德作直。”[②]为了使经文符合“人生禀天地大德”的道理，将经文“直”字改为“德”字。

生活于晚唐时代的司空图（837—908）曾写了一则《疑经》札记，来讨论《春秋经》中的某些寓意：

经曰“天王使来求金”，又曰“求车”。岂天王之使私有求于鲁耶？不然，传闻之误耳。若诸侯之使来求金，则谓求可矣。若致天子之命，征于诸侯，其可谓求耶？且率土之人与其货殖皆一人之所有，父之财守于其子，则用否莫不恭命，其可谓求乎？《春秋》之旨，尊君抑臣，岂圣人为鲁不为周耶？书云“天王狩于河阳”，尚为晋侯讳召天子，岂不为周讳其过哉？纵天王制用失节，多取于诸侯，如欲垂诫，则书于周史可矣，若书于诸侯之史，是悔吝其货而侮慢王命也，王祭亦不供矣。必非圣人之文也。若曰王人责其稽命，则曷不书曰“天王使某责贡金”？倘以取金为不文，则曷不书曰“天王使某来征贡金”，亦讥在其中矣。以是疑仲尼书“天

① 此处据唐明贵统计，参唐明贵《论韩愈、李翱之〈论语笔解〉》，《孔子研究》2005年第6期，第102页。

②［唐］韩愈、李翱：《论语笔解》，《影印文渊阁四库全书》第196册，第8页。

王使来求金”，是使乎私自求而惩之可也。不然，求与责文或相近，传写文误焉。不尔，何子夏之徒不能措一言哉？舍是而讥诃，皆小小者尔。[①]

司空图对《春秋》书“天王使来求金”或“求车”之“求”提出疑问，首先，诸侯之间要东西可以称求，而天子向诸侯要东西不能称求，因为天下之大，全都是天子一人所有，怎么能用求呢？其次，《春秋》以尊君卑臣为主旨，如果用求，不是降低天子的尊严了吗？这种事按《春秋》的惯例是要为尊者讳的，即使为了写出来给后人告诫，只要写到周王的史书里就可以了，而写到鲁国的史书里，不是显得鲁国自己很吝啬而违背王命了吗？第三，如果是因为鲁国应承担的贡品没有到位而天子来责要，那么应该书“天王使某责贡金”或“天王使某来征贡金”，而不应该书“求”。因此，司空图认为这句话有三种可能，其一，“必非圣人之文”，或为“传闻之误”；其二，如果确实是圣人之文，那也是天王的使者私自向鲁国有所求，而不是天王的意思。其三，“求”与“责”字形相近，“求”应为“责”之误。从以上对司空图的思路分析可知，他正是以自己心目中的道来判定经文的是非对错的。

中晚唐儒者虽然承认道有相当的独立性，甚至会以道来非议经文，但他们并没有抛弃经，而仍具有非常强烈的经观念。在他们的深层意识中，六经是神圣的，道就在六经之中，求道必须从六经那里去求。李翱说：“六经之旨也，浩乎若江海，高乎若丘山，赫乎若日火，包乎若天地。掇章称咏、津润怪丽。六经之词也，创意造言，皆不相师。……义深则意远，意远则理辨，理辨则气直，气直则辞盛，辞盛则文工。”[②]这段话对六经极尽夸赞之能事。柳宗元在《报崔黯秀才论为文书》中指出：“圣人之言，期以明道，学者务求诸道而遗其辞。辞之传于世者，必由于书。道假辞而明，辞假书而传，要之，

---

①［唐］司空图：《司空表圣文集》卷三《疑经》，《影印文渊阁四库全书》第1083册，第500页。

②［唐］李翱：《李文公集》卷六《答朱载言书》，《影印文渊阁四库全书》第1078册，第129页。

之道而已耳。”[1]又说：“大都文以行为本，在先诚其中。其外者当先读六经，次《论语》、孟轲书，皆经言。”[2]所谓“道假辞而明”“当先读六经”，正是其经观念的体现。他们认为经文出现的一些问题，只是文字的错讹，偏离了圣人的原作，所以通过新的解释或修改经文来恢复经的本来面目，经的神圣性始终存在。

第三节 宋初对“求道于经”观念的继承

宋代立国之初，学术和文化承袭了唐代的基本格局。从科举考试角度看，进士的地位更加突出，经学等其他科目被统归为诸科，经学考试仍以帖经、墨义为主。朝廷对经书也进行了大量的整理校订工作，如编纂颁布了《论语正义》《孝经正义》《尔雅正义》等，从而使后世十三经中除《孟子》之外都有了“正义”，《十三经注疏》基本成型。可见，宋初从官方层面，仍然维持着学术化经学的架构和形式。但中唐以来文人儒者所开创的“求道于经”的经观念模式，注重探求经之大义和圣人之心的思路，在宋初被一些学者继承了下来，并逐渐发扬光大，成为开启理学思潮的序幕。

宋初的经学涌动着一股对学术化经学的批判，对道、经文大义和圣人微旨的渴求。柳开（947—1000）是第一个代表，他说：“吾之道，孔子、孟轲、扬雄、韩愈之道；吾之文，孔子、孟轲、扬雄、韩愈之文也。”[3]可见他非常注重对儒家一贯之道的探索，而鄙弃繁琐的分章析句的经学。张景称他“凡诵经籍，不从讲学，不由疏义，悉晓其大旨。注解之流，多为其指摘”[4]，石

---

①［唐］柳宗元：《柳宗元集》卷三十四《报崔黯秀才论为文书》，第886页。

②［唐］柳宗元：《柳宗元集》卷三十四《报袁君陈秀才避师名书》，第880页。

③［唐］柳开：《河东集》卷一《应责》，《影印文渊阁四库全书》第1085册，第244页。

④［唐］张景：《柳公行状》，见《河东集》附录，《影印文渊阁四库全书》第1085册，第347页。

介也称他“六经皆自晓，不看注与疏”[①]。

宋初三先生孙复、胡瑗、石介常被称为理学的先驱，他们以治经为其主业，尊崇儒家之道、注重探求经书的大义。关于孙复（992—1057），欧阳修在其墓志铭中评价说：“不惑传注，不为曲说以乱经。其言简易，明于诸侯大夫功罪，以考时之盛衰，而推见王道之治乱，得于经之本义为多。”[②]跳过传注，直面经典以求得“经之本义”，成为其治学的主要特征。孙复对汉唐经学注疏“破碎大道”的副作用也有激烈的批评。在《寄范天章书二》中他写道：“汉魏而下，诸儒纷然四出，争为注解，俾我六经之旨益乱，而学者莫得其门而入。”[③]解经者越多，经旨越乱。其所撰《易说》六十四篇、《春秋尊王发微》十二卷[④]等，都是对经书大义的阐发。胡瑗（993—1059）的经学研究不但注重阐发大义，更注重实践性和实用性，他创立的苏湖教法，强调明体达用，分经义斋和治事斋两科教学，试图将经书大义贯彻到实践中。其主要著作为《胡氏口义》，包括《周易口义》《洪范口义》《中庸口义》《春秋口义》四种[⑤]，都与过往的注疏体裁完全不同，更注重对经书大义的探讨。胡瑗弟子徐积云：“治诗者，必论其大体，其章句细碎不足道也。”[⑥]所谓大体，即经之大义。石介（1005—1045）也高度重视圣人之道，他撰写的《录蠹书鱼辞》云：“《易》其九师为蠹乎？《春秋》其三传为蠹乎？《诗》其齐、韩、毛、郑为蠹乎？《礼》其大戴、小戴为蠹乎？……魏晋以降迄于今，又有声律对偶之道，雕镂文理，

---

①［宋］石介著，陈植锷点校：《徂徕石先生文集》卷二《过魏东郊》，中华书局1984年版，第20页。

②［宋］欧阳修：《居士集》卷三十《孙明复先生墓志铭》，《欧阳修全集》，中华书局2001年版，第458页。

③［宋］孙复：《孙明复小集》，《影印文渊阁四库全书》第1090册，第171页。

④［宋］石介著，陈植锷点校：《徂徕石先生文集》卷十九《泰山书院记》，第223页。

⑤ 参拙文《胡瑗〈春秋口义〉佚文辑考》，见《宋代文化研究》第二十七辑，线装书局2020年版。

⑥［宋］徐积：《节孝先生文集》附语录，见舒大刚主编《宋集珍本丛刊》第十五册，线装书局2004年版，第708页。

刓刻典经，浮华相淫，巧伪相衒，劘削圣人之道，离析六经之旨，道日以刻薄而不修，六经之旨日以解散而不合，斯文其蠹也。”[①] 认为汉魏以来的六经传注以及浮华的文辞，都是经之蠹虫，它们“劘削圣人之道，离析六经之旨”，使道不修而六经之旨日益散乱，因此，当务之急就是摒弃这些蠹虫，重寻大道，恢复六经之旨。

孙奭（962—1033）是宋初著名经学家，以九经科及第，但他也对传统的章句之学颇为不满，“患五经章句浮长，删为《节解》数百篇，取九经之治要，著《微言》五十篇。”[②] 宋仁宗时的刘敞著《春秋权衡》，指出“故守一而废百，谓之章句之儒，去道远矣”，力倡“以理言之”“以理观之”“以义观之”，明确主张：“凡说经者，宜以逆顺深浅为义。得其义，是得圣人之意，得圣人之意者，虽有余说，勿听可也；不得其意，则牵于众说；牵于众说，而逆顺深浅，失义之中，是有功于众说，而非求合于圣人也。故吾求合于圣人，而不敢曲随于众说。圣人之意可求也，求在义而已矣。”[③] 对探求圣人之意也是一再强调。李觏（1009—1059）作《周礼致太平论》《易论》《礼论》等，这些论都是注重发挥经之大义，试图从经中求取治国平天下之“道”的经学作品。

范仲淹说：“育材之方，莫先劝学。劝学之要，莫尚宗经。宗经则道大，道大则才大，才大则功大。盖圣人法度之言存乎《书》，安危之几存乎《易》，得失之鉴存乎《诗》，是非之辩存乎《春秋》，天下之制存乎《礼》，万物之情存乎《乐》。故俊哲之人，入乎六经，则能服法度之言，察安危之几，陈得失之鉴，析是非之辨，明天下之制，尽万物之情。使斯人之徒辅成王道，复何求哉！”[④] 认为经是大道所存，只有求于经，才能求得道。道不在别处，

---

①［宋］石介著，陈植锷点校：《徂徕石先生文集》卷七《录蠹书鱼辞》，第81页。

②［宋］宋祁：《景文集》卷五十八《孙奭墓志铭》，《影印文渊阁四库全书》第1088册，第557页。

③［宋］刘敞：《春秋权衡》卷二，通志堂经解本。

④［宋］范仲淹：《范文正公文集》卷十《上时相议制举书》，见《范仲淹全集》（中），四川大学出版社2007年版，第237～238页。

就在经中。欧阳修《系辞说》批评了“书不尽言，言不尽意”的观点：“自古圣贤之意，万古得以推而求之者，岂非言之传欤？圣人之意所以存者，得非书乎？然则书不尽言之烦，而尽其要；言不尽意之委曲，而尽其理。谓书不尽言，言不尽意者，非深明之论也。”①认为不能否定书和言的作用，因为圣人之意，也必须靠书和言才能得以传承，委婉地承认了经书的价值，只是在研究经的时候要“于经术，务究大本，其所发明，简易明白”②。余英时先生说：“宋初多数儒者都深信六经中蕴藏着永恒的智慧，可以导向合理的政治社会秩序的重建。”③

宋初学者也继承了唐人以文说经的形式，他们的经学著作不是繁琐的注疏，而是说理明快晓畅的论文或语录。例如李觏的经学著作就多是“自由议论”，陈植锷先生指出：“今存《李觏集》三十七卷、外集三卷，收学术著作 7 种，以《礼》《易》两经的研究为主，《礼论》7 篇，《易论》13 篇，《删定意图序论》6 篇，《周礼致太平论》51 篇，此外 3 种为《潜书》15 篇，《广潜书》15 篇，《常语》3 卷，全部采用论文和语录的形式，而无一传注。”④

综上可见，宋初的一些儒者继承了中唐以来求道于经的思路，进一步摒弃学术化经学，而努力寻求经之大义、要旨，向经中求取真正有用的“道”。不过，随着理学的萌芽和成立，“道”逐渐发展成“理”“天理”，成为独立的哲学概念，它不再依附于经，求理不再需要或不仅再需要通过经了，经沦为天理的某种表现，或发明天理的某种途径而已，简言之，经成了理的附庸，经观念也就随之发生了新的革命性变化。

---

①［宋］欧阳修：《试笔》之《系辞说》，《欧阳修全集》卷一百三十，第1985页。

②［宋］吴充：《行状》，载《欧阳修全集》附录，第2693页。

③ 余英时：《朱熹的历史世界：宋代士大夫政治文化的研究》，生活·读书·新知三联书店2004年版，第292页。

④ 陈植锷：《北宋文化史述论》，中国社会科学出版社1992年版，第204页。

第六章　从经到理：经观念的“哥白尼革命”

宋代中期之后，对道和圣人之意的持续探求，渐渐孵化出“理”的概念，从而促使以“理”为最高范畴的理学的诞生。理成为一个具有最高权威的独立的哲学概念，经反而成了理的附庸。这样，以“道”为过渡，最高权威从“经”转移到“理”，实现了一种哥白尼式的革命。所谓哥白尼革命，是指哥白尼把过去人们认为太阳围着地球转，逆转为地球围着太阳转的观念。学界常用哥白尼式革命来形容康德批判哲学的历史地位，因为康德之前的认识论是使人的认识符合客观对象，而康德则指出，不是认识符合对象，而是对象要符合人的先天认识形式，这就是一个大逆转，原来认识围着对象转，现在对象要围着认识转。同样，宋代经观念的转变也具有类似的特点。在汉唐时代，经是最高权威，一切思想理论和注疏都要围绕经展开，都是经的诠释和注脚。而宋明理学兴起后，理变成了最高范畴，一切都要服从理，经的价值、真伪也要以理为评判标准，经要围着理转。本章讨论即理学视域下的经观念，时段范围为北宋中期至明代。

第一节　四子与理学的产生

经是载道之书，道的概念常常被限制在经的视域中。“道”要变成“理”，仅依靠经书显然无法完成，而需要有更具抽象性、思想性和理论性的文化资源，儒家的诸子之学就承担了这一重任。因此，从“道”到“理”的转变，从某种意义上讲，是建立在儒家诸子学复兴的基础上的，也就是建立在诸子升经的基础上的。

一、从道到理

谈到宋代理学的产生，一些学者喜欢用“以理代礼”来概括，如同有人喜欢用“以礼代理”来概括清代学术一样。不过，如果从经观念的衍变轨迹看，以理代道，或“从道到理”这样的概括似乎更为妥帖。

从表面看，“道”与“理”两个概念在宋明学术视域中并没有严格的区分，甚至是经常混用的，而且宋明理学本身就常被称为道学，因此，区分“道”与“理”，是否真的具有思想史和观念史的意义，可能会引起人们的怀疑。不过，从宏观的思想脉络看，中唐至宋初学者们所大谈的“道”，与其后宋明理学家所津津乐道的“理”之间，还是有一个明显的理路发展的。中唐至宋初的经学以求道为目标，称为“道学”最为名正言顺，而宋明时代的学问以“穷理”为中心话题，称为“理学”是最恰当的。这个区分并非笔者的杜撰，宋代的陈师锡就曾说：“六经载道，诸子言理”（《宋史》卷三四六《陈师锡传》），认为道对应六经，理对应诸子。现代学者对此亦偶有论及，只是没有非常自觉而明确的认识。如葛兆光先生在《理学诞生前夜的中国》一文中论述宋初的思想状况时说：

要从根本上确立国家的权威和民族的信心，不仅要使人们认同国家

> 的合法性，更主要应当依赖于人们对于这个国家的同一文明和共同伦理的认同，而认同的同一性基础，只能是超越个体生命、政治权力、地理区域的普遍性真理，孙复所谓“欲治其末者，必端其本”，所谓“本”曾经被过去学者称为“道”，被后来学者说成是“理”，例如邵雍所说的“天下之物莫不有理”（《观物》），二程所说的“天有是理，圣人循而行之，所谓道也”（《二程遗书》第二十一），都是这个意思。正是在这种心情下，超越自然与社会的“道”，或为政治国家、道德伦理、宇宙构架、自然知识提供同一性依据的“理”，才会被提出来。①

葛先生提到，道是“过去学者”（即宋初以前）的称呼，理是“后来学者”（即宋明理学家）的称呼，这就将“道”与“理”区分开来，只是他仍将二者视为一物之二名，所以没能将二者的本质区别解释清楚。在中国访学多年的日本学者乔秀岩先生说过这样一段话：“中唐以后思想潮流，先提出‘道’的理想概念，随后‘道’的内涵逐渐丰富具体，然后开始探索其中之‘理’。”②也在提示我们，从道到理的转变过程确实是思想史中存在的事实。那么，这一转化是如何发生的？道与理到底有哪些联系和区别呢？

“道”与“理”的内涵有其一致性，它们都指在儒家思想体系中具有最高意义的信仰、理念、宗旨等，而且都具有相当的抽象性和超越性。宋儒无意区分道和理，他们在口头上大力提倡圣人之道，但是“这种‘圣人之道’，在理学家眼中，亦即是‘理’”。但二者还是有很大不同的。道更有普遍性，宋代理学诞生前几乎无人谈理，儒者的意识中只有道，理学流行之后，儒家的中心观念变成了理，理学式微之后，道又重新抬头（参第八章）。从思想史的角度看，从道到理的转变，实际上是从“道—经”结构，向“理—心性”结构转化。

① 葛兆光：《中国思想史》（第二卷），第271页。着重号为笔者所加。

② 〔日〕乔秀岩：《经疏与律疏》，见《北京读经说记》，第72页。

从孔子把先王之道寄托于诗书礼乐开始，“道”始终对于经有较强的依赖性，或者说道根本上就是经的附属物，经是道的载体，求道必求于六经之中。在汉魏以来学术化经学视域下，道直接就是经文本身，解经、注经本身被认为就是求道。中唐以来道被重新发现后，“道”的地位有所提升，相对于经已具有很大独立性，但仍未完全脱离经的范畴。因此，道与经的结合构成一个比较稳固的结构。不过这一结构随后逐渐向理—心性结构转化。

在中唐以来道的论域中，道与圣人之心开始发生密切联系，它被认为是“圣人之心”、圣人微旨，具体表现就是圣人所作的圣经，这就将道与心联系起来，为道的进一步独立和脱离经的束缚创造了条件。沿此思路的进一步发展，道就变成了理。理不但是圣人之心，而且是一般的抽象和普遍意义上的心性，是人人所具之本心本性，这样一来，理的依据就在人的内心，理—心性构成理学的核心结构。二程说：“先圣后圣，若合符节，非传圣人之道，传圣人之心也；非传圣人之心也，传己之心也。己之心无异圣人之心，广大无垠，万善皆备，欲传圣人之道，扩充此心焉耳。”[①]他将圣人之道归结为圣人之心，又将圣人之心归结为自己之心，这样心本论的理学就建立起来。二程说：“道即性也，若道外寻性，性外寻道，便不是。”[②]道即性，性即道，性道是一而二，二而一的，程子虽用的是道的概念，但并不是传统意义中的五经中所载之道，而是一个全新的概念——理，性即道，即后来广为人知的性即理、心即理的雏形。姜广辉先生说：“‘道学’或‘理学’从理论形态说，属于心性之学。道学家明确把‘正心’或‘治心’作为学问的根本。”[③]理学为心性之学，这就指出了理学的本质，整个宋明理学都可以称为心学，因为他们都将理与心性作为对等的概念结合起来。因此，一般意义上与陆王心学对立的程朱理学，本质上也是心学，南宋的罗大经云：“余尝辑《心学经传》

① 转引自《晦庵先生朱文公文集》卷七十《记疑》，《朱子全书》第23册，第3397页。不过，朱子对此句是否为二程之语提出疑问。

② [宋]程颢、程颐：《程氏遗书》卷一，《二程集》，第1页。

③ 姜广辉：《宋学、理学与理学化经学》，《哲学研究》2007年第9期，第46页。

十卷，序发之辞有曰：学者不求之周程张朱固不可，徒求之周程张朱，而不本之六经，是舍祢而宗兄也。不求之六经固不可，徒求之六经，而不反之吾心，是买椟而弃珠也。”① 这里将程朱之学同样称为心学。程朱等后世所谓的理学家无不重视心性的问题，如朱熹说：“所谓主宰者，即是理也，不是心外别有个理，理外别有个心。”② 蒙培元先生认为：“在理学中，朱熹是第一个提出心本体论的哲学家。”③ 但从“理”字的理解看，整个宋明理学，无论是程朱一系还是陆王一系，又都可以称为理学，因为他们都承认有一个最高的真理和原则被称为理，如陆九渊即说：“塞宇宙一理耳，学者之所以学，欲明此理耳。”④ 因此，以所谓理学、心学来分别二系似乎是不妥的，并不能凸显他们的差异。理学、心学都可以称呼整个宋明理学，只是从不同的角度来说而已。

因此，从道到理的演变过程中，我们可以看到这样一种变化，即由道—经的结构，变为道—心的结构，进而再变为理—心性的结构。这种结构的变化，在经观念上的一个重要意义，就是理不再依附于经，而具有了独立的意义和价值，经在儒家中的核心地位被打破。如果说中唐以来重新发现的道，已经具有了某种独立的倾向，而发展到“理”之后，它就不再依赖于经，其自身就具有完全的独立性和最高性⑤。“理—心性”这个结构显示，理的来源和依据是人人本具之心性，而不再像“道—经”结构那样，道要依托于圣人及其所作之“经”。这样，理就可以完全脱离经而独立，理学思想体系的建构，甚至根本就不需要读经、解经，或者即使读经、解经，也是先明理，再读经、

① [宋]罗大经：《鹤林玉露》丙编卷六，中华书局1983年版，第333页。

② [宋]朱熹：《朱子语类》卷一，《朱子全书》第14册，上海古籍出版社、安徽教育出版社2010年版，第117页。

③ 蒙培元：《论朱熹理学向王阳明心学的演变》，《哲学研究》1983年第6期，第62页。

④ [宋]陆九渊著，钟哲点校：《陆九渊集》，中华书局1980年版，第161页。

⑤ 虽然很多理学家都从经书中寻找建立理学思想体系的依据，但是从思想脉络看，理的存在是不依赖于经的，理本身就是最高原则。

解经，从而把之前读经以明道的观念完全颠倒过来。有学者就指出，宋初，学者多将六经视为治国安民的宝典，但最晚从二程时起，学人对于六经的看法已经渐渐发生改变，六经的地位开始下降[①]。这种地位的下降，正是理的观念诞生，道演化为理的结果所导致的。

另外，道依赖于经，经是道的载体，经书中的文物、典章、制度都是道或道的体现，可见道的概念更具体，与现实更贴近。而理由于脱离了经书，而成为一个纯粹抽象的哲学概念。“道”的字面意义就是所行之道，具有更多的指导意义和实践意义，而理论性就略差些。而理则完全是一种抽象的形而上的观念，并且具有类似西方哲学中“本体”的意义，如理学家所津津乐道的“理一分殊”的观念，理是一，是抽象，万物是特殊，是具体。理学家喜欢谈理，而崇尚实干、实学、经世致用的思想家则喜欢谈道（参第七章），有时候他们为了批判理学家抽象的理论活动，便会重新拈出道字，以对抗理。南宋颇具实学色彩的学者黄震说：“夫道，即日用常行之理。不谓之理而谓之道者，道者，大路之称，即其所易见，形其所难见。使知人之未有不由于理，亦犹人之未有不由于路，故谓理为道。而凡粲然天地间，人之所常行者，皆道矣。”[②]即其体现。

二、四子升经与理学的发生

在理概念的孵化和理学的产生过程中，儒家的子书发挥了关键作用。汉唐时代，儒家子书一般被认为是经书的传记，属于经的附属品，但事实上它们都有自己的宗旨和思想体系，是对道或理的直接、系统的论说。比如，“诚”是儒家思想中的一个重要概念，但是翻遍六经，根本找不到专门、直接论述“诚”的篇章，当然你可能从某首诗、某篇典谟中读出“诚”的味道，但那

---

① 杨晓清、翟奎凤：《从万世统纪到故纸堆——有关六经功用的叙述及其历史变迁》，《商丘师范学院学报》2016年第11期。

② ［宋］黄震：《慈溪黄氏日抄分类古今纪要》卷五十五，《中华再造善本》影印元后至元三年刻本。

毕竟太迂回了，而子思子所作的《中庸》全篇都在讨论“诚”的问题，何其直接，何其畅快？经与子，一个是间接蕴含，一个是直接论说，两者的思想理论价值高下立见。

中唐以后，在探寻道的氛围中，儒家子书受到前所未有的重视，它们的思想被文人咀嚼发挥，以寄托自己“道”的理想。如韩愈曾说“求观圣人之道，必自《孟子》始”[①]。皮日休《请孟子为学科书》主张将《孟子》作为科举的考试内容：“夫《孟子》之文，粲若经传。天惜其道，不烬于秦。自汉氏得之，常置博士，以专其学。故其文，继乎六艺，光乎百氏，真圣人之微旨也。”[②]与韩愈差不多同时的杨倞对孟荀之书推崇备至，认为它们“立言指事，根极理要，敷陈往古，掎挈当世，拨乱兴理，易于反掌，真名世之士、王者之师。又其书亦所以羽翼六经，增光孔氏，非徒诸子之言也。盖周公制作之，仲尼祖述之，荀、孟赞成之，所以胶固王道，至深至备”（《荀子注·序》），他不辞辛苦注解《荀子》，成为流传至今最早最权威的《荀子》古注。韩愈的弟子李翱的《复性书》对《中庸》评价极高，称《中庸》“遭秦灭书，《中庸》之不焚者，一篇存焉，于是此道废阙”[③]。宋初的儒者也对儒家子书给予了足够的重视，如李觏说：“欲闻性命之趣，不知吾儒自有至要，反从释氏而求之……释之行固久，始吾闻之疑，及味其言，有可爱者，盖不出吾《易》《系辞》《乐记》《中庸》数句间。”[④]李觏用以对抗释氏的典籍不是六经，而是《系辞》《乐记》《中庸》这类儒家的子书。

不过，在理学形成之前，儒者对诸子的重视还是发散性的，《论语》《孟子》

① [唐]韩愈：《送王秀才序》，《韩昌黎文集校注》，第262页。

② [唐]皮日休著，萧涤非整理：《皮子文薮》卷九《请孟子为学科书》，中华书局1959年版，第95页。

③ [唐]李翱：《李文公集》卷二《复性书上》，《影印文渊阁四库全书》第1078册，第108页。

④ [宋]李觏：《李觏集》卷二十三《邵武军学置庄田记》，中华书局1981年版，第252页。

《荀子》《中庸》《大学》《儒行》《易传》，乃至扬雄、王通等人的著作，都被表彰过，甚至在北宋初期，韩愈本人也成为诸子之一。当时比较受重视的儒家诸子有五贤、四子等不同说法，五贤一般指孟子、荀子、扬雄、王通、韩愈，四子一般指孟荀扬韩[①]。但历史最终选择了《论》《孟》《学》《庸》四部子书。

首次将《论》《孟》《学》《庸》四部书放在一起讨论的似乎是张载：“学者信书，且须信《论语》《孟子》，诗书无舛杂，理（《礼》）虽杂出诸儒，亦若无害义处。如《中庸》《大学》出于圣门，无可疑者。”[②]二程对《论》《孟》《学》《庸》也有许多论述，但多是分别表彰，而并没将其作为一个整体。南宋初年，《论》《孟》《学》《庸》渐渐走向一体化。顾宏义说：“至南宋初年，已颇有合《论》《孟》《庸》《学》四书而加以论说、注解者。”并引汪应辰（1118—1176）之言云：“是心即书室也，吾能洁修神明之舍以读吾书，则《论》《孟》《庸》《学》之四书不在方册，在吾丹府之中矣；六经子史之旨趣不在篇简，在吾灵台之内矣。”[③]这句话的下线是汪应辰的卒年1176年，而是年朱子对四书的注解尚在酝酿中。可见，在朱子四书学成立之前，《论》《孟》《学》《庸》已经俨然成为一个整体了。

真正将四书建构成一个完整理论体系的是朱熹。关于四书的概念，有两个细节需要略作考辨。首先，朱熹在其生前并没有将《论语孟子集注》与《大学中庸章句》合在一起并称为《四书章句集注》，对此许家星先生有详细考辨。[④]其次，朱熹虽然建构了四书的体系，但在他那里只有四子的概念，四书的概念是朱熹之后才流行的。顾宏义指出：“朱熹及当时人皆云‘四子’。”[⑤]

① 参周炽成：《唐宋道统新探》，《哲学研究》2016年第3期。

②［宋］张载：《经学理窟·义理》，《张载集》，中华书局1978年版，第277页。

③ 顾宏义：《“四书”释名》，载陈来主编《哲学与时代：朱子学国际学术研讨会论文集》，华东师范大学出版社2012年版，第388页。

④ 参许家星：《朱子四书学形成新考》，《中国哲学史》2013年第1期。

⑤ 顾宏义：《“四书”释名》，载陈来主编《哲学与时代：朱子学国际学术研讨会论文集》，第390页。

又说：“朱熹所注解之《论》《孟》《庸》《学》四书，于其生前先后刊印数次，但据相关史料，除绍熙元年刻于漳州者题名‘四子’，余者似皆未曾题有统名，至少未见有确切史料可以证明其曾以‘四书’题名者。”①《四书章句集注》和《四书或问》都是后世合刊时的题名。朱熹也偶尔用四书的概念，但他所说的四书指的是四部书，而非后世的四书概念。顾宏义举出多个例证后说：“可见‘四书’一词，起初只是作为《论》《孟》《庸》《学》四部书之省称，后来才逐渐演变作专名，但朱熹所用，大体并非专名。”②不过，由于后世四书概念的定型，朱子所称的“四子”偶尔会被后人改为“四书”。如宋张洪等编《朱子读书法》卷一将《书临漳所刊〈四子〉后》改为《跋临漳四经四书》。“四子”的称呼在后世虽然不如四书广泛，但也常被一些学者沿用。如黎靖德编《朱子语类》卷十九《语孟纲领》第一条小注即标出“六经四子”③，将“六经”与“四子”对举。元代王袆云“迨朱熹有作，五经四子皆有传注论述，统宗会元，集圣贤大成”④，又称朱熹“至新安朱子始合四书，谓之四子”⑤。

“四子”与“四书”虽然仅一字之差，却反映了深刻的思想史问题。石立善先生说：“‘四子’这个用法很特别，在朱子之前，似乎没有人这样用过。‘四子’，即先秦儒家最重要的四家——孔子、曾子、子思子、孟子，朱子是用《四书》的主人公、作者或传述者来命名称呼的。‘四子’与《四书》都是‘四子书’的略称、省文，后世又称作《四子书》。”⑥石先生从四书作者为四位儒家

---

①② 顾宏义：《“四书”释名》，载陈来主编《哲学与时代：朱子学国际学术研讨会论文集》，第391～392页。

③［宋］朱熹：《朱子语类》卷十九，《朱子全书》第14册，第644页。

④［元］王袆：《王忠文集》卷十五《孔子庙庭从祀议》，《影印文渊阁四库全书》第1226册，第308页。

⑤［元］王袆：《王忠文集》卷四《四子论》，《影印文渊阁四库全书》第1226册，第68页。

⑥ 石立善：《朱子所谓“四子”何指——四子：六经之阶梯；〈近思录〉：四子之阶梯》，《衡水学院学报》2015年第2期，第60页。

诸子的角度来看待四子的称呼，确实给我们很大启发。与四书不同，四子的称呼明确了四部书的子学身份，这样能够充分体现四子之学是独立于六经之学的。这正是理学家通过另辟蹊径，另立山头，来跳出传统繁琐经学的藩篱，建构新的思想体系的反映。

四子不但要独立，还要有权威性，才能与五经抗衡，才能使生长于其上的理学具有合法性。作为书的四子的权威性，来自于作为人的四子的升格运动，即“四子”升“圣”运动。这个升圣的过程，就是道统的建立。道统的建立是儒家在从诸子中寻找思想资源的过程中不断选择的结果，在这一选择过程中，荀子、扬雄、王通等子家都曾成为备选项，但最后他们都被排除出了道统谱系。韩愈在《原道》中最早提出了单线传承的谱系：“尧以是传之舜，舜以是传之禹，禹以是传之汤，汤以是传之文、武、周公，文、武、周公传之孔子，孔子传之孟轲，轲之死，不得其传焉。荀与扬也，择焉而不精，语焉而不详。”二程则在孔子和孟子之间增补了曾子和子思：“孔子没，曾子之道日益光大。孔子没，传孔子之道者，曾子而已。曾子传之子思，子思传之孟子，孟子死，不得其传，至孟子而圣人之道益尊。”[①]南宋初年，孔曾思孟的道统差不多完全建立了，如薛季宣（1134—1173）曾说：“传道之序，自孔子、曾子、子思、孟轲，端若贯珠，盖无可疑者。”[②]不过，四子的道统地位与四子书的经典地位，并未一一对应，《论语》《中庸》《孟子》自然可以与孔子、子思、孟子对应，但曾子并没有与《大学》对应。曾子在宋代之前并没有受到特别重视，在孔门弟子中并不突出。在宋代他之所以突然被重视起来，与《论语·里仁》中孔曾的一段对话关系密切：“子曰：‘参乎，吾道一以贯之。’曾子曰：‘唯。’子出，门人问曰：‘何谓也？’曾子曰：‘夫子之道，忠恕而已矣。’”以“唯”回答孔子的一贯之问，并将一贯概

---

①［宋］程颢、程颐：《程氏遗书》卷二十五，《二程集》，第327页。

②［宋］薛季宣：《策问二十道》，载《薛季宣集》，上海社会科学院出版社2003年版，第382页。

括为忠恕，这一点颇有理论意义，受到宋代理学家的称赞，曾子由此被认为传承了孔子的一贯之旨[①]。再加上《孝经》与曾子关系密切，长期以来与《论语》并称，是六经之外最重要的经典，更加强化了曾子的道统地位。但在朱子之前，没有任何人认为《大学》是曾子的作品，二程也仅仅说过“《大学》孔氏之遗书”，没有断定是曾子所作。直到朱熹，为了使四子与四书能够匹配从而把四书确立为体现道统的著作体系，才明确了《大学》与曾子的关系，作为书的四子与作为道统传人的四子才完全对应起来，四子升经与四子升圣的过程才算完成。

四子升圣与四子升经，使儒家的经书体系有了一个深刻的变化，即新的经是由子书所构成。四子升经与本书第四章所讨论的传记升经意义完全不同。第四章我们提到，经的概念在魏晋至唐代有一种扁平化的趋向，其中的一个表现就是《礼记》、春秋三传等传记升格为经，从而使五经扩展为九经，但这种转变仅是经书系统的内部变化，因为《礼记》等本身就是为解经而出现的，是经的天然附属品[②]。因此，从汉代的五经到后来的七经、九经乃至十二经的变化，其根底和基本框架仍是五经，其变化并不深刻。真正深刻的变化是跳出原有的五经系统，而另立完全独立于五经的四子为经，这是一个质变。

从五经到四书，不仅是经书内容的变化，更重要的是经观念本身的变化。也就是说，五经作为经，与四书作为经，其经的含义是完全不同的。五经在汉唐经学时代，是古典意义的经，即经是载道之书。而四书在宋明理学时代，被认为是圣人传心之要，是穷理的途径之一。

三、熟饭与打禾饭：四子与五经关系

四子是理学的重要思想来源，其作为经的权威与六经的权威如何协调，

① 可参阅郭畑《宋代曾子道统地位的确立》，《孔子研究》2022年第2期。

② 当然，《礼记》中有不少内容本身就是子书，而非经的直接传记，但《礼记》编纂的初衷是为礼经服务的，所以其中的《冠义》《昏义》《乡饮酒义》都是直接诠释《仪礼》相关内容的。

就成为理学家的一个重要课题。

在理学的重镇二程那里，四书代表了儒家真正的价值，六经的意义和价值则需要靠四书来确定和衡量。二程云：“学者先须读《论》《孟》。穷得《论》《孟》，自有个要约处，以此观他经，甚省力。《论》《孟》如丈尺权衡相似，以此去量度事物，自然见得长短轻重。某尝语学者，必先看《论语》《孟子》。”[①]二程把《论》《孟》当做尺度权衡，“他经”的价值需要《论》《孟》来衡量，因此二程大力提倡先读《论》《孟》，后读六经。又说：“古之学者，先由经以识义理。盖始学时尽是传授。后之学者，却先须识义理，方始看得经。”[②]二程把经学发展史划分为两个时代，一个是以经识义理的时代，经处于首要地位，义理必须从经中寻求；另一个是以义理识经的时代，即二程所处的时代，因为经不足以明义理，而经反倒需要义理来明，这个义理来自哪里？毫无疑问来自四子书的义理框架。又云：“古之学者，皆有传授。如圣人作经，本欲明道。今人若不先明义理，不可治经，盖不得传授之意云尔。”[③]又云：“《六经》浩渺，乍来难尽晓，且见得路径后，各自立得一个门庭，归而求之可矣。”[④]无论是先立门径，还是先识义理，都是将经作为一种自身价值待定的盲目文本，需要子书为其确立一个价值和方向，或者用现代的话说，一个解释框架。如果还是如汉唐经学家那样直接去读经，则必然会陷入经文的汪洋大海中找不到方向，最后一无所得。在谈到如何治《春秋》的时候，程子说：“尝语学者，且先读《论语》《孟子》，更读一经，然后看《春秋》。先识得个义理，方可看《春秋》。”[⑤]义理不是从《春秋经》得来的，《春秋经》反倒需要从外面给它一个义理，这种思想在汉唐时代是不可想象的。

朱子继承了程子的观点，他说：“《大学》《中庸》《语》《孟》四书，

①［宋］程颢、程颐：《程氏遗书》卷十八，《二程集》，第205页。

②［宋］程颢、程颐：《程氏遗书》卷十五，《二程集》，第164页。

③［宋］程颢、程颐：《程氏遗书》卷二上，《二程集》，第13页。

④［宋］程颢、程颐：《程氏遗书》卷二十二上，《二程集》，第296页。

⑤［宋］程颢、程颐：《程氏遗书》卷十五，《二程集》，第164页。

道理粲然。人只是不去看。若理会得此四书，何书不可读，何理不可究，何事不可处。”[①]又说：“人自有合读底书，如《大学》《语》《孟》《中庸》等书，岂可不读？读此四书，便知人之所以不可不学底道理，与其为学之次序，然后更看诗、书、礼、乐。”[②]又云：“今学者不如且看《大学》《语》《孟》《中庸》四书，且就见成道理精心细求，自应有得。待读此四书精透，然后去读他经，却易为力。”[③]这与程子的论调几乎一致。

理学家如此安排四子与五经的关系，依据何在？这与理学的核心概念——“理”有密切关系，也就是说，谁与理的关系密切，谁就比较重要。朱子的一个比喻非常形象，他将四子与五经的关系比喻为“熟饭”与“打禾饭”的关系：“《语》《孟》《中庸》《大学》是熟饭，看其它经，是打禾为饭。”[④]朱子认为，四子是直接讲“理”之书，人读了就可以直接从中领会义理，如同熟饭可以直接吃下消化，而五经虽然也是理的体现，但它只是上古的一些文献资料汇编，从这些佶屈聱牙、迂曲难通的经文中探寻道理极具难度，需要经过一番整理、注解、考证、阐释的工作才能明白其义理，因此它只是不熟的“打禾饭”。正如有学者指出的：“《四书》是直接的孔孟之道，更便于阐发理学思想，而《五经》则是孔孟以前的‘先王之教’，与理学的关系远一些、浅一些。”[⑤]朱子还说：“语孟工夫少，得效多；《六经》工夫多，得效少。”[⑥]四书是直接的道理，自然费工少而得效多，而五经是间接的道理，肯定是费力多而得效少。朱子还举例说：“某尝说，《诗》《书》是隔一重两重说，《易》《春秋》是隔三重四重说。《春秋》义例、《易》爻象，虽是圣人立下，今说者用之，各信己见，然于人伦大纲皆通，但未知曾得圣人当初本意否？……今欲直得圣人本意不差，未须理会经，先须于《论语》《孟子》

---

① ［宋］朱熹：《朱子语类》卷十四，《朱子全书》第14册，第419页。

② ［宋］朱熹：《朱子语类》卷六十七，《朱子全书》第16册，第2226页。

③ ［宋］朱熹：《朱子语类》卷一百一十五，《朱子全书》第18册，第3639页。

④ ［宋］朱熹：《朱子语类》卷十九，《朱子全书》第14册，第645页。

⑤ 邱汉生：《四书集注简论》，中国社会科学出版社1980年版，第20页。

⑥ ［宋］朱熹：《朱子语类》卷十九，《朱子全书》第14册，第644页。

中专意看他。”[①]六经与“理”隔了一重两重甚至三四重，而四子则道理粲然，与理毫无隔阂，二者与理的关系亲疏由此可见一斑。隔着几重去揣测圣人之意，总会有偏差，“未知曾得圣人当初本意否”，体现了朱熹的怀疑。因此，朱子对于学习六经并不热心，甚至认为无关紧要，他说：“且如读书，《三礼》《春秋》有制度之难明，本末之难见，且放下未要理会，亦得。”[②]《春秋》是记事的，到底一件事蕴含着怎样的微言大义？如同猜谜语一般，到最后还不知道猜得对不对，因此不如干脆“放下”。对于《诗》《易》，他也具有类似观点：“《诗》固可以兴，然亦自难，先儒之说亦多失之。某枉费许多年工夫，近来于《诗》《易》略得圣人之意。”[③]又说：“《易》非学者之急务也。某平生也费了些精神理会《易》与《诗》，然其得力则未若《语》《孟》之多也。《易》与《诗》中所得似鸡肋焉。”[④]他研究《诗》《易》二经虽然花了很多工夫，仍然少有所得，“鸡肋”一词形象地道出了六经在理学家眼中的尴尬地位。所以，四子超越了六经，六经变得可有可无。

当然，由于六经自汉代就已经神圣化，它的权威性早已深入人心，牢不可破，因此，在理学家的某些口头语言中仍然承认六经的神圣地位，如二程说：“人患居常讲习空言无实者，盖不自得也。为学，治经最好。”[⑤]程颐在《明道先生行状》中称程颢“泛滥于诸家，出入于老、释者几十年，返求诸《六经》而后得之”[⑥]。而朱熹也时不时重复那句“道在《六经》，何必他求”[⑦]的陈词滥调，还说“《六经》是三代以上之书，曾经圣人手，全是天理”[⑧]。但不

① [宋]朱熹：《朱子语类》卷一百零四，《朱子全书》第17册，第3431页。

② [宋]朱熹：《朱子语类》卷八，《朱子全书》第14册，第289页。

③ [宋]朱熹：《朱子语类》卷一百一十五，《朱子全书》第18册，第3639页。

④ [宋]朱熹：《朱子语类》卷一百零四，《朱子全书》第17册，第3431页。

⑤ [宋]程颢、程颐：《程氏遗书》卷一，《二程集》，第2页。

⑥ [宋]程颢、程颐：《二程集》，第638页。

⑦ [宋]朱熹：《晦庵先生朱文公文集》卷三十《答汪尚书》，《朱子全书》第21册，第1299页。

⑧ [宋]朱熹：《朱子语类》卷十一，《朱子全书》第14册，第347页。

能被这些话语蒙蔽，时代变了，学术变了，经观念变了，六经已经被四子架空。

理学家确定的四子与五经关系，四书成为核心，五经成为附庸，重构了儒家的经书体系，对于文化和学术产生深远影响，钱穆先生认为：“把《四书》放在《五经》之上，这是开天辟地学术思想里的大革命。”[①]南宋学者欧阳守道（1208—1272）感叹当时的风气云：“风气日薄，机警巧慧之子，所在不绝产。被以学子之服，而读《四书》数叶之书，则相逢语太极矣。自先圣所删定《诗》《书》，已有置之不读，盖无问其他。”[②]可见当时士人中最流行的是四子书，而“先圣删定”的五经则已“置之不读”。至元二十四年（1287），元世祖采纳许衡的主张，确定国子监读书制度，正式将四书列为教材，并且占据了先于《六经》的重要位置：“凡读书，必先《孝经》《小学》《论语》《孟子》《大学》《中庸》，次及《诗》《书》《礼记》《周礼》《春秋》《易》。”（《元史》卷八十一《选举一》）在明清时代，四书不但是科举考试的核心，更是儒家思想和学术讨论的核心。清初思想家唐甄说：“……此四书者，皆明言心体，直探道原；修治之方，犹坦然大路。学者幸生仲尼之后，入其门者，随其力之大小，取之各足，尚何藉于《五经》乎！取而譬之：《五经》如禾稼，《四书》如酒食。酒食在前，即可醉饱；乃复远求之《五经》，是舍酒食而问之禾稼也，岂不迂且劳哉！”[③]其用的酒食与禾稼的比喻，颇类似于朱子所说的熟饭与打禾饭的关系，但比朱子更决绝，明确要求舍弃五经，只学四书即足矣。

在理学家确定的这种四子与五经关系中，存在一个致命问题，即四子何以能够作为五经的解释框架？二者为什么是相通的？在程朱那里这个问题似乎是不言自明的真理，毋须论争，但事实上还是需要给出令人信服的说法。元代理学家王祎对此问题有所关注，他注意到当时“至于六经四书所以相通

---

① 钱穆：《经学大要》，台湾兰台出版社2000年版，第483页。

② ［宋］欧阳守道：《巽斋文集》卷七《送黄信叔序》，《影印文渊阁四库全书》第1183册，第560页。

③ ［清］唐甄：《潜书·五经》，中华书局1966年版，第61页。

之类，则未有明言之者”，故建立起一套比较完整的四子与六经的对应关系：

以予论之，治《易》必自《中庸》始，治《书》必自《大学》始，治《春秋》则自《孟子》始，治《诗》及礼乐必自《论语》始。是故《易》以明阴阳之变，推性命之原，然必本之于太极，太极即诚也，而《中庸》首言性命，终言天道、人道，必推极于至诚，故曰治《易》必始于《中庸》也。《书》以纪政事之实，载国家天下之故，然必先之以德，峻德、一德、三德是也，而《大学》自修身以至治国、平天下，亦本原于明德，故曰治《书》必始于《大学》也。《春秋》以贵王贱霸诛乱讨贼，其要则在乎正谊不谋利，明道不计功，而孟子尊王道卑霸烈辟异端距邪说，其与时君言每先义而后利，故曰治《春秋》必始于《孟子》也。《诗》以道性情，而《论语》之言诗有曰：“《关雎》乐而不淫，哀而不伤”；又曰：“可以兴，可以群，可以怨。”礼以谨节文，而《论语》之言礼，自乡党以至于朝廷莫不具焉。乐以象功德，而《论语》之言乐，自韶舞以及翕纯皦绎之说莫不备焉。故曰治《诗》及礼乐必始于《论语》也。此四子六经相通之类然也。虽然，总而论之，四子本一理也，六经亦一理也。汉儒有言：“《论语》者，五经之錧辖，六艺之喉衿。”《孟子》之书则而象之。嗟乎！岂独《论语》《孟子》为然乎？故自阴阳性命道德之精微，至于人伦日用家国天下之所当然，以尽乎名物度数之详，四子六经皆同一理也。①

王祎的理论比较有特色，他认为，四子与六经都以理为本，在这一点上二者是相通的。他根据各经的特点，将其一一归结到四子的相关义理中：将《易》归结到《中庸》中，《书》归结到《大学》中，《春秋》归结到《孟子》中，诗礼乐归结到《论语》中，六经各有所归。这种理论有一定道理，如《易》与《中庸》都讨论比较高明抽象的东西，《大学》讲治国平天下与《尚书》之

① ［元］王祎：《王忠文集》卷四《四子论》，《影印文渊阁四库全书》第1226册，第68～69页。

政很类似，《论语》谈到诗礼乐的地方也相当多，治《春秋》自《孟子》始，程颐即有类似观点[①]。

当然，对于四子为五经之阶梯，先学四子再学五经这种观点，后世也有反对的，如元代学者刘因说：

> 三代之学，大小之次第，先后之品节，虽有余绪，竟亦莫之适从，惟当致力六经《语》《孟》耳。世人往往以《语》《孟》为问学之始，而不知《语》《孟》圣贤之成终者。所谓博学而详说之，将以反说约者也，圣贤以是为终，学者以是为始，未说圣贤之详，遽说圣贤之约，不亦背驰矣乎？所谓“颜状未离于婴孩，高谈已及于性命”者也。[②]

刘因认为，学习圣贤之道不能以《语》《孟》为始，相反，《语》《孟》是最高境界，是圣贤之成终者，真正合理的路径是先博后约，即先学习五经之博，再返四子之约。刘因重新将六经置于四子之前，主张先学六经再学《语》《孟》。从表面看这是对朱熹“四子六经之阶梯”及其关于四子六经关系定位的批评，如周春健先生说：“一定程度上讲，倒了《四书》便是倒了理学，《四书》在先的位置不容动摇。然而在刘因这里却试图动摇它。”[③]然而这种重新使六经居前的做法并不是对六经的推崇和对四子的贬抑，而仍是对四子的推崇。刘因根本就没有想要动摇甚至推倒四书，因为刘因认为，以《语》《孟》为代表的四子书是圣贤最高级的、最终的说教，并不适合初学者从此入手，而六经则包含比较广博的具体事项，初学者应从这些具体事项着手，慢慢体会，最后才能进入到四子的境界。因此他的基本观点是认为六经境界较低，只是初级的，而真正的大境界、真道理都在四子那里，这不是对四子的变相推崇吗？

---

① 程颐认为“知《春秋》者，莫如孟子”，见《程氏遗书》卷二十五，《二程集》，第327页。

② ［元］刘因：《静修续集》卷三《叙学》，《影印文渊阁四库全书》第1198册，第683页。

③ 周春健：《论元代学者的四书六经观》，《哲学研究》2014年第5期。

由此，我们可以对比唐人和宋人对四子、六经的不同态度。唐人提倡道，但仍然认为六经是载道之书，是根本，求道必须求之六经，要先六经、后孔孟，如柳宗元说：“大都文以行为本，在先诚其中。其外者当先读六经，次《论语》、孟轲书，皆经言。”[①] 先六经，后孔孟，这与程说的“学者当以《论语》《孟子》为本。《论语》《孟子》既治，则《六经》可不治而明矣”完全相反。通过这一有趣的对比可以看到，虽然唐人重新发现的“道”是宋儒之理的来源，但二者还是有很大差别的，如果说“道”是“理”的雏形，而“理”就是“道”的成熟状态，在宋代才真正完全独立，如同四子在六经之外完全独立一样。

第二节　理学视域下的经观念

上一节主要讨论了理学视域中四子与五经的区分，但理学家并不经常区分四书与五经，而直接把“经”作为一个总体的、一般的概念，甚至把经称为一般的“书”，把“读经”与“读书”当成同义词，如程颐云：“读书者，当观圣人所以作经之意。”[②] 在他们的意识中，书（或真正有价值的书）主要是指经而言。因此，本节重点考察“经”作为一个总体性概念，它在理学思想体系中的地位和作用是什么。关于这一点，我们可以通过一个对比来说明。在汉唐经学视野中，处于学术顶端的是经，其下是传、注、疏等，后者是为前者服务的，其基本结构是经—经学（即对经的注解和研究）。而在理学视域中，顶端换成了理，其他一切设施都是为明理服务的，包括经，但不同的理学家对经与理亲近程度的安排是不同的，由此形成了不同的经观念。按照经的地位由高到低，理学视域中的经观念大致可以分为四种，在程朱理学那里，经的地位最高，“六经为穷理之要”；陆九渊心学把经降为明理的增上缘；

① ［唐］柳宗元：《柳宗元集》卷三十四《报袁君陈秀才避师名书》，第880页。

② ［宋］程颢、程颐：《程氏遗书》卷二十五，《二程集》，第322页。

明代心学则直接以心学定义经学，经书成为多余；晚明学者又把经降为负价值，称之为糟粕、赘疣。这一排序基本上符合历史时代的先后顺序，鲜明地体现了随着理学的发展经的地位的“每况愈下”。

一、六经为穷理之要

程朱一派理学家对经的态度属于比较温和的一派，在理学体系中给它安排了一个非常重要的位置。他们认为理是最高的真理和原则，而经则是穷理的一个必要[①]工具和途径。

二程说：“凡一物上有一理，须是穷致其理。穷理亦多端，或读书讲明义理，或论古今人物别其是非，或应接事物而处其当，皆穷理也。”[②]这里提到穷理的三个途径，读书、讨论古今人物事迹、应接处理事物，而将读书（主要是读经）放在首要地位。程氏甚至直接说：“由经穷理。”[③]又云：“治经，实学也，‘譬诸草木，区以别矣’，道之在经，大小远近，高下精粗，森列于其中。……人患居常讲习，空言无实者，盖不自得也。为学，治经最好。”[④]经是实学，包含很多具体的事相，这对于明理是非常有效的。以《春秋》为例，程颐说：“学《春秋》亦善，一句是一事。是非便见于此，此亦穷理之要。”[⑤]认为《春秋》记载的是具体的事件，从中体会是非善恶，会更加鲜明和深刻。

朱子继承并发展了程子的穷理之说，对《大学》格致章的补传是其穷理理论的最经典表述：

> 所谓致知在格物者，言欲致吾之知，在即物而穷其理也。盖人心之

---

① 这里的“必要”很关键，因为在另一些理学家看来，经虽是穷理的工具，但不是必要的工具，而是可有可无的工具。

②［宋］程颢、程颐：《程氏遗书》卷十八，《二程集》，第188页。

③［宋］程颢、程颐：《程氏遗书》卷十五，《二程集》，第158页。

④［宋］程颢、程颐：《程氏遗书》卷一，《二程集》，第2页。

⑤［宋］程颢、程颐：《程氏遗书》卷十五，《二程集》，第164页。

灵莫不有知，而天下之物莫不有理，惟于理有未穷，故其知有不尽也。是以《大学》始教，必使学者即凡天下之物，莫不因其已知之理而益穷之，以求至乎其极。至于用力之久，而一旦豁然贯通焉，则众物之表里精粗无不到，而吾心之全体大用无不明矣。[①]

朱子认为，一事一物莫不有理，穷理就是从这些具体的事物上一一理会，积累到一定程度，最后就能达到豁然贯通的境界。穷理有哪些途径呢？朱子云：“穷理格物，如读经看史，应接事物，理会个是处，皆是格物。”[②] 可见，朱子也把读经看史作为格物穷理的首要途径。朱子说：“经之于理，亦犹传之于经。传，所以解经也，既通其经，则传亦可无；经，所以明理也，若晓得理，则经虽无，亦可。”[③] 在朱子看来，经只是明理的工具，理既明，则经可弃。这是将经作为穷理的工具或途径的经典表述。明代学者丘濬（1421—1495）曾说：“彼夫《四书》《五经》，以及近世诸儒之书，穷理之具也。”[④] 这句话表达了程朱一系对经与理关系的基本看法。

为什么读经能够成为穷理的首要途径呢？因为经是先王（圣人）言行的记录，而先王（圣人）是理的化身，所以经就是理的具体体现。对尚未明理的人来说，经无疑是一个向导和楷模。朱子说：“学问，就自家身已上切要处理会方是，那读书底已是第二义。自家身上道理都具，不曾外面添得来。然圣人教人，须要读这书时，盖为自家虽有这道理，须是经历过方得。圣人说底，是他曾经历过来。”[⑤] 又说：“学者必因先达之言以求圣人之意，因圣

---

①［宋］朱熹：《四书章句集注》，中华书局1983年版，第6～7页。

②［宋］朱熹：《朱子语类》卷十五，《朱子全书》第14册，第463页。

③［宋］朱熹：《朱子语类》卷一百三，《朱子全书》第17册，第3422页。

④［明］丘濬：《琼台诗文会稿》卷九《朱子学的后序》，《丘濬集》第八册，海南出版社2006年版，第4046页。

⑤［宋］朱熹：《朱子语类》卷十，《朱子全书》第14册，第313～314页。

人之意以达天地之理。”[①] 朱子一方面强调读书是第二义，但又强调读书是必要的，因为经书是圣人经历的记录，是经过圣人检验“盖章”的真理，弄懂了经中蕴含的圣人之意，无疑就可以“达天地之理”。明初的朱子学者曹端说：“《六经》《四书》，天下万世言行之绳墨也。不可不使之先入其心。虽周公、孔子之圣，犹且朝读百篇，韦编三绝，况常人乎？”[②] 强调了经书的重要性。清初尊崇程朱之学的张尔岐明确指出：“大人之学首先格物，物莫切于穷经。”[③] 因此，在程朱一派看来，虽然读经只是明理的手段，但也是必要手段。所以程朱学派的学者非常热衷于解经的工作，二程有《易传》四卷、《经说》八卷，以及未完成的《春秋传》[④]。朱子除了四书相关注解，对于《诗》《书》《礼》《易》等都有撰述，元明的朱子学者更是大多以解经注经为业。

理学家对于如何读经、治经有独到的见解，他们提倡读经要用心体会经中道理，使自己真正有所心得。程子即云：“为学，治经最好。苟不自得，则尽治《五经》，亦是空言。”[⑤] 又云：“读书者，当观圣人所以作经之意，与圣人所以用心，与圣人所以至圣人，而吾之所以未至者，所以未得者，句句而求之，昼诵而味之，中夜而思之，平其心，易其气，阙其疑，则圣人之意见矣。”[⑥] 时时将经文的道理与自身作对照和检视，才能逐渐有所得。又云：“思索经义，不能于简策之外脱然有独见，资之何由深？居之何由安？非特误己，亦且误人也。”[⑦] 强调在经文的字面之外有独到的见解和体会。程子以

---

① [宋]朱熹：《晦庵先生朱文公文集》卷四十二《答石子重》，《朱子全书》第22册，第1920页。

② [明]曹端：《曹端集》卷七《曹月川先生录粹》，中华书局2003年版，第246页。

③ [清]张尔岐：《经学社疏》，载《蒿庵集》，齐鲁书社1991年版，第142页。“物”前疑脱一“格”字。

④ 桓公九年冬，“曹伯使其世子射姑来朝”条下，《春秋传》原注：“先生作《春秋传》至此而终。旧有解说者，纂集附之于后。”见《程氏经说》卷四，《二程集》，第1107页。

⑤ [宋]程颢、程颐：《程氏遗书》卷一，《二程集》，第2页。

⑥ [宋]程颢、程颐：《程氏遗书》卷二十五，《二程集》，第322页。

⑦ [宋]程颢、程颐：《程氏粹言》卷一，《二程集》，第1186页。

如何阅读《春秋》为例：“故学《春秋》者，必优游涵泳，默识心通，然后能造其微也。”①朱子对于读经（书）的方法有更多阐述，但大体符合程子的观点。朱子云：“大凡看书，要看了又看，逐段、逐句、逐字理会，仍参诸解、传，说教通透，使道理与自家心相肯，方得。”②又云：“读书以观圣贤之意，因圣贤之意以观自然之理。”③又说：“读六经时，只如未有六经。只就自家身上讨道理。”④都在强调读经要有自得。明初的程朱学者继承了上述观点。曹端说：“始则靠之以寻道，终当弃之以寻真，不可徒诵说焉。”⑤靠经书寻道，寻到之后就要“弃之”，经只是明道穷理的工具而已。薛瑄云：“窃谓因经以求道，乃进学之至要。盖凡圣人之书，皆经也，道则实理之所在，苟徒诵习纸上之经，而不求实理之所在，则经乃‘糟粕’，如程所云也。”⑥这种读经方法，一方面是强调读经者的主体意识，要具有主动性，而不能完全拜倒在经文脚下，另一方面强调读经的实用性，要对个人的穷理及身心修养切切实实地发挥作用。

程朱学派对经的重视产生了一定弊端。随着学术的发展，“读经为穷理之要”，渐渐变成“只读经不穷理”，又使学者们钻入故纸堆研究整理经书，从宋末到元明，四书阐释的繁琐化和经学化就是其重要表现。明代学者程敏政在谈到宋元学风时指出：

> 圣贤立言垂教，无非欲学者于身心用功，而学朱子之学者渐失其本意……其在宋末元盛之时，学者于六经、四书纂订编缀，曰集义、曰附录、曰纂疏、曰集成、曰讲义、曰通考、曰发明、曰纪闻、曰管窥、曰辑释、

---

①［宋］程颢、程颐：《程氏经说》卷四《春秋传序》，《二程集》，第1125页。

②［宋］朱熹：《朱子语类》卷十，《朱子全书》第14册，第314页。

③［宋］朱熹：《朱子语类》卷十，《朱子全书》第14册，第314页。

④［宋］朱熹：《朱子语类》卷十一，《朱子全书》第14册，第345页。

⑤［明］曹端：《四书详说序》，《曹月川集》，《影印文渊阁四库全书》第1243册，第13页。

⑥［明］薛瑄：《答阎禹锡书》，《薛瑄全集》，山西人民出版社1990年版，第669页。

曰章图、曰音考、曰口义、曰通旨，棼起蝟兴，不可数计，六经注脚，抑又倍之。[①]

朱子之后出现的大量解经著作，繁冗掩沓，叠床架屋，却忘记了穷理的目的。

二、六经为明理的“增上缘”

陆九渊是理学中心学一系的创立者，其弟子杨简继承了他的心学思想，明代王阳明将此系思想发扬光大。心学对经的看法与程朱一系有相似之处，但又有不同。在程朱那里，经虽然是第二义，但读经仍是穷理的必要甚至首要途径，而在心学这里，经对于穷理而言只是可以有或最好有，而不是必须有。

陆九渊心学的宗旨，只“心即理”一句便可概括，由于万理皆具于每个人的心中，学者要想明理成圣贤，只需于自身“本心”上寻求。所以，自求本心就是陆九渊为“穷理”开辟的最有效路径，他说：

此理本天所以与我，非由外铄。明得此理，即是主宰。真能为主，则外物不能移，邪说不能惑。所病于吾友者，正谓此理不明，内无所主；一向萦绊于浮论虚说，终日只依藉外说以为主，天之所与我者反为客。主客倒置，迷而不反，惑而不解。坦然明白之理可使妇人童子听之而喻；勤学之士反为之迷惑，自为支离之说以自萦缠，穷年卒岁，靡所底丽，岂不重可怜哉？[②]

陆九渊认为，要穷理，向内求才是根本，因为理就在内心之中而不在外

① [明]程敏政：《篁墩文集》卷五五《答汪佥宪书》，《影印文渊阁四库全书》第1253册，第284页。

② [宋]陆九渊：《陆九渊集》卷一《与曾宅之》，第4页。

面，把自己内心之理发明出来，成为自己的主宰，一切都迎刃而解了。如果内心不明此理，向外学（包括读经）得再多，也是反客为主，收效甚微。《象山语录》载：“先生居象山，多告学者云：‘汝耳自聪，目自明，事父自能孝，事兄自能弟，本无少缺，不必他求，在乎自立而已。’学者于此亦多兴起。”[①]一句“本无少缺，不必他求”，构成陆氏心学的纲骨，“自得，自成，自道，不倚师友载籍”[②]。也就是说，求师问友、阅读经籍这类外求的方法在发明本心这一根本路径面前都是次要的。因此，在陆子看来，研习经书对穷理、做圣贤这一目标来说不是必要的，离开它也是可以达成的。他反驳说，若必得读书才能明理，则“尧舜之前何书可读”[③]。不过，陆九渊也并不完全否定读经的意义，仍然认为经是圣人言行的记录，而圣人本身又是明理者，所以读经可以参考学习前人的经验，使个人对理的把握和运用更加纯熟。他说：“自古圣人亦因往哲之言，师友之言，乃能有进。况非圣人，岂有自任私知而能进学者？”[④]尤其是对于初学者，陆氏常常提醒他们要多亲近一些先知先觉的贤者。

总体来说，“师友载籍”在陆氏心学中的地位类似于佛教说的“增上缘”，佛教将事物生发的原因分为四种，其中最主要、最根本的是因缘，即直接内在原因，如种子是植物生发的因缘，增上缘则是一切有助于或无碍于事物生发的辅助原因。增上缘是有益的，但不是必须的。其弟子毛必强云：“先生之讲学也，先欲复本心以为主宰，既得其本心，从此涵养，使日充月明。读书考古，不过欲明此理，尽此心耳。”[⑤]读书考古只是明理尽心的一种增上缘。用陆氏的话说，经只是注脚，是为我所用的，而不能为经所用，把自己去作为经的注脚。因此，对于何时读经（读书）、如何读经，陆氏有一套他自己

① [宋]陆九渊：《陆九渊集》卷三十四《语录上》，第408页。
② [宋]陆九渊：《陆九渊集》卷三十五《语录下》，第452页。
③ [宋]陆九渊：《陆九渊集》卷三十六《年谱》，第491页。
④ [宋]陆九渊：《陆九渊集》卷二十一《杂著·学说》，第262～263页。
⑤ [宋]陆九渊：《陆九渊集》卷三十六《年谱》，第502页。

的理论。

首先，读书要在自求和发明本心的基础上进行，即已经对理有了基本的把握之后，这样才能在读经的时候有明确方向。他说：“然往哲之言，因时乘理，其指不一。方册所载，又有正伪、纯疵，若不能择，则是泛观。欲取决于师友，师友之言亦不一，又有是非，当否，若不能择，则是泛从。泛观泛从，何所至止？”[①]由于历史的积累，经书及经学著作太过复杂，如果自己内心之理尚未发明而贸然去读经，就会找不到方向。所以他要求自己内心要先建立一个义理的根基，再去学习经籍，这样才会有基本的选择判断能力，才能真有收获。他以农人种地作比喻说：“学者须是打叠田地净洁，然后令他奋发植立。若田地不净洁，则奋发植立不得。古人为学即‘读书然后为学’可见。然田地不净洁，亦读书不得，若读书，则是假寇兵，资盗粮。”[②]先把自己内心打点干净，立一个根基才能再去读书，否则就会跑偏方向。又云：“《大学》言明明德之序，先于致知；孟子言诚身之道，在于明善。今善之未明，知之未至，而循诵习传，阴储密积，廑身以从事，喻诸登山而陷谷，愈入而愈深，适越而北辕，愈骛而愈远。不知开端发足大指之非，而日与泽虞燕贾课远近、计枉直于其间，是必没身于大泽，穷老于幽都而已。”[③]又云：“若其气质之不美，志念之不正，而假窃傅会，蠹食蛆长于经传文字之间者，何可胜道？”[④]根基不正而去读经，非但不会有成效，甚至会有相反的效果，例如对于意念不正的人，经就会变成他们博取功名利禄甚至蝇营狗苟的工具。

其次，在具体读经方法上，陆九渊认为要多读义理分明的，暂时跳过难懂或有争议的；读经要以涵咏品味为主，多与自身与日用相联系。他说：“某尝令后生读书时，且精读文义分明事节易晓者，优游讽咏，使之浃洽，与日用相协，非但空言虚说，则向来疑惑处，自当涣然冰释矣。纵有未解，固当

① [宋]陆九渊：《陆九渊集》卷二十一《杂著·学说》，第262～263页。

② [宋]陆九渊：《陆九渊集》卷三十五《语录下》，第463页。

③ [宋]陆九渊：《陆九渊集》卷一《与胡季随》，第7页。

④ [宋]陆九渊：《陆九渊集》卷一《与侄孙浚》，第13页。

候之，不可强探力索，久当自通。所通必真实，与私识揣度者天渊不足谕其远也。”[1]又说：“读书之法，须是平平淡淡去看，子细玩味，不可草草。所谓优而柔之，厌而饫之，自然有涣然冰释，怡然理顺底道理。”[2]他强调要抱持一种放松的心态来读经，“优游讽咏”仔细玩味，要读到心里去，道理自然会明白。对于那些暂时读不通的地方不要强探力索，要暂时放置一边，“姑舍之以俟他日可也，不必苦思之。苦思则方寸自乱，自蹶其本，失己滞物，终不明白。但能于其所已通晓者，有鞭策之力，涵养之功，使德日以进，业日以修，而此心日充日明，则今日滞碍者，他日必有冰释理顺时矣。”[3]涵咏久了，功夫到了，那些难懂不懂的地方自然就会涣然冰释。

总体说来，经在陆九渊思想体系中并没有非常重要的地位，自己内求明理才是唯一重要的，其他都只是外力、助缘，不读经没有关系，真想读经也必须自己有了一定的明理基础之后才行。所以，陆氏的心学显得非常简易，以“四两拨千斤”的理论力量，消解了庞大的经学帝国带来的压力。对比程朱与陆氏的经观念可以发现，在程朱那里，读经虽然不是充分条件，却是首选的必要条件，他们对读经、解经工作强调很多，也身体力行。而在陆九渊那里，穷理的首要途径是内求、求心，读经则既不是充分又不是必要条件，正如狄百瑞所说的：“……这种观念是道学思想中的‘先知式的’（prophetic）成分。我的意思是指：通往真理的特殊途径并非人人可得，这条途径乃由内在的灵感或独特的认知而取得，而非由经典所提供。”[4]彭启福先生也指出：“‘读书’的多少对于是否能够‘明理’并不具有决定性的意义。”[5]因为理就在每个人心中，每个人只要去认识自己的心就够了。由此，心学渐渐摆脱

---

①［宋］陆九渊：《陆九渊集》卷十一《与朱济道二》，第143页。

②［宋］陆九渊：《陆九渊集》卷三十五《语录下》，第432页。

③［宋］陆九渊：《陆九渊集》卷三《与刘深父》，第34～35页。

④〔美〕狄百瑞著，李弘祺译：《中国的自由传统》，中华书局2016年版，第18页。

⑤ 彭启福：《陆九渊心学诠释学思想辨析——从“六经注我”与“我注六经”谈起》，《安徽师范大学学报》2011年第1期，第49页。

了经对真理的独占性，而建立了个人内心直接通向真理的通路。陈少明先生对朱陆的差异有精要的概括，他说：“朱熹的理学，仍是哲学禁锢于经学；象山的心学，则是哲学企图挣脱出经学。”[①] 这也是二者在经观念上的根本不同所在。

三、六经皆心学

“六经皆心学”是明代经观念的主题，宋濂是这一观点发端者，王阳明在其基础上又向前推进了一步，并对晚明经观念产生重大影响。

宋濂（1310—1381）是金华人士，继承了浙东学派对于六经的重视（详下章），他说：“‘经’者，天下之常道也。大之统天地之理，通阴阳之故，辨性命之原，序君臣上下内外之等；微之鬼神之情状，气运之始终；显之政教之先后，民物之盛衰，饮食衣服器用之节，冠昏朝享奉先送死之仪；外之鸟兽草木夷狄之名，无不毕载。而其指归，皆不违戾于道而可行于后世，是以谓之‘经’。”[②] 宋濂认为，六经包含了人世间所有的道理，是天下常行、必行的常道，是“可行于后世”的，这是对六经地位的高度肯定。不过，宋濂经观念的特色是把六经与心学联系起来，提出“六经皆心学”的观点，他的《六经论》一文比较集中而精辟地阐述了这一观点，今不避繁琐，抄录全文如下：

> 六经皆心学也，心中之理无不具，故六经之言无不该。六经所以笔吾心之理者也，是故说天莫辨乎《易》，由吾心即太极也；说事莫辨乎《书》，由吾心政之府也；说志莫辨乎《诗》，由吾心统性情也；说理莫辨乎《春秋》，由吾心分善恶也；说体莫辨乎《礼》，由吾心有天序也；导民莫过乎《乐》，由吾心备人和也。人无二心，六经无二理，因心有是理，故经有是言。

---

① 陈少明：《六经注我：经学的解释学转折》，《哲学研究》1993年第8期，第52页。

② ［明］宋濂：《朝京稿》卷二《经畬堂记》，《宋濂全集》，浙江古籍出版社1999年版，第1670～1671页。

心譬则形，而经譬则影也。无是形则无是影，无是心则无是经，其道不亦较然矣乎。然而圣人一心皆理也，众人理虽本具，而欲则害之，盖有不得全其正者。故圣人复因其心之所有，而以六经教之：其人之温柔敦厚，则有得于《诗》之教焉；疏通知远，则有得于《书》之教焉；广博易良，则有得于《乐》之教焉；洁静精微，则有得于《易》之教焉；恭俭庄敬，则有得于《礼》之教焉；属辞比事，则有得于《春秋》之教焉。然虽有是六者之不同，无非教之以复其本心之正也。

呜呼！圣人之道，唯在乎治心。心一正，则众事无不正，犹将百万之卒在于一帅。帅正，则靡不从令；不正，则奔溃角逐，无所不至矣，尚何望其能却敌哉？大哉心乎！正则治，邪则乱，不可不慎也。秦汉以来，心学不传，往往驰骛于外，不知六经实本于吾之一心，所以高者涉于虚远而不返，卑者安于浅陋而不辞，上下相习，如出一辙，可胜叹哉！然此亦皆吾儒之过也。京房溺于名数，世岂复有《易》？孔、郑专于训诂，世岂复有《书》《诗》？董仲舒流于灾异，世岂复有《春秋》？《乐》固亡矣，至于小大戴氏之所记，亦多未醇，世又岂复有全《礼》哉？经既不明，心则不正。心既不正，则乡闾安得有善俗？国家安得有善治乎？惟善学者，脱略传注，独抱遗经而体验之，一言一辞，皆使与心相涵。始焉，则戛乎其难入；中焉，则浸渍而渐有所得；终焉，则经与心一，不知心之为经，经之为心也。何也？六经者，所以笔吾心中所具之理故也。周、孔之所以圣，颜、曾之所以贤，初岂能加毫末于心哉，不过能尽之而已。

今之人不可谓不学经也，而卒不及古人者无他，以心与经如冰炭之不相入也。察其所图，不过割裂文义，以资进士之计，然固不知经之为何物也。经而至此，可不谓之一厄矣乎。虽然，经有显晦，心无古今，天下岂无豪杰之士，以心感心于千载之上者哉。①

---

①［明］宋濂：《潜溪前集》卷六《六经论》，《宋濂全集》，第72～73页。着重号为笔者所加。

在这篇文章中，宋濂主要讨论了两个问题，其一，六经与心、理的关系。他认为六经之学就是心学，因为六经所具之理，就是心中固有之理，六经是对心所固有之理的记录，即“所以笔吾心之理者”。但是，众人之心虽然本具众理，却因欲望的干扰而“不得全其正”，故圣人以六经之教来“复其本心之正”。其二，学习六经的方法。宋濂认为过去都没有把经学当做心学，而“驰骛于外”，只从事于传注名数的研究，经学不明，则人心不正，所以社会不能得到有效治理。所以学习六经最根本的方法是丢弃繁复的传注，直接涵咏经文，用六经的道理来启发、涵养心灵，在六经的引导下使心中之理逐渐恢复，最终实现“经与心一”的境界。

与宋濂差不多同时的刘三吾也持有类似的观点，他说：“六经之理具于人心，六经之文具于方册。学古先圣贤之学，而欲好古先圣贤之好，舍是六经，未见其可也。”[①] 认为六经之理具于人心，要学圣贤之学，“舍是六经，未见其可也”。总体来说，宋濂既充分肯定了心的重要性，又将治心明理的主要路径放在经的学习上，这种既强调心，又肯定经的经观念，有点综合程朱与陆九渊的味道，如有学者即说：“宋濂的心经论具有折衷朱陆的特点，这种思想特征使得六经既是最高经典，又不是完全外在于人心，从而具备了打通心、理的可能。”[②]

明中叶，王阳明创立了心学思想体系，成为晚明思想界的主流。他在宋濂“六经皆心学”的基础上，对经有新的定位。阳明的经观念主要体现在《稽山书院尊经阁记》一文中。王阳明提出了与宋濂的“六经皆心学”非常类似的命题，即六经皆“吾心之记籍”“六经之实则具于吾心”，他说：

盖昔者圣人之扶人极，忧后世，而述《六经》也，犹之富家者之父

① ［明］刘三吾：《刘坦斋先生文集》卷八《好古斋说》，《刘三吾集》，岳麓书社2013年版，第125页。

② 张德建：《明代六经论的历史变迁及其学术意义》，《中国文化研究》2008年第2期，第56页。

祖虑其产业库藏之积，其子孙者或至于遗忘散失，卒困穷而无以自全也，而记籍其家之所有以贻之，使之世守其产业库藏之积而享用焉，以免于困穷之患。故《六经》者，吾心之记籍也，而《六经》之实则具于吾心，犹之产业库藏之实积，种种色色，具存于其家。其记籍者，特名状数目而已。而世之学者，不知求《六经》之实于吾心，而徒考索于影响之间，牵制于文义之末，硁硁然以为是《六经》矣。是犹富家之子孙不务守视享用其产业库藏之实积，日遗忘散失，至于窭人丐夫，而犹嚣嚣然指其记籍曰：“斯吾产业库藏之积也”，何以异于是！[①]

王阳明的六经为“吾心之记籍”，与宋濂的“六经笔吾心之理”看起来比较相似，但有一个根本不同，宋濂认为六经与心都具众理，而六经所记载的正是吾心之理，六经与心、理是三位一体的。而王阳明则认为理只在心中，六经只是心之理的“账簿”“记籍”，而不是理本身。用王阳明自己的比喻来说就是，心像一个理的大库藏，其中有各种各样、形形色色之理，而六经则不过是这个仓库中各色之理的名目记录而已，具体到六经就是：“《易》也者，志吾心之阴阳消息者也；《书》也者，志吾心之纪纲政事者也；《诗》也者，志吾心之歌咏性情者也；《礼》也者，志吾心之条理节文者也；《乐》也者，志吾心之欣喜和平者也；《春秋》也者，志吾心之诚伪邪正者也。”[②]通过这一比喻，六经与心的地位差别就非常明显了，心才是真正的财富矿藏，而六经只是一种虚名，所以最重要的不是去拥有这些账簿，而是真正地去占有这些财富，这就只能去向自己的内心用功，而若向经用功，显然是望梅止渴、南辕北辙之举。因此，王阳明主张“求六经之实于吾心”，他说：

君子之于《六经》也，求之吾心之阴阳消息而时行焉，所以尊《易》也；

① ［明］王守仁：《稽山书院尊经阁记》，《王阳明全集》，上海古籍出版社2015年版，第215页。

② ［明］王守仁：《稽山书院尊经阁记》，《王阳明全集》，第215页。

求之吾心之纪纲政事而时施焉，所以尊《书》也；求之吾心之歌咏性情而时发焉，所以尊《诗》也；求之吾心之条理节文而时著焉，所以尊《礼》也；求之吾心之欣喜和平而时生焉，所以尊《乐》也；求之吾心之诚伪邪正而时辨焉，所以尊《春秋》也。①

求明吾心之理，就是学六经了，如求吾心之阴阳消息，就是学《易》，求吾心之条理节文，就是学《礼》，等等。这就与其良知的思想相一致了，阳明说：“只致良知，虽千经万典，异端曲学，如执权衡，天下轻重莫逃焉，更不必支分句析，以知解接人也。”② 又说：“盖四书五经不过说这心体，这心体即所谓道。心体明即是道明，更无二。此是为学头脑处。”③ 致良知即是解经，明了自家的心体，就相当于读了经书，这实际上就架空了经的概念，把经学彻底解构和虚化。正如与阳明有过论战的罗钦顺说：“自陆象山有‘六经皆我注脚’之言，流及近世，士之好高欲速者，将圣贤经书都作没紧要看了。以为道理但当求之于心，书可不必读，读亦不必记。”④ 其所针对的，正是阳明的经书观。

不过，在阳明的潜意识中对经仍有某种依赖性，以至于他在龙场悟道之后立即寻求经的依据，而撰著《五经臆说》。阳明在《五经臆说序》中说：“龙场居南夷万山中，书卷不可携，日坐石穴，默记旧所读书而录之。意有所得，辄为之训释。期有七月而《五经》之旨略遍，名之曰《臆说》。盖不必尽合于先贤，聊写其胸臆之见，而因以娱情养性焉耳。”⑤《王阳明年谱》正德三年记其在艰难困苦中写作《五经臆说》之缘起说：“因念圣人处此，更有何道？忽中夜大悟格物致知之旨，寤寐中若有人语之者，不觉呼跃，从

① [明]王守仁：《稽山书院尊经阁记》，《王阳明全集》，第215页。
② [明]王守仁：《五经臆说十三条》，《王阳明全集》，第806页。
③ [明]王守仁：《传习录》上卷，《王阳明全集》，第13页。
④ [明]罗钦顺：《困知记》续卷上，中华书局1990年版，第72页。
⑤ [明]王守仁：《五经臆说序》，《王阳明全集》，第723页。

者皆惊。始知圣人之道，吾性自足，向之求理于事物者误也。乃以默记五经之言证之，莫不吻合，因著《五经臆说》。”[①] 在大悟了格物致知之旨后，他立即就想到了经，迫切想要获得经的印证和支持。但当时身边没有经书，于是努力回忆五经语句，并与自己的所悟一一对照，结果是“莫不吻合”，经过了这层经的印证，他才真正对自己的证悟成果有了信心。

阳明所谓的与经书印证，并不是拿自己所证悟的道理去与经书中的道理相对比，然后发现一一吻合，而是以自己证悟的道理去解释经文，发现能够解释得通，于是得出“莫不吻合”的结论，这是真正的“六经注我”。正如他自己所说，《五经臆说》不过是“聊写其胸臆之见”而已，是以自己的证悟来重新解说经文，而不是要与经文相印证。《五经臆说》今已不存，但从残存的若干条目看，确实是这个思路。如他解释《春秋》第一句话中的“元年”说：“故元年者，人君正心之始也。”[②] 以心释“元年”。释《易·晋卦》“明出地上，晋，君子以自昭明德”云：“日之体本无不明也，故谓之大明。有时而不明者，入于地则不明矣。心之德本无不明也，故谓之明德。有时而不明者，蔽于私也。去其私，无不明矣。”[③] 以心体之明释晋卦，心之德本具良知，本无不明，因蔽于私故有不明，故去其私则复明，这完全是心学理路。阳明虽然不是真的要与经文印证，但通过解释经文的工作，却能够向人昭示自己的理论是与经书吻合的，这无论是对于他自己的心理，还是他的学说的受众，都是一种心理的支撑和安慰。阳明说：“吾此意思有能直下承当，只此修为，直造圣域。参之经典，无不吻合，不必求之多闻多识之中也。”[④] 这说明在王阳明的心中，仍有一个“经”的情结，“参之经典”是一道必须的程序，也是其学说立足的一个权威依据。阳明之所以重视《大学》古本的问题，也不过是想以此建立自己学说的权威而已，与《五经臆说》的用意是

---

① [明]钱德洪等：《王阳明年谱》，《王阳明全集》，第1007页。

② [明]王守仁：《五经臆说十三条》，《王阳明全集》，第806页。

③ [明]王守仁：《五经臆说十三条》，《王阳明全集》，第809页。

④ [明]王守仁：《大学问》，《王阳明全集》，第803页。

一致的。

综上所述，王阳明的心学把经贬低为心之空名账簿，把致良知、明吾心之理等同于读经、习经，这样就把经完全架空和虚化。但经书在他的潜意识中仍有一定分量，认为思想的成果需要经书来验证。日本学者山井涌说：“就连王守仁的心学也理所当然地有限度，即使讲我心的主体性，他也没有从经书和圣人的权威下完全解放出来。王守仁在《答罗整庵少宰书》里以孔子为话题，就是因为强烈地意识到孔子的权威；在《稽山书院尊经阁记》里他做出结论说，求诸心即所以为尊经，也绝没有丧失在经书里设立根据的立场。”①

王阳明的经观念为其后学所继承。如王艮认为：“经所以载道，传所以释经。经既明，传不复用矣，道既明，经何足用哉！经传之间，印证吾心而已矣。”②王畿认为“道在人心，六经吾心注脚”③。又说：“良知是贯串六经之枢纽，故曰‘六经皆我注脚’。”④都与阳明的经观念非常接近。邹元标是江右王门的代表人物，他也认为明性即是明经：“凡天地间有形有象，物也，物则有成有坏；无形无象，性也，性则无生无灭。贯六经，流行万古，惟此性尔。吾党欲六经常明乎？惟自明其性常存不息而已。”⑤六经已经具于性中，明性即是明经了。所以他又说：“然友于兄弟是亦为政，思而无邪可概三百，吾心之肃即为礼，吾心之是非即为春秋，所谓具有全经者，非耶？”⑥

①〔日〕山井涌：《经书和糟粕》，见刘厚琴主编《日本韩国的儒学研究》，中华书局2003年版，第253页。

②［明］王艮：《明儒王心斋先生遗集》卷一《语录》，《王心斋全集》，江苏教育出版社2001年版，第18页。

③［明］王畿：《龙溪王先生全集》卷一《抚州拟岘台会语》，《四库全书存目丛书》集部第98册，第265页。

④［明］王畿：《龙溪王先生全集》卷三《水西经舍会语》，《四库全书存目丛书》集部第98册，第296页。

⑤⑥［明］邹元标：《愿学集》卷五《清江公署新刻六经正义记》，《影印文渊阁四库全书》第1294册，第182页。

这与阳明所说的明心即是明经的观点如出一辙。

四、经书皆糟粕

糟粕，即粮食酿酒后剩下的渣滓，相对作为精华的酒浆而言。关于明代的经书糟粕说，学界有一些论文探讨，如日本学者山井涌的《经书和糟粕》，朱人求的《“六经糟粕”论与明代儒学的转向——以陈白沙为中心》等。以糟粕称经书的说法很早就出现了，如程子曾说：“经所以载道也，诵其言辞，解其训诂，而不及道，乃无用之糟粕耳。”[①]这里并非贬低经书为糟粕，而是指出读经的方法问题，认为读书就是为了明理明道，如果读书不能明道，那么经书就是无用之糟粕。明代所流行的经书糟粕论与程子之说大异其趣，是一种对经书价值和地位的贬低。

陈献章是明代心学的奠基者，也是经书糟粕论的较早提倡者。在陈献章的思想体系中，经书地位很低，简直是可有可无。他最推崇的明理方法是静坐：“为学须从静坐中养出个端倪来。”[②]陈献章在《与林缉熙书》中提到了静坐养善端悟道体的方法：“诗、文章、末习、著述等路头，一齐塞断，一齐扫去，毋令半点芥蒂于我胸中，夫然后善端可养，静可能也。”[③]静坐这种明理的途径，需要将一切外缘的东西包括经书“一齐塞断”，然后让心完全静下来，在这种状况下来反观内心，发明心中之理，可见，经在陈献章那里是需要被“塞断”的对象，简直成了一种负价值。

在静坐、自得之余，陈献章认为也可以读读经，他说：“为学当求诸心必得。所谓虚明静一者为之主，徐取古人紧要文字读之，庶能有所契合，不为影响依附，以陷于徇外自欺之弊，此心学法门也。”[④]又云：“夫学贵乎自得也。自得之然后博之以典籍，则典籍之言我之言也。否则，典籍自典籍，

---

①［宋］程颢、程颐：《与方元采手帖》，《二程集》，第671页。

②［明］陈献章：《陈献章集》卷二《与贺克恭黄门二》，中华书局1987年版，第133页。

③［明］陈献章：《与林缉熙书》之十五，《陈献章集》补遗，第975页。

④［明］陈献章：《陈献章集》卷一《书自题大塘书屋诗后》，第68页。

而我自我也。”[①] 从这两段话可以看出，陈献章把读经这件事看得很轻，如云“徐取古人紧要文字读之”“自得之然后博之以典籍”，读经基本上是可有可无的。陈献章的读经方法也非常简捷明快，就是以我为主，为我所用：“盖以我而观书，随处得益；以书博我，则释卷而茫然。”[②] 强调“以我观书”，我在读经的过程中是主人，是主动者，他甚至说：“圣贤之言具在方册。生取而读之，师其可者，改其不可者，直截勇往，日进不已，古人不难到也。”[③] 对于经书直接要求“师其可者，改其不可者”。基于上述对经的定位，陈氏多次指经书为“糟粕”，如云：“千卷万卷书，全功归在我。吾心内自得，糟粕安用那！”[④] 又云：“古人弃糟粕，糟粕非真传……吾能握其机，何必窥陈编？”[⑤] 陈献章对经书的这种轻蔑态度，比陆九渊“六经皆我注脚”、阳明“六经皆心学”都有过之而无不及。陆九渊尚且认为，经书是圣人之作，虽然用处不大，但读读还是好的，阳明至少也注重寻找经书的论据，陈氏则认为经书就是糟粕，对其完全不必在意，高兴的时候可以翻两页，但千万不要被其束缚。在陈氏的概念中，经书似乎变成了一个负面的、需要防范的东西，而不是一个有益的、增上的助缘。

晚明时代，部分王门后学学风走向空疏，空谈致良知，视读书学问为支离，更多地继承了陈献章的糟粕论，把经书降为负面的东西，认为是糟粕、陈编、赘疣，束书不观，高谈性命。比阳明稍晚的杨慎（1488—1559）明显感受到这种风气：“伊川谓治经遗道，引韩非子买椟还珠，然犹知有经也。后世治经求仕者，则所谓得鱼而忘筌，犹以筌得鱼也。今之学者谓六经皆圣人之迹，不必学。又谓格物者，非穷理也……是全不在我，全不用工。是无椟而欲市

① [明] 张诩：《白沙先生行状》引陈献章语，见《陈献章集》附录二，第879页。

② [明] 陈献章：《陈献章集》卷一《道学传序》，第20页。

③ [明] 陈献章：《陈献章集》卷一《赠容一之归番禺序》，第19页。

④ [明] 陈献章：《陈献章集》卷四《藤蓑》之五，第288页。

⑤ [明] 陈献章：《陈献章集》卷四《答张内翰廷祥书，括而成诗，呈胡希仁提学》，第279页。

珠，无筌而欲得鱼也。”[①]杨慎的这段话颇能说明经由宋代的穷理工具，沦落到明代连工具也算不上的地位，当时已经满眼都是“六经不必学”的观点了。他批评王学骛于高远，而“高远之蔽，其究也以六经为注脚，以空索为一贯。”[②]“迩者霸儒创为新学，削经刬史，驱儒归禅。”[③]

阳明大弟子王畿说：“吾人时时能对越上帝，无闲漫之时，然后可以无藉于书。书虽是糟粕，然千古圣贤心事，赖之以传，何病于观！”[④]从其中“虽是糟粕”一语可见，经是糟粕在当时已是人们的一般观念了，又说“何病于观”，则可以想见当时必定有不少人“病于观书”，即不乐意、不喜欢读经书。由于当时风气对经的轻视，不少人出奇地对焚书、烧书这类文化劫难抱有好感。陈献章就曾为许衡“也须焚书一遭”的说法辩护[⑤]。罗洪先（1504—1564）说：“今世著书满家，甲可乙否，使人莫知取的，有圣人起，必将付之秦火。以反躬实践为先，一切智足以先人，言足以文身者，皆沮焉而莫之张喙，然后乃为还淳朴之俗，养忠信之德，以起相观之善。”[⑥]为反对人们读书著书，他希望再来一次秦火把书全烧了，只从事于反躬实践，所烧的书中，自然包括六经及其传注。

胡应麟（1551—1602）指出：“远宗主静之禅机，近述良知之骫说，以词章为雕饰，以文字为浮华，诗书名物，问之茫然，曰：六经皆注脚也。秦汉君臣，诘之莫对，曰：诸史皆陈编也……视笔札为仇雠，以载籍为疣赘，标同伐异，造作名字，冥心闭目，树徒扇党，其流相引而不已，其祸循环而

---

①［明］杨慎：《升庵全集》卷七十五“珠椟鱼筌”条，商务印书馆1937年版，第989页。

②［明］杨慎：《升庵全集》卷七十五“禅学俗学”条，第992页。

③［明］杨慎：《升庵全集》卷六《答重庆太守刘嵩阳书》，第83页。

④［明］王畿：《龙溪王先生全集》卷一《抚州拟岘台会语》，《四库全书存目丛书》集部第98册，第266页。

⑤［明］陈献章：《陈献章集》卷一《道学传序》，第20页。

⑥［明］罗洪先：《罗洪先集》卷八《答戴伯常》，凤凰出版社2007年版，第335页。

无端。”[①] 主静、良知，皆是王门心学之关键词，以此相标榜号召，站在这种道德的制高点上来批评六经是“注脚”“陈编”“疣赘”，那么，谁还会去读经呢？

钱谦益（1582—1664）在《新刻十三经注疏序》中说：“胥天下不知穷经学古，而冥行擿埴，以狂瞽相师。驯至于今，轻材小儒，敢于嗤点六经，呰毁三传，非圣无法，先王所必诛不以听者，而流俗以为固然。”[②] 心学流风所扇，随便什么不学无术的“轻材小儒”都敢于嘲弄六经了，这种“先王所必诛”的现象在历朝历代都是不可想象的。

对六经的蔑弃，在李贽那里达到一个极端，他把心学的良知说发展为童心说，以恢复童心为立说宗旨。认为绝假纯真、自然质朴之初心的童心是先天主观自生，“纵不读书，童心固自在也”[③]，而读书非但不能明童心，反而是对童心的障碍，“学者既以多读书识义理障其童心矣”[④]。明确把经书作为负面的存在。他对传统的《六经》《语》《孟》之书的价值进行了彻底的贬斥，认为：

> 夫《六经》《语》《孟》，非其史官过为褒崇之词，则其臣子极为赞美之语。又不然，则其迂阔门徒，懵懂弟子，记忆师说，有头无尾。得后遗前，随其所见，笔之于书。后学不察，便谓出自圣人之口也，决定目之为经矣，孰知其大半非圣人之言乎？纵出自圣人，要亦有为而发，不过因病发药，随时处方，以救此一等懵懂弟子，迂阔门徒云耳。药医假病，方难定执，是岂可遽以为万世之至论乎？然则《六经》《语》《孟》，

① ［明］胡应麟：《少室山房集》卷一百《策一首》，《影印文渊阁四库全书》第1290册，第730～731页。

② ［明］钱谦益：《初学集》卷二十八《新刻十三经注疏序》，《钱牧斋全集》第2册，上海古籍出版社2003年版，第851页。

③④ ［明］李贽：《焚书》卷三《童心说》，《李贽文集》第一卷，社会科学文献出版社2000年版，第92页。

乃道学之口实，假人之渊薮也，断断乎其不可以语于童心之言明矣。呜呼！吾又安得真正大圣人童心未曾失者而与之一言文哉！①

他认为《六经》《语》《孟》之书不过是后人的记录，而不是真正的圣人之作，这是对经书可靠性的怀疑。又认为它们即使出自圣人，也不过是因病发药，是有针对性的，并不是任何时候都通用的“万世之至论”，与经相比，童心才是最根本的、最重要的。这大概是中国古代对经最为大胆的批评和怀疑，不但怀疑经书，而且怀疑经本身。

不过，心学虽然把经的权威性降到了最低，甚至降为负面，但对“圣人”的崇拜和向往却丝毫没有减低，无论是致良知还是静坐，其最终目的都是要成圣，因此圣人的神圣地位是不可取消的。即使对经批评最激烈的李贽，对孔子也是尊崇有加，李贽在《九正易因》中说：“文王《彖辞》《爻辞》，其言约，其旨深，非夫子读而《传》之，后之人终不可得而读也。唯夫子于《易》终身焉，是故举其象，指其义，陈其辞，以至圣之心，合前圣之心，而后羲画文理，灿然详明，厥功大矣。”②嘉靖四十五年（1566），适值不惑之年的李贽写下了《富莫富于常知足》一诗及其《解》。在解文中，李贽很好地解释了为何尊圣人而不尊经，他说：“朋来四方，声应气求，达之至也。吾夫子之谓矣……然以流芳百世为寿，只可称前后烈烈诸名士耳。必如吾夫子，始可称万世永赖，无疆上寿也。”③这是因为，他们认为经不过是圣人的产物，经的神圣性，完全来自于圣人的神圣性，如同月亮之光来自于太阳之光，与其去崇拜月亮之光，不如直接崇拜太阳之光，经典这个中介，在他们看来就越来越不必要了，成了“糟粕”，要想成圣，可以通过致良知等直接去面对圣人。

---

①［明］李贽：《焚书》卷三《童心说》，《李贽文集》第一卷，第93页。

②［明］李贽：《九正易因》，《李贽文集》第七卷，第91页。

③［明］李贽：《焚书》卷六《富莫富于常知足》，《李贽文集》第一卷，第214页。

第三节　理学视域下的疑经思潮

疑经是经学史上一个值得关注的现象，疑经的历史与经的历史一样长，自从有了经，便有了疑经。疑经虽然出现甚早，但真正成为一种思潮，则是在唐中期以后至宋代。学界对疑经问题已有较多研究，如叶国良先生的《宋人疑经改经考》、杨新勋先生的《宋代疑经研究》等。本节从经观念衍变的角度分三个方面略作探讨。

一、疑经的概念及其阶段性

所谓“疑经”其实是一个非常笼统的概念，从逻辑上讲，它可以分为三个层面，其一，疑经之传注而不疑经，如汉代各家传注的相互争辩诋毁，唐代舍传求经思潮下对《春秋》三传的怀疑等。其二，疑经文而不疑“经”，如马融怀疑《泰誓》为后得之伪书，后人对《古文尚书》的怀疑等。第三，疑“经”这一概念本身。我们平常讨论的古代疑经现象，其实只涉及前两个层面，而第三层面则是近现代对“经”的权威性和神圣性的否定，全面解构了经的观念，这是最彻底的疑经（详见本书第八章第三节）。

陈植锷先生将宋代疑经思潮分为疑传、疑经两个阶段，正对应上述疑经问题的前两个层面。其中疑传阶段指宋代初年（仁宗庆历之前），代表人物是孙复[①]。其实疑传的阶段可以进一步扩展到中唐。上一章提到，唐人已经对传注甚至经文提出了很多疑问，发展到宋初，对传注的怀疑进一步扩大。如司马光所说：

> 近岁公卿大夫，好为高奇之论，喜诵老庄之言，流及科场，亦相习

① 陈植锷：《北宋文化史述论》，第191页。

尚。新进后生，未知臧否，口传耳剽，翕然成风。至有读《易》未识卦爻，已谓《十翼》非孔子之言。读《礼》未知篇数，已谓《周官》为战国之书。读《诗》未尽《周南》《召南》，已谓毛郑为章句之学。读《春秋》未知十二公，已谓《三传》可束之高阁。循守注疏者，谓之腐儒；穿凿臆说者，谓之精义。[1]

司马光这里所谈问题，如怀疑《十翼》、怀疑毛郑、怀疑《三传》等，其共同特征是对经的传注系统的怀疑，这代表了宋初疑经的主流。

疑经阶段，大致对应北宋中期以后理学的发展。这时不但怀疑传注，又进而怀疑经文。从疑传到疑经，是一个自然发展的过程。清人皮锡瑞说：“宋人不信注疏，驯至疑经；疑经不已，遂至改经、删经、移易经文以就己说。”[2]南宋陆游的一段话很有代表性：“自庆历后，诸儒发明经旨，非前人所及。然排《系辞》，毁《周礼》，疑《孟子》，讥书之《胤征》《顾命》，黜《诗》之序，不难于议经，况传注乎？”马宗霍对此评价云：“盖议传注唐季已肇其端，尚不始于宋人，至于昌言议经，则宋儒实始优为之，故放翁虽非经生，于此亦不能无微词也。”[3]明确指出疑传注晚唐开其端，而自宋庆历之后，“昌言议经”成为流行的思潮。

疑传与疑经之所以表现为一定的阶段性，与经观念的转变、发展有一定关系。中唐以来，经观念转变为道的重新发现，强调直接探求经中之道，所以怀疑的主要是繁琐的传注系统，而很少直接怀疑经文本身。而在“道”转变为“理”之后，理成为独立的最高范畴，不再依赖经而存在，因此敢于怀疑经文，对传注的怀疑自然更不在话下。宋人的经传相分意识非常强，经就是经，传就是传，只有经才是圣人之笔，才具有神圣性，传不过是后人的解释与发挥而已。如朱子说：“《诗》《书》略看训诂，解释文义令通而已，

①［宋］司马光：《司马温公文集》卷六《论风俗札子》，中华书局1985年版，第152页。

②［清］皮锡瑞：《经学历史》，第264页。

③ 马宗霍：《中国经学史》，第111～112页。

却只玩味本文，其道理只在本文，下面小字尽说，如何会过得他。”[①]蔡方鹿先生认为：“经传相分作为普遍的经学方法论原则，贯穿在朱熹经学思想的各个方面。”[②]南宋所形成的新六经，主要就是重新区分了经与传，而废除原来被纳入九经的传。传注之外，对经文本身的怀疑也前所未有地泛滥开来，并且成为疑经思潮的主流。

二、以理疑经：宋人疑经的理论依据

在宋明理学的视域之下，理或心是最高的范畴，是一切是非的根本标准，这一标准往往被设定为人先天内在所有，而不是得自经书。理学家强调先明白了义理再去读经，理成为评判经的标准和依据。而经文作为一种流传千年的客观文本，如果站在理的高度来进行审视，难免会有各种问题，因此对其产生怀疑就不可避免了。四库馆臣说：“宋儒说经以理断，理有可据，则六经亦可改。”[③]正是对此的准确判断。范文澜先生说：“宋学讲理，理就是圣人之性，是绝对的。一切以理为依据，不合乎理，就必须受到批判。朱熹所以对《尚书》提出怀疑，就是他觉得《尚书》不合乎理。朱熹学生王柏删诗三十二篇，也是因为那些都是淫奔之诗，不合乎理。”[④]以理疑经，范老先生的这段话讲得非常到位。

二程对经书多有怀疑。弟子问《周礼》之书是否有讹缺，二程回答：“甚多，周公致治之大法，亦在其中，须知道者观之，可决是非也。”[⑤]认为《周礼》有讹缺，也有理道，需要读者从道（或理）的角度来做决断。于《礼记》亦作类似言论：“秦氏焚灭典籍，三代礼文大坏。汉兴购书，《礼记》四十九

---

① [宋]朱熹：《朱子语类》卷六十七，《朱子全书》第15册，第2220页。

② 蔡方鹿：《朱熹经学与中国经学》，人民出版社2004年版，第494页。

③ [清]永瑢等：《四库全书总目》卷三十二经部毛奇龄《孝经问》提要，中华书局1965年版，第266页。

④ 范文澜：《经学史讲演录》，《范文澜全集》第十卷，第491页。

⑤ [宋]程颢、程颐：《程氏遗书》卷十八，《二程集》，第230页。

篇杂出诸儒传记，不能悉得圣人之旨……惟达于道者，然后能知其言；能知其言，然后能得于礼。”① 也就是说，只有通晓了道或理，才能真正读懂经书。关于《仪礼》，有门人问程颐“如《仪礼》中礼制，可考而信否？”程颐回答曰：“信其可信。如言昏礼云，问名、纳吉、纳币皆须卜，岂有问名了而又卜？苟卜不吉，事可已邪？若此等处难信也。”② 信其可信，将经书是否可信的评判交给了读经者个人。

陆九渊明确提出“观昔人之书而断于理”的观点：

> 昔人之书不可以不信，亦不可以必信，顾于理如何耳。盖书可得而伪为也，理不可得而伪为也。使书之所言者理耶？吾固可以理揆之；使书之所言者事耶，则事未始无其理也。观昔人之书而断于理，则真伪将焉逃哉？苟不明于理而惟书之信，幸而取其真者也，如其伪而取之，则其弊将有不可胜者矣。……使书而皆合于理，虽非圣人之经，尽取之可也。况夫圣人之经，又安得而不信哉？如皆不合于理，则虽二三策之寡，亦不可得而取之也，又可必信之乎？③

“观昔人之书而断于理”是这段话的核心，也是宋人疑经的理论基石，一切书籍，包括圣人之经都要放到理的显微镜下进行检查，以理为标准，真经、伪经一目了然，如果不明理，误取了伪经，“其弊将有不可胜者”。朱熹后学王柏也说：“大抵有探讨之实者不能无所疑，有是非之见者不容无所辨。苟轻于改而不知存古以阙疑，固学者之可罪，狃于旧而不知按理以复古，岂先儒所望于后之学者？虽后世皆破裂不完之经，而人心有明白不磨之理，纵未能推人心之理以正后世之经，又何忍狥破裂不完之经以坏明白不磨之理

① ［宋］程颢、程颐：《程氏文集·遗文》，《二程集》，第669页。

② ［宋］程颢、程颐：《程氏遗书》卷二十二上，《二程集》，第286页。

③ ［宋］陆九渊：《陆九渊集》卷三十二《取二三策而已矣》，第380～381页。

乎？”[①] 他的要求是要“推人心之理以正后世之经”，这正是宋人以理疑经的直接表述。

疑经的进一步发展便是改经。以理衡经，发现经文不合理的地方，就会提出异议，进而进行改动。程颐曾对《周易》《尚书》进行改正，例如《小过》彖辞“有飞鸟之象焉”一句，程颐认为这是“盖解者之辞，误入《彖》中”[②]。程颐《书说》中有《改正武成》一篇，对《尚书·武成篇》进行改动。朱熹对《大学》《孝经》都曾进行重订。受理学之风所扇，改经成为一种习见的现象，正如顾炎武所说：“及朱子之正《大学》《系辞》，径以其所自定者为本文，而以错简之说注于其下，已大破拘挛之习。后人效之，《周礼》五官互相更易，彼此纷纭；《召南》《小雅》且欲移其篇第，此经之又一变也。”[③] 然而，以理疑经，难免掺杂许多主观成分，四库馆臣说：“守师传者其弊不过失之拘，凭理断者其弊或至于横决而不可制。王柏诸人点窜《尚书》，删削《二南》，悍然欲出孔子上，其所由来者渐矣。”[④] 如《大学》一书就是被后人改动最多的一部，不同的学者以自己所认为的理去调整《大学》的文本结构，计有程颢、程颐、林之奇、朱熹、丰坊等数十种改本[⑤]。宋代疑经思潮的顶峰是王柏，他除对《诗序》的存废、“乐歌”与“徒歌”的关系、《诗经》诗篇残错等有自己的看法之外，还拟删《国风》诗篇 32 首，在清代引起许多不满，如四库馆臣认为王柏《诗疑》“攻驳毛、郑不已，并本经而攻驳之；攻驳本经不已，又并本经而删削之”[⑥]；皮锡瑞因而指责“若王柏作《书疑》将《尚书》任意增删，《诗疑》删《郑》《卫》，风雅颂亦任意改易，可谓无忌惮矣”[⑦]。

---

① ［宋］王柏：《诗疑》卷二，通志堂经解本。

② ［宋］程颢、程颐：《周易程氏传》卷四，《二程集》，第1014页。

③ ［清］顾炎武：《亭林文集》卷四《答李子德书》，《顾亭林诗文集》，中华书局1983年版，第72～73页。

④ ［清］永瑢等：《四库全书总目》卷三十二经部《孝经问》提要，第266页。

⑤ 参考李纪祥《两宋以来大学改本之研究》，台湾学生书局1988年版。

⑥ ［清］永瑢等：《四库全书总目》卷十七经部《诗疑》提要，第138页。

⑦ ［清］皮锡瑞：《经学历史》，第264页。

除了改经，还有增经。若现有的经书不能满足学者的需求，那么他们就会寻找另一些符合理、且明白准确阐发理的著作，升其为经，比如对《大学》《中庸》等书的表彰，《大学》本是《礼记》中普通的一篇，但是二程就认定了它是“孔氏之遗书”，是可靠的圣贤之书，于是也渐渐地成为经。明代，疑经渐呈衰落之势，盖元明以后，一方面朱子之学大盛，而朱子是主张读经以穷理的，对经有所尊崇。另一方面，心学复兴，心学学者本身就对经比较忽视，疑经这种学术性较强的问题根本就不在他们的视野中。

三、疑经书但不疑“经”

理学家只疑经文，但不疑“经”。在他们的观念中，可能出错而需要怀疑的是现存的经文，而不是经本身。经文之所以值得怀疑，主要是由于各种客观或人为原因造成的，如伪书掺入、抄写讹误、故意作伪等，而由圣人制作的真经必然是无误的、合理的，故陆九渊说“况夫圣人之经，又安得而不信哉”。这实际上为疑经划定了一个底线，即真正的圣人之经是不可怀疑的，经之所以值得怀疑，是因为它们并非真正原原本本的圣人之经。因此，所谓的疑经，准确地说是疑“经书”，而不是疑“经”这个概念。

程颐认为《诗经》中《硕鼠》《狡童》等篇并非圣贤所作，内容也不尽善：“作《诗》者未必皆圣贤，当时所取者，取其意思止于礼义而已。其言未必尽善，如比君以硕鼠狡童之类。”[①]认为有些诗篇不是圣人所作，故不是真正的经。对于《礼记》，他说：“《礼记》之文，亦删定未了，盖其中有圣人格言，亦有俗儒乖谬之说。乖谬之说，本不能混格言，只为学者不能辨别，如珠玉之在泥沙。”[②]又说：“《礼记》之文多谬误者，《儒行》《经解》，非圣人之言也。夏后氏郊鲧之篇，皆未可据也。”[③]认为《礼记》中有些是圣人之言，

① [宋]程颢、程颐：《程氏外书》卷一，《二程集》，第352页。

② [宋]程颢、程颐：《程氏遗书》卷十八，《二程集》，第240页。

③ [宋]程颢、程颐：《程氏粹言》卷一，《二程集》，第1201页。

故有经的成分，但仍杂入不少“俗儒乖谬之说”，如《儒行》《经解》等篇，这些内容是后来混进去的，不能当作真正的经。欧阳修怀疑《易传》并非圣人所作：“童子问曰：‘《系辞》非圣人之作乎？’曰：‘何独《系辞》焉，《文言》《说卦》而下，皆非圣人之作，而众说淆乱，亦非一人之言也。’”[①]认为《易传》是“众说淆乱，亦非一人之言”，言外之意，如果《易传》真的是出于圣人，那么它就肯定是经，是不能怀疑的。

王安石有一句众所周知的话，即认为《春秋》是“断烂朝报”，这好像是对《春秋经》的极端贬低和怀疑。对于这种说法的来龙去脉，不少学者做过考证，结果大致相同，即认为王安石对《春秋》经文可能有批评，但这种批评是有底线的，王安石并不怀疑《春秋》作为经的属性，只是认为《春秋》三传不可信，而经文又在传承过程中出现了很多残缺、错讹，致使难以卒读，如同“断烂朝报”。朱熹编《宋名臣言行录》后集卷八《吕公著》引其家传云：“王安石专政，乃尽罢诗赋，一用经义，独以《春秋》为残缺不可读，废其学。学者不得以应试。”认为《春秋》经文有残缺。《宋史纪事本末》略同，但更为详细：

> 神宗熙宁四年二月丁巳，更定科举法，从王安石议，罢诗赋及明经诸科，专以经义、论、策试士。王安石又谓：“孔子作《春秋》，实垂世立教之大典，当时游、夏不能赞一词。自经秦火，煨烬无存。汉求遗书，而一时儒者附会以邀厚赏。自今观之，一如断烂朝报，决非仲尼之笔也。《仪礼》亦然。请自今经筵毋以进讲，学校毋以设官，贡举毋以取士。”从之。[②]

王安石所诋毁的不过是流传于世的《春秋》文本，它之所以值得怀疑，

---

①［宋］欧阳修：《易童子问》卷三，《欧阳修全集》卷七十八，第1119页。

②［明］陈邦瞻：《宋史纪事本末》卷三十八，中华书局1977年版，第371页。

是因为它根本不是圣人的手笔，而是汉儒在秦火之后东拼西凑的东西，所以才像“断烂朝报”，这种东西没有任何权威性，根本不能用来取士[①]。而为孔子所亲笔制作的那个《春秋》才是真正的经，是“垂教立世之大典”，这就是王安石疑经的底线，即疑经书而不疑经。也就是说，如果孔子所作的《春秋》原本还存在的话，那理所当然应该列入科举考试。

朱子说：“《六经》是三代以上之书，曾经圣人手，全是天理。三代以下文字有得失，然而天理却在这边自若也。”[②]朱子所说的“全是天理”的六经，是经过圣人手定的六经，而不是现实存在的六经文本。面对二者的矛盾，朱子说：“《书》中可疑诸篇，若一齐不信，恐倒了《六经》……若说道都是古人元文，如何出于孔氏者多分明易晓，出于伏生者都难理会？”[③]在朱子看来，存世的《尚书》经文本并非都是“古人元文”，其中肯定有一些是可疑的，但由于他仍然是疑经书而不疑经，“倒了六经”是他所不愿见到的，所以不会将《书》一棍子打死。

王柏作为宋人疑经的最大代表，他也并不像后人所认为的那样狂妄自大、目无圣人，下面这段话最足以说明他只疑经书而绝不疑经的本怀：

> 窃意夫子已删去之诗容有存于闾巷浮薄者之口。盖雅奥难识，淫俚易传。汉儒病其亡逸，妄取而撺杂，以足三百篇之数，愚不能保其无也。不然，则不奈圣人“放郑声”之一语终不可磨灭，且又复言其所以放之之意，曰“郑声淫”，又曰“恶郑声之乱雅乐也”。愚是以敢谓淫奔之诗，圣人之所必削，决不存于雅乐也审矣。妄意以刺淫乱，如《新台》《墙有茨》之类凡十篇，犹可以存之惩创人之逸志；若男女自相悦之词，如《桑中》《溱洧》之类，悉削之以遵圣人之至戒，无可疑者。所去者亦不过三十

---

① 杨新勋认为这反映了王安石尊经贬传的思想，不确切，参见《王安石〈春秋〉“断烂朝报”说辨正》，《中国典籍与文化》2004年第2期。

②［宋］朱熹：《朱子语类》卷十一，《朱子全书》第14册，第347页。

③［宋］朱熹：《朱子语类》卷七十九，《朱子全书》第17册，第2718页。

有二篇，使不得滓秽《雅》《颂》，殽乱《二南》，初不害其为全经也。如此，则二先生之疑亦俱释矣。[①]

王柏认为，今存《诗经》中的不当篇目，不是经本身的问题，而是传承过程中所出现的问题。王柏推定，这些不当篇目原本是被孔子删去的，但汉儒又把它们搜集起来重新放回《诗经》，“以足三百篇之数”。这正是一种典型的疑经文而不疑经的态度。

总之，宋儒一方面具有强烈的疑经思想，但又有丝毫不弱的尊经崇圣思想，这两者在“只疑经书而不疑经”的观念之下统一了起来。其实已经有许多学者看到了宋儒疑经背后的尊经思想。如叶国良先生说：“窃尝以为宋人疑经，所以尊经也：疑此经，所以尊他经；疑此经之一部分，所以尊此经之他部分。”[②] 吴怀祺先生亦说：“疑经不是否定经，而是要更好地尊经，要使尊崇的经籍能宣传天理之正、纲常等级制度的永恒意义。”[③] 杨新勋先生在《宋代疑经研究》一书中，对宋儒“疑经”现象加以分析后，认为：“宋儒疑经是将经籍中不合‘圣贤思想’（即‘道’）的言论给黜去了，把不合‘圣贤思想’的经传关系给调整了，宋儒疑经的过程是用‘圣贤思想’来修正、调整经籍。这种‘圣贤思想’含有宋人推崇、神圣上古圣贤的心理，有将儒学哲理化、宗教化的倾向，是提高经学、儒学地位的一种表现。”[④] 这一点，正是理学家的经观念的一种重要表现。

---

① [宋]王柏：《诗疑》卷一，通志堂经解本。

② 叶国良：《宋人疑经改经考》，台湾大学出版委员会1980年版，第154～155页。

③ 吴怀祺：《宋代史学思想史》，黄山书社1992年版，第8页。

④ 杨新勋：《宋代疑经研究》，中华书局2007年版，第293页。

第四节　经学与理学关系辨析

谈到理学[①]视域中的经观念，不能不处理经学与理学的关系问题。不少学者认为，宋学或理学是经学的一个流派，如周予同先生说：“我以为，宋学是破汉学，建立新经学。广义地说，宋学也是经学。”[②]蔡方鹿先生也说：“经学从时代上分，可分为汉学（汉至唐，包括今文经学、古文经学等）、宋学（宋至明，包括理学和讲义理的非理学学派等）和新汉学（清，包括乾嘉学派和清代今文经学等）。”[③]王葆玹先生说：“宋明理学是由古文经学演化而成的，例如程颐易学几乎是直接继承王弼，范祖禹、郑樵、陈淳等人相信《周礼》为周公所作，李觏、朱熹等人也承认《周礼》为周公遗典。”[④]其实经学与理学是两种完全不同的学术体系，不可将二者混为一谈。本节主要辨析经学、经学的义理之学、理学化经学、理学等相关概念的关系。

一、经学与理学

如果按照传统的学术分类，理学本质上是一种子学，而非经学。何谓经学？经学的核心是“经”，经是载道之书，是最高法典，经学家的所有工作都围绕解经而展开，通过解经获取经中所蕴含的道。而子学则是思想家个人所构建的学说体系，它不以解说或印证任何经文为目的，正如《汉书·艺文志》在诸子类中所说：“九家之（说）〔术〕蜂出并作，各引一端，崇其所善，以此驰说，取合诸侯。”因此，子学本质上是“各引一端，崇其所善”的独

① 本节所说的理学是广义的宋明理学，包括陆王心学在内。

② 周予同：《中国经学史讲义》，见《周予同经学史论著选集》，第896页。

③ 蔡方鹿：《二程的经学思想及其对朱熹经学的影响》，载姜广辉主编《中国哲学》第二十五辑，第312～313页。

④ 王葆玹：《西汉经学源流》，第24页。

立的思想学说。

理学是在先秦儒家四子的基础上发展起来的，继承的是子学的精神，这是一种思想创造而非经书诠释的工作，如程颐说：“天理二字却是自家体贴出来。”陆九渊的门人詹阜民曾问：“先生之学亦有所受乎？”陆回答：“因读《孟子》而自得之。”[①]陆的学问得自《孟子》而非诸经。清代学者惠栋曾说：“先君言宋儒可与谈心性，未可与穷经。栋尝三复斯言，以为不朽。”[②]又云：“宋儒谈心性直接孔孟，汉以后皆不能及。若经学，则断推两汉。”[③]此说虽是站在经学立场上对理学的贬低，但在区分经学与理学方面却十分恰当。

理学家的思想体系虽然各不相同，但也有某种共性，即都认为有一个最高之理存在，理学家的所有学说都围绕理展开，回答理是什么、理与心性是何种关系，如何穷理等问题，这与经学家围绕经所展开的工作其性质是完全不同的。因此，如果说汉唐时代是经学时代，那么宋明理学的产生就意味着儒家诸子之学的复兴，韦政通先生即指出宋明理学是“从经学之儒学转回到子学之儒学”[④]。宋明理学家的代表性著作在后世大都归入子部而非经部，也可见其子学性质。

当然，理学也并非完全忽视经，但经在其体系中完全处于从属性地位，是作为工具来看待的。南宋的叶适说：“今世学者以性为不可不言，命为不可不知。凡六经孔子之书无不牵合其论而上下其词。”[⑤]这话说得非常形象，理学家为了立论便要拿六经来牵合。周予同先生指出：“延到宋、明，仅有所谓‘理学’，虽也有所谓的‘道问学’‘尊德性’之争，但经传都成了哲

① [宋]陆九渊：《陆九渊集》卷三十五，《语录下》，第471页。

②③ [清]惠栋：《九曜斋笔记》卷二，《丛书集成续编》第92册，上海书店出版社2014年版，第525页。

④ 韦政通：《中国思想史》(下)，上海书店出版社2003年版，第108页。

⑤ [金]王若虚《论语辨惑序》所引永嘉叶氏语，见《滹南遗老集》卷三，四部丛刊本。

学家立论的工具。”①

理学与经学的差别，还体现在著述体裁上。经学著作的主流形式是经文大字之下的双行小字，而理学著作则不甘心于只做小字，它要独立，所以其著述多是语录、专著或论文，尤其是“语录”，几乎成了理学的代名词。姜广辉先生指出：“宋明时期的思想资料主要有两大类，一类是经学家的经注类著作，一类是理学家的语录类著作。从经学史角度而言，只有经注类著作称得上‘经学’，而语录类著作只能名之为‘理学’或‘道学’，而称不上‘经学’。”② 比较精辟地将经学著作与理学著作区别开来。而王葆玹先生则认为“宋明的各种语录，相当于汉代经学中的‘说’”③。其实语录与汉代经学的“说”有本质的不同，“说”的对象是经，是针对经文的相关内容而说，如说“曰若稽古”四字至二三万言，或说某诗的意义等，其本质上还是以经为中心，而语录谈论的对象并不是“经”，而是抽象的“理”，以及由“理”而引发了一系列思想理论问题，如仁、性、天道、良知等。朱汉民先生说：“儒家不仅有《论语》，另外还有《孔子家语》《新语》等记录私人讲学的子学著作，宋以后许多儒家学者讲学的著作称之为《语录》，亦是属于这一类子学著作的延续。”④ 比较清楚地点明了语录的子学性质。

二、经学的义理之学、理学化的经学与理学

按传统观点，经学有训诂之学和义理之学之分，经学的义理之学与理学是不同的。经学的义理之学是对经所蕴含的大义进行系统阐释的学问，它是直接从经中引发出来的，虽然它所提出的一套义理未必符合经的本义，但其本位是经，其目的是为了解经，如《易》的象数学体系、卦变理论、王弼的义理体系，《洪范》的灾异论，《春秋》的尊王、大一统等，都是从经书出

---

① 周予同：《经今古文学》，见《周予同经学史论著选集》，第17页。

② 姜广辉：《“宋学”“理学”与“理学化经学”》，《哲学研究》2007年第9期，第48页。

③ 王葆玹：《西汉经学源流》，第53页。

④ 朱汉民：《六艺与儒家子学的思想差异》，《中国哲学史》2017年第1期，第61页。

发构建的义理体系。而理学就不同了，它本身有一套独立的义理体系，以理或心为最高范畴，它的目的不是要去解经，也不依附于任何一部经而是有其独特的问题意识，如成圣成贤、治国平天下等。姜广辉先生指出：“在我们看来，义理之学是从经学的视角来说的，是相对于汉唐经师的训诂之学而言的。大体来说，宋明儒者的经学著作都可以说是义理之学，并不以嘉祐二年为下限；而性理之学是从理学的视角来说的，凡以‘性理’二字冠书名的如《性理字义》《性理群书》《性理大全书》之类，皆是指理学一类书。与义理之学相比较，性理之学较为晚起，但性理之学的概念出现后并没有取代义理之学，而是长期共存而各有所指的。”[①] 这可以进一步说明经学的义理之学与理学（即性理之学）的区分。吴国武先生也区分了义理之学的两个层面的含义：“首先是经学义理之学（即经义），然后才进入道德性命之学（即性理）。前者的基础是‘文义之学’，其指向当然是通经致用，用之于礼乐文章、修己治人等；后者则直接是超出经传本身的圣人之道，形成‘自得之学’，‘文义’已是末事。”[②] 笔者同意吴先生的这种区分。

理学产生之后，受其影响，经学也产生了理学化的经学[③]。理学虽然有独立的思想体系，但是理学家毕竟没有完全突破经的观念，因此一旦有了自己的思想体系，便会主动与经联系起来，以体现自己思想体系与经的吻合性。理学家的经学著作数量非常大，著名的如二程《易传》、朱熹的《诗集传》《仪礼经传通解》《四书章句集注》，王阳明的《五经臆说》（已佚）等。但理学家的经学往往是依附于其理学的，他们一般是先有了理学的基本思想，然后再秉承此一思想来注经解经，因此可以说，理学家的注经行为是其理学思想的进一步展现。姜广辉先生说：“宋明理学家的经学思想，与各自的哲学宗旨有密切的关系。”举例而言，程颐对《春秋》的解释言必称理、天理，

① 姜广辉：《“宋学”“理学”与“理学化经学”》，《哲学研究》2007年第9期，第48页。

② 吴国武：《经术与性理——北宋儒学转型考论》，学苑出版社2009年版，第42页。

③ 这是姜广辉先生的称呼。

如以下几句：

> 桓公无王，而书王正月，正宋督之辜也。弑逆之罪，不以王法正之，天理灭矣。督虽无王，而天理未尝亡也。
>
> 二国为会，约言相命而不为盟诅，近于理也，故善之。
>
> 天子成妾母为夫人，乱伦之甚，失天理矣。不称天，义已明。称叔，存礼也。“王使召伯来会葬”，天子以妾母同嫡，乱天理，故不称天。[①]

不但是《春秋》学，在宋代几乎所有的经解都渗入了理学的因素，而成为理学化的经学。[②] 从经学的角度讲，理学化的经学，实际上是经学的义理之学之一种，因为它解经的主要途径是谈义理，而不是做训诂名物。

综上所述，为简单明了起见，我们可以下图来表明“经学”“理学”“经学的义理之学”“理学化的经学”这些概念之间的关系：

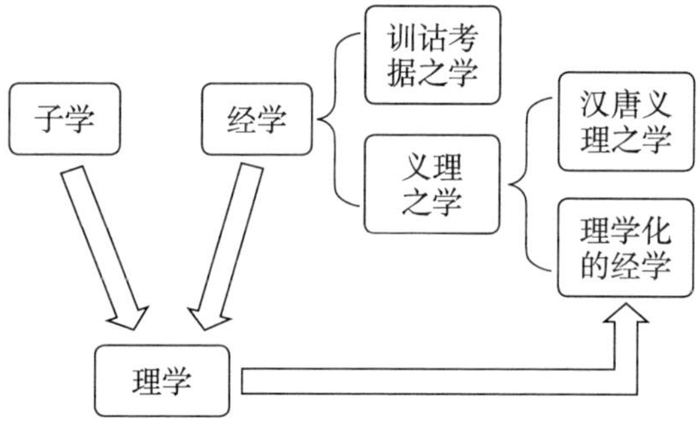

三、“我注六经”与“六经注我”

陆九渊有一句名言“六经注我，我注六经”，颇能解释经学与理学之间的复杂关系，然而古今对这句话的误解也比较多，因此有必要略作辨析。陆

① 三条分别见程颢、程颐《程氏经说》卷四，《二程集》，第1101、1102、1114页。

② 姜广辉：《心学的理论逻辑与经学方法——以陆九渊、杨简、王阳明为例》，《哲学研究》2017年第2期。

九渊此语来源于下面的对话：“或问先生何不著书？对曰：‘六经注我，我注六经。’”“六经注我”与“我注六经”本身是矛盾的，陆九渊为什么同时说出来？其实，从另一条类似的记载看，这句话可能存在文字讹误：“尝闻或谓陆先生云：‘胡不注六经？’先生云：‘六经当注我，我何注六经。’”可见，所谓的“六经注我，我注六经”应当是“六经当注我，我何注六经”的意思[①]。在“六经注我”与“我注六经”之间，陆九渊并非同时肯定，而是有鲜明取舍的。

若进行细致的逻辑分析，作为主体的我与六经之间存在三种关系，这三种关系代表了三种学术立场和学术形态。

第一种，我注六经。这里六经是加着重号的，强调是要以六经为主，作为注者的我要摒弃个人的意志和立场，而服从六经的文本，这是一种客观主义的解经立场，它以求真为目的，试图阐明经文的本义。在这种立场下，经学家会小心翼翼地解释经中的每一个字，每一个概念，并尽量找到尽可能多、尽可能可靠的证据。这一学术形态体现在汉唐经学，以及清代的考据经学中。

第二种，我注六经。这里我是加着重号的，强调以我为主，我有一个立场或一套解释框架，然后在此种框架的指导下来解经。这种立场与前一种正相反，是一种主观主义的解经模式，它重在阐发个人的见解，将个人立场融入对经文的阐释当中。这种解释以求善为最终目的，比较关注经文的大义，不拘小节，但往往态度随意，主观性强，而忽略了经文的本义。经学中的义理之学，如宋人的理学化经学属于此类。

第三种，六经注我。前两种学术形态，本质上都是经学的，第二种形态虽然主观性强，但它仍属于经学的范畴，因为“我注六经”这一话语的言语次序并没有发生变化，主语是我，宾语是经，我是服务者、方法，经是接受服务者，是目的。然而“六经注我”就把这个次序完全颠倒了，主语变成了

---

① 可参考刘化兵《陆九渊“六经注我，我注六经”本义辨析》，《中国文学研究》2008年第2期。

六经，宾语变成了我，我变成了一个待建构的目的，一个期待的结果，而六经变成了建构我这一目的的方法、途径、原料。六经作主语，言外之意是，其他任何东西都有可能作主语，六经可以注我，二十四史也可以注我，经史子集都可以注我，只要对建构我有利的，都可以注我。因此，六经对我的意义不是那么重要了，它只是诸多资源中的一种而已。而宋明的理学其实就是这样一个建构起来的“我”，而经只是这种体系建构的资源。

从陆九渊的思想性格来看，很明显属于第三类“六经注我”，所以“我注六经”在陆那里其实是不存在的。对以上三种类型的区分，有助于进一步深入认识经学的流派及其关系。

第七章　明经致用：宋代实学视域中的经观念

实学是一个非常复杂的概念，据葛荣晋先生的归纳，实学范围甚广，“既包括有元气实体哲学，道德实践之学，又有经世实学和实测实学，还有考据实学和启蒙实学等”。但是“其中经世实学是中国实学的主流和核心，其他层次的意义都是围绕这一核心而展开的，都是从不同的层面来说明经世实学的。经世实学的基本精神就是主张‘经世致用’。经世实学既表现为揭露与批判在田制、水利、漕运、赋税、荒政、兵制、边防、吏治、科举诸方面的社会弊端，又表现为提出与实施各种旨在改革时弊的救世方案”[①]。可见，实学主要是指经世实学，经世实学又称“事功之学”，其根本着眼点即在“经世”，强调直面和解决现实政治经济和社会生活中存在的问题，建立现世的功业。经世实学发轫于唐代中后期，而兴盛于宋代，在中国思想史上具有重要地位，而且与经和经学有密切关系。经世实学视域中的经观念，与理学视域中的经观念有完全不同的表现。本章即以宋代经世实学为中心，探讨其中的经观念。

第一节　经世实学的源流

一、儒学即实学

儒学是一门关注现实的学问，并一向有关注现实的传统。所谓现实，指

① 葛荣晋主编：《中国实学思想史》（上卷），首都师范大学出版社1994年版，第10页。

现实社会的政治、经济、文化、道德秩序等。儒家自孔子以来即致力于建立一个和谐、安定的社会秩序。儒家最关心的问题就是“安”的问题，孔子之克己复礼，孟子之仁政，荀子之隆礼重法，无不是为了解决社会之安的问题而发。因此，可以说，关注现实是儒学创始之初就具有的基因，是儒学本身的题中之义。儒家提出的解决现实问题的方案是实行先王之道，恢复三代盛世，孔子欲为东周，孟子言必称尧舜等都是这一表现。经观念成立后，儒家复古的理想就寄托在“经”上，经作为先王之道的载体，成了指导一切的最高法典，汉人的“明经致用”就是最鲜明的体现。这时候，经学本身就是一个经世的体系，所以经世实学在汉代没有必要单独成立。

但是，从中唐开始到宋代，为什么又单独提出“实学”，并且成了儒学中的一个流派呢？难道对儒家来说，除了实学之外，还有虚学存在？实学能够被单独提出来，是多方面原因和条件促成的结果。

首先，儒学异化之后的必然要求。一种学术在长时期的历史发展中总会分化和变异，儒学是个多面体，虽然关注现实、经世致用是它的本质特征，但在汉代之后渐渐与现实脱节，而变成书斋里的学问，郑玄在外游学数十年，多次逃避做官；何休十七年不出门，潜心研究经典；赵晔在外求学二十年不回家。这些学者专心学术的精神令人感佩，但他们所开出的那种学术化的经学之风，也使儒家经世致用的理想无法施展。魏晋至唐，学术化经学繁衍生息，经师辈出，经学著作汗牛充栋，但罕有真正关心现实的学者。儒家的主流学术和学者都不关注现实了，背离了孔子创立儒学的本旨和初衷。这个问题到唐代中期变得越来越严重，为解决这一问题，所以需要通过提倡经世实学来纠偏。

其次，现实问题的刺激。现实社会出现了很多亟待解决的问题，尤其是与儒家一贯的思想理念相违背，甚至危机儒家生存和发展的问题，这就迫切需要有人去关心、思考和解决这些现实问题。唐代安史之乱爆发后，唐王朝的国家权威受到严峻挑战，藩镇割据，边疆危机，财政困难，宦官专政，各种社会矛盾日益凸显，人们由太平盛世一下子跌入动荡不安的乱世。有胸怀有责任心的儒家士大夫开始关心这些问题，并思考它的来龙去脉以及解决之道。可以说，当学者们不再沉浸于盛世中，不再沉浸于经书章句中，而开始忧虑起来，开始重新思考现实问题及其解决办法的时候，儒家的经世精神就复兴了。从这个角度看，中唐以后对道的重新发现，就是一种经世的思潮。这种思潮为现实问题开出的新药方，就是重提道的问题，希望把学术化的经学改造成道的经学，认为只要重建了道的思想体系，就可以应对现实问题。他们厌弃那种传承了数百年、虽皓首穷经却劳而无功的繁琐的学术化经学，而迫切要求从经书中寻找到真正有用的东西，即道。

以上两个条件对于实学的产生缺一不可。唐代之前，虽然社会动乱，现实问题也很多，但经学发展仍有活力，学者们的书斋式经学仍能自得其乐，而且由于动乱成为家常便饭，政治运作的规则是强权和暴力，作为学者的儒家文人无用武之地，所以他们也主动逃避现实，“独抱遗经究终始”，从经学研究中获得人生的乐趣。而唐代前期，虽然经学已经开始僵化，但社会问题仍未充分暴露，人们安于生活的享乐，也不愿意思考现实问题。唐朝前期朝气蓬勃，经济繁荣，国力强盛，并没有出现什么严重的社会问题，一切都按正常轨道运行，葛兆光先生称这一时期为“盛世的平庸”[①]，人们“始终停留在幸福与满足中”，没有创造、没有思想、没有现实关怀，一切都走在平庸的路上，过着幸福与满足的生活。“整个社会的士人，大多沉湎在浅薄的满足中，他们热情地歌颂时代的安定、生活的富庶，歌颂帝国的威加四海，却很少有人充满了焦虑和恐惧，并看到隐含的危机。”[②]此时儒家也没有关注现实的动力，经学虽然恢复了官学的地位，成为科举考试的内容，但并不真正为统治集团所重视，进士是最重要的科举科目，唐代的立国精神中，经学和儒家思想并不占重要位置，况且还有佛教、道教与儒家争夺地盘。当时的经学由南北朝时的分裂状态趋于整齐划一，包括经文、注解等都规定了统一的、

① 葛兆光：《中国思想史》（第二卷），第80页。

② 葛兆光：《中国思想史》（第二卷），第78页。

不能随意变更的标准文本，经学“在考试制度的挟迫下，被简约化为一些无意味的文本或公式”[①]。总之，中唐之前的中国社会，仍不具有产生经世实学的条件。上述两个条件，到中唐时期才开始完全具备，因此，经世之学渐渐兴起，并一直延续到宋代。

总而言之，从宏观历史的角度追溯经世实学的源流可以看到，儒家本身就是经世实学，但魏晋南北朝和唐代前期经学以学术化的形态存在，儒家作为经世实学的一面没有彰显。它的重新彰显则是中唐社会矛盾和传统经学的问题充分暴露之后产生的。一般的研究者多将实学上限断自宋初，其实是不确切的，定自中唐以来更为准确。

二、中唐以降经世实学的发展轨迹

中唐以降涌动的经世思潮，经历晚唐五代的动乱和宋初的安定，并没有真正开花结果。直到11世纪中后期，在大宋朝统治日趋稳定而各种问题又逐渐暴露的时候，儒者们也一如中唐的先驱一样，继承了他们求道于经、以求致用的传统，希望从六经所蕴含的先王之道中寻找到解决现实问题的法宝。不过随着学术思想的发展，这种求道于经的观念渐渐分化，产生出两种不同的路向，一个路向不再关注现实而走向理论化，经过理学家的抽象思维和理论建构，将此“道”升级为抽象的“理”，最终发展为蔚为大观的理学。另一路向则试图将此“道”向现实转化，使之真正能够应对和解决各种现实问题，这就是宋代的经世实学。理学与事功之学构成宋代学术最重要的两个面向，只将理学称为宋学是不确切的，而将理学纳入实学范畴，也有名实不符之嫌。葛荣晋先生说：“宋代实学经过了一个由北宋李觏、王安石为代表的‘重功利、求实用’的外王型经世之学，转向南宋以朱熹、陆九渊为代表、以“性命道德之说”为主旨的内圣型经世实学，再转向南宋中叶的陈亮、叶适为代表的事功之学和南宋末年以文天祥、王应麟、黄震为代表，以经世致用为主旨的

① 葛兆光：《中国思想史》（第二卷），第75页。

外王型经世实学，恰好经历了一个否定之否定的过程。”[①] 葛先生试图将整个宋代学术统一概括为经世实学，将理学称为内圣型经世实学，从而也纳入实学的范畴，这就把实学的概念宽泛化了，削弱了实学之为实学的根本特征。

由于理学的兴盛和历代学者对理学史的建构，从宋初三先生到北宋五子，然后到南宋的朱陆，再到明代的王学，理学已经形成一个非常完整的学术谱系。而经世实学由于其学者往往并不自认为是同一个流派，导致其学术脉络非常散乱，但它在宋代确实是绵延不绝的，代不乏人。如果把宋代历史看做一条长河，则宋代的经世之学就像这条长河中的一艘艘船只，行驶在不同的河段，虽然各不相同甚至还相互攻讦，但他们的帆上都写着经世实学的标签，他们也足以构成一个匹敌于理学的另一支思想学术谱系。姜海军先生说：“陈亮……经史并重的观念充分体现了作为浙东学派为学注重现实事功的特色，也深刻地展现了陈亮与当时吕祖谦、陈傅良、叶适等浙东学者所强调的经史并举、经世致用的独特治学理路，还反映了自北宋以来，欧阳修、司马光、王安石等人倡导的经史兼重、经世致用的经世传统始终传承不绝。”[②] 这一评价将两宋的经世学者串联在了一起，彰显了经世实学的独特价值。

概括说来，宋初三先生是宋学的倡导和先声，他们不但开启了后世的理学，而且也是经世之学的先驱。其后，李觏、范仲淹等进一步发挥了经世之学并通过庆历新政试图付诸实践，虽然失败，然而致用之风并未衰歇，终于到熙宁时代，演变为王安石的变法，以《三经新义》为武器进行变法改制，成为经世实学史上浓墨重彩的一笔。南宋的经世之学则以浙东地区为主，浙东永嘉、永康、金华一带成为经世实学的最大渊薮，有完整的传承谱系。先是北宋时期王开祖开其端，其后有永嘉九先生的进一步发展。南宋初，郑伯熊兄弟等具有浓重理学意味的经世之学，经薛季宣、陈傅良进一步发展，到陈亮、

① 葛荣晋主编：《中国实学思想史》（上卷），第13页。

② 姜海军：《陈亮的经学诠释及政治思想的形成与内涵》，《政治思想史》2013年第4期，第51页。

叶适遂集其大成，与理学成鼎足之势。清代学者全祖望在《宋元学案·水心学案》中说："乾淳诸老既殁，学术之会，总为朱、陆两派，而水心断断其间，遂称鼎足。"[①] 叶适的经制事功之学与理学家呈鼎足之势。南宋之末，黄震、欧阳守道等也有强烈的事功倾向。因此，经世实学在宋代构成一个延续不断的学术链条。

宋代的经世实学之所以自成体系，绵延长久，仍可以归结为上文所提到的社会原因和学术原因。从社会方面看，大宋三百年自建立之初一直到灭亡，就一直面临各种非常严重的内外问题，甚至根本就没有出现一个哪怕非常短暂的盛世，因此，面对应接不暇的问题，儒家的经世实学也一直未曾停歇。从学术方面看，宋初的经世实学，仍是对传统章句注疏式经学的反动，而随着理学的发展，空谈心性的学风又逐渐流行起来，这种学风虽然对繁琐的章句之学有所纠正，但在漠视现实社会问题方面则道一风同。因此，经世学者又开始反对这种学风，经世之学之所以能够发展壮大，在一定程度也是对理学的反动，经世之学之所以是实，正是相对于理学之虚而言的。如薛季宣说："今之异端，言道而不及物，躬行君子，又多昧于一贯，不行之叹，圣人既知之矣。"[②] 陈亮、叶适等与理学重镇朱熹进行过多次讨论辩难。不过，由于理学势力更大，影响更深，经世实学也不免受其影响，许多经世学家都有理学背景，尤其是南宋永嘉的事功之学，就是从二程的理学分化而来的，永嘉之学的先驱"永嘉九先生"以及南宋初的郑氏兄弟，也都是在理学的氛围中成长起来的，深受理学的影响，如叶适所言："永嘉之学，必兢省以御物欲者，周（行己）作于前，而郑（氏兄弟）承于后也。"[③] 直到叶适，才具有了独立于理学的意识，成为与朱陆鼎足而立的学术流派。

明代前期，皇权强大，社会长期处于稳定的状态，经世实学略为消歇，

---

① ［清］全祖望：《宋元学案》卷五十四《水心学案》案语，载《黄宗羲全集》第八册，浙江古籍出版社2012年版，第1950页。

② ［宋］薛季宣：《抵沈叔晦》，《薛季宣集》，第332页。

③ ［宋］叶适：《温州新修学记》，《叶适集》，中华书局1961年版，第178页。

从中期开始，社会问题越来越多，社会矛盾越来越尖锐，所以，明末清初出现了一股实学思潮，这一方面是明朝社会败落的结果，另一方面则是空疏的心学之风流行的结果。类似的还有晚清时代的经世致用思潮，一方面是内忧外患导致的清朝衰败，另一方面则是对钻故纸堆的考据学的反动。

总之，从经世实学的发展源流看，可以分为四个阶段，第一是唐代后期，第二是两宋时代，第三是明末清初，第四是晚晴时期。其中宋代的经世实学延续时间最长，发展最为充分，与经的关系最为密切，因此成为本章的研究对象。

第二节　经与经世实学

经世实学之所以是儒家的，而非法家的、道家的，是因为它建基在儒家经学的基础之上，学者们希望从经书中找到解决现实社会问题的有用资源。经世之学由于经常诉诸经书，希望用经书来解决现实问题，所以与汉代以经治国有某种类似之处，如生活在北宋后期的唐庚说：“盖《六经》者，君本之致治也。汉时决疑狱、断国论，悉引经术。”① 但本章所谈的经世实学，并不包括汉代的实用经学，而只是中唐以后出现在各个朝代的经世实学，因为在汉代，经世实学不仅是一种学术，更是现实的国家策略。而在中唐之后，经世实学仅是一部分士大夫的主张和理想寄托而已，只形成一种影响有限的学术思潮，并没有真正落实到社会实践中。

第六章提到，在理学家那里，经只是穷理（或称明理、格物致知等）的必要或不必要的工具，其地位是服从于理的，然而在经世实学这里，经保持了它一直以来的最高指导地位。经世学者普遍认为，经是上古三代先王治理

---

①［宋］唐庚：《易庵记》，载［宋］吕祖谦编，齐治平点校《宋文鉴》卷八四，中华书局1992年版，第1202页。

天下的制度、方法、策略，是一种放之四海而皆准的真理，现实中的矛盾和问题都能在经中找到答案。正如叶适所说：“古之治足以为经，不待经以为治；后世待经以为治，而治未能出于经。”①后世的国家治理必须要依靠经，要真正实现盛世理想也不可能超越经而另寻他路。因此，在经世学者那里，经就是蕴含治国方略的神圣宝典，是治国平天下的寄托。葛荣晋先生指出：“宋明实学家多从‘明经致用’的意义上来界定‘实学’，把经学说成是实学。”②因此，可以说经是经世实学的核心与灵魂。

一、经学即实学

宋初三先生就已经表现出对经书实用性的追求倾向，最有代表性的是胡瑗，他的讲学设立经义、治事二斋，将经术与治国实务紧密联系起来，以经义来指导实务：“经义则选择其心性疏通、有器局、可任大事者，使之讲明《六经》；治事则一人各治一事，又兼摄一事，如治民以安其生，讲武以御其寇，堰水以利田，算历以明数是也。”③《宋元学案·安定学案》评曰：“先生之教法，穷经以博古，治事以通今，成就人才，最为的当。自后濂洛之学兴，立宗旨以为学的，而庸庸之徒反易躲闪。是语录之学行，而经术荒矣。”④对理学没能继承胡瑗穷经、治事的思路感到惋惜。胡瑗的高足刘彝对宋神宗说：“臣闻圣人之道，有体有用有文。君臣父子、仁义礼乐，历世不可变者，其体也。《诗》、《书》、史、传、子、集，垂法后世者，其文也；举而措之天下，能润泽斯民归于皇极者，其用也。”⑤体即是圣人之道，文是经，用即将经中蕴含的治国之道落实到实践中，体在文中，体、文的最终目的都是用。

---

① [宋]叶适：《进卷·总义》，《叶适集》，第693页。

② 葛荣晋主编：《中国实学思想史》（上卷），第7页。

③ [清]黄宗羲：《宋元学案》卷一《安定学案》，《黄宗羲全集》第三册，第54页。

④ [清]黄百家：《宋元学案》卷一《安定学案》案语，《黄宗羲全集》第三册，第86～87页。

⑤ 见《宋元学案》卷一《安定学案》引，《黄宗羲全集》第三册，第54页。

朱子对宋初三先生求治道于经学的做法颇多肯定，他说：“如二程未出时，便有胡安定、孙泰山、石徂徕，他们说经虽是甚有疏略处，观其推明治道，直是凛凛然可畏。”[①] 又说：“国初人便已崇礼义，尊经术，欲复二帝三代，已自胜如唐人，但说未透在。”[②] 三先生都是以经术来推明治道，具有鲜明的经世实学的色彩，“欲复二帝三代”，就是在经的指导下实现三代的盛世。

不过，这种崇经术、重实学的风尚在宋初只是个别学者的主张，而在士大夫中，受科举重进士科的影响，文辞之学仍是主流，司马光记载当时的科举制度云：“国家用人之法，非进士及第者，不得美官；非善为诗赋论策者，不得及第。”[③] 朝廷仍以重文辞的进士科来引导士风和学风，这使得经学的影响十分有限。经世学者对这种科举模式颇多批评，而主张尊经致用。例如范仲淹说：“今士林之间，患不稽古，委先王之典，宗叔世之文，词多纤秽，士惟偷浅，言不及道，心无存诚。暨于入官，鲜于致化……责其能政，百有一焉。”[④] 又云：“今诸道学校，如得明师，尚可教人《六经》，传治国治人之道，而国家乃专以辞赋取进士，以墨义取诸科，士皆舍大方而移小道，虽济济盈庭，求有才有识之士，十无一二，况天下危困，乏人如此，将何以救在乎？”[⑤] 在他看来，这种专门以辞赋取士的科举制度是完全错误的，它委弃先王之典，从而使“治国治人”之大方被忽视，这怎么能够使“天下危困”的局面得到解决呢？因此他大力主张“宗经”：“夫善国者，莫先育材。育材之方，莫先劝学。劝学之要，莫尚宗经。宗经则道大，道大则才大，才大则功大。盖圣人法度之言存乎《书》，安危之几存乎《易》，得失之鉴存乎《诗》，是非之辩存乎《春秋》，天下之制存乎《礼》，万物之情存乎《乐》。故俊

① [宋]朱熹：《朱子语类》卷八十三，《朱子全书》第17册，第2868页。

② [宋]朱熹：《朱子语类》卷一百二十九，《朱子全书》第18册，第4020页。

③ [宋]司马光：《贡院乞逐路取人状》，《司马温公文集》卷五，第114页。

④ [宋]范仲淹：《范文正公文集》卷九《上执政书》，《范仲淹全集》，第219页。

⑤ [宋]范仲淹：《范文正公政府奏议》卷上《答手诏条陈十事》，《范仲淹全集》，第529页。

哲之人，入乎六经，则能服法度之言，察安危之几，陈得失之鉴，析是非之辨，明天下之制，尽万物之情。使斯人之徒辅成王道，复何求哉！”[①]在范仲淹看来，经中蕴含着最准确、最高深、最完美、最有效的治国之方，即所谓的“法度之言”“安危之几”“得失之鉴”“是非之辩”“天下之制”“万物之情”，经便是治国平天下的灵丹妙药，只要能诉诸经，“复何求哉！”一切都万事大吉了。与范仲淹同时的欧阳修也说：“六经者，先王之治具，而后世之取法也。”[②]李觏也说：“觏窃观《六典》之文，其用心至悉，如天焉有象者在，如地焉有形者载，非古聪明睿智，谁能及此？其曰周公致太平者，信矣。”[③]王安石非常重视经的实用性，认为习经不能只是搞训诂章句，“不独取训习句读而已，必也习典礼，明制度，臣主威仪，时政沿袭，然后施之职事，则以缘饰治道，有大议论，则以经术断之是也”[④]。要习典礼、明制度以“缘饰治道”，“策经学者，宜曰礼乐之损益何宜？天地之变化何如？礼器之制度何尚？各传经义以对，不独以记问传写为能”[⑤]。从这些学者对经的推崇可以看到，在他们心中经是治国平天下的最大法宝，而且经的真正意义与价值也正在于此。余英时先生说：“宋初多数儒者都深信六经中蕴藏着永恒的智慧，可以导向合理的政治社会秩序的重建。”[⑥]这种信念不但是宋初儒者的信念，而且构成了整个两宋时代所有经世学者的基本信仰。

宋初尊经崇实的学风，影响到政治上的第一件事便是仁宗时期的庆历新政。面对冗官、冗兵、冗费以及西夏政权的威胁，仁宗有意进行政治革新，拜范仲淹为参知政事，范仲淹遂提出了十项改革主张，谏官欧阳修等人也纷

---

① ［宋］范仲淹：《范文正公文集》卷十《上时相议制举书》，《范仲淹全集》，第237～238页。

② ［宋］欧阳修：《问进士策三首》，《欧阳修全集》卷四八，第673页。

③ ［宋］李觏：《李觏集》卷五《周礼致太平论序》，中华书局1981年版，第67页。

④ ［宋］王安石：《临川先生文集》卷六十九《取材》，中华书局1959年版，第734页。

⑤ ［宋］王安石：《临川先生文集》卷六十九《取材》，第735页。

⑥ 余英时：《朱熹的历史世界：宋代士大夫政治文化的研究》，生活·读书·新知三联书店2011年版，第291页。

纷上疏言事，宋仁宗大都予以采纳，并渐次颁布实施。然而由于各方面的阻挠，庆历新政很快就失败了。到宋神宗时，王安石再次掀起大型的变法运动，而他的改革也都是以尊经作为基本的理论依据。他多次强调效法先王的重要性，早在宋仁宗嘉祐三年（1058）即他三十七岁时，他在《上仁宗皇帝言事书》这篇长达八千多字的议政文字中，有四十余处提到“先王”，如“先王之政”“先王之道”“先王之意”“先王之时”“先王之天下”“先王之法”“先王之事”“先王之取人”“先王之制国”等多种表述形式，可以说是“言必称先王”，足见先王观念是王安石政治理想与抱负的资源所在。那么先王在哪里？就在“经”中！所以，经成为王安石一切变法的依据和理论来源，他说：“经术者，所以经世务也。果不足以经世务，则经术何赖焉？”① 在他看来，经就是要“经世务”的，如果经不能够经世务，那还有什么值得学习和依赖的呢？又说：“夫圣人之术，修其身、治天下国家，在于安危治乱，不在章句名数焉而已。”② 因此，王安石变法首要的任务，就是对经的义理和内容进行统合，他选取了与政治改革关系密切的《诗经》《尚书》《周礼》三部经书进行重新诠释，形成《三经新义》，其变法的许多内容就是来自其中。

浙东事功之学也提倡尊经。与王安石差不多同时的王开祖，被尊为永嘉学派之祖，他非常重视六经与事功之学。他说：“孔子之道见乎六经，以至于今。为君臣、父子、兄弟、夫妇者，尊卑上下各有分，服而修之者，循循如也。其用如水火，人非水火不生，其功无穷，又岂止一时得位，而谓之道大用哉？……孔子章章乎六经，万世之人饮食、衣服之所以生，是岂不得其用也耶？微孔子，吾其失道左衽矣！”③ 王开祖认为，六经是有序的社会秩序与社会生产的正常发展的根本原则所在，社会对它的需要，就像人对水火的需要一样，是一种不可缺少的必需品。及至南宋，浙东出现了唐仲友、陈亮、

① ［宋］杨仲良：《皇宋通鉴长编纪事本末》卷五十九，文海出版社1967年版，第1894页。

② ［宋］王安石：《临川先生文集》卷七十五《答姚辟书》，第797页。

③ ［宋］王开祖：《儒志编》，《影印文渊阁四库全书》第696册，第786页。

叶适等事功学者。金华事功学派的重要代表唐仲友（1136—1188）非常重视六经，毕生致力于经制之学，其著作有《六经解》一百五十卷[①]。《金华耆旧补》卷十九谓："仲友邃于经学。"明初苏伯衡《悦斋先生文粹序》称其言曰："三代治法，悉载于经，灼可见诸行事。后世以空言视之，所以治不如古。"[②]认为经是三代治国平天下之法的记录，"可见诸行事"而非空言。最能体现唐仲友"尊经崇实"学风的是他的《帝王经世图谱》，该书完全依据六经而作，周必大在该书序中说："是书折衷于圣人，示适治之路，故名曰帝王经世图谱，非其他类书比也。"[③]可见此书一方面折衷于圣人，是以经为根据的，另一方面又是要"示适治之路"，为指导现实而作。全书十卷，以图谱的形式展示出被认为是当时最重要、最有现实意义的"知识"，全书按照六经的顺序进行排列，如第一卷共16幅图谱，包括《图书卦章经纬表里图》《卜筮旁通诸谱》等，都与《易》相关；第二卷11幅图谱，包括《皇极建用图》《八政时令图》等，全与《书》相关；卷三包括《三礼五礼名数谱》等，全与礼相关；卷四与《诗》、乐相关，卷五与《尚书·禹贡》有关，等等[④]。由此可见该书完全是以六经为依据和根柢的，将六经中最重要的内容通过自己的归纳、抽象、整理，用图谱的形式展示出来，以使人更方便地学习，更快地掌握六经的要旨，并认为这些内容是"帝王经世"必备的法宝大典，正所谓"六经旨趣、百世轨范皆聚于此"（周必大序）。

永康学派的陈亮对六经非常推崇，陈亮曾撰《六经发题》，对六经的意义、价值进行了详细的阐述。他说：

---

①［清］全祖望：《宋元学案》卷六十《说斋学案》，《黄宗羲全集》第八册，2189页。

②［明］苏伯衡：《苏平仲文集》卷五《悦斋先生文粹序》，四部丛刊本。

③［宋］周必大：《帝王经世图谱原序》，《帝王经世图谱》卷首，《影印文渊阁四库全书》第922册，第386页。

④《帝王经世图谱》原书十卷，四库全书本十六卷是经后人重新整理的，篇次已经完全打乱。今国家图书馆藏宋本残存八卷，与四库本相比缺25篇，正好是两卷之数，可见此本应为原本，本文所说的卷次内容悉依宋本，该本已收入《中华再造善本》出版。

《周礼》一书，先王之遗制具在，吾夫子盖叹其郁郁之文，而知天地之功莫备于此，后有圣人，不能加毫末于此矣。[1]

又云：

天下之理具于《易》，治道之本末著之《洪范》，而《诗》之喜怒哀乐，盖学者所以用功于平时。举而措之之大端，而当时之学者载而为《论语》。……帝王继世之用，《书》载之明矣。而三王之损益，夏商文献之不足，而周道独详焉。夫子之所深叹，而《春秋》所以备四王之制，百世以俟圣人而不惑者也。[2]

他认为六经记载的内容多是先王遗制、治道本末、备四王之制等，是真正的实学，充分体现了他对六经的推崇。又云：

洪荒之初，圣贤继作，道统日以修明，虽时有治乱，而道无一日不在天下也。而战国、秦、汉以来，千五百年之间，此道安在？而无一人能识其用，圣贤亦不复作，天下乃赖人之智力以维持，而道遂为不传之妙物，儒者又何从而得之，以尊其身而独立于天下？《六经》诸史，反复推究，以见天运人事流行参错之处，而识观象之妙，时措之宜，如长江大河，浑浑浩浩，尽收众流而万古不能尽也。[3]

这里将六经与诸史并提，实际上也是肯定了六经记载先王治道的实在性。永嘉学派的叶适也将经作为治天下的根本依据，正如上文所引用的“古

① [宋]陈亮：《六经发题·周礼》，《陈亮集》，第104页。
② [宋]陈亮：《告先圣文》，《陈亮集》，第401页。
③ [宋]陈亮：《钱叔因墓志铭》，《陈亮集》，第484页。

之治足以为经，不待经以为治；后世待经以为治，而治未能出于经”。他又说："先王之治不见于后世，德薄功浅而俗化陋。儒者为之感愤太息，思有以易之，而未能自信于必行，则皆求之于经。于《易》，所以见其载道之用者也；于《书》，所以见帝王之处天下之心者也；于《诗》，所以见天下之处其君之心者也；而《春秋》，所以禁其为此而反之于道，以明其必不可违天下之大义而独任其私者也。"[①] 每一经，都是先王之治的一个方面的体现，也是后世治理的指导性原则。

以上所举是宋代主要的经世学者尊经崇实的观点，从中我们可以看出，他们都大力推崇六经，并将其当做解决现实问题、治国平天下的灵丹妙药，从而使经与经世致用的实学密切联系起来。

二、大倡经制之学

经世学者不但在思想上重视经，而且还下了切切实实的功夫，努力将六经的内容通过转换，使之能够真正落实到可以操作的层面上，这就是经制之学的兴起。经制是与宋代经世实学相伴产生的新名词，对于其含义，陈安金指出："经制，指经书中记载的典章制度。如《周礼》《周易》《尚书》《春秋》等儒家经典，很多记载了三代圣人治理国家的原则、措施……经制研究的目的，就是从儒家经典中挖掘适用于当代国家治理的思想、制度和办法。"[②] 经制之学包含经与制两大要素，经是依据，是基础，制是经的制度化实现。经世学者重视六经的事功作用，认为经中记载了三代最优良的政治制度，因此致力于通过研读经书恢复古代的制度，构建治国平天下的制度体系，这从他们的著作名称也可以看出来，如"致太平论""太平经国之书""帝王经世""周官制度精华"等。可以说经制之学的精髓就是"以三代之治为政治典范，希望于当世再现这个典范的治效"[③]，这也是整个经世实学特征的鲜明体现。

---

① [宋]叶适：《进卷·周礼》，《叶适集》，第703页。

② 陈安金：《薛季宣思想研究》，浙江大学2011年博士学位论文，第32页。

③ 任锋：《南宋唐仲友的经制思想》，《南开学报》2006年第4期，第70页。

经制之学在北宋发端，而由南宋的永嘉学派发扬光大。全祖望在《宋元学案》中说：“乾淳之际，婺学最盛。东莱兄弟以性命之学起，同甫以事功之学起，而说斋则为经制之学。考当时之为经制者，无若永嘉诸子。”①叶适曾描述当时学者致力于制度之学的盛况：“时诸儒方为制度新学，抄记《周官》《左氏》、汉、唐官民兵财所以沿革不同者，筹算手画，旁采众史，转相考摩。其说膏液润美，以为何但捷取科目，实能附之世用，古人之治可复致也。”②从这一描述，我们可以想象一幅儒者们忙着抄录经史中与制度有关的内容，然后“筹算手画，旁采众史，转相考摩”的生动景象。他们怀抱着坚定的理想信念，认为如果将这些蕴含在经中的理想制度应用到现实，便能够坐致“古人之治”了。

经制之学关注的是六经中的典章制度，而对此记载最详细的当属《周礼》一经。《周礼》记录了一个完整的官制体系，而且向来被认为是周公所作，因此，经世学者不约而同地将《周礼》当成最重要最有价值的一部经典，从中汲取制度、体制方面的资源和养分，这使《周礼》之学在宋代形成一个高峰。据夏微统计：“清代《四库全书》‘经部礼类’中‘周礼之属’共著录汉至清的《周礼》学著作22部，453卷，其中宋人之作即有9部，计198卷，无论部数还是卷数，宋人之作都近一半。这从一个侧面反映出宋代《周礼》学文献十分兴盛。”③目前，可考的宋代《周礼》学文献大致有120种左右，其中有22种流传至今④。《周礼》被王安石纳入《三经新义》中，南宋时又成为新六经之一，排在《礼记》之前⑤。唐仲友的《悦斋文钞》中所列六经的顺序即是“易书诗周礼春秋礼记”。叶适的《水心别集》论述五经义理时的排序是“易书诗春秋周礼”五经，直接省略了《礼记》。直到元代四书五经体系的

① [清]全祖望：《宋元学案》卷六十《说斋学案》，《黄宗羲全集》第八册，第2189页。

② [宋]叶适：《陈彦群墓志铭》，《叶适集》，第258页。

③④ 夏微：《宋代周礼学文献述论》，《史学集刊》2008年第4期。

⑤ 南宋时以《周易》《尚书》《毛诗》《周礼》《礼记》《春秋》为科举考试的六经。参程苏东：《〈孟子〉升经考——并论两宋正经与兼经制度》，《中华文史论丛》2010年第3期。

建立，《周礼》才被剔除出科举制度。范文澜先生说：“《周礼》也是宋代最重要的一部书。宋是最积弱的朝代，统治者幻想实行《周礼》中所说的井田制度以求强盛。”[①] 这正是《周礼》之学在宋代兴盛的原因。宋代以《周礼》为基础研究经制之学的学者非常多，代表性的主要有李觏、王开祖、王安石、永嘉郑氏兄弟、薛季宣、唐仲友、陈亮、叶适等人。

李觏的代表作《周礼致太平论》共 51 篇，从书名就可以看出该书的主旨在于以《周礼》的制度体系来解决现实国计民生问题，从而实现太平的理想。其书分内治 7 篇、国用 16 篇、军卫 4 篇、刑禁 6 篇、官人 8 篇、教道 9 篇，涉及政治、经济、军事、官制、教育等多个方面。《周礼致太平论》已不是传统意义上的解经之作，李觏本人也不讳言这一点，说：“噫！岂徒解经而已哉？唯圣人君子知其有为言之也。”所谓“有为言之”，就是要利用《周礼》来解决当下的问题。

作为浙东学派的开派人物，王开祖非常注重礼制，肯定《周礼》中的思想，他说：“吾读《周礼》终始，其间名有经，礼有方者，周公之志为不少矣。”[②] 王开祖盛赞三代之治，希望恢复井田、封建等制度，他说：“田不井画，国不封建，使民病也久矣。无济天下之心者，莫能复也！嗟乎！吾读其书矣，未行其志也。”[③]

王安石变法的经典依据是《三经新义》，三经即《诗》《书》《周礼》，其中《诗》《书》由其子王雱和诸门生所撰，《周礼新义》则由王安石本人所作，可见此书在变法过程中的重要性。王安石在《周礼新义》的序中说：“其人足以任官，其官足以行法，莫盛乎成周之时；其法可施于后世，其文有见于载籍，莫具乎《周官》之书。”[④] 全祖望称：“荆公生平用功，此书最深，

---

① 范文澜：《经学史讲演录》，见《范文澜全集》第十卷，第487页。

② [宋] 王开祖：《儒志编》，《影印文渊阁四库全书》第696册，第786页。

③ [宋] 王开祖：《儒志编》，《影印文渊阁四库全书》第696册，第795页。

④ [宋] 王安石：《临川先生文集》卷八十四《周礼义序》，第878页。

所自负以为致君尧、舜者，俱出于此。是固熙、丰新法之渊源也。”[1]王安石新法中的免役法、保甲法、市易法等，都与《周礼》有密切关系。关于免役法，王安石认为“出于《周官》所谓府史胥徒，《王制》所谓庶人在官者也”[2]；保甲法“起于三代丘甲，管仲用之齐，子产用之郑，商君用之秦，仲长统言之汉，而非今日之立异也”[3]；市易法“起于周之司市，汉之平准”。《续资治通鉴长编》卷二四〇载有熙宁五年十一月丁巳王安石与宋神宗的问对，从中可见王安石对《周礼》“泉府之法”的认知与践行：

> 上谓王安石曰：“市易卖果实，审有之，即太繁细，令罢之如何？”安石曰：“……陛下谓其繁细，有伤国体，臣愚窃谓不然。今设官监酒，一升亦卖，设官监商税，一钱亦税，岂非细碎？人不以为非者，习见故也。臣以为酒税法如此，不为非义，何则？自三代之法固已如此。《周官》固已征商，然不云须几钱以上乃征之。泉府之法，物货之不售，货之滞于民用者，以其价买之，以待买者，亦不言几钱以上乃买。又珍异有滞者，敛而入于膳府，供王膳，乃取市物之滞者。周公制法如此，不以烦碎为耻者，细大并举，乃为政体，但尊者任其大，卑者务其细。此先王之法，乃天地自然之理。”

王安石认为泉府之法《周礼》中有详细的记载，其中“细大并举”，这些所谓的“三代之法”，正是当时的现实政治所应当效法的对象。

乾淳之际的郑伯熊、伯英、伯谦兄弟是永嘉之学早期代表人物，《宋元学案》称：“乾淳之间，永嘉学者连袂成帷，然无不以先生兄弟为渠率。”[4]郑氏兄弟尽管受到二程理学的较大影响，但经制事功之学仍是其学问的重心

①［清］全祖望：《鲒埼亭集外编》卷二十三《荆公周礼新义题词》，《全祖望集汇校集注》，第1176页。

②③［宋］王安石：《临川先生文集》卷四十一《上五事札子》，第440页。

④［清］黄宗羲：《宋元学案》卷三十二《周许诸儒学案》，《黄宗羲全集》第六册，第1302页。

所在，《宋史·陈傅良传》称：“当是时，永嘉郑伯熊、薛季宣皆以学行闻，而伯熊于古人经制治法，讨论尤精。”伯熊之弟郑伯谦对《周礼》非常推崇，相信《周礼》可以经国以致太平，著有《太平经国之书》，《四库全书总目》称：“是书发挥《周礼》之义，其曰《太平经国书》者，取刘歆‘周公致太平之迹’语也……皆以《周官》制度类聚贯通，设为问答，推明建官之所以然，多参证后代史事，以明古法之善。”①郑伯谦在此书序文中说：“三代圣人之纪纲法度宪章文物，所以本诸身而布诸天下者甚设也，而尤周密详备于成王周公之时。”②认为周代礼制完备，是最为理想的制度体系，是实现盛世的根本保障。后世的汉隋唐等朝只是部分实践了《周礼》，就已经取得了很大成就，但又因为没有完全实践《周礼》的精神，所以很快就衰败下去。他说：“嗟乎，千载之下有能起周公之治者，学者所不能而见也。有能讲明周公之制者，学者所不能而辞也。”此书正是要讲明周公太平大道的，虽晚于李觏的《周礼致太平论》一百余年，但二者的心迹正复类似，遥相呼应。

薛季宣（1134—1173），永嘉学派的创始人，虽然他只活了40岁，但在经制之学方面却取得了很大成就，实现了永嘉学术由性理之学向事功之学的转向，为叶适的学问开辟了道路。他“考订千载，自井田、王制、司马法、八阵图之属，该通委曲，真可施之实用”③。薛季宣的弟子陈傅良（1137—1203）称他“自六经之外，历代史、天官、地理、兵刑、农末至于隐书小说，靡不搜研采获，不以百氏故废。尤邃于古封建、井田、乡遂、司马之制，务通于今”④。薛季宣对《周礼》很有研究，曾著有《周礼释疑》一书。经他提倡，永嘉学子中有不少人专心研究《周礼》，并有著作行世。陈傅良继承了薛季宣的学风，《宋史·陈傅良传》称：“永嘉郑伯雄、薛季宣皆以学行闻，

① [清]永瑢等：《四库全书总目》卷十九经部《太平经国之书》提要，第151页。

② [宋]郑伯谦：《太平经国之书序》，《影印文渊阁四库全书》第92册，第187页。

③ [宋]楼钥：《宋故宝谟阁待制赠通议大夫陈公神道碑》，见《止斋先生文集》卷五十二附录，四部丛刊本。

④ [宋]陈傅良：《宋右奉议郎新改差常州借紫薛公行状》，载《薛季宣集》，第615页。

而伯雄于古人经制治法，讨论尤精，傅良皆师事之。”他认为“大抵《周礼》、《古文尚书》，三代之法存焉，读者未易造次”①。他著有《周礼说》十二篇，认为“王道至于周备矣”，而周道的大略，“尚多见于《周礼》一书，而传者失之，见谓非古。”②陈傅良还曾与同门徐元德共同撰写《周官制度精华》二十卷③，对《周礼》制度之学有精深的研究。叶适评价他说：“至陈君举尤号精密，民病某政，国厌某法，铢称镒数，各到根穴，而后知古人之治可措于今人之治矣。”④

金华唐仲友、王象之《舆地纪胜》称其“博闻洽识，尤尚经制之学”。所作《帝王经世图谱》，《四库全书总目》云：“其书分类纂言大要以《周礼》为纲，而诸经史传以类相附。于先圣大经大法咸纵横贯串，曲畅旁通，故以帝王经世为目。”⑤他对《周礼》也非常推崇，称为“先王太平之典”⑥。周必大序其书云：“凡天文地志、礼乐刑政、阴阳度数、兵农王霸，皆本之经典，兼采传注，类聚群分，旁通午贯，使事时相参，形声相配，或推消长之象，或列休咎之证，而于郊庙、学校、畿疆、井里尤致详焉。各为总说附其后，始终条理如指诸掌。”⑦又云：“昔汉儒专通一经，仍守师说，居家用以修身，莅官取以决事。况乎六经旨趣，百世轨范皆聚于此。学者能因之广记备言，

①［宋］陈傅良：《止斋先生文集》卷三十五《与王德修》，四部丛刊本。

②［宋］陈傅良：《止斋先生文集》卷四十《进周礼说序》。

③《朱子语类》卷八十六载朱子云：“于丘子服处见陈、徐二先生《周礼制度菁华》。下半册，徐元德作；上半册，即陈君举所奏《周官说》。”王应麟《玉海》卷五亦载：“陈傅良、徐元德撰《周官制度精华》二十卷。”

④［宋］叶适：《温州新修学记》，《叶适集》，第178页。

⑤［清］永瑢等：《四库全书总目》卷一三五子部《帝王经世图谱》提要，第1147页。

⑥［宋］唐仲友：《金华唐氏遗书》之《九经发题·周礼》，1924年永康胡氏刻《续金华丛书》本。

⑦［宋］周必大：《帝王经世图谱序》，《帝王经世图谱》卷首，《影印文渊阁四库全书》第922册，第386页。

精思博考，守以卓约，则他日见诸行事，岂不要而有功也欤。”[①]此书虽然泛观博采，但仍是“本之经典”，汇聚了“六经旨趣”。

陈亮对《周礼》也非常推崇，他不言孔子之道而大谈周公之道，认为周公之道“集百圣之大成，文理密察，累累乎如贯珠，井井乎如画棋局，曲而当，尽而不污，无复一毫之间，而人道备矣。人道备，则足以周天下之理，而通天下之变。变通之理具在，周公之道盖至此而与天地同流，而忧其穷哉”[②]。而《周礼》一书正是周公之道的集中体现。叶适对《周礼》的评价非常之高，他说：“以余考之，周之道固莫聚于此书，他经其散者也；周之籍固莫切于此书，他经其缓者也。公卿敬，群有司廉，教法齐备，义利均等，固文、武、周、召之实政在是也，奈何使降为度数事物之学哉！”[③]又说：“殆尧、舜、禹、汤所无有，而古今事理之粹精特聚见于此，如《诗》《书》则尚有兴坏是非之粗迹存焉故也。”[④]认为《周礼》是古今事理的精粹所在，《诗》《书》等经则尚有“兴坏是非之粗迹”；《周礼》是最切要的，他经缓一缓也没关系，由此可见叶适对《周礼》的推崇。叶适还认为《周礼》为道艺兼尽之书。就道而言，“《周官》言道则兼艺，贵自国子弟，贱及民庶皆教之。其言‘儒以道得民’‘至德以为道本’，最为要切”[⑤]。就术而言，“盖《周礼》六卿之书，言周公之为周，其于建国、设官、井田、兵法、兴利、防患、器械、工巧之术咸在。凡成、康之盛，所以能补上世之未备而后世之为不可复者，其先后可见，其本末可言也”[⑥]。

在经制之学中，周公的地位高于孔子，周公是圣王之道的创造者，而孔

---

①［宋］周必大：《帝王经世图谱序》，《帝王经世图谱》卷首，《影印文渊阁四库全书》第922册，第386页。

②［宋］陈亮：《六经发题·周礼》，《陈亮集》，第104页。

③［宋］叶适：《黄文叔周礼序》，《叶适集》，第220页。

④［宋］叶适：《习学记言序目·周礼》，中华书局1977年版，第83页。

⑤［宋］叶适：《习学记言序目·周礼》，第86页。

⑥［宋］叶适：《进卷·周礼》，《叶适集》，第703页。

子只能算是圣王之道（周公之道）的传述者。换句话说，周公是作者，而孔子只是述而不作。例如王安石，在他心目中的圣人是尧舜文武周公，而不是有德无位的孔子，有学者就指出：“他对经书的看法不仅不同于宋儒，也不同于汉儒，而是近似于《庄子·天下》中的观点，即认为经书是古代圣王的遗迹，儒家学者只是经书的研习者，而非经书的作者，即使是儒家学派的创始人孔子也没有作经书的资格，因为他有德无位，只是古代圣王之道的继承发扬者。”① 唐仲友说：“孔门之学，三代之学也。”② 唐氏认为孔子之学就是三代之学，他只是述而非作。叶适也说：“述而不作，信而好古，孔子之道所以载于后世者在此。盖自尧、舜至于周公有作矣，而未有述也。天下之事变虽无穷，天下之义理固有止，故后世患于不能述而无所为作也。信而好古，所以能述也。”③ 在叶适看来，孔子只是忠实地“述古”，传承尧舜三代圣王之道，而对后世来说，重要的恰恰是“述”而不是作，即效法三代，效法经典，而不需要自己有什么发明和创制。这正是经世学者重视《周礼》的思想背景。

南宋灭亡后，《周礼》学迅速衰落。元代重开科举考试，以四书五经为考试内容，五经重新定义为《易》《书》《诗》《春秋》《礼记》，《周礼》被废弃，此后明清两朝，关注、研习《周礼》者甚少。《周礼》学之所以在兴盛之后走向衰落，在于《周礼》一书的内容太过具象，将其生搬硬套拿来指导现实是不可能达到理想效果的。尤其是王安石以《周礼》变法而失败，给《周礼》的价值蒙上了一层阴影，似乎《周礼》跟《仪礼》一样，只是“陈迹”而已，没有治国平天下那么神奇的作用，如同四库馆臣说的：“《周礼》之不可行于后世，征特人人知之，安石亦未尝不知也。”④ 四库馆臣在评价郑伯谦《太平经国之书》时也有类似论调：“夫文质殊尚，今古异宜，居后世

---

① 李祥俊：《王安石的经学观与经学解释学》，《中国哲学史》2002年第4期，第75页。
② [宋]唐仲友：《金华唐氏遗书》之《说斋文钞》卷八《学论》，《续金华丛书》本。
③ [宋]叶适：《习学记言序目·论语》，第182～183页。
④ [清]永瑢等：《四库全书总目》卷十九经部《周官新义提要》，第150页。

而欲复古制，此亦儒生之迂。”认为经制之学只是一种书生的想当然之论。

其实，对于《周礼》的实用价值到底如何，经世学者也并非没有反思。郑伯谦在《太平经国之书》自序中说：

> 盖自有《周礼》以来，若孔子文中子及伊洛横渠诸子，则恨不及用，房玄龄杜如晦魏徵则愧不能用，汉之刘氏、宋朝之王氏则又悔不善用。自汉唐以至今日，天下之治所以驳杂而难考，弊坏而不可收者，大抵出于是三者之间也。是以时君世主厌薄儒生，姗笑王制，悉意于浅功近利，就其自私之心而姑为是目前苟简之谋，倘可以维持一世足矣，不暇及此宏阔之谈也。[①]

郑伯谦探讨了《周礼》制度不能行于世的三种原因，即“不及用”“不能用”“不善用”三个方面。孔子、张载等虽然掌握了《周礼》的精义，但没机会实践，这是不及用。而有一部分政治家根本没有掌握《周礼》的精义，所以根本没有能力实践，这叫不能用。还有一部分政治家虽然对《周礼》有所了解，但没有正确地利用，主要是太过于追求功利，如王安石“计利太卑，求民太甚”，歪曲了《周礼》的真正用意，所以这是不善用。因此，不能以王安石等人实践《周礼》的失败，来否定《周礼》作为致太平之书的价值，只是需要有人既真正懂它又有机会和能力去实践才行。

叶适对《周礼》的适用性也有所警觉，他比较强调法意，他说：“然则治后世之天下，而求无失于古人之意，盖必有说，非区区陈迹所能干也。”[②]又说：“今夫《周礼》之书，尝一用之矣，非惟不足以治而乃至于乱。孔子之于经也，微见先王之意而不尽其所以为之之说，其告门人弟子与当时之人所以问之政事者详矣，若曰修身以应变，酌古以御今，然后其继周者百世可知也，奈何

---

①［宋］郑伯谦：《太平经国之书序》，《影印文渊阁四库全书》第92册，第189页。

②［宋］叶适：《习学记言序目·礼记》，第101页。

取其说之具者而徒加之后世哉？”[①]认为《周礼》只是陈迹，不但不能治，反而会乱。他认为，《诗》《书》《春秋》等经有诸儒相传的解说、义理，“众酌饮焉，惟其量尔”，后人根据自己的需要去利用它们，因此可以说“治虽不足而书有余也”，即虽然在发挥治理的作用方面有不足，但书的义理还是有富余的，而《周礼》则不同，是治有余而书不足，因为它的来源本身就有疑问，孔孟先贤都没有讲述过它，没有传承不断的义理体系，而后人看到它记载了非常完整的制度，便以为得到了治国平天下的灵丹妙药，“如奇方大药，非黄帝、神农所名”，但并不真正懂得它的义理和价值，不知道如何真正去落实它，“无制使服食之法”，因此历代虽然用它的人很多，但把它用坏了，起到了坏的作用，如同乱服药，结果“不眩乱颠错几希”，这其中，刘歆、苏绰、王安石是最典型的误用《周礼》的代表，“千四百年，更三大坏，而是书所存无几矣”。因此，叶适主张一定要首先理解周官的“意”，这才是根本，而不能只是去实践其中的细枝末节的制度，他说：“公卿敬，群有司廉，教法齐备，义利均等，固文、武、周、召之实政在是也，奈何使降为度数事物之学哉！”[②]

然而，即便作如此解释，也无法挽救《周礼》之学的衰落。宋代《周礼》学从兴盛走向衰落，至少证明了这样一个道理，试图从经书中寻找理想制度的经制之学是走不通的。

第三节　理学与经世实学经观念的差异

经世学者与宋代的主流学术理学有非常复杂的关系。由于理学的盛行，经世学者的思想也多多少少受其影响，而许多理学家也在言谈之中不同程度

① [宋]叶适：《进卷·周礼》，《叶适集》，第703页。

② [宋]叶适：《黄文叔周礼序》，《叶适集》，第220页。

地褒奖实学、经学，但二者的基本理路和旨趣是有非常大的差异的。所以，在二者之间经常发生论战和摩擦，二程及后世理学家对王安石事功之学的批评是第一次，朱熹与陈亮、叶适等浙东学派的论战是第二次。二者在经观念方面也有重要差异，主要体现在两个方面，以下略作论说。

一、法意与法道

理学家也常常谈到实学、经世等，但之所以不将他们归入经世实学的范畴，是因为他们的思想主旨不在这里。葛荣晋先生将经世实学分为“内圣型经世实学”和“外王型经世实学”，认为内圣型经世实学以“性命道德之说”为主旨，以“谈性命而辟功利”为主要思想特征。代表人物是朱熹、陆九渊等理学家，外王型则相反。其实，从经世实学的原初含义看，内圣型经世实学已经不能算是经世实学了，因为其关注的重点和学术旨趣在于“性命”而非经世，他们所有的理论建构都是指向身心性命、内在修养，这必然会导致对经世活动的忽略，即葛先生所说的“往往随着社会矛盾的激化而不断地将其空虚之弊暴露出来，证明它非但不能挽救社会危机，反而加剧了社会危机”①。而经世实学则是试图以经为思想资源而直接应对现实问题，所以二者的思想界线还是非常明显的，不宜统一以实学称呼。

第六章我们谈到过道与理的区别，这也可以运用到经世学者与理学家的区别上。理是理学家的核心概念，它是抽象的，但又是在人心中、与人息息相关的，理学的核心任务是穷理、明理。而经世学者则更多地关注道，很少谈理，其核心任务是明治国之道。如南宋黄震说：“夫道，即日用常行之理。不谓之理而谓之道者，道者，大路之称。”②道者大路，道就是可以行走的大路，这使道这一概念具有更鲜明的实用性。理学以谈理为主，经世实学以言道为主，

---

① 葛荣晋主编：《中国实学思想史》（上卷），第13页。

② ［宋］黄震：《慈溪黄氏日抄分类古今纪要》卷五十五，《中华再造善本》影印元后至元三年刻本。

这一点从他们对《周礼》的态度也可以看出来。《周礼》是经世学者的宝典，其实理学家也推崇《周礼》。朱熹对《周礼》的评价很高，他说：“《周礼》一书好看，广大精密，周家法度在里。”[①] 又说：“后人皆以《周礼》非圣人书，其间细碎处虽可疑，其大体直是非圣人做不得。”[②] 承认《周礼》出自圣人手笔。但理学家却不主张人们去学《周礼》，即使要学也需要具备很高的、几乎不可能达到的条件。程颢说：“有关雎麟趾之意，然后可以行周官之法度。”[③] 朱子从而衍之曰：“须是自闺门衽席之微，积累到熏蒸洋溢，天下无一民一物不被其化，然后可以行《周官》之法度。”[④] 又说《周礼》“未敢令学者看”[⑤]，又说：“理会《周礼》，非位至宰相，不能行其事。”[⑥] 也就是说，《周礼》的实行需要具备一种非常理想的客观条件和主观条件才行，书是好书，但不具备条件就不能学、不能用，这实际上就把《周礼》架空了。之所以如此，是因为理学家关注的中心问题是身心性命的修养问题，而不是社会治乱问题：“非是不可学，亦非是不当学，只为学有先后，先须理会自家身心合做底，学《周礼》却是后一截事。而今且把来说看，还有一句干涉吾人身心上事否？”[⑦] 朱熹把修身和治世当作两截事，前一截是后一截的前提和基础，而《周礼》之学是后一截事，并不“干涉吾人身心上事”，可见理学家关心的主要是人的“身心上事”，即身心修养的问题，这与经世实学家将眼光集中在现实问题上是完全不同的。

理学家对学习《周礼》设置的过高门槛，引起经世学者的不满。经的根本意义就在于指导现实，如果不能指导现实，则经的价值何在？正如同明代

---

① [宋]朱熹：《朱子语类》卷八十六，《朱子全书》第17册，第2912页。

② [宋]朱熹：《朱子语类》卷八十六，《朱子全书》第17册，第2919页。

③ 转引自杨时《杨时集》卷二十一《答学者书》，福建人民出版社1993年版，第501页。

④ [宋]朱熹：《朱子语类》卷九十六，《朱子全书》第17册，第3251页。

⑤ [宋]朱熹：《朱子语类》卷八十六，《朱子全书》第17册，第2912页。

⑥ [宋]朱熹：《朱子语类》卷八十四，《朱子全书》第17册，第2879页。

⑦ [宋]朱熹：《朱子语类》卷八十六，《朱子全书》第17册，第2911页。

丘浚说："如此，窃恐天地混沌，终无可行之日矣。"明代的杨慎也说："慎又观程子曰，《素问》五运六气，须是尧舜时风雨调和，阴阳燮理，始可用。噫，《素问》亦如《周礼》矣，必待上有尧舜之化，下之人体实气平如童子，而后施剂焉，则阖棺无用素问之日矣，所言何其迂哉！"①如果按照程朱的说法，要到"无一民一物之不被其化"的程度才能实行《周礼》的话，那么即使等到地老天荒，也等不到实行《周礼》的一天了。丘、杨之言，可以代宋代经世学者反对理学家矣。

另外，理学家更为关注的是心，是圣王之心，认为心与治国平天下的关系是本末关系，治好了心，治国平天下自然就不在话下了。所以，即使要学习《周礼》，也只能学习其中所体现的圣王之心意，而无需去学习其中具体的制度。例如张载提出了关于法意与法道的问题：

> 秦为《月令》，必取先王之法以成文字，未必实行之。"道千乘之国，敬事而信，节用而爱人，使民以时"，此皆法外之意。秦苟有爱民为惠之心方能行，徒法不以行，须实有其心也。有其心而无其法，则是虽有仁心仁闻，不行先王之道，不能为政于天下。②

这里的先王之意，即先王行迹背后的用心，一般是指儒家的道德理论，如张载引用《论语》所指出的敬事、爱人等。先王之道，即先王治国所实行的具体方法、制度等。张载认为法意与法道二者缺一不可，如果只是法意而不法道，那么"虽有仁心仁闻，不行先王之道，不能为政于天下"，而如果只是法道，就有可能像暴秦一样，法令制度徒有其表，而没有真正贯彻先王的用心。张载的观点比较持平，如果简而言之，则理学家更侧重于法意，而经世学者则更侧重于法道。

---

① [明]杨慎：《升庵全集》卷四十四《周礼素问》，第432页。上引丘浚语亦见本页。

② [宋]张载：《经学理窟·月令统》，《张载集》，第296页。

二、重六经而轻四书

理学家与经世学者的区别还体现在对六经和四书的不同态度上。理学家由于着眼于理论建构和心性修养，因此多重四书而轻六经，而经世学者则大多更为推崇六经，将六经看做先王治国之道的载体，认为六经记载的都是实理、实事，因此他们对理学家轻视六经的观点比较反感。薛季宣说：“自《大学》之不明，其道散在天下，得其小者往往自名一家。高者沦入虚无，下者凝滞于物，狂狷异俗，要非中庸，先王大经遂皆指为无用，滔滔皆是，未易夺也。”[①] 指经书为无用，正是针对理学家的观点。

对于四书，经世学者虽然不是完全反对，但由于他们几乎一致地将六经列为首要经典，这至少说明他们并没有像理学家那样将四书推崇到高于六经的地位。经世学者对四书中的《论语》批评较少，但对于《大学》《中庸》《孟子》等提出很多异议，许多经世学者都是疑孟思潮的干将，如李觏专门写过一部《常语》反驳《孟子》。

南宋的事功学派更对理学家的经书观进行过直接的批评。例如唐仲友作《九经发题》，对理学家妄以己意评骘诸经多所反驳，张作楠的总结颇可参考：

> 如朱子以先天卦位解天地定位章，悦斋独曰象数之学，《易》之支流余裔。朱子疑《书序》依托，悦斋独曰以序文观之，思过半矣。朱子力攻《小序》，悦斋独曰舍序义而言诗，犹适千里而无向导也。朱子谓《左氏》是非多谬，悦斋独曰《左氏》载事得实，春秋之案牍也，舍案牍而臆测之，无乃不知而作。朱子以《大学》为入德之门，《中庸》为传授心法，悦斋独曰《中庸》《大学》诚入道之门，此外四十七篇孰非道者，视为土苴绪余，学者将荡而无守。[②]

① [宋]薛季宣：《沈应先书》，《薛季宣集》，第303～304页。

② [清]张作楠：《九经发题》卷尾按语，载《金华唐氏遗书》，《续金华丛书》本。

理学家对六经有很多非议，甚至疑经、改经，而唐仲友则反其道而行。朱子攻击书序、诗小序、《左传》多谬，而唐氏则重新肯定三者的意义和价值。对于理学家过于推崇的《大学》《中庸》，唐氏并没有否认它们的价值，但认为《礼记》中的其他“四十七篇孰非道者”，没有必要单独把《大学》《中庸》拿出来表彰。《礼记》中虽然有不少汉儒言论，但关于制度的内容也有很大价值：“先王之制颇在于是，礼失求之于野，而况孔门汉儒其源流皆有自来，是未可废，要其杂记四代之制，且所闻各异而必求其合，是则学礼者之过矣。虽所闻均出圣人，而见有浅深、辞有详略，未必皆深合圣人之意，然其不悖于道者引而伸之，皆可见圣人之蕴。至于《曲礼》《少仪》《内则》《玉藻》之属，曲折细微，皆道所寓，未可以洒扫应对进退废也。”[①]若专门以《大学》《中庸》二篇传授，则“制度文为之学寖以微绝”。可见唐仲友更为关注的还是六经中的制度之学。唐氏对于孟子的态度与理学家接近，认为孟子明性命之理“开明万世之功，参于六经”[②]，“参于六经”一语意味着，孟子虽然高明，也只是六经之“参”而已，无意间透漏了唐氏的“六经本位论”。

陈亮曾与朱熹进行过激烈辩论，对理学过于注重内圣的做法进行了严厉批评，姜海军先生认为陈亮之学的目的是“重建以《六经》为核心经典的理论体系与事功政治理念”，以与建基于四书基础上的理学相抗衡，他说：“在陈亮看来，上古三代圣贤去世之后，圣人之道不传，真正能够蕴载圣人之道的经典，传承圣人之道的载体不是道学家所推崇的《四书》，而是《六经》以及诸史。对于《六经》诸史的推崇，与当时的金华之学、永嘉之学颇为相合，这说明了浙东之学在经史并用、经世致用方面所具有的共同之处。”[③]这就将经世实学重六经而轻四书的经观念揭示了出来。

叶适对于理学家的重四书轻六经也进行了批评，他批评了四书中的《中

---

① ［宋］唐仲友：《金华唐氏遗书》之《九经发题·礼记》，《续金华丛书》本。

② ［宋］唐仲友：《金华唐氏遗书》之《九经发题·孟子》，《续金华丛书》本。

③ 姜海军：《陈亮的经学诠释及政治思想的形成与内涵》，《政治思想史》2013年第4期，第46页。

庸》《大学》《孟子》，他说：“《礼记》中与圣人不牴牾如此类者甚少，虽《中庸》《大学》亦不过三四尔。”[①]言外之意，《中庸》《大学》有六七成都是与圣人之道相抵牾的。他对于理学家过于推尊曾子、子思非常反感，说：“近世之学虽曰知见而一出于经。然而泛杂无统，洄洑失次，以今疑古，以后准前，尊舜、文王而不知尧、禹，以曾子、子思断制众理，而皋陶、伊尹所造，忽而不思。”[②]认为理学家把曾子、子思及其作品推尊过高，而忽略了真正重要的先王之道、尧舜之道及其载体六经。叶适否定了曾子、子思、孟子的道统地位，认为“孔子传曾子，曾子传子思，必有谬误”[③]。对于曾子，他说：“孔子殁，或言传之曾子，曾子传子思，子思传孟子。按孔子自言德行颜渊而下十人，无曾子，曰：‘参也鲁。’若孔子晚岁独进曾子，或曾子于孔子没后德加尊，行加修，独任孔子之道，然无明据。又按曾子之学，以身为本，容色辞气之外不暇问，于大道多所遗略，未可谓至。”[④]在《习学记言序目·论语》中也有类似论说。在《习学记言序目·礼记》中，他对曾子的言行有所评价，认为曾子言行往往与孔子之道格格不入，并一一进行了批驳。这就从根本上否定了曾子独传孔子之道的理学观点。叶适也对子思提出诸多批评，认为《中庸》所言不合孔子之道，如“子思赞舜，始有大知、执两端、用中之论；孟子尤名；皆推称所及，非本文也”[⑤]。认为《中庸》所说的“射有似君子”之言与孔子不合，“若果子思之言，恐其义亦未精也”[⑥]。叶适是南宋疑孟思潮的得力干将，他多次指斥孟子不合圣人之道。如他论《易》时说：“自颜曾而下，讫于子思孟子，所名义理，万端千绪，然皆不若易象之示人简而切，确而易行。”[⑦]认为子思孟子等人的著作无法与《周易》相比。论《书》时，对孟子所说的“有

① ［宋］叶适：《习学记言序目·礼记》，第108页。
② ［宋］叶适：《习学记言序目·尚书》，第60页。
③ ［宋］叶适：《习学记言序目·皇朝文鉴三》，第739页。
④ ［宋］叶适：《习学记言序目·皇朝文鉴三》，第738页。
⑤ ［宋］叶适：《习学记言序目·皇朝文鉴三》，第736页。
⑥ ［宋］叶适：《习学记言序目·礼记》，第111页。
⑦ ［宋］叶适：《习学记言序目·周易》，第35页。

伊尹之志则可，无伊尹之志则篡也”评曰：“惜乎！孟子之答粗也，是绝天下以无伊尹也。”①论《周礼》时多次指斥孟子之说为“妄说也”“考之不详”“为害甚巨”“后世之学，专以《春秋》达王道，《诗》《书》《周官》取具而已，实自孟子始”②。论《春秋》则指斥孟子多“择义未精”“固推言之也”。与此同时，叶适认为孟子的心性说也偏离了孔子学说的原意，所谓：“盖以心为官，出孔子之后，以性为善，独自孟子始，然后学者尽废古人入德之条目，而专以心性为宗主，虚意多，实力少；测知广，凝聚狭，而尧舜以来内外交相成之道废矣。”③全祖望说：“水心欲主张《周礼》以非孟子”④。黄开国先生说：“结合他对历代经学尤其是对程朱的批评，表明叶适在宋代经学史上，是要反对程朱以《四书》为代表的新经学，而力图从原始的经典中去重建经学。而他所要建立的新经学，是以他的重实、重事的功利之学为内容的。”⑤

总之，经世学者将六经当作根本经典，试图从六经中探寻治国平天下的制度文化资源，而对四书则发出了批评的声音，这使他们形成宋代学术思想史中一股别样的清流。

---

①［宋］叶适：《习学记言序目·尚书》，第54页。

②［宋］叶适：《习学记言序目·周礼》，第90页。

③［宋］叶适：《习学记言序目·孟子》，第207页。

④［清］全祖望：《宋元学案》卷五十四《水心学案》案语，《黄宗羲全集》第八册，第1973页。

⑤黄开国：《叶适的经学批判（下）》，《中共宁波市委党校学报》2004年第2期，第95页。

第八章　回归圣经：经权威的重建与最终解体

清代的学术号称朴学或考据学。学界对于其形成原因的解释众说纷纭，而以余英时的内在理路说影响最大。他认为宋代儒学同时包括尊德性和道问学两个方面，而明代儒学在尊德性领域走到了尽头，反智识主义弥漫全国，作为对此的反动，取证于经典的呼声日益高涨，从而导致了从尊德性向道问学的转化。余先生强调从内而不是外来理解清学的产生原因，他认为这个内是宋明儒学，清学是宋明儒学内在理路发展的结果。但如果从整个中国思想史发展的角度看，这个“内”显然有点小，清学并非宋明儒学所能概括，而应该放在中国传统学术的核心——经学之内来考察，因此，毋宁说清学是中国传统经观念发展演变的必然结果。

姜广辉先生说：“经典诠释不外训诂和义理两条路，因而训诂之学（汉学）与义理之学（宋学）的交替发展便成为此后学术演进的内在规律。”[①]粗略地说，汉唐经学是训诂，宋明理学是义理，而发展到清代重回训诂，刚好走过了一个圆圈，达到了一种否定之否定，即训诂—义理—复归训诂。不过，对于姜先生所说的“训诂”和“义理”这两个词的确切含义，有必要作一番新的解释。所谓训诂、义理，不仅是一种解经的模式，更是指一种特殊的经观念。训诂派也需要解释经书的义理，不然其训诂的意义是什么？义理派对经书义理的发挥也要以文字训诂为基础。二者的本质区别不在于是讲义理还是讲训诂，

① 姜广辉：《乾嘉考据学成因诸问题再探讨》，《哲学研究》2008年第11期，第53页。

而在于经观念的差异。

训诂派基于以下这种观念：经是神圣的，经中蕴含着道，解经者在经面前是卑微的，所以，要以崇敬的态度和实事求是的方式去解经，不能穿凿附会，否则就是对经的亵渎，这就造成了一种颇具客观性的经书诠释风格，这样一来，经就渐渐地变成了考据的对象和纯粹书斋里的学问，而将“求道”这一最终目的给遗忘了。从汉至唐的学术化经学，就是这一逻辑理路发展的结果。但是，这种经学显然不能满足具有修齐治平理想的儒者对经的期待，他们认为经学最重要的任务是探求经中之道，而不是仅仅对经文进行考据、解读，于是便试图将儒家一贯言说的道理与经书结合起来，并认为经中所蕴含的就是这些道理，这些道理基本是在孔曾思孟的基础上进一步整合创新而成。宋人常说，经全是天理，明人也说经者笔吾心之理，要先明理后解经。这就变成了义理派的逻辑。因此，所谓以义理解经其实就是以一个先在的思想体系作为框架去解经。但这种理路发展到一定程度又会出现以意解经、任意说经的弊端，乔秀岩先生说得好：“宋人治《春秋》，往往用现成固定之政治思想，强使《春秋经》就范而已。”①“强使就范”这句话说得太贴切了，一针见血地指出了义理派的解经特征。清代朴学大家惠栋曾举过一个颇为形象的例子：

> 《外储说》曰：“郢人有遗燕相国书者，夜书，火不明，因谓持烛者曰‘举烛’云而过书‘举烛’。举烛，非书意也。燕相受书而说之曰：‘举烛者，尚明也。尚明也者，举贤而任之。’燕相白王，大悦，国以治。治则治矣，非书意也。今世学者，多似此类。”家君曰：“宋人不好古，而好臆说，故其解经皆燕相之说书也。”②

这就是著名的“郢书燕说”的故事。郢人因在写信的时候灯光不明，便

---

① 〔日〕乔秀岩：《闲聊啖、赵、陆春秋学》，见《北京读经说记》，第151页。

② 〔清〕惠栋：《九曜斋笔记》卷一“郢书燕说条”，《丛书集成续编》第92册，上海书店出版社2014年版，第504页。

对旁边的人说了一句“举烛”，却不小心误把这两个字也写进信里。收到信的燕国的相国看到这两个字非常高兴，认为举烛就是崇尚光明，崇尚光明，就是要选贤任能，他按照这个办法治理国家，结果国家治理得非常好。而事实上“举烛”不过是书信的一句衍文而已，写信者根本没有要求燕相国选贤任能的意思。其实燕相国可能本来就有选贤任能的想法，当看到“举烛”二字时，马上就跟自己的这一想法联系起来了，便认为书信也有这样的意思。所谓的义理解经不就是如此吗?

在义理派的思路之下，经确实能够言说“伟大的道理”了，但是它忽略了经作为一种现存文本的客观性，其内容虽然有解释空间，但也不能完全容纳任意性的解释。将经强行装入某些理论框架，这本身就是对经的破坏和亵渎。于是，学术的发展就要求重新回到经本身，恢复那种认真的、小心翼翼的态度，去探究经的真相，而不是任意发挥个人意见。这就是清代考据经学复兴的原动力。再借用“郢书燕说”的故事来比方，如果说作为义理派的宋人主张将“举烛”理解为选贤任能，而训诂考据派的清人则会要求先把书信的文本问题研究清楚，例如“举烛”是否衍文，其本义是什么，有没有“选贤任能”的意思，等等。

从宋明义理的态度转向清代训诂的态度转变的过程，就是经的权威重新确立的过程。如果说宋明时代经围绕理转是第一次哥白尼革命，清代将这一关系再次翻转，理要重新围绕经转，这个过程可以用“第二次哥白尼革命”来形容。重建经之权威的呼声，最容易在经的地位降到最低的时候喊出来，明代中期以后的学界正是出现了这一状况。因此，经观念演变中的第二次哥白尼革命，就发端于明代中后期，而以清代为高峰。本章略述其发展历程及基本思路。

第一节　明代后期对经权威的呼唤

明代中期以后，由于多方面的原因，经权威的重建成为许多人努力的重要方向。本节以明代中后期为讨论时段，先谈经权威重建的历史背景，再讨论经权威重建的若干努力。

一、科举、心学与空疏学风

明代后期，经的权威跌入前所未有的低谷，其原因大致有两个方面，一是科举时文导致剽窃抄袭之风盛行而废弃经书，二是心学盛行导致静坐空谈而废弃经书。嘉靖年间的理学家吕柟说：“夫世有二学：一曰性命学，二曰举子业学。为举子业学者，或背经而荡于辞；为性命学者，或浚经而沦于空。”[①]举子业学即科举时文之学，它导致“背经而荡于辞”，性命学即心性之学，它导致“浚经沦于空”，它们的流行是削弱经权威的两大杀手。清初阎若璩也说：“予尝发愤叹息，前明三百年文章学问不能远追汉唐及宋元者，其故盖有三焉，一坏于洪武十七年甲子定制，以八股时文取士，其失也陋；再坏于李梦阳倡复古学，而不原本六艺，其失也俗；三坏于王守仁讲致良知之学，而至以读书为禁，其失也虚。”[②]他在科举、心学之外，又增加了文学方面的复古运动，但正如学者所指出的，李梦阳所倡导的复古运动“主要目的是要学习、复兴儒家思想，学习儒家经典六经”[③]。因此，经权威衰败的主要原因仍然是科举与心学两方面。蒋伯潜先生也认为清代经学复兴的因素有二，一是学术方面的原因，即王学的流弊。二是政治方

---

①［明］吕柟：《泾野先生文集》卷一《易经大旨序》，《续修四库全书》第1337册，第585页。

②［清］阎若璩：《潜邱札记》卷二，乾隆九年刻本。

③ 郭平安：《李梦阳研究》，陕西师范大学2009年博士学位论文，第66页。

面的因素，即八股文的遗毒①。

就科举方面看，科举制度的僵化对于废弃经书学风的形成有重要影响。科举发展到明代，逐渐成为选拔人才的唯一途径，成为天下所有士人出路的“独木桥”。科举制度是如何导致经书废弃的呢？

首先，考试内容以四书一经为主，过于单一。明代科举考试包括三场，第一场考四书义、五经义，第二场考应用公文，包括论、诏、诰、表、判语等，第三场考时务策，即对国家大政的看法。从表面看，这三场考试涉及面广、搭配合理，然而在实际操作中并非如此。虽然考试有三场，但并没有严格规范的计分标准，导致多数时候仅以第一场尤其是第一场中的四书义为去取标准，其他基本上属于走过场。而第一场的五经义其实每人只需选考一经，所以每位考生的考试内容只有四书一经，只要把这五本书弄通读熟就可以去应考了，这就严重限制了读书人的视野。选《诗经》的可能一句《尚书》也没有读过，选《春秋》的可能连《礼记》有几篇都不知道，其经学知识之匮乏可想而知。崇祯年间的张溥曾说：“且习一经而舍其四经，忘远图而守近意，亦云已矣。即一经之说多有未举，将若之何？”②

其次，就连四书一经也多弃置不读。由于科举考试的形式是代圣人立言的八股文，因此只要会写八股文就能够参加考试，甚至不需要熟读经书。士子们为了应付考试，不愿意一字一句地去读经，而把更多精力用来学习八股文写作技巧和熟读背诵各种范文。顾炎武引杨彝之言说：“读之三年五年，而一幸登第，则无知之童子俨然与公卿相揖让，而文武之道弃如弁髦。”③四书一经中能出题的题目有限，把各路范文花三五年熟读背诵几百篇，就可以应考了，而一旦考中，就飞黄腾达，与公卿士大夫同等并列。当时流行一种

---

①蒋伯潜、蒋祖怡：《经与经学》，第216页。

②［明］张溥：《古文存稿》卷五《易文观通序》，载《七录斋诗文合集》，《续修四库全书》第1387册，第503页。

③［清］顾炎武著，黄汝成集释，栾保群、吕宗力校点：《日知录集释》卷十六，上海古籍出版社2006年版，第936页。

说法叫“拟题”，即在所考经书的范围内，由精通八股文的先生预先拟定若干题目，然后请高手逐篇写出，应试者将这些文章背熟，考试时便可利用。顾炎武对拟题之风有严厉的批判：“今日科场之病，莫甚乎拟题。且以经文言之，初场试所习本经义四道，而本经之中，场屋可出之题不过数十。富家巨族延请名士馆于家塾，将此数十题各撰一篇，计篇酬价，令其子弟及僮奴之俊慧者记诵熟习。入场命题，十符八九，即以所记之文抄誊上卷，较之风檐结构，难易迥殊，《四书》亦然。发榜之后，此曹便为贵人，年少貌美者多得馆选，天下之士，靡然从风，而本经亦可以不读矣。”[①] 这种以范文、拟题备考的风气，本质上就是一种剽窃，故当时甚至有人直接把科举称为“剽窃之学”[②]，科举与剽窃成了同义词。在这种风气之下，不要说博读经史，就连四书五经的本业都弃而不读了，明代士人的空疏、孤陋可以想见。而当时若有人想多读点经史之书，反而会被嘲弄，顾炎武说：“余少时见有一二好学者，欲通旁经而涉古书，则父师交相谯呵，以为必不得颛业与帖括，而将为坎轲不利之人。”[③] 可见当时不读书之风何其炽烈？黄宗羲评价当时科举时文的流行说：“时文充塞宇宙，经史之学，折而尽入于俗学矣。”[④] 在利禄的引诱下，八股时文呈铺天盖地之势，传统经史何能与其抗衡？

从学术层面看，明代中期以后，阳明心学的广泛传播，带来了心性义理之学的全面兴盛，学者们强调直指本心、致良知、顿悟，而鄙薄读书穷理、博学多识，并将佛道思想引入儒家，三教合一思想盛行一时。所以，晚明时代是一个思想高度繁荣的时代，但从经学史角度看则是一个衰落和走偏的时

---

① [清]顾炎武著，黄汝成集释，栾保群、吕宗力校点：《日知录集释》卷十六，第945页。

② [明]归有光：《震川先生集》卷二《山斋先生文集序》，上海古籍出版社1981年版，第25页。

③ [清]顾炎武著，黄汝成集释，栾保群、吕宗力校点：《日知录集释》卷十六，第936页。

④ [清]黄宗羲：《冯留仙先生诗经时艺序》，《黄梨洲文集》，中华书局2009年版，第344页。

代。学者们要么弃经不读，要么对经任意解释，把自己的思想理论灌输到经书中。这时期的学术风气就是浮于经书表面的空谈、清谈，顾炎武甚至将其与魏晋时期的清谈相比，认为魏晋空谈老庄，而心学则空谈孔孟。空谈导致空前繁荣的讲学之风。陈时龙说：“明代中晚期的讲学活动，是一个具有延续性整体，从嘉靖初年（1522—1566），直至天启（1621—1627）末年的一段时间是它最为发达的一个阶段。”① 吴震先生也说：“从1522年到1602年这八十年的时间里，讲学活动已经构成了当时士大夫的精神活动的主要内容之一。不仅是王门弟子热衷于讲学，而且还形成了跨学派、跨区域的耸动天下的社会讲学风气。可以毫不夸张地说，从其讲学规模、声势以及所造成的社会影响等层面来看，这一时期的讲学运动远远超过了历史上的任何一个时期。”② 讲学不但脱离了经书，而且根本上就脱离了书本，完全是一种个人思想观点的发挥。陆树声（1509—1605）说：“近来一种讲学者高谈玄论，究其归宿，茫无据依，大都臆度之路熟，实地之理疏。只于知崇上寻求，而不知从礼卑处体究。徒令人凌躐高远，长浮虚之习，是所谓履平地而说相轮，处井干而谭海若者也。”③ 高谈玄论、茫无依据，增长了浮夸之风，而对于实际修养没有任何帮助。讲学家们由于只注重个人意见的发挥，往往逞一时口舌之利，好与他人论辩，论辩中充满了意气之争。管志道（1536—1608）说：“盖今天下拾良知之唾余，掇禅玄之影响，借书院为邮亭为渊薮，遨游传食于江湖朝市之间，以左右望而网市利者，不少矣！”④ 以讲良知为幌子而“混饭吃”，“传食于江湖朝市之间”，简直成了游走不定的江湖术士。讲学最严重的问题是导致人们废弃经史，束书不观，而且还常“至有明斥孔子为钝根，

① 陈时龙：《明代中晚期讲学运动：1526—1626》，复旦大学2004年博士学位论文，第7页。

② 参见吴震《明代知识界讲学活动系年 1522—1602》，学林出版社2003年版，第3页。

③［明］陆树声：《清暑笔谈》，商务印书馆1936年《丛书集成初编》本，第13页。

④［明］管志道：《从先维俗议》卷二《追求国学乡学社学家塾本来正额以订书院旁额议》，《四库全书存目丛书》子部第88册，第297页。

谓五伦皆假合”[①]。明末张溥说：“经学之不明，讲说害之也。予心恻焉，意欲废讲说而专存经解。”[②]因此，讲学之风的盛行是导致经书被废弃的重要原因。

二、重建经权威的初步尝试

在科举剽窃之风、空疏讲学之风的影响下，经的地位降到了历史最低，以经书为糟粕的观念盛行一时（参第六章第二节）。相应地，对重建经权威的呼唤，几乎也在同时发出了声音。这主要表现在以下几个方面。

1. 取证于经书

儒学的发展，从根本上说是经学发展的延伸，所有的儒学思想体系都要（或都要宣称）以儒家经书为依据，与经书背离的思想体系是站不住脚的。王阳明发明致良知学说，就是对《大学》格物的新解，并在龙场悟道后第一时间与五经印证，认为与五经相符合，故写下《五经臆说》。其后，学者大多从《大学》文本出发立说，《大学》成为明代思想学说的重要渊源，为了论证自己学说的合法性，不断重订《大学》文本，甚至伪造《石经大学》，这些都充分体现了取证于经书的思想倾向。但是心学那种对个体良知的提倡，并非真正要取证于经书，而毋宁说是使经书符合自己的思想。针对这一点，就有不少人郑重提出“取证于经书”的观点，强调文本依据及其优先性。与王阳明差不多同时而年寿较长的罗钦顺（1465—1547）就说：“自陆象山有‘六经皆我注脚’之言，流及近世，士之好高欲速者，将圣贤经书都作没紧要看了。”[③]罗钦顺要求学问最重要的是“取证于经书”，“学而不取证于经书，一切师心自用，未有不自误者也。”[④]如果说“师心自用”是他对心学的评价，那么

①［明］刘元卿：《刘元卿集·诗文集》卷三《简张克念》，上海古籍出版社2014年版，第59页。

②［明］张溥：《古文近稿》卷二《五经注疏大全合纂序》，载《七录斋诗文合集》，《续修四库全书》第1387册，第287页。

③［明］罗钦顺：《困知记》续卷上，中华书局1990年版，第72页。

④［明］罗钦顺：《困知记》卷下，第37页。

“取证于经书”便是他反对心学思维方式，重建经典权威喊出的第一个口号。

2. 尊德性与道问学结合

重建经的权威的第二个路径就是强调道问学的重要性。尊德性与道问学是儒学史上一对既矛盾又密切相关的概念。北宋张载第一次提倡见闻之知与德性之知的区分，他说：“见闻之知，乃物交而知，非德性所知；德性所知，不萌于见闻。”[①] 认为德性是天生的，而见闻则是后天的。宋明儒家尤其是心学家，大多强调德性之知的重要性，认为德性是本，所谓致良知也是就德性之知方面下功夫，而读书、读经这些都属于见闻之知的范畴，自然不被重视。德性与闻见的差异，反映到方法论上就是尊德性与道问学的差异。为应对心学偏重德性之知的弊端，一些学者也渐渐开始强调闻见之知的重要性，要求突出道问学的价值。王廷相（1474—1544）说：“夫圣贤之所以为知者，不过思与见闻之会而已。世之儒者乃曰思虑见闻为有知，不足为知之至，别出德性之知为无知，以为大知。嗟乎！其禅乎！不思甚矣。”[②] 又云：“近世儒者务为好高之论，别出德性之知，以为知之至，而浅博学、审问、慎思、明辩之知为不足，而不知圣人虽生知，惟性善近道二者而已，其因习、因悟、因过、因疑之知，与人大同，况礼乐名物、古今事变，亦必待学而后知哉？”[③] 连圣人都需要学习，更何况一般人呢？只注重德性之知，使“后生小子澄心白坐，聚首虚谈，终岁嚣嚣于心性之玄幽”[④]，但是“反而证之于《六经》仲尼之道，日相背驰，岂不大可哀邪？”[⑤] 过度强调德性之知，最终却违背了以六经为代表的孔子之道，这正是忽视道问学，不学习、不读经的后果。

归有光（1507—1571）在处理尊德性与道问学的关系时进一步凸显了道

①［宋］张载：《正蒙·大心》，《张载集》，第24页。

②［明］王廷相：《雅述》上篇，《王廷相集》，中华书局1989年版，第836页。

③［明］王廷相：《雅述》上篇，《王廷相集》，第836～837页。

④［明］王廷相：《雅述》下篇，《王廷相集》，第873页。

⑤［明］王廷相：《王氏家藏集》卷二十七《答许廷纶》，《王廷相集》，第487页。

问学的重要性。针对当时多将尊德性与道问学割裂开来而单纯强调尊德性的现象，归有光试图将二者结合起来，认为尊德性是目的，道问学是手段，二者都非常重要，他说："君子欲以尽其为人者，其道在于尊德性，而其所以致其德性之尊者，其详在于问学而已。"[①]又说："道问学，所以尽尊德性之功。射艺之游，非拳捷之逞也；洒扫之末，固精义之学也；徐行之微，固尧、舜之道也；经史之业，非亡羊之路也。本末源流，一以贯之矣。"[②]尊德性是人尽其为人的首要途径，而道问学又是尊德性的必由之路，二者是前后一贯的，不能将其割裂。道问学的一系列内容，如射艺、洒扫、经史之业，都对尊德性有非常重要的作用。在他强调的道问学中，"经史之业"是核心内容。他提出明性与明经相结合的观点。归有光认为道既在六经中，又在人心中："夫圣人之道，其迹载于《六经》，其本具于吾心。本以主之，迹以征之，灿然炳然，无庸言矣。心之蒙弗亟开，而假于格致之功，是故学以征诸迹也。迹之著，莫《六经》若也。《六经》之言，何其简而易也！"[③]六经是迹，心是本，但"心之蒙弗亟开"，需要通过研习六经使心中之道开发出来。因此，归有光实际上是将经放在心之上，强调经对心的引领和开发作用。孙之梅对此评价说："'吾心'竟是六经之本，圣道之宅，直与王阳明的'良知'相似。然而命题相同，获致的途径却大相径庭，王阳明的'良知'是通过静坐明心、反躬求诚来实现，而归有光的'吾心'则要通过六经之迹的'悉心研究''平心求之''虚心覆之'，也就是《送何氏二子序》所说的'去其求异之心，而不纯以儒者之说阂之'来求证的。"[④]这使得归有光虽然是文学家，但仍以《六经》与圣人之道为最终的精神归宿。他说："有光学圣人之道，通于《六经》之大指。"[⑤]又说："惟九经诸史，先圣贤所传。少而习焉，老而弥专。是皆吾心之所固然，是以乐之不知其岁年。"[⑥]他自认为年少习举子业时"虚

①② [明]归有光：《震川先生集》别集卷一《君子尊德性而道问学》，第700页。

③ [明]归有光：《震川先生集》卷七《示徐生书》，第150页。

④ 孙之梅：《归有光与明清之际的学风转变》，《文史哲》2001年第5期，第44页。

⑤ [明]归有光：《震川先生集》卷十七《家谱记》，第437页。

⑥ [明]归有光：《震川先生集》卷二十九《几铭》，第652页。

心反覆于圣人之本旨，则于当时之论，亦未必一一符合，而或时有过于离析附会者。然其大义固不谬于圣人矣”①。王锡爵曾评价他道：“先生于书无所不通，然其大指，必取衷《六经》。”②汪照为孙岱《归震川先生年谱》作序，极力称许归氏学术文章在当时的影响力：“考先生生际嘉、隆间，名位未及大显，措施未及大究。然其读书于安亭江上，论《易》图、订《尚书》、辨礼经，悟《春秋》之微，揆诗人之意，一一要归于大道，学者靡然向风。”③归有光是明朝后期较早重视经、大力主张读经的先驱人物。

3. 讲学宗经

针对王门后学高谈阔论、游谈无根的问题，一批学者开始注重在讲学的过程中给予经书足够的重视。归有光最早从理论上区别了讲经与讲道的关系，他说：“盖汉儒谓之讲经，而今世谓之讲道。夫能明于圣人之经，斯道明矣，道亦何容讲哉？凡今世之人，多纷纷然异说者，皆起于讲道也。予以为圣人之言，简易明白；去其求异之心，而不纯以儒者之说阂之，必有庶几于所谓什之三四者。”④在归有光看来，讲经即是讲道，把经讲明，就算是把道讲明了，因为道就在经中，如果单纯去讲道而不以经为本，那么就会纷纷然异说蜂起，没有定论。钱谦益（1582—1664）继承了归有光的观点：“汉儒谓之讲经，而今世谓之讲道，圣人之经即圣人之道也。离经而讲道，贤者高自标目，务胜于前人，而不肖者汪洋自恣，莫可穷诘。”⑤

在讲学的实践层面注重尊经的是东林学派。顾宪成（1550—1612）所撰《东林会约》有“四要”，即知本、立志、尊经、审几，其第三要即“尊经”，云：

---

①［明］归有光：《震川先生集》卷十《送王子敬之任建宁序》，第222页。

②［明］王锡爵：《明太仆寺寺丞归公墓志铭》，见《震川先生集》附录，第981页。

③［清］汪照：《震川先生年谱·序》，《北京图书馆藏珍本年谱丛刊》第49册，北京图书馆出版社1999年版，第21页。

④［明］归有光：《震川先生集》卷九《送何氏二子序》，第195页。

⑤［明］钱谦益：《初学集》卷二十八《新刻十三经注疏序》，《钱牧斋全集》第2册，第851页。

"尊经云何？经，常道也。孔子表章六籍，程子表章《四书》，凡以昭往示来，维世教，觉人心，为天下留此常道也。"经是修身的重要依据，"学者诚能读一字便体一字，读一句便体一句，心与之神明，身与之印证，日就月将，循循不已……此岂非穷理尽性曲成不遗贤愚高下并受其益者耶？"又说："承学将安所持循乎？异端曲说纷纷籍籍，将安所取正乎？其亦何所不至哉！是故君子尊经之为要。"[①] 经是平息各种异端曲说的标准和依据。可见，顾宪成虽然仍顺从心学的理路，将知本（即识性、尽性）放在了第一位，但把经作为各种不同学说取正的最高标准。高攀龙（1562—1626）也说："四书五经皆圣贤之言，苟会得，则一言一字皆可入门，会不得，虽诵读终身，汗牛充栋，无益。"[②] 陈时龙对此评价说："可见，东林读经之要，还是在'会'得、'会'不得，与后来之考据之经学迥异。"[③] 但他们毕竟提出了尊经的问题。重建于1606年的虞山书院与东林书院遥相呼应，其门上有一联，上联曰"六经皆圣贤心精，讵云糟粕"，下联曰"一贯即学者忠恕，亦非神奇"[④]，就是针对王学末流重体悟而不事读书的修行方法而发。东林后学金铉（1610—1644）痛恨于王门后学"尚未窥六经四子之毫末，便猖狂自肆，糠粃诗书，任情而行，毫无顾忌"，"思欲力挽邪风，昌明正学，其要有二，一在表程朱之学问，使天下人引绳切墨，动静毫不敢恣，时时省提，事事讲究，以求复吾心大中之体，推吾心至正之用，久久纯熟，自然思勉俱忘，到宇泰收功之地，毋遽言自然之效，令天下人堕落放肆一途不可救药。一在穷六经之本末，使天下人自首至尾，一字一句，

① ［明］顾宪成：《顾端文公遗书》之《东林会约》，《四库全书存目丛书》子部第14册，第361～364页。

② ［清］高廷珍等：《东林书院志》卷五《高景逸先生东林论学语上》，《四库全书存目丛书》史部第246册，第792页。

③ 陈时龙：《明代中晚期讲学运动》，复旦大学2004年博士学位论文，第111页。

④ ［明］张鼐等：《虞山书院志》卷一《建置》，见赵所生、薛正兴主编《中国历代书院志》第八册，江苏教育出版社1995年版，第24页。

真知力行，要识无极太极，原是饮食之常，洒扫应对，无非上天之载，不可视六经为糠粃，鄙诵读为外求。”① 可见，东林学派在讲学方面已经不同于王门后学的讲学风格，开始向经和经学回归。

4. 八股时文宗经

为纠正八股时文的剽窃抄袭之风，一些学者主张对科举考试的形式和内容进行改革，使经学重新成为科举考试的基础。归有光说：“若论经学，乃真实举子也。”② 他还主张：“诚使学校之官，修明经史，而略其末流，使士不求准式于《五经》，《四书》，《史》，《汉》之外，天下士风庶几少变，而人才可观矣。”③ 顾炎武也要求“责士子以兼通九经，记《通鉴》历代之史”④。主张扩大科举考试的经学基础，将考试内容扩展为九经，而不局限于一经。为了引导士子们多读经书而不空发议论，顾炎武甚至要求他们作文时要“自注出处。无根之语不得入文”⑤。张采《在礼言礼疏》亦云：“程文则严禁冗滥，诸不在圣经儒传者，多置黜等。”⑥ 这些主张都是在科举考试的框架内提出的一些改革建议，希望士子们能踏踏实实读经，所作八股文都能有切实的经书依据，从而杜绝剽窃、抄袭之风的盛行。

为落实科举尊经的主张，明末有一批学者通过八股文的选文活动，来弘扬其所主张的八股文典范。他们大都在科举考试中取得优异成绩，或中举人、或中进士，在成功之后，便从事于八股文制作和编选工作，试图以一种宗经的八股文，来取代当时空疏的八股文。豫章社的代表人物罗万藻说：“夫时

① ［明］金铉：《金忠洁集》卷二《与友人辨无善无恶书》，中华书局1985年影印《丛书集成初编》本，第40页。

② ［明］归有光：《震川先生集》别集卷七《与沈敬甫》，第865页。

③ ［明］归有光：《震川先生集》卷十一《送国子助教徐先生序》，第264页。

④ ［明］顾炎武著，黄汝成集释，栾保群、吕宗力校点：《日知录集释》卷十六，第948页。

⑤ ［明］顾炎武著，黄汝成集释，栾保群、吕宗力校点：《日知录集释》卷十六“原注”，第940页。

⑥ ［明］张采：《知畏堂文存》卷一，《四库禁毁书丛刊》集部第81册，第530页。

艺一道患无才耳。予少见八股之业，字句章段，起结过送，软腐相承，别为一种习气之物，欲以六经秦汉之致泽之，而深浸时文之相，此予初志也。然深念明经为国朝取士之旨，而制艺于先代为创体，固当颛传。故以为欲尊时，则当重制艺之体，重制艺之体，则当以明经为首务。”[①]最初他认为八股文非常陈腐，想用六经秦汉时代的文体取代它，但后来又以为八股文是明朝自创的文体，是有其价值的，因此不能废，但要对其进行改造，改造的首务就是“明经”。

在张溥的倡导下先后成立的应社、复社等，本质上就是以改革八股文文风为目的的文社。崇祯元年（1628），张溥在复社成立会议上痛感“自世教衰，士子不通经术，但剽耳侩目，几幸弋获于有司。登明堂不能致君，长郡邑不知泽民，人材日下，吏治日偷，皆由于此”，因此，“期与庶方多士，共兴复古学，将使异日者务为有用，因名曰复社”[②]。所谓“兴复古学”，指的就是经学。陈子龙曾称张溥：“其文原本经术，而工于修词。班马贾郑鲜有兼长而并擅其美。诚继绪之儒，名世之士也。”[③]除了张溥，杨彝、顾梦麟、张采也是复社的代表人物。光绪《常昭合志稿·游寓传》载：“顾梦麟，字麟士，太仓人，与唐墅杨彝善，久居彝所。说经选文，两人如合符契，以析理正辞，确守传注，变万历末年剽窃无稽影掠禅宗之习，所谓杨顾之学也。”“析理正辞，确守传注”成为其编选八股文的重要标准。张采在谈到张溥组社原因时说：“窃惟文者昭代之所重，社者古义所不废，推广溥志，不过欲楷模文体，羽翼经传耳，未尝有一毫出位跃冶之思也。”[④]所谓“楷模文体，羽翼经传”，

①［明］罗万藻：《此观堂集》卷之四《持社序》，《四库全书存目丛书》集部第192册，第408～409页。

②［清］陆世仪：《复社纪略》卷一，《续修四库全书》第438册，第485页

③［明］陈子龙：《安雅堂稿》卷一《张天如先生文集序》，《陈子龙文集》（下册），华东师范大学出版社1988年版，第24页。

④［明］张采：《知畏堂文存》卷一《具陈复社本末疏》，《四库禁毁书丛刊》集部第81册，第527页。

即是树立基于经传的新八股文典范。

在宗经的共同理念之下，社内人物各有分工。张溥在《五经征文序》中说：“应社之始立也，所以志于尊经复古者，盖其志也。是以《五经》之选，义各有托，子常、麟士主《诗》，维斗、来之、彦林主《书》，简臣、介生主《春秋》，受先、惠常主《礼》，溥与云子则主《易》，振振然白其意于天下。”[①]五经的每一经都有专人负责，他们依据“尊经”原则编选有关的八股文，以提供给士人一个全新的八股文典范选本[②]。罗万藻《张天如易选序》称张溥编选八股文选本的意义说：“天如操挈文章，正告天下，以经术之从，十年之中，靡然向风矣。至是复与子常诸君子，分部海内名人五经文选之。若曰：吾辈正告天下，率以经术重也如此，况人为一经而不能精其言，吾何以观于天下之本乎？”[③]“以经术之从”“率以经术重”等语突出说明了他们选文是要以经术作为唯一标准的。

复社在十几年的活动中编选了大量时文，如《表经》《翼经》等，从这些名称也可以看出其宗经的倾向。这种以经学为根柢的八股时文产生了广泛的影响。刘城（1598—1650）云：“以易艺论：洪、永定科，成、弘修古，至隆、万之季而剿说肤陈排比中，遂绝象变筮占之字，斯岂复有《易》乎？今上稽古右文，重经术，考象数，旁及占验小道，不废搜求，下遂有穷经析疑如吾党，吾党中专精厉意如尔止者，折衷王何，扬搉周邵，使帖括一途犹得存刚柔时位于万一，此亦《易》之兴中古之说也。”[④]这说明他们编选的八股文吸纳了传统经学的内容，显得丰富而充实。今人王恩俊评价说：“这种治经思路在

① ［明］张溥：《古文存稿》卷三《五经征文序》，《七录斋诗文合集》，《续修四库全书》第1387册，第473页。

② 有学者认为此处的分工是分别研究各经，其实应该是主持该经的八股文编选工作。

③ ［明］罗万藻：《此观堂集》卷一《张天如易选序》，《四库全书存目丛书》集部第192册，第344页。

④ ［明］刘城：《峄桐文集》卷三《方尔止易稿序》，载沈云龙选辑《明清史料汇编》第七册，台湾文海出版社1971年版，第964页。

复社内部是相当普遍的。据《复社成员著述表》所列，相当一部分复社成员有经学著作，但其中许多著作仅从书名即可判定为此种治经思路的结果。”①以复社为代表的“宗经”时文编选活动也受到一些批评，特别是其论敌艾南英。他把批判的矛头直指张溥：“于史不能，于子不可，又逃而曰尊经。尊经之名立，而天下之奉之者庶乎有辞矣。”②虽然艾南英称其为“伪经术”（同上），但无论如何，张溥确实高举了尊经的大旗，体现出向经回归、重建经之权威的思想趋向。

5. 经学研究的初步复兴

要重建经的权威，推进经学研究、改进经学学风是一项重要工作。明代中后期的学者在这方面也做了很多探索，主要从文字训诂、经书真伪考辨等方面为清代经学的全面复兴打下了基础。

晚明较早注重对经进行细致研究的是杨慎（1488—1559）。他批评王学骛于高远，而“高远之蔽，其究也以六经为注脚，以空索为一贯”③。认为理学使“实学不明于千载，而虚谈大误于后人”，心学“削经刬史，驱儒归禅”④。因此，他希望学者们能够踏踏实实地去研究经。由于六经大多文字古奥，这就需要考据和训诂，也就是说，读经应从识字开始，识字是最基础的工夫。当时没有多少人去认真读经，更不用说钻研文字训诂了，杨慎描述当时的情形说：“今日此学景废响绝，谈性命者，不过剿程朱之糟粕；工文辞者，止于拾史汉之赘牙。示以形声孳乳，质以苍雅林统，反不若秦时刀笔之吏、汉代奇觚之童，而何以望古人之宫墙哉！”⑤重新强调文字训诂之学的重要性，是对当时空疏学风的有力反击。他说：“必晓古人文法，而后可以解圣贤之

① 王恩俊：《复社研究》，东北师范大学2007年博士学位论文，第181页。

②［明］艾南英：《天傭子集》卷九《戊辰房书删定序》，载沈乃文主编《明别集丛刊》第五辑第39册，黄山书社2016年版，第122页。

③［明］杨慎：《升庵全集》卷七十五《禅学俗学》，第992页。

④［明］杨慎：《升庵全集》卷六《答重庆太守刘嵩阳书》，第83页。

⑤［明］杨慎：《升庵全集》卷二《六书索隐序》，第21页。

经。”[①]“不能达古文之文而能达古文之义者，鲜矣！”[②]《升庵经说》中就曾多次表示“不识字者安可解经哉”[③]。杨慎自身对于小学非常重视，也很有研究，他说“余自舞象之年究竟六书”[④]，又说：“慎自志学之年，已嗜六书之艺。”[⑤]

重视文字训诂之学，必然要追本溯源，重视古注。杨慎对宋儒废弃汉唐旧注疏极为不满，批评宋人自用己见的轻率态度：“孔子修鲁史，不肯增阙文；汉儒校群经，未尝去本字。宋人《尚书》则考订《武成》，《毛诗》则尽去序说，吾未敢以为然也。”[⑥]他认为：“六经自火于秦，传注于汉，疏释于唐，议论于宋，日起而日变，学者亦当知其先后。近世学者往往舍传注疏释，便读宋儒之议论，盖不知议论之学自传注疏释出，特更作正大高明之论尔。传注疏释之于经，十得其六七。宋儒用力之勤，铲伪以真，补其三四而备之也。”[⑦]认为汉唐的注疏对于经义的理解是十得六七，而宋儒的经解仅是补其三四而备之。因此他于诸经之注“多取汉儒而不取宋儒”[⑧]。为什么要这样？他解释说：

宋儒言之精者，吾何尝不取。顾宋儒之失，在废汉儒而自用己见耳。吾试问汝，六经作于孔子，汉世去孔子未远，传之人虽劣，其说宜得其真。宋儒去孔子千五百年矣，虽其聪颖过人，安能一旦尽弃旧而独悟于心邪？六经之奥，譬之京师之富丽也，河南山东之人得其十之六七，若云南贵州之人得其十之一二而已。何也？远近之异也。以宋儒而非汉儒，譬云

①［明］杨慎：《升庵全集》卷四十一《数往者顺知来者逆》，第393页。
②［明］杨慎：《升庵全集》卷四十四《文王之为世子》，第441页。
③［明］杨慎：《升庵经说》卷六《往近王舅》，商务印书馆《丛书集成初编》本。
④［明］杨慎：《升庵全集》卷二《转注古音略序》，第19页。
⑤［明］杨慎：《升庵全集》卷二《六书索隐序》，第20页。
⑥［明］杨慎：《升庵全集》卷六十五《琐语》，第839页。
⑦［明］杨慎：《升庵全集》卷七十五《刘静修论学》，第990页。
⑧［明］杨慎：《升庵全集》卷四十二《日中星鸟》，第398页。

贵之人不出里闬，坐谈京邑之制，而反非河南山东之人，其不为人之贻笑者几希。①

杨慎的理论很简单，汉人距六经时代比宋儒更近，故其解说更能得其真义。杨慎虽然没有系统的经学著作，只有一些片段式的经学考据笔记，由后人汇集为《升庵经说》十四卷，但这些笔记所体现出来的重考据和实证研究，而不再以己意或者所谓的微言大义解经，确实开辟了一种新的学术风气。例如，对于《诗经》“窈窕”一词，郑玄、孔颖达解释为“窈窕深宫”，而朱子《诗集传》解释为“幽闲贞静之德”，为反驳朱子的观点，他一口气举了十二条证据，以证明“窈窕”有深的意思，并非言德②。后人评价杨慎的经学说：“升庵精于考证，故说经之书，俱能引据确切，独申己见，殊胜于株守传注曲为附会者。”③

复社领袖张溥在以宗经为标准编选时文的同时，也有志于对经学文献进行一次彻底整理和研究。他要求人们重新重视古注疏和古经解，其《五经注疏大全合纂序》云：“不读注疏，无以知经学之渊流；不读大全，无以正经义之纰缪，两者若五官并列，不容偏废。”④特别强调指出“注疏大全亦五经之关梁门庭也”⑤。对于经书整理，张溥曾有一个宏伟的计划。他说：

经学之不明，讲说害之也。予心恻焉，意欲废讲说而专存经解，窃取古今书目考之，以经为一类，按其书名或存或亡，次第采购。又遍览史乘，旁及百家与名人藏集，其中有一言合经者掇取简首，久而成卷，私先命名分为三集，自周迄唐曰古解，宋元曰通解，今则曰国

---

①［明］杨慎：《升庵全集》卷四十二《日中星鸟》，第398页。

②［明］杨慎：《升庵经说》卷四《窈窕淑女》，《丛书集成初编》本，第60页。

③［清］周中孚：《郑堂读书记》卷二“升庵经说”条，《续修四库全书》第924册，第19页。

④⑤［明］张溥：《五经注疏大全合纂序》，《七录斋诗文合集》，《续修四库全书》第1387册，第287～288页。

朝经解……三集既陈，是非备见，然后探赜远近，通怀彼我，私出拟议，为易书诗春秋三礼孝经通论，以寓己志，庶几微言获明，前人不泯。然才识庸短，家无藏书，即终岁经营，度非二十年之力不就，白首可期，成书无日。[①]

这是对整个经学史进行系统整理的一个宏大计划，首先是汇集从古至今的所有经学著作，以及子史文集中涉及经学的内容，分为汉唐之古解，宋元之通解，明代之国朝经解，这样庞大的资料汇集，无疑可以称为一个巨大的“经藏”。在资料汇集的基础上再对经文经义进行研究，为每一经写一部通论，以发明圣人的微言大义。这个计划由于太过宏大，甚至连张溥自己都感叹“白首可期，成书无日”。由于张溥的名望和号召力，在友人的协助下，他的这一计划也得到初步的实施，产生了一批以“注疏大全合纂”命名的成果，据陆岩军先生统计，这些著作存世的有《诗经注疏大全合纂》三十四卷、《易经注疏大全合纂》六十四卷、《书经注疏大全合纂》三十四卷、《四书注疏大全合纂》三十七卷等，张溥文集中又有《五经注疏大全合纂序》，知其计划中尚有《礼记》《春秋》二经的注疏大全合纂，《正雅堂古今书目》于《礼记注疏大全合纂》《春秋注疏大全合纂》下均标“嗣出”二字，盖二书由于张溥早逝而中辍[②]。除此之外，还有《春秋三书》三十一卷以及《十三经诂释》《经学古解》《经学通解》《国朝经解》等，这些著作都是其宏大计划的部分实现。

明代后期对一些专门性的经学问题也有突破和创新性研究，如对《诗经》古音的研究、对《古文尚书》的辨伪研究等，这些研究虽然并不是当时学术的主流，但也为后世考据经学的发展开辟了道路。

---

① [明]张溥：《五经注疏大全合纂序》，《七录斋诗文合集》，《续修四库全书》第1387册，第287～288页。

② 陆岩军：《张溥研究》，复旦大学2008年博士学位论文，第182～183页。

三、经学即理学：经重新登场的前奏

明末清初重建经权威的工作，由个别学者的零星努力，渐渐汇成一股大潮，要求从理论上重新确立经的最高地位。这就是顾炎武提出的“经学即理学”这一命题。顾炎武的“经学即理学”在中国学术史上具有重要意义，意味着理学开始退场，经学正式重新登场，顾炎武也因此被乾嘉学者尊为开山祖师。

这一命题并非顾炎武原话，而是来自全祖望的《顾亭林先生神道表》：“晚益笃志《六经》，谓古今安得别有所谓理学者，经学即理学也。自有舍经学以言理学者，而邪说以起，不知舍经学则其所谓理学者，禅学也。”[①]这段话是对顾炎武《与施愚山书》中一段话的总括：“愚独以为理学之名，自宋人始有之。古之所谓理学，经学也，非数十年不能通也。故曰：‘君子之于《春秋》，没身而已矣。’今之所谓理学，禅学也。不取之五经而但资之语录，校诸帖括之文而尤易也。”[②]顾炎武认为，理学只是宋人的产物，古人并没有所谓的理学，即使有，那也只是经学，而经学又是实实在在的专门学问，要经过数十年努力才能精通，后世的理学以语录而不以经为根基，只能归为禅学。这就在无形中取消了理学的合法性，以经学之内涵对应理学之名称，使

①［清］全祖望：《鲒埼亭集》卷十二《亭林先生神道表》，《全祖望集汇校集注》，上海古籍出版社2000年版，第227页。

②［清］顾炎武：《亭林文集》卷三《与施愚山书》，《顾亭林诗文集》，第58～59页。也有学者认为经学即理学是后人对顾炎武的误解，顾炎武反对的是陆王心学，而对程朱理学则是支持的态度。但是，从顾炎武的总体思想旨趣来看，“经学即理学”虽不是他的原话，也足以代表他的意思。顾炎武生当经权威扫地的时代，他的目的就是要重建经的权威，他反对的不仅是心学，而是以理为核心，重理轻经的整个理学及其思维模式。他虽然支持程朱理学，但只是因为程朱理学对经书相对要重视一些，并且在解经方面有过一些成就（如朱熹的大量经学著作）。但在程朱理学的视野中，经也不是最高的权威和最终的根据，它只不过是穷理的一个手段而已（详本书第六章），这一点对于要重建经的最高权威的顾炎武来说，肯定是不能满意的。顾炎武的意思是，经不能只是理的附庸，而要成为理的根据，一切理都要来自于经并且以经为依据。这是顾炎武对理学视域中经观念的彻底颠覆，故经学即理学不但足以代表顾炎武的观点，而且具有深远的历史影响，成为清代考据经学的先声。

宋明理学的那一套理论完全落空，无疑是一种釜底抽薪之举。在顾炎武看来，宋明理学就是无根之清谈，“不习六艺之文，不考百王之典，不综当代之务。举夫子论学论政之大端一切不问，而曰‘一贯’，曰‘无言’。以明心见性之空言，代修己治人之实学。股肱惰而万事荒，爪牙亡而四国乱，神州荡覆，宗社丘墟”①。理学不以经学为根基，不关注当世之务，所以才导致了明朝的灭亡。

当时的理学大家如黄梨洲、李二曲等也都偶有推重经学之论，他们都曾与顾氏有交往且相互敬重，但他们的论学主旨与顾氏皆不同。如果说黄梨洲、李二曲为宋明理学之殿军，于清代学术之影响并不甚大，而顾氏的“经学即理学”则无疑开有清一代学术之门。从此，主流学者只谈经学，而不谈甚至讳谈理学。由经学进而辨伪、考证、训诂等新的学风渐渐树立，空谈心性的宋明儒学，一转而为专心于经书考据的乾嘉朴学，所以说顾炎武是清代学术的开山人物名副其实。

经学取代理学而重新登场，不仅是一种理论和思维的转换，更是在大量的学术实践基础上，新的学术范式的建立。这一范式的精髓，即是对经书文本以客观的精神进行考据研究，以探明经的本来面目。顾炎武对此也有筚路蓝缕之功，主要体现在四个方面。

首先是对文字音韵之学的提倡。实实在在的考证工夫，要求从经文的一字一词一音着手研究，把宋明理学空谈而落下的经学功课给补上。顾炎武在《答李子德书》中说：“愚以为读九经自考文始，考文自知音始，以至诸子百家之书亦莫不然。”②从知音到考文，再到通经，这是一个递进的过程，而通经就能明道。他为张尔岐《仪礼郑注句读》所写的序称：“后之君子，因句读以辨其文，因文以识其义，因其义以通制作之原，则夫子所谓以承天之道而治人之情者，可以追三代之英，而辛有之叹不发于伊川

---

①［清］顾炎武著，黄汝成集释，栾保群、吕宗力校点：《日知录集释》卷七，第402页。

②［清］顾炎武：《亭林文集》卷四《答李子德书》，《顾亭林诗文集》，第73页。

矣。”[1]对张尔岐的《仪礼》句读工作高度赞赏。顾氏对知音尤其强调，他说：“三代六经之音，失其传也久矣，其文之存于世者多后人所不能通。以其不能通而辄以今世之音改之，于是乎有改经之病……古人之音亡而文亦亡，此尤可叹者也……嗟夫！学者读圣人之经与古人之作而不能通其音，不知今人之音不同乎古也，而改古人之文以就之，可不谓之大惑乎？”[2]六经之音失传已久，后人不能通晓，便以今音改之，遂使经文面目全非，所谓音亡则经文亡，因此，研究古音绝不是一个单纯的考据学或音韵学的问题，而是通经的基础，要读圣人之经，就要通圣人时代的古音。因此，顾炎武潜心研究古音三十余年，全面考察了古今音韵的流变，写成《音学五书》，包括《音论》《诗本音》《易音》《唐韵正》《古音表》五篇。在顾炎武看来，音学五书的根本价值就在于“自是而六经之文乃可读”[3]，“若《音学五书》为一生之独得，亦足羽翼六经。”[4]又云：“音学五书之刻，其功在于注《毛诗》与《周易》，今但以为诗家不朽之书则末矣。”[5]可见，《音学五书》本质上是经学之书，其目的指向在解经，将《音学五书》理解为帮助诗词押韵之书，就完全曲解了它的本旨。顾炎武对自己研究古音而有功于“圣经”的成就颇为自得，他说“某自五十以后笃志经史，其于音学深有所得，今为五书以续三百篇以来久绝之传”，全祖望《神道表》也称他“最精韵学，能据遗经以正六朝、唐人之失，据唐人以正宋人之失，欲追复三代以来之音，分部正帙而究其所以不同，以知古今音学之变，其自吴才老而下廓如也，则有曰《音学五书》”。

其次，对注疏之文体的提倡。前文已经提及，注疏体著作与语录体有很

① [清]顾炎武：《亭林文集》卷二《仪礼郑注句读序》，《顾亭林诗文集》，第32～33页。

② [清]顾炎武：《亭林文集》卷四《答李子德书》，《顾亭林诗文集》，第69～72页。

③ [清]顾炎武：《亭林文集》卷二《音学五书序》，《顾亭林诗文集》，第26页。

④ [清]顾炎武：《亭林文集》卷六《与杨雪臣》，《顾亭林诗文集》，第139页。

⑤ [清]顾炎武：《亭林文集》卷三《与施愚山书》，《顾亭林诗文集》，第58页。

大区别，注疏是经文的附属，要以经文为依归而不能任意发挥，而语录则完全脱离经书，具有更大的随意性和主观性。顾炎武说：“汉人之于经，如先后郑之释三礼，或改其音而未尝变其字，《子贡问乐》一章错简明白而仍其本文不敢移也，注之于下而已。所以然者，述古而不自专，古人之师传固若是也。”①认为汉人的经注体现了一种“述古而不自专”的精神。又说：“如得殚数年之精力，以三礼为经，而取古今之变附于其下为之论断，以待后王，以惠来学，岂非今日之大幸乎？弟方纂录《易》解，程朱各自为书，以正《大全》之谬。”②以古今之变作为三礼的附注，又“纂录《易》解”以正《大全》之谬，这些都是他致力于注经、解经的体现。他还试图注八股文，以纠正八股文的空疏之病：“万历以前，八股之文可传于世者不过二三百篇耳，其间却无一字无来处……今欲吾甥集门墙多士十数人委之，将先正文字注解一二十篇来，以示北方学者。除事出四书不注外，其五经子史古文句法一一注之，如李善之注《文选》，方为合式。此可以救近科杜撰不根之弊也。”③文字皆有出处，便不再是空疏的，对其典故出处都须一一注出，这即是一种朴学式的研究方法。顾炎武的经学著作如《左传杜解补正》等，就是其注重注疏的体现。

第三，对经文的考证研究。顾炎武最负盛名的著作是《日知录》，此书对于清代考据学风的形成影响甚大，关于此书的内容特点他说：“别著《日知录》，上篇经术，中篇治道，下篇博闻，共三十余卷。有王者起，将以见诸行事，以跻斯世于治古之隆。”④此书以对经的考据研究为灵魂，而融作者的经世致用理想于其中。除前七卷专论经义外，其余各卷论天象、礼制、地理、科举等，也多与经有关，可见，这部书表面看是一部考据笔记类的著作，其实是顾氏尊经、宗经思想的体现。全祖望说：“《日知录》最盛传，历年

①［清］顾炎武：《亭林文集》卷四《答李子德书》，《顾亭林诗文集》，第72页。
②［清］顾炎武：《亭林文集》卷三《答汪苕文书》，《顾亭林诗文集》，第60页。
③［清］顾炎武：《亭林文集》卷三《与彦和甥书》，《顾亭林诗文集》，第58页。
④［清］顾炎武：《亭林文集》卷四《与人书二十五》，《顾亭林诗文集》，第98页。

渐远，读先生之书者虽多，而能言其大节者已罕。”[①] 虽然清代的学问家大多忘记了顾炎武的经世致用宗旨，但对于他的经学观念及经学考证方法，却无疑是忠实继承并发扬光大了。《日知录》所确立的研究范式对清人影响甚大，其版本与研究性著作甚多，除了顾氏生前刻本，还有康熙三十四年潘耒刻本，四库全书本，道光十四年黄汝成的《日知录集释》、李遇孙《日知录续补正》、丁晏《日知录校正》、俞樾《日知录小笺》等。一本笔记体的考据学著作，竟然有这么多人研究，可见它对清人的巨大影响。

第四，开拓了以金石证经的新思路。顾炎武著有《金石文字记》一书，此书同样不能仅当作金石学著作来看，因为此书的宗旨是：“夫祈招之诗，诵于右尹。孔悝之鼎，传之戴记，皆尼父所未收，六经之阙事，莫不增高五岳，助广百川，今此区区亦同斯指。”[②] 也就是全祖望《神道表》所说的“其在汉唐以前者足与古经相参考，唐以后者亦足与诸史相证明”[③]。考金石并非一种业余爱好，而被当作考证经书的有效途径。

顾炎武以经师自况，他对友人说：“弟白首穷经，使天假之年不过一伏生而已。”[④] 全祖望曾描写他游历的场景说：“凡先生之游，以二马二骡载书自随，所至阸塞即呼老兵退卒询其曲折，或与平日所闻不合，则即坊肆中发书而对勘之，或径行平原大野无足留意，则于鞍上嘿诵诸经注疏，偶有遗忘则即坊肆中发书而熟复之。”[⑤] 一孤寡老人独自骑马行于荒原，马背上驮着经书，并时时默诵、翻看，其经学之精神与态度跃然纸上。

与顾炎武差不多同时的方以智（1611—1671），也提出了“藏理学于经

① ［清］全祖望：《鲒埼亭集》卷十二《亭林先生神道表》，《全祖望集汇校集注》，第232页。

② ［清］顾炎武：《亭林文集》卷二《金石文字序》，《顾亭林诗文集》，第29页。

③ ［清］全祖望：《鲒埼亭集》卷十二《亭林先生神道表》，《全祖望集汇校集注》，第227页。

④ ［清］顾炎武：《亭林文集》卷三《答曾庭闻书》，《顾亭林诗文集》，第66页。

⑤ ［清］全祖望：《鲒埼亭集》卷十二《亭林先生神道表》，《全祖望集汇校集注》，第230～231页。

学”[①]的观点，与顾氏的“经学即理学”有相通之处。但是一则方氏沾染佛教理论较多，并不是纯粹的儒家传统经学，如他在《东西均·道艺》中说：“自明者视之，诗书礼乐即圣人之正寂灭道场也，以为善世立教之苦心者，犹未在也。若不知此，何以为悟？”具有较为浓厚的佛教意味，二则方氏对清学的形成似并没有直接的影响力，其《通雅》一书虽也是考据学著作，但并不以尊经和经世致用为鲜明宗旨，学术影响力也不如顾炎武的《日知录》。

第二节　考据通经：清代经观念的逻辑

顾炎武提出的“经学即理学”理念，以及对经学的实地研究，使经学得以重新登上学术舞台的中心，新的学术范式初步确立，这即是上文所提到的由知音、考文，到通经，再到明道的过程。当然通经明道并非终结，明道的最终目的是救世或经世致用。因此，这个理路可以概括为：考据—通经明道—经世。这就是由顾炎武所奠定的清代学术的基本逻辑。但是，逻辑虽是如此，在具体的历史展开中却未必完全实现。清代学者实际上只是把第一步——考据做到了极致，而后两个步骤只是作为预设、理想而存在，并没有真正成为工作内容，因此清代学术真正表现出来的理路是：考据—（通经明道）—（（经世）），通经明道用括弧括起来，意味着它是隐性的，而经世被双重括弧括住，意味着它被隐蔽得更深。后二者的隐性不但意味着没有实现，还意味着一种隐藏在背后的力量，它们作为一种信念和理想支撑着所有的考据工作，即使它们没有实现，但所有的考据工作却都是为了实现它们而开展。

① ［明］方以智：《青原志略》卷首发凡“书院”条，江西人民出版社1998年版，第16页。按此书作者原题笑峰大然，实际作者为方以智，参张永义《〈青原志略〉成书考》，《中山大学学报》（社会科学版）2011年第6期。

清代经学自顾炎武开其端，其后阎若璩、毛奇龄等继之，至乾隆、嘉庆时代而大盛，形成著名的乾嘉之学，“自四库馆启之后，当朝大老皆以考博为事，无复有潜心理学者，至有称诵宋元明以来儒者，则相与诽笑。”① 嘉庆之后，考据学虽仍在继续，但已呈衰落之势。本节即以清代考据学为讨论场域，研究清代经观念的逻辑内涵。

一、道在经中：清代学者的第一信仰

如果只将清代学术称为考据学，显然是一种皮相之见，清代学术本质上是经学。从表面看，考据学者做的是琐碎的考据工作，没有统一的思想和完整的理论，其实在琐碎的表象背后，是经中有道、求道于经的观念。考据学者为什么能够孜孜不倦深入故纸堆数十年如一日，精心钻研经典故籍？根本原因在于他们坚信经是道的载体，是神圣的化身，如果能把经弄清楚、弄明白了，就一定能够获得最高的真理和治国平天下的灵丹妙药，而考据又是求道的必经之路。这一理念是清代所有考据学流派，如惠派、戴派、钱派等共同分享的理念。

乾嘉学术的领军人物惠栋曾与袁枚有过一些争论，惠栋认为袁枚“好文章，舍本而逐末”，要求袁枚“穷经为勖”②。又说：“士之制行，非经不可，疑经者非圣无法。”③ 把穷经当成头等大事，而反对疑经。惠栋后学王鸣盛也说：“治经断不敢驳经，而史则虽子长、孟坚，苟有所失，无妨箴而砭之，此其异也。”（《十七史商榷序》）坚决反对驳经，而对于史书，即使经典如《史记》《汉书》，遇到问题可以直接“箴而砭之”，这是因为他认为经是神圣的，

---

①［清］姚莹：《东溟文外集》卷一《覆黄又园书》，《续修四库全书》第1512册，第625页。

②［清］袁枚：《小仓山房文集》卷十八《答惠定宇书》引惠栋语，《袁枚全集新编》第6册，浙江古籍出版社2015年版，第345页。

③［清］袁枚：《小仓山房文集》卷十八《答定宇第二书》引惠栋语，《袁枚全集新编》第6册，第346页。

是道的载体，不可能有任何错误，故不能驳经，而史是史家所作，有得有失，故需要后人的驳正。

戴震为惠栋的大弟子余萧客所作的《古经解钩沉序》云：“士贵学古治经者，徒以介其名，使通显欤？抑志乎闻道，求不谬于心欤？人之有道义之心也，亦彰亦微。其彰也，是为心之精爽；其微也，则以未能至于神明。六经者，道义之宗而神明之府也。古圣哲往矣，其心志与天地之心协，而为斯民道义之心，是之谓道。”① 将六经明确表述为“道义之宗”“神明之府”，治经就是要求取经中之道。

清代著名史学家钱大昕说：“经史自可致治平。”② 经中有大道，故经可致太平。又说：“《易》《书》《诗》《礼》《春秋》，圣人所以经纬天地者也，上之可以淑世，次之可以治身，于道无所不通，于义无所不该。”③ 又云：“《六经》定于至圣，舍经则无以为学。”④ 段玉裁以小学研究著名，其《说文解字注》耗费了近30年的精力，但是他从事小学研究的根本目的也是解经，他将经学作为唯一有意义的学问，认为“言学但求诸经而足矣”⑤。他在《江氏音学序》中说：“尝闻《六经》者，圣人之道之无尽藏，凡古礼乐制度名物之昭著，义理性命之精微，求之《六经》，无不可得。虽至亿载万年，而学士大夫推阐，容有不能尽，无他，经之所蕴深也。”⑥ 又云：“《六经》，犹日月星辰也。无日月星辰则无寒暑昏明，无《六经》则无人道。为传注以阐明《六经》，犹羲、和测日月星辰，敬授民时也。”⑦ 把经推崇到

---

①［清］戴震：《古经解钩沉序》，《戴震全书》第6册，黄山书社1995年版，第377页。

②［清］钱大昕：《潜研堂诗续集》卷六《题冯巽泉太守秋缸补读图》，《潜研堂集》，上海古籍出版社1989年版，第1252页。

③［清］钱大昕：《潜研堂文集》卷二十一《抱经楼记》，《潜研堂集》，第349页。

④［清］钱大昕：《潜研堂文集》卷二十四《经籍撰诂序》，《潜研堂集》，第393～394页。

⑤［清］段玉裁：《十经斋记》，《经韵楼集》，上海古籍出版社2008年版，第236页。

⑥［清］段玉裁：《江氏音学序》，《经韵楼集》，第125页。

⑦［清］段玉裁：《十三经注疏释文校勘记序》，《经韵楼集》，第1页。

至高的神圣地位。同是小学家的桂馥说："无才不烦读书，读书莫要于治经，才尽于经，才不虚生。"[1] 著名辨伪学家崔述（1740—1816）认为"圣人之道，在《六经》而已矣"，至于"《六经》以外，别无所谓道也"[2]。以上这些尊经、宗经言论在清代比比皆是，看似老生常谈、无甚新奇，却构成他们的根本信仰，是他们一切学术工作的意义寄托。

清代学者刻苦勤奋、精益求精的精神，也是历代少见的。他们对学问往往有一种信徒般的痴迷，即使生活贫困潦倒，疾病缠身，仍孜孜不倦地研究学问，他们是用生命在做学问，用生命在向经中求道。王鸣盛著《尚书后案》，自序云："草创于乙丑，予甫二十有四，成于己亥，五十有八矣。寝食此中将三纪。又就正于有道江声，乃克成此编。予于郑氏一家之学，可谓尽心焉耳矣。若云有功于经，则吾岂敢。"（《尚书后案序》）从24岁开始写此书，一直到58岁才完成，而这期间无日不在思考这件事，"寝食其中"，可见他的执着精神。虽然他谦虚地说"若云有功于经，则吾岂敢"，而其真实意思是此书如果有一些价值的话，那么它的最大价值就是对于解经做了一点贡献，而正是这种有功于经的信念，才是他如此辛苦钻研的最大精神支柱。顾栋高（1679—1759）也是如此："生平以穷经著书为事，自幼至老未尝一日不读书，于五经皆有所发明。掌教淮阴书院，从游者甚众。夏日不见一客，坚闭重门，解衣脱袜履，至寸丝不挂，匿帷后，手一卷不辍。辛未以经学授官者，惟先生一人无愧色耳。"[3] 夏日炎炎，紧闭大门躲在家里"寸丝不挂"钻研经学，这是对学问的怎样一种痴迷！戴震一生往来奔波，晚年入四库馆校书，从此"晨夕披检，靡间寒暑，竟以积劳致疾"[4]，最后死于任上。钱大昕晚年几乎目盲，见客必令左右相导，"惟观书纵字小如豆，犹能在灯下

①［清］桂馥：《晚学集》卷一《惜才论》，商务印书馆1936年版，第1页。

②［清］崔述：《考信录提要》卷上，《崔东壁遗书》，上海古籍出版社1983年版，第2页。

③［清］阮葵生：《茶余客话》卷九，上海古籍出版社2012年版，第186页。

④［清］钱大昕：《潜研堂文集》卷三十九《戴先生震传》，《潜研堂集》，第712页。

披阅，无不了了”[①]，可以想象一下一位耄耋老人在昏暗的灯光下虽老眼昏花仍孜孜不倦读书的情形。王念孙晚年抱病，陈奂前往探视，王引之告诫他不要跟他父亲谈读书治学之事，因为“老人好论书，论书眠不得也”[②]，大概一提起读经治学的话头，就兴致高涨，连觉都睡不着了。

这些学者为何对考据工作有如此巨大的热情？有论者认为是由于清政府限制江南士人的录取名额而照顾满洲和边省，致使越来越多的江南士人科举无望，因此一些学者“选取以考据为基础的儒学资源作为谋生应世之道”[③]。这种论调完全不通，考据岂能谋生？考据若能谋生，大多数考据学者又怎么会贫困潦倒？戴震从年轻时即接受了考据学的研究方法，但并没有放弃科举考试，这又岂是谋生之说所能解释的？李慈铭在《越缦堂读书记》中历数惠栋、江永、戴震、汪中等考据名家的落魄遭遇，与高谈程朱理学者之位致通显相对照，而对其精神给予高度赞扬：“诸君子之抱残守阙，断断缣素，不为利疚，不为势诎，是真先圣之功臣，晚世之志士，夫岂操戈树帜，挟策踞座，号召门徒，鼓动声气，呶呶陆王之异辞，津津程朱之弃唾者所可同年语哉！”[④]漆永祥先生说：“清代考据学家不仅不能与汉儒较其同异，亦不能与清代尊奉宋学者比其优劣。其既出身贫贱，又不擅时文，更不善钻营，日事读书，拙于生计，则穷困潦倒也固矣。考据学虽为一时显学，但并未给他们带来生活上的裕如与富足。‘著书难为稻粱谋’，方为他们一生真实之写照！”[⑤]可见，考据家的学术热情，决不能以谋生、谋利论，因为完全有更容易的谋生方式。

---

①［清］钱东壁、钱东塾：《钱竹汀先生行述》，见《嘉定钱大昕全集》第1册，江苏古籍出版社1997年版，第16页。

②［清］陈奂：《师友渊源记》王引之条，台湾新文丰《丛书集成续编》第247册，第204页。

③ 王坚：《皇权调控与士人转向：清代江南考据学派成因新论》，《南京大学学报》2016年第4期，第97页。

④［清］李慈铭：《越缦堂读书记》集部“戴氏遗书”条，上海书店出版社2000年版，第1028页。

⑤ 漆永祥：《乾嘉考据学新论》，《北京大学学报》2013年第3期，第109页。

唯一的解释是，他们自认为是在做一件最伟大、最有意义的事，即解经、求道于经，这才是他们从事学问最根本的精神动力。方东树以为汉学家之考据，“究其本志，特出于私妄好事，豪举矜名，原未尝为明经起见”[①]。这也属于偏见之论。

“经中有道”“求道于经”观念对清代学术的支撑作用，造就了清代经学的巨大成就。清代第一流人物、最杰出的学者都是经学家，都在研究经。清代经学研究的成果汗牛充栋，其数量之多、质量之高不但远迈宋明，即比之汉唐亦有过之而无不及，可谓经学之全盛期。仅以《皇清经解》《续经解》所收来看，其中作者凡180余家，380余种，2800余卷，这还只是清代顶级学者的成果，其他一般不知名学者的成果更是不计其数。除了经学专门著作，清代学者的文集中也充斥着大量的学术笔记、考据文章，甚至朋友间往来书信中也是讨论经学的内容，以至于一些学者的文集甚至可以归为经部。例如胡培翚的《研六室文钞》十卷，共八十余篇，全为经学考据文章，胡氏对于与经义无关的诗文，“虽已传于外，概命勿付梓”[②]，不愿意将其收入文集刊刻流传，可见在他的眼中，真正有价值的是经学研究作品，诗文不过是雕虫小技，无堪称道。

除了汗牛充栋的经学著作之外，还有一个值得关注的现象，即在清代的知识阶层中出现了大量以“经”命名的堂号、斋室等。检索《清代诗文集汇编》目录，这类名号竟达四五十种，其中不乏知名的大学者，如阮元、段玉裁等，今列于下，以见清代学者对经的推尊：五经堂（范鄗鼎），传经阁（凌劻），含经堂（徐元文），抱经堂（卢文弨），揅经室（阮元），经韵楼（段玉裁，另朱骏声亦用此名），籀经堂[③]（陈庆镛），拜经楼（吴骞），传经堂（刘氏），

---

①［清］方东树：《汉学商兑》卷下，载［清］江藩、方东树著，徐洪兴编校《汉学师承记（外二种）》，中西书局2012年版，第348页。

②［清］胡先翰、胡先頖：《研六室文钞序》，《胡培翚集》，台湾“中央研究院”中国文哲研究所2005年版，第7页。

③ 陈氏又有问经堂，不知是否同斋异名，见龚自珍《问经堂记》，载《龚自珍全集》，上海人民出版社1975年版，第187页。

醉经草堂（王史鉴），垂经堂、一经堂、经笥堂（雷铉），味经窝（秦蕙田），味经书屋（刘氏），经训堂（毕氏），石经堂、树经堂（谢启昆），授经堂、教经堂（徐书受），经遗堂（韦佩金），遗经楼（陈履和），唐宋旧经楼（孔璐华），积经堂、拜经堂（臧庸），受经堂、怀经堂（吴绳基），校经庼（李富孙），一经庐（姚配中），十经斋（沈涛），七经楼（蒋湘南），味经斋、守经堂（沈筠），巢经巢（郑珍），小醉经室（徐廷珍），海幢经坊、经德堂（龙启瑞），味经山馆（戴钧衡），枕经堂（方朔），柏经正堂、诂经精舍、广经室（刘恭冕），酒五经吟馆（恭钊），经注经斋（平湖朱氏），校经室（孙葆田），肇经馆（胡薇元），笺经室（曹元忠），治经堂（朱锦琮）。再检索《清人室名别称字号索引》，又可发现经训堂（王昶、毕沅、胡先座、任槐里、查子穆、孙起楠、张载道等七人皆用此名）、经畬堂（江景纶、沈光照、姚镇、胡晖吉、马振伯、钱荣高、储凤瀛等七人皆用此名）[①]等。胡培翚之研六室，也是研究六经之义。从这里也可以看出“经”观念在清代学者中的支配作用。

二、考据以通经：考据学的理论基础

道在经中既然是清代学者的基本观念，那么首要问题就是要通经。通经，就是要回答“经到底说了什么”这样的问题。因此，就需要回到经文本身，将经文作为一个对象，站在一个相对客观的立场上去研究，把它的真相弄清楚。比如，经文中会有一些难解的字词，会有某个陌生的名物、制度，它们该怎么理解，到底怎么回事，这些都需要征引各种材料和严谨细密的分析推理才能弄清楚。考据因此应运而生。有学者就指出：“因明道而穷经，因穷经而考据，或许是自然而然的趋势。”[②]比较精辟地概括了考据产生的学术

① 杨廷福、杨同甫编：《清人室名别称字号索引》上，上海古籍出版社2001年版，第558页。

② 亢学军、侯建军：《明代考据学复兴与晚明学风的转变》，《河北学刊》2005年第5期，第130页。

理路。在清代考据家看来，考据与通经是一体的，一方面，通经必须考据，因为考据是通经的必由之路；另一方面，考据必须通经，考据不是漫无目的的考据，而必须以通经为目的。因此，考据与通经是互为充分必要条件的两个概念。

首先，通经必须考据。这是清代考据家的共识。王鸣盛弟子张焘说："夫通经学古之所由知义理，必从考据入，未有考据舛而可言义理者。"①对此关系论述最彻底、最清楚的是戴震，他说："仆自十七岁时，有志闻道，谓非求之六经、孔、孟不得，非从事于字义、制度、名物，无由以通其语言。宋儒讥训诂之学，轻语言文字，是欲渡江河而弃舟楫，欲登高而无阶梯也。为之卅余年，灼然知古今治乱之源在是。"②戴震认为，道非求之经不能得，而经非考据不能明，只有通过对经文字义、制度、名物的考证，才能真正通晓经文，通晓了经文才能闻道。戴震对考据与通经的关系举了若干个例子：

至若经之难明，尚有若干事。诵《尧典》数行至"乃命羲和"，不知恒星七政所以运行，则掩卷不能卒业。诵《周南》《召南》，自《关雎》而往，不知古音，徒强以协韵，则龃龉失读。诵古《礼经》，先《士冠礼》，不知古者宫室、衣服等制，则迷于其方，莫辨其用。不知古今地名沿革，则《禹贡》职方失其处所。不知少广、旁要，则《考工》之器不能因文而推其制。不知鸟兽虫鱼草木之状类名号，则比兴之意乖。而字学、故训、音声未始相离，声与音又经纬衡从宜辨。汉末孙叔然创立反语，厥后考经论韵悉用之。释氏之徒，从而习其法，因窃为己有，谓来自西域，儒者数典不能记忆也。中土测天用句股，今西人易名三角、八线，其三角即句股，八线即缀术。然而三角之法穷，必以句股御之，用知句股者，

---

①［清］张焘：《西庄始存稿序》，王鸣盛《西庄始存稿》卷首，《续修四库全书》第1434册，第1页。

②［清］戴震：《与段茂堂第九札》，《戴震全书》第6册，第541页。

> 法之尽备，名之至当也。管、吕言五声十二律，宫位乎中，黄钟之宫四寸五分，为起律之本。学者蔽于钟律失传之后，不追溯未失传之先，宜乎说之多凿也。凡经之难明右若干事，儒者不宜忽置不讲。仆欲究其本始，为之又十年，渐于经有所会通，然后知圣人之道，如悬绳树槷，毫厘不可有差。①

戴震提到的这几点，都是经文中非常重要的名物、制度，天文地理人文无不包罗，如《尚书》“乃命羲和”一句涉及天文历法，《诗经》的韵律涉及音韵学，《禹贡》涉及古今地理沿革，勾股涉及数学和天文知识。在戴震看来，只有将这些知识彻底搞清弄懂，才能真正理解经文，做到“于经有会通”。考据家们为了弄懂这些名物制度，渐渐变成许多具体知识的专家，戴震本人就具有精深的天文学、数学、地理学知识，并著有《筹算》《勾股割圜记》《周髀北极璇玑四游解》等，为了解读《禹贡》，还曾深入研究《水经注》。《清稗类钞》记述了清代考据家对天文数学的研究：

> 经学家必通天算，良以《尚书》开卷，即言治历，《内则》幼学，亦重习计，而其法亦益臻邃密。自圣祖御制《数理精蕴》，契合道源，范围乾象，以故天下勤学之士，蒸蒸向化。若梅文鼎、梅瑴成、江永、戴震、程瑶田等，阐扬推衍，各有撰述。后则董佑诚、罗士琳，最近则南汇张文虎、金山顾尚之、海宁李善兰，尤为杰出。阮文达作《畴人传》四十六卷，罗士琳作《续畴人传》六卷。②

因经学考据而产生的对具体知识的研究，使考据学具有了一种知识主义

① [清]戴震：《与是仲明论学书》，《戴震全书》第6册，第371页

② [清]徐珂：《清稗类钞》经术类“算学之精义”条，《清稗类钞》第八册，中华书局1986年版，第3855页。

的色彩。美国汉学家艾尔曼说："晚明时期，人们不断倡导儒家经典本位意识，这是五经重新恢复其儒学主导地位的标志……晚明学者步薛氏之后，认为《大学》《中庸》只是《礼记》的一部分，强烈反对把四书单列为经典的做法。他们批评四书是宋儒拼凑的粗劣著作，难以准确概括五经经旨……经典考证成为复古要求的中心课题……18世纪，这种变化已开花结果，经典考证终于回到走向知识主义立场的儒学话语的中心地位。"①

但是这种知识主义是有限度的，其限度就是"通经"。这就涉及考据与通经的第二层次关系，即考据必须以通经为目的。也就是说，清人的考据学本质上是一种经学考据，而不是史学考据、诸子考据或博物学考据。经学家为什么要研究天文、历算？不是他们喜欢天文学，想要丰富天文学知识，而是"良以《尚书》开卷，即言治历，《内则》幼学，亦重习计"，经书中有这方面内容，不研究清楚怎么能够通经呢？焦循对于"考据"之名就颇有非议，认为应该直接用"经学"之名来代替，他认为清初以来的考据家如顾炎武、万斯同、胡渭、阎若璩及惠、江、戴、段、王、钱等人，各自自名一学，"直当以经学名之，乌得以不典之称之所谓考据者混目于其间乎？若袁太史所称择其新奇随时择录者，此与经学绝不相蒙，止可为诗料策料，在四部书中为说部，世俗考据之称或为此类而设，不得窃附于经学，亦不得诬经学为此，概以考据目之也……考据之名不可不除"②。在焦循看来，惠、戴等考据大家的学问本质上就是经学，而不能称为考据学，单纯的考据学不过是一种基于个人兴趣的资料的搜集、整理，即所谓"择其新奇随时择录"，这类著作只能归入"说部"，即子部中地位最低的那个部类，岂能与经学相混？

不过，清代考据学后来也超出经学范围，而延伸到史学、金石、文字、

①〔美〕艾尔曼著，赵刚译：《从理学到朴学：中华帝国晚期思想与社会变化面面观》，江苏人民出版社2012年版，第37～38页。

②［清］焦循：《雕菰集》卷十三《与孙渊如观察论考据著作书》，《续修四库全书》第1489册，第247页。

诸子等诸多领域，但它们本质上也都是考据经学的附属和衍生，学者本意并不是有意识地要去专门研究这些学问，而是因为它们对于经的考据有帮助。惠栋“于著述之暇，取诸子百家凡象纬、舆地、六书、训诂、方言、风俗、姓氏、谱牒、金石文字、算数、历律之学有足羽翼经传、发明注疏者，随笔摘记，莫不穷源竟委，曲证旁通，以为后学津梁”[①]。他旁涉如此之多，就是因为这些学问都“足羽翼经传、发明注疏”。清代许多被称为史学家的学者，如王鸣盛、钱大昕等，他们一个以《十七史商榷》，一个以《廿二史考异》闻名后世，但他们思想的根柢仍然在经学。王引之在评价钱大昕的学问时说：“古之治经与史者，每博求之方言、地志、律象、度数，证之诸子、传记，以发其旨。自讲章时艺盛行，兹学不传久矣。国初诸儒，起而振之。若昆山顾氏、宣城梅氏、太原阎氏、婺源江氏、元和惠氏，其学皆实事求是。先生生于其后，而集其成。”[②]学者们之所以重视方言、地志、诸子传记，是因为它们能够用来证经以“发其旨”。钱大昕在金石学方面有很深的造诣，他自己也说：“金石之学，与经史相表里。”[③]江永在《古韵标准》“例言”中说：“经传楚辞、子史百家可证《诗》韵者引之，亦不必多引，取证明而已。”近代藏书家叶德辉把经学考据归纳为六种方法，即以经证经、以史证经、以子证经、以汉人文赋证经、以《说文解字》证经、以汉碑证经[④]。这一总结一针见血地指出清儒研究史学、诸子、文学、文字学乃至金石碑刻等的最终目的都是证经。其中值得一提的以子证经。

清代是诸子学复兴的时代，学者热衷于研究诸子，但其出发点也是为了

---

①［清］翁广平：《听莺居文钞》卷二《〈松崖笔记〉序》，《清代诗文集汇编》第466册，上海古籍出版社2010年版，第145页。

②［清］王引之：《王文简公文集》卷四《詹事府少詹事钱先生神道碑铭》，《高邮王氏遗书》，罗振玉辑印本。

③［清］钱大昕：《潜研堂文集》卷二十五《关中金石记序》，《潜研堂集》，第414页。

④［清］徐珂：《清稗类钞》经术类“经有六证”条，《清稗类钞》第八册，第3805页。

证经。惠士奇说："周秦诸子，其文虽不尽雅驯，然皆可引为礼经之证，以其近古也。"①汪中（1744—1794）专研荀子，对于晚清荀学的复兴有开创之功，而他认为荀子的最大价值在于传经，故其所作《荀卿子通论》第一句即开宗明义说："荀卿之学，出于孔氏，而尤有功于诸经。"晚清学者俞樾是诸子研究大家，他说：

> 圣人之道具在于经，而周秦两汉诸子之书亦各有所得。虽以申韩之刻薄，庄列之怪诞，要各本其心之所独得者而著之书，非如后人剽窃陈言，一倡百和者也。且其书往往可以考证经义，不必称引其文，而古言古义居然可见。故读《庄子·人间世篇》曰"大枝折，小枝泄"，泄即抴之假字，谓牵引也，而《诗·七月篇》"以伐远扬，猗彼女桑"之义见矣。读《贾子·君道篇》曰"文王有志为台，令匠规之"，而《诗·灵台篇》"经始灵台，经之营之"之义见矣。读《管子·大匡篇》曰"臣禄齐国之政"，而知《尚书》今文家说大麓，古有此说。读董子《春秋繁露·王道篇》曰"恩卫葆"，而知《春秋左氏传》"齐人来归卫俘"字固不误。读《商子·禁使篇》曰"驺虞以相监"，而知韩鲁诗说以驺虞为掌鸟兽官亦古义也……凡此之类，皆秦火以前六经旧说，孤文只字，寻绎无穷。乌呼！西汉经师之绪论已可宝贵，况又在其前欤！"②

俞樾在以子证经方面是深有体会的，他的代表作不但有《群经平议》，还有《诸子平议》，正可见他以诸子证经的学术路径。张之洞在《輶轩语》中说："读子为通经。"并自注："以子证经，汉王仲任已发此义。"又进一步说："子有益于经者三：一、证佐事实，一、证补诸经伪文佚文，一、兼通古训古音韵，然此为周秦诸子言也。汉魏亦颇有之。至其义理，虽不免偏驳，亦多有合于经义，

---

①［清］钱大昕：《潜研堂文集》卷三八《惠先生士奇传》，《潜研堂集》，第690页。

②［清］俞樾：《诸子平议·序目》，上海书店1988年影印本。

可相发明者。”[①]罗焌先生说：“以古诸子书关联经传，以佐证事实，校订脱讹，旁通音训。故乾嘉以还，学者皆留意子书，用为治经之助。”[②]精辟地指出了清代学者对诸子书的研究，更多地是为了治经。当然，这在客观上也促进了诸子学的复兴和发展。

因考据的发展而导致经学家知识领域的扩大，遂产生经书范围扩张的要求。段玉裁曾主张将十三经扩充为二十一经：

> 愚谓当广之为二十一经，《礼》益以《大戴礼》，《春秋》益以《国语》《史记》《汉书》《资治通鉴》，《周礼》六艺之书、数，《尔雅》未足当之也，取《说文解字》《九章算经》《周髀算经》以益之，庶学者诵习佩服既久，于训诂、名物、制度之昭显，民情、物理之隐微，无不了然，无道学之名而有其实。[③]

对于这一观点的深层逻辑，张寿安先生有过研究[④]。笔者认为，这种对经书书目的扩充，在本质上正是“考据以通经”观念的反映。这种增加不是单纯数量的增加，而是每一门类中书目的增加，因为所增加的各部书都被分配到原有各经的门类中，这些新增经书的价值正在于能够对各自门类中原有的经文、经义有所发明。如《大戴礼》加到礼类中，《国语》《史记》等增加到春秋类中，《说文》及两部算经增加到“六艺”之书、数中。因此，从本质上讲，增加的几部书都是服务于解经这个大主题的，正如漆永祥先生所说：“他的最终观点仍然是‘言学但求诸经而足矣’，故所增诸书也只不过是对十三经之补充而已。”[⑤]

① [清]张之洞：《书目答问二种》，生活·读书·新知三联书店1998年版，第299页。

② 罗焌：《诸子学述》，岳麓书社1995年版，第51页。

③ [清]段玉裁：《十经斋记》，《经韵楼集》，第236页。

④ 张寿安：《从“六经”到“二十一经”——十九世纪经学的知识扩张与典范转移》，《学海》2011年第1期。

⑤ 漆永祥：《乾嘉考据学研究》，中国社会科学出版社1998年版，第204～205页。

最后，我们可以用焦循的一段话作总结，来说明考据与经学的完全对应关系：

> 经学者，以经文为主，以百家子史、天文术算、阴阳五行、六书七音等为之辅，汇而通之，析而辨之，求其训故，核其制度，明其道义，得圣贤立言之指以正立身经世之法，以己之性灵合诸古圣之性灵，并贯通于千百家著书立言者之性灵，以精汲精，非天下之至精，孰克以与此！①

总之，清代考据学是以经为中心展开的，经是统领考据的灵魂，考据则是通经的必由之路。

三、客观的研究：考据学的基本内涵与展开

考据学的要义是强调证据，言必有据，而不能像宋明理学家那样凭主观任意发挥。这种客观态度常被称为"实事求是"，考据家对此有高度的自觉。凌廷堪说："昔河间献王实事求是，夫实事在前，吾所谓是者，人不能强辞而非之，吾所谓非者，人不能强辞而是之也，如六书九数及典章制度之学是也。虚理在前，吾所谓是者，人既可别持一说以为非，吾所谓非者，人亦可别持一说以为是也，如理义之学是也。"②"实事求是"对于经学的意义，就在于它有坚实的证据基础，有一分证据说一分话，言而有征，无征不信，而不像理学那样，自己立一说，别人会另立一说反对，由于双方都无实证基础，所以谁也无法说服谁。卢文弨说："凡传古人书，当一仍其旧，慎勿以私见改作。"③对清代考据学颇有研究的梁启超也说："论一事必举证，尤不以孤证

---

①［清］焦循：《雕菰集》卷十三《与孙渊如观察论考据著作书》，《续修四库全书》第1489册，第246页。

②［清］凌廷堪：《校礼堂文集》卷三十五《戴东原先生事略状》，第317页。

③［清］卢文弨：《钟山札记》卷一"蔡中郎集"条，中华书局1985年版，第15页。

自足，必取之甚博，证备然后自表其所信。”[①] 王念孙的《广雅疏证》，阮元称其“一字之证，博及万卷”[②]，对于一个字的解释，竟然要从万卷书中去寻找相关的证据，可见清人的确已经将考据的精神发挥到了极致。清代学者本着这种客观实证精神，展开对经书的研究，具体来说，大致包括以下三个方面。

1. 文字训诂为通经的必由之路

文字训诂之学是清代学问的重头戏，也是清代学者最擅长的领域。文字训诂是从语言文字层面对经文的研究，它包括几个方面，首先是文字，即研究文字构造及其本义，其核心是关于“六书”的研究，戴震说：“六书也者，文字之纲领，而治经之津涉也。载籍极博，统之不外文字；文字虽广，统之不越六书。”[③] 这使《说文》学成为一时显学，“海内治《说文》者，专门异派，纷然并作，无虑数十家”[④]。《说文》学在清代盛极一时，尤其以段玉裁的《说文解字注》为代表。其次是音韵，对经书文字之古音的研究与复原，主要针对《诗经》等有韵的经书。清人在明代学者研究古音的基础上进一步深入，古音学蔚为大观，成就斐然，江永、戴震、钱大昕、段玉裁、孔广森、王念孙、江有诰、严可均、姚文田、张成孙、朱骏声等都是古音专家。第三是训诂，即对经书字义尤其是古义、本义的研究，《尔雅》《说文》《广雅》等成为这方面的法宝，并出现了《广雅疏证》《经传释词》以及阮元主持编纂的《经籍撰诂》等经典之作。第四是文法，即对经文的行文规律、词语用法、语法构造等进行规律性的总结，以加深人们对经文的理解，如王引之《经义述闻》《经传释词》，俞樾《古书疑义举例》等，总结了不少经文行文的若干规律，如“经文假借”，研究假借字的规律；衍文，经文流传过程中出现

① 梁启超：《清代学术概论》，上海古籍出版社1998年版，第12页。

②［清］阮元：《揅经室续集》卷二下《王石臞先生墓志铭》，《续修四库全书》第1479册，第473页。按中华书局本《揅经室集》未录此文。

③［清］戴震：《六书论序》，《戴震全书》第6册，第295页。

④［清］方东树：《汉学商兑》卷中之下，载［清］江藩、方东树著，徐洪兴编校《汉学师承记（外二种）》，第302页。

的衍文现象，包括旁注误入正文、上下相因而误、上文因下而省等；这些规律对于研读经文很有参考价值。第五是经书整理，包括校订、刊刻、注解等，清代许多学者都是非常高明的校勘学家，经过他们的校勘，许多经书出现了可读性强的善本，如卢文弨《抱经堂丛书》、阮元《十三经注疏校勘记》等。刊刻、注解就更多了，如阮元主持刊刻的《十三经注疏》，至今仍是《十三经注疏》的通行本。注解方面，清人对经书所作的新疏，大多已经超越前人，成为新的经典，如刘宝楠《论语正义》、焦循《孟子正义》、孙希旦《礼记集解》等。

清人何以如此重视文字训诂之学？因为他们把文字训诂当作通经的首要和必要途径，在文字训诂与通经之间，建立一个稳固的、不容置疑的因果关系。如戴震说：

> 仆自少时家贫，不获亲师，闻圣人之中有孔子者，定六经示后之人。求其一经，启而读之，茫茫然无觉。寻思之久，计于心曰："经之至者道也，所以明道者其词也，所以成词者字也。由字以通其词，由词以通其道，必有渐。"求所谓字，考诸篆书，得许氏《说文解字》，三年知其节目，渐睹古圣人制作本始。又疑许氏于故训未能尽，从友人假《十三经注疏》读之，则知一字之义，当贯群经、本六书，然后为定。①

戴震初读六经而茫然不解，他认为是经文的文字训诂未通的原因，于是渐渐认识到，"由字以通其词，由词以通其道"，这是一个循序渐进的过程，因此他才开始重视文字训诂之学，从研究篆书、《说文》开始，进而扩大到整个《十三经注疏》。在戴震看来，经的义理依托于文字而存在，文字是经义的根本："治经先考字义，次通文理……有一字非其的解，则于所言之意必差，而道从此失。……宋以来，儒者以己之见硬坐为古贤圣立言之意，而

①［清］戴震：《与是仲明论学书》，《戴震全书》第6册，第370～371页。

语言文字实未之知。”[①] 一个字理解错了，可能就错失了经文的真实含义，可见文字训诂的重要意义。他又说：

> 言者辄曰：“有汉儒经学，有宋儒经学，一主于训故，一主于理义。”此诚震之大不解也者。夫所谓理义，苟可以舍经而空凭胸臆，将人人凿空得之，奚有于经学之云乎哉？惟空凭胸臆之卒无当于贤人圣人之理义，然后求之古经。求之古经而遗文垂绝，今古县隔也，然后求之训故。训故明则古经明，古经明则贤人圣人之理义明，而我心之所同然者乃因之而明。[②]

由明训故到明古经，再到明圣人义理，戴震再次强调了文字训诂与通经的因果关系。虽然戴震晚年撰写《孟子字义疏证》，常被认为转向了义理之学，但正如洪榜所说：“所以名其书者，曰‘孟子字义疏证’焉耳。然则非言性命之旨也，训故而已矣，度数而已矣。”[③] 认为《孟子字义疏证》本质上也是一种训诂之学。

上述理论不是戴震的个人观点，而是当时知识界的普遍认识。如《四库全书总目》云：“说经主于明义理，然不得其文字之训诂，则义理何自而推？”[④] 惠栋（1697—1758）引郑玄云：“读先王典法，必正言其音然后义全。”[⑤] 这是在讲音韵的重要性。钱大昕（1728—1804）说：“尝谓《六经》者，圣人之言，因其言以求其义，则必自诂训始；谓诂训之外别有义理，如桑门以不立文字为最上乘者，非吾儒之学也。”[⑥] 这是在强调训诂的意义。焦循云：“训故明

---

①［清］戴震：《与某书》，《戴震全书》第6册，第495页。

②［清］戴震：《题惠定宇先生授经图》，《戴震全书》第6册，第505页。

③［清］洪榜：《上笥河朱先生书》，《戴震全书》第7册附录，第141页。

④［清］永瑢等：《四库全书总目》卷首凡例，第18页。

⑤［清］惠栋：《松崖文钞》卷一《韵补序》，《续修四库全书》第1427册，第272页。

⑥［清］钱大昕：《潜研堂文集》卷二十四《臧玉琳经义杂识序》，《潜研堂集》，第391页。

乃能识羲文周孔之义理。宋之义理仍当以孔之义理衡之，未容以宋之义理，即定为孔子之义理也。”[①] 阮元也说：“圣人之道譬若宫墙，文字训诂其门径也。门径苟误，跬步皆歧，安能升堂入室乎！”[②] 又云：“训诂不明则圣贤之语必误，语尚误，遑言其理乎。”[③] 这是在强调训诂的价值。孙星衍说：“侍少读书，为训诂之学，以为经义生于文字，文字本于六书，六书当求之篆籀古文，始知仓颉、尔雅之本旨，于是博稽钟鼎款识及汉人小学之书，而九经三史之疑义可得而释。”[④] 不但是著名学者，即在普通读书人那里，对文字训诂的强调也成为一种潜在意识，如《清稗类钞》载：“严元照，字九能，归安人。父树萼，喜聚书，书至数万卷。课九能，不使应试，谓之曰：‘读书不精，非学也。士必通经，通经必通训诂，而文字声音则训诂所由出，舍古训而以意说经，破碎大道，必始此矣。’”[⑤] 这就是清代文字训诂之学兴盛的学理背景。

2. 宗汉复古

六经多为上古三代之书，既然要研究六经本文和本义，自然是越古老的资料价值越大。因此，学者们渐溯渐古，先是由晋唐的注疏上溯到东汉的马融、郑玄、许慎、何休等，进而上溯到西汉的今文经学。如文廷式（1856—1904）所云：“汉学重考证，考证之学则愈古而愈奥，故人惟搜旧，西汉之学盛而东汉之学顿衰。”[⑥] 清代学者的许多经学考据著作，大都明确表示只参考唐代之前的资料。郭院林先生说：“清代考据学兴盛后，学者依据《十三

①［清］焦循：《雕菰集》卷十三《寄朱休承学士书》，《续修四库全书》第1489册，第240页。

②［清］阮元：《揅经室一集》卷二《拟国史儒林传序》，《续修四库全书》第1478册，第549页。

③［清］阮元：《揅经室一集》卷一《释门》，《续修四库全书》第1478册，第546页。

④［清］孙星衍：《问字堂集》卷四《答袁简斋前辈书》，《续修四库全书》第1477册，第421页。

⑤［清］徐珂：《清稗类钞》经术类“严九能承父命治经”条，《清稗类钞》第8册，第3819页。

⑥［清］文廷式：《罗霄山人醉语》，《文廷式集》下册，中华书局1993年版，第813页。

经注疏》中保存的汉儒注释来探求经传旨意，是学者治经的基本途径。”[①]因此，清代的经学又被称为汉学，体现了其宗汉复古的思想特征。

宗汉复古在明代学者那里已发其端。杨慎时时强调“古注所以不可轻易也”[②]，于诸经之注“多取汉儒而不取宋儒”[③]。发展到清代，对于两汉的古注疏越来越重视。惠栋说：“汉人通经有家法，故有五经师训诂之学，皆师所口授，其后乃著竹帛。所以汉经师之说立于学官，与经并行。《五经》出于屋壁，多古字古言，非经师不能辨。经之义存乎训，识字审音，乃知其义。是故古训不可改也，经师不可废也。”[④]又云：“宋儒谈心性，直接孔孟，汉以后皆不能及。若经学，则断推两汉。”[⑤]惠派的最大特色就是宗汉、复古，甚至走了极端，梁启超说惠派学风是“凡古必真，凡汉皆好”[⑥]。王昶《惠先生墓志铭》云：“先生生数千载后，耽思旁讯，探古训不传之秘，以求圣贤之微言大义。于是吴江沈君彤、长洲余君仲霖、朱君楷、江君声等，先后羽翼之，流风所煽，海内人士无不重通经，通经无不知信古，而其端自先生发之，可谓豪杰之士矣。”[⑦]王鸣盛受惠栋影响较大，他主张“经文艰奥难通，若于古传，注凭己意择取融贯，犹未免于僭越，但当墨守汉人家法，定从一师而不敢他徙”（《十七史商榷序》）。他曾与戴震有一段有趣的对话：“间与东原从容语：‘子之学于定宇何如？’东原曰：‘不同，定宇求古，吾求是。’嘻！东原虽自命不同，究之，求古即所以求是，

① 郭院林、焦霓：《清代学风与世风关系——以刘师培家族为例》，《社会科学论坛》2011年第3期，第27页。

②［明］杨慎：《升庵全集》卷四十二“不日成之”条，第415页。

③［明］杨慎：《升庵全集》卷四十二“日中星鸟”条，第398页。

④［清］惠栋：《九经古义原序》，《影印文渊阁四库全书》第191册，第362页。

⑤［清］惠栋：《九曜斋笔记》卷二，《丛书集成续编》第92册，上海书店出版社2014年版，第525页。

⑥ 梁启超：《清代学术概论》，第31页。

⑦［清］王昶：《惠先生墓志铭》，载［清］钱仪吉纂，靳斯标点《碑传集》卷一三三，中华书局1993年版，第3985页。

舍古无是者也。”[①]戴震认为惠栋以求古为目标，而自己以求是为目标，但王鸣盛认为二者并无不同，因为“舍古无是者也”，古即是“是”，是即是“古”，“古”成了真理的代名词。

惠派之外，以史学著称的钱大昕云：“诂训必依汉儒，以其去古未远，家法相承，七十子之大义犹有存者，异于后人之不知而作也。”[②]卢文弨说：“汉人去古未远，其所见多古字，其习读多古音。故其所训诂要与本旨为近，虽有失焉者，寡矣。”[③]阮元说：“圣贤之道存于经，经非诂不明。汉人之诂去圣贤为尤近，譬之越人之语言，吴人能辨之，楚人则否；高曾之容体，祖父及见之，云、仍则否。盖远者见闻终不若近者之实也。元少为学，自宋人始，由宋而求唐，求晋魏，求汉，乃愈得其实。”[④]他作了两个譬喻，一个是地域远近关系，对于越人的方言，相邻的吴人能理解，而稍远的楚人便不能理解；一个是亲属远近关系，对于高祖、曾祖的容貌，祖父、父亲曾得见到，而更晚的云孙、仍孙则没有机会见到。以这类比喻来论证汉人注解的优越性，在清人那里非常多，如胡承珙在给陈奂的信中作了一个“失火”的譬喻：“尊札谓秦人故训与汉人不同，诚哉是言也。语云：村疃失火，州人数日乃闻之，不如其邑人翌日闻之之未远也；县闻虽近，又不如其邻人登时亲见之审也。以秦人而视三代，犹邑人也；以汉视秦，则州人矣，然较之唐宋以后，不啻其在数千里之外者，则州人犹为近之。是故篇章大义、风谕微言，传之于经，笺之于传，离合之间，同异之际，求而不得当，则证之以他经，又不得，则证之以秦汉古书，往往有晻然合符、涣然冰释者。若唐人《正义》以下，则

① ［清］王鸣盛：《西庄居士始存稿》卷二四《古经解钩沉序》，《续修四库全书》第1434册，第316页。

② ［清］钱大昕：《潜研堂文集》卷二十四《臧玉琳经义杂识序》，《潜研堂集》，第391页。

③ ［清］卢文弨：《抱经堂文集》卷二《九经古义序》，《卢文弨全集》第8册，浙江大学出版社2017年版，第33页。

④ ［清］阮元：《揅经室二集》卷七《西湖诂经精舍记》，《续修四库全书》第1479册，第159页。

犹之数千里之外传闻异辞，其可据者鲜矣。”[①] 一个村子失火，离得越近的人消息知道得越确切，同理，对于经文的大义，秦汉古书往往能得其真，而唐人《正义》以下则像千里之外的传闻，基本上不可依据了。孙星衍说：“汉代诸儒，承秦绝学之后，传授经文经义，去古不远，皆亲得七十子之传，若伏生、郑康成，其功在经学绝续之际，较七十子为难，又迴在唐宋诸儒之上。”[②] 受宗汉复古之风的影响，造成乾嘉时期“家家许、郑，人人贾、马，东汉学烂然如日中天”[③] 的学术景象。

由于汉代经学著作大多亡佚，于是辛勤的考据学者又致力于汉代经学的辑佚。皮锡瑞指出清代经师有功于后学者有三事，第一就是辑佚书[④]。陈乔枞（1809—1869）也说：“我朝经术特隆，治汉儒专家之言益众，其所著述，要以寻坠绪，扶微学为功。”[⑤] 所谓“寻坠绪，扶微学”，指的就是对古经注的辑佚。惠派非常注重对汉人学说的重新搜集整理，惠栋所著《易汉学》《周易述》《九经古义》《春秋左传补注》《郑氏周易注》等都以钩沉补辑汉儒旧说为主。惠栋弟子余萧客辑《古经解钩沉》，是清代较早的一部综合性辑佚著作，主要辑录唐之前的经解。郑学是清代显学，清代辑佚郑玄佚著的学者多达三十余家[⑥]，其中以王鸣盛、陈鳣、孔广林、袁钧、皮锡瑞影响较大。清代还出现了多部大型的辑佚著作，它们也多以经学古注疏的辑佚为主。王谟的《汉魏遗书钞》，所辑全部是汉魏时代的经部佚书，达 100 余种。马国瀚《玉函山房辑佚书》共 768 卷，辑唐以前佚书 632 种，其中百分之八十以

---

① [清] 胡承珙：《求是堂文集》卷三《答陈硕甫明经书》，《清代诗文集汇编》第581册，第255页。

② [清] 孙星衍：《岱南阁集》卷一《咨请会奏置立伏郑博士稿》，《续修四库全书》第1477册，第448页。

③ 梁启超：《清代学术概论》，第74页。

④ [清] 皮锡瑞：《经学历史》，第330页。

⑤ [清] 陈乔枞：《齐诗翼氏学疏证·自叙》，《续修四库全书》第75册，第39页。

⑥ 可参考郭国庆《清代辑佚研究》附表一：《清代郑玄佚著主要辑本简表》，民族出版社2011年版。

上是经部辑佚书，匡源《玉函山房辑佚书序》云：“六百卷内，惟《经编》为稍全，《史编》则所得仅八卷，《子编》自儒家、农家外俱无目，颠倒舛错，漫无条理。”黄奭的《黄氏逸书考》收辑了汉至六朝的逸书，分为四类：汉学堂经解112种，通纬72种，子史钩沉84种，通德堂经解17种，也以经学著作为主。这三种大型辑佚书代表了清代辑佚学的最高成就，鲜明地体现了清学宗汉复古的学术倾向。

3. 研究名物制度

考证古代的典章制度，是清代学者考据工作的重要内容。他们认为，道就在经书所记载的典章制度中，弄清楚了典章制度，就可以明道了。戴震说：“贤人圣人之理义非它，存乎典章制度者是也。”[①] 清人对名物制度的考证，首先是古代礼制，他们将三代之制描绘成天人合一、万物咸熙的“乌托邦”理想化境，所以才前赴后继、矻矻不休地去考订其规制，此亦复古致用思想的重要体现。以明堂为例，先后就有惠栋、沈彤、方苞、戴震、汪师韩、任启运、汪中、孙星衍、阮元、江藩、王聘珍、孙希旦、黄式三、陈澧、王国维等人进行了大量的考辨，各言其义，煞是热闹。除此之外，如江永《深衣考误》、任大椿《弁服释例》等是对古人衣服着装的考证。戴震《考工记图》是对《周礼·考工记》中记载的车马形状的考证和复原，他说：“立度辨方之文，图与传注相表里者也。自小学道湮，好古者靡所依据。凡六经中制度、礼仪，核之传注，既多违误，而为图者又往往自成诘诎，异其本经。古制所以日就荒谬不闻也……同学治古文辞，有苦《考工记》难读者，余语以诸工之事，非精究少广旁要，固不能推其制以尽文之奥曲。”[②] 制作车辆本是一项很专精的技术，但因为《考工记》是《周礼》中的一篇，记载了古代车辆的做法，而后人仅读其文不知道那时的车到底是什么样的，戴震便通过深入细致的研究，将其复原。沈彤《周官禄田考》、王鸣盛《周礼军赋说》、胡匡

---

①［清］戴震：《题惠定宇先生授经图》，《戴震全书》第6册，第505页。

②［清］戴震：《考工记图序》，《戴震全书》第5册，第313页。

衷《周礼井田图考》等都是对《周礼》中有关田亩、税收制度的研究。凌廷堪《礼经释例》以《仪礼》为蓝本，将古礼根据性质分门别类，共分为通例、饮食之例、宾客之例、射例、变例、祭例、器服之例等，每类下又各有细目，是对《仪礼》一书的系统梳理。其余关于古代地理、古乐、天文算学、冠婚丧祭等的研究，更是不胜枚举。

除了研究经文中的礼仪、制度等比较宏观的内容外，还有很多学者研究经文中非常琐碎的名物。如任大椿撰《释缯》，专门研究“缯”这个事物，但这并不是因为作者对丝织品感兴趣，而完全是因为缯及相关的丝织品在经书中出现频繁，有必要专门研究，因此，这本书首先是一部解经之作，其次才是丝织品专著，所以它赫然被收入《皇清经解》中。另外，皖派的程瑶田（1725—1814）是清代著名的考据博物学家，擅长对经书中名物制度的精细考证，相关著作达数十种，如《论学小记》《论学外篇》《宗法小记》《仪礼丧服文足征记》《释宫小记》《考工创物小记》《磬折古义》《沟洫疆理小记》《禹贡三江考》《水地小记》《解字小记》《声律小记》《九谷考》《释草小记》《读书求解》《数度小记》《九势碎事》《释虫小记》《修辞余钞》《让堂亦政录》《乐器三事能言》等，后汇总合编为《通艺录》一书。虽然看似博杂，颇类明人的博物学著作，但其实有其内在的统一精神，即全都是关于经书的考证，正如有人评价的“均根柢经传，辨论详确”[①]。这些考证专注于经文中的细小事物，甚至细微到令人惊叹的地步。《通艺录》中最著名的作品是《九谷考》和《释虫小记》，这两篇对谷物、虫鱼的名称进行了非常精细的考证。《诗经·小雅·小宛》“螟蛉有子，蜾蠃负之”，说的是蜾蠃捕捉螟蛉，喂它的幼虫，但古人却错认为蜾蠃养螟蛉为子。经过历代多家考证，误说被订正，早成定论。程瑶田为了确证结论，撰写了《螟蛉蜾蠃异闻记》，通过自己亲身实践的观察，实地考察蜾蠃捕虫喂子的全过程，从此一事例可见其考证的细密和执着。

① 转引自许承尧撰《歙事闲谭》卷九“程易田通艺录篇目”条“近人支伟成纂《皖学经师传》引旧说言”，黄山书社2001年版，第301页。

总体来说，清人的考据力图以客观求实的态度去研究经中的一字一句，一名一物，在某种程度上体现了一种科学精神。所以梁启超认为乾嘉间学者“和近世科学的研究法极近似”，因此称之为“科学的古典学派”①。但从清代经观念的视角考察就会发现，清代考据学本身不具有独立意义和价值，它是从属于“求道于经”这个根本观念的，再加上他们过于信古和尊古，这些先入之见都使其考据工作的客观性大打折扣。正如漆永祥先生所说：“实事求是，是乾嘉学者治学时最为宝重的原则，但这一原则的坚持却有其局限性：其一，不敢议经，凡《五经》所论皆无条件遵从，与经文不合者缘饰以解之；其二，对汉儒的突破有很大的局限，在不同程度上仍依赖汉儒旧说而强为之解。”②美国学者艾尔曼也说：“当我们讨论清代朴学时，它的学术性目的（scholarly intentions）和文化性结果（cultural consequences）经常被区分为二。我们往往会把20世纪所见的考据学带来的影响，解读为17、18世纪学者著述时的动机，这么做便犯了时代错置的谬误，例如把经学家如戴震或钱大昕误解作一种现代知识分子。他们从来就不是现代的知识分子，作为知识阶层，他们仍服膺于儒家的理想。”③这个儒家的理想，在很大程度上，就是我们上文所指出的那些先入之见。

四、略论明、清考据学之异

近现代以来，不少学者往往将清代的考据学上溯到明代考据学，认为二者有直接的渊源关系。胡适说：“人皆知汉学盛于清代，而很少人知道这个尊崇汉儒的运动在明朝中叶已很兴盛。”④谢国桢先生也说：“明代研究历史，考订名物制度，社会经济和风俗的学风，就是由杨慎发起的。遂后，明末的

---

① 梁启超：《中国近三百年学术史》，崇文书局2015年版，第19页。

② 漆永祥：《乾嘉考据学研究》，中国社会科学出版社1998年版，第301页。

③〔美〕艾尔曼：《早期现代还是晚期帝国的考据学？——18世纪中国经学的危机》，《复旦学报》（社会科学版）2011年第4期，第11页。

④ 胡适：《胡适文存》2，华文出版社2013年版，第53页。

学者顾炎武所著的《日知录》、方以智著《通雅》《物理小识》，都是沿着杨慎治学的风气，发挥而光大之，把谨严慎密的研究学术的方法，更推进了一步，导致了清代考据家学风的形成。”[①] 嵇文甫先生也说：“当明朝中叶，固然是‘心学’盛行的时代，可是就在这时候，为后来清儒所大大发展的考证新学风逐渐萌芽了。这里首先打开风气的要数杨升庵。升庵著《丹铅录》《谭苑醍醐》《古音丛目》《古音猎要》等数十种，虽疏舛伪妄，在所不免，但读书博古，崇尚考据之风，实自此启。”[②]

不过，明代考据学虽然对清代考据学的形成有一定的影响，但二者的差异还是非常大的。如果说清代考据学是以经为统领的专精之学，那么明代考据学就是漫无目的的博杂之学。明代的考据家杨慎、焦竑等，与乾嘉时代的考据家惠栋、戴震、二王等，一望即知具有完全不同的学术气质。明人的考据往往是东考证一点，西考证一点，零零碎碎，拉拉杂杂，不成体系，兴趣转移到哪里，考证就考到哪里，有一种明显的炫博的心态。林庆彰先生对明代考据学进行专门研究之后说：“考据之内容甚为广泛，经书、文字音义、辨伪书史事、典制、地理、古器物、动植物与诗文等皆及之。而好奇炫博为共同之倾向。”[③] 这是对明代考据学特点的准确概括。顾颉刚在总结明代考据学优缺点时指出：“在学问方面则无甚精采，既不及宋代人的创辟，又不及清代人的缜密。倘使一定要说出他们的优点，或者还在‘博’上。”[④] 也指出了明代考据学之“博”的特点。这种考据完全是一种兴趣爱好，甚至是出于炫耀博学的目的。这一点在明代考据学始祖和大家杨慎身上表现最为突出，四库馆臣在《丹铅余录》提要中评论说：“慎以博洽冠一时，使其覃精研思，网罗百代，竭平生之力以成一书，虽未必追踪马郑，

① 谢国桢：《评介明杨慎著〈滇程记〉和〈滇载记〉》，《思想战线》1978年第4期，第89页。

② 嵇文甫：《王船山学术论丛》，生活·读书·新知三联书店1978年版，第42页。

③ 林庆彰：《明代考据学研究》，台湾学生书局1986年版，序第4页。

④ 顾颉刚：《四部正讹·序》，朴社1929年版，第3页。

亦未必遽在王应麟、马端临下，而取名太急，稍成卷帙即付枣梨，饾饤为编，只成杂学。”[①] 馆臣身处清代考据学大盛之时，以当时经学考据学之眼光看杨慎，认为其短处在于没有将精力集中于经学的考证和研究上，没有追踪马郑等汉代经学家，而过于分散精力于无足轻重的小事小物上，所以最终成为杂学。林庆彰先生也评价他说：“用修之考证，可以好奇炫博四字赅之，故其考经、史、子、集之不足，又以考僻事、僻典为尚。明代考据所以走入杂博僻异之途，用修实不能辞其咎。”[②] 可见明代考据的最大特点正在于其“杂博僻异”，相对于清学专注于经学的考据，明代考据的这一特点无疑是一种“异途”。

与杨慎齐名的考据家焦竑也是如此。《明史》卷二百八十八《焦竑传》称他“博极群书，自经史至稗官、杂说，无不淹贯。善为古文，典正驯雅，卓然名家。”焦竑的考据与经学没有什么关联，而完全是一种个人兴趣。他自称是“传癖书淫，成于结发”[③]，刘海滨认为：“考据只是其读书之余事，并非系统的学问。”[④] 他是一个心学家，对经学的考据并不感兴趣，反倒认为对经不需要进行那些繁琐的考证，焦竑更注重经文的大义，即经的现实意义和价值，对人修身修心的作用，而不注重经本身的训诂考证，他说：“诗、书六艺之文，朝焉夕焉，咏歌服习，凡以保其本心而已。”[⑤] 焦竑是反对复古的，他说：“学道者当尽扫古人之刍狗，从自己胸中辟取一片乾坤，方成真受用，何至甘心死人脚下。”[⑥] 焦竑的考据，完全是一种个人爱好，属于传统的博物之学，而与清代经学考据学完全不同。

明代也有对经书的考据，例如，晚明出现了一大批针对四书的考据书，如薛应旂《四书人物考》、陈禹谟《经言枝指》、徐邦佐《四书经学考》、陈

---

①［清］永瑢等：《四库全书总目》卷一百十九子部《丹铅余录》提要，第1026页。

② 林庆彰：《明代考据学研究》，第27页。

③［明］焦竑：《澹园续集》卷五《答薛鸿胪》，《澹园集》，第856页。

④ 刘海滨：《焦竑与晚明会通思潮》，复旦大学2005年博士学位论文，第102页。

⑤［明］焦竑：《澹园续集》卷一《小学衍义序》，《澹园集》，第758页。

⑥［明］焦竑：《焦氏笔乘续集》卷二《支谈上》，《焦氏笔乘》，第230页。

仁锡《四书备考》等，对四书中的人物、名物、经文、典故等进行勾稽索隐，但这些考证大多只是资料的堆积，其中几乎看不到任何缜密的分析、推理和论证,而且其考据的目的,也多是为了方便作文时的取材,与清人的考据大异其趣。

明代考据学也好古，但是多出于有趣、好玩，或者炫耀、争奇，所好之古是古代的奇闻异事。而清代考据学所好之古则是经学的古音古义、古注古疏。明代考据学之所以与清代考据学有如此大的差异，根本原因是时代背景和面对的问题不同。明代考据学针对的是晚明不学无术的空疏学风，主张要博闻多识，做一个博学者，否则就是“俗人”，而如果能够做到博古通今，则明显会感觉高出世人一等，跻身雅士行列。明末张懋忠说：“学者不网罗旧闻、浏览千古，则无以荡其猥鄙悠曼之气以自泽于大雅。”[①] 形象地说明了当时追求“博”的风气。

明代考据学的好奇炫博之风，与清代因求道于经的需要而进行的考据有天壤之别，而必等明代考据炫博之风衰歇之后，才会有真正的清代经学考据学的出现。林庆彰先生说：“明人之考据实可用‘好奇炫博’四字该之。此等风气至明末清初始渐歇息。”[②] 明代的炫博考据之风在清代并没有继续，也就是说清代考据学并不是在明代考据学这个树根上生发出来的，它是其他树根（经学）上的产生的果实。清代考据学，只能说与明代考据学有某种形式上的和外在的联系，而不是一种内在因果关系。清代考据学的盛行，与经观念的转型，求道于经、以考据通经的观念有关。因此，严格来说，并不能将清代的考据学直接上溯到明代考据学，正如刘海滨总结的：“即使作为工具，考据在焦竑的手上也与清代的经典考据具有完全不同的目的。杨慎、焦竑、陈第等明代学者的考据只是在技术上为清代考据学作了准备，二者具有不同的目的和性质。”[③]

---

① ［明］张懋忠：《举业真珠船·序》，见黄焜撰《真珠船》卷首,日本内阁文库藏明刊本。

② 林庆彰：《明代考据学研究》，第34页。

③ 刘海滨：《焦竑与晚明会通思潮》，第105页。

第三节　考据对经权威的影响

清代是经观念笼罩一切的时代，经学考据学成就巨大，通过翻检《皇清经解》《续经解》，以及近年新出的《清经解三编》《清经解四编》《续修四库全书·经部》等著作便可一窥究竟。但是清代经学繁荣的背后，却潜藏着巨大危机，这一危机甚至危及了经观念本身，最终导致了“经”观念的解体。

一、“半截学问”对求道目标的背离

在本章开头我们已经提到，清代学术的范式是：考据—（通经明道）—（（救世）），清人的主要精力都集中于第一个层次即考据层面，如果说“通经明道”在考据的基础上多少也做了一些工作的话，那“救世”这一环节甚至根本就没有开始，这成了它的致命伤。

清人在考据与通经明道之间建立了稳固的不容置疑的因果关系。但若仔细分析，这一关系其实存在严重的逻辑问题。从逻辑上分析，考据（主要是文字训诂）与通经明道（即经的义理）的关系有两种可能，第一，训诂考据是明义理的前提条件，只有做好了训诂考据，才有可能通义理；第二，训诂考据本身就是义理，训诂考据弄好了，义理自然就出来了。这两种看法表面类似，其实是有本质区别的，前者意为“只有搞好训诂考据才能通经明道”，训诂考据是通经的必要但非充分条件。后者则不但承认“只有搞好训诂考据才能通经明道”，而且还承认“只要搞好文字训诂就能通经明道”，文字训诂成了通经明道既必要又充分的条件。

清代的考据家们显然是将以上两个看法混淆了。他们一方面在强调文字训诂的必要性，但在无意中又加入了充分性，使本来是必要条件的，变成了充要条件，文字训诂的意义被过度强调，甚至成了通经明道的代名词，只要完成文字训诂，那么经自然就通了，道自然就明了。钱大昕（1728—1804）说：

“尝谓《六经》者，圣人之言，因其言以求其义，则必自训诂始；谓训诂之外别有义理，如桑门以不立文字为最上乘者，非吾儒之学也。”[①]这段话讲了两层互相矛盾的意思，先是认为求六经之义自训诂始，这说明训诂只是一个开始，而不是全部；但一转口马上又变成“训诂之外别无义理”，意义就完全变了，训诂马上就变成了通经明道的同义词了。王鸣盛说：“经以明道，而求道者不必空执义理以求之也，但当正文字，辨音读，释训诂，通传注，则义理自见而道在其中矣。”（《十七史商榷序》）戴震也说“训故明则古经明，古经明则贤人圣人之理义明”，都将文字训诂直接等同于通经明道，文字训诂做完则经自通、道自明，这是清代大部分考据学家的一致论调，著名的考据学批判者方东树将其概括为“经义不外于小学”[②]。漆永祥先生说：

> 在他们看来，惟一正确的途径便是由小学训诂入手，通训诂方能明六经，六经明而义理自显，不存在六经之外的义理，亦不存在训诂之外的途径。正因为有如此思想，所以尽管他们也将义理之学悬置于学术之最高地位，但实际治学过程中却是将重点放在了通小学训诂以明六经方面，认为六经之义理寓于训诂之中，只要通过训诂使六经之义显，则义理自然明晰而道在其中，通经明道之后便上可以报效国家，下可以淑身自立，无须像宋明学者那样再通过言理言性、玄谈空论的方式求取六经之外的义理。此为乾嘉考据学家一致共同、万口一词的观点与思想。[③]

由于考据家认为考据本身就是通经明道并坚信不疑，于是他们就将精力

① [清]钱大昕：《潜研堂文集》卷二十四《臧玉琳经义杂识序》，《潜研堂集》，第391页。

② [清]方东树：《汉学商兑》卷中之下，载[清]江藩、方东树著，徐洪兴编校《汉学师承记（外二种）》，第303页。

③ 漆永祥：《乾嘉考据学研究》，中国社会科学出版社1998年版，第236页。

全部集中于文字训诂和考据。而事实上，考据是一段工夫，通经明道是另一段工夫，前者绝不可能代替后者。确实，只有字义词义搞明白了才能理解经文说了什么，但字义词义与文义本身就是两个层面的东西，搞懂了前者并不意味着搞懂了后者，理解文义需要做进一步的归纳、分析，需要一种更高层面的综合思维和抽象思维。而且，有时候一些字词名物对于理解文义的作用并不大，《尚书》的“乃命羲和”一句话促使考据家们专门研究天文历法，然而即使不懂天文历法，仍不影响对这段话的理解，它的主旨不过是说帝尧重视观察天象以确定历法，从而安排政务和民事，至于那时候的历法到底是什么内容，其实并不重要，因为后人已经有了更成熟的历法。再假设一下，经文中有“某王乘坐某个工具去某个地方”这类的话，而所乘坐的这个工具可能早已失传，考据家们费九牛二虎之力去研究此物的具体形状如何、功能如何等，这些研究对于理解经文能有多大意义呢？恐怕只要知道它是一种交通工具这一点就可以把原文理解通了。而清人的大量工夫恰恰都耗费在了这些琐碎的考据中，比如戴震对《周礼·考工记》所记载的一些古车的复原工作。

由于清人只重视考据，而忽略了后面的通经明道和救世，因此，我们可以把清人的学问称为“半截学问”，只做了前半段，而忽略了后半段。林庆彰先生说：“若果将治学之过程分成数种层次，则文献资料之考据，或仅研究过程之第一层次而已。此种层次所需之论辨方法，实已构成学问之条件。若有某一时代之学者，仅措意于此等层次，而形成一种风气，自可视此等治学方法，为考据学或考据学派。”[①] 林先生也认为清人只完成了学问的第一层次。

考据学发展之初，因其带来一种朴实的新学风，结出丰硕的果实而受到欢迎，但随着考据的日趋琐碎化，其半截学问的弊端越来越明显，遭到一些学者的尖锐批评，这其中以方东树、陈澧为代表。

---

① 林庆彰：《明代考据学研究》，第3页。

方东树（1772—1851）对考据学的批判最为激烈，并为此专门撰写《汉学商兑》一书。他说：“夫训诂未明，当求之小学，是也，若大义未明，则实非小学所能尽。”[①] 又说：“宋儒义理，实不能不用训诂、考证；而汉学训诂、考证，实不足尽得圣人之义理。”[②] 鲜明指出了训诂小学只是求经义的必要条件而非充分条件，经的要义实非小学所能尽。而且经中的很多义理，并不需要专业的文字训诂就能通晓，“盖忠、孝、信、义、进、退、取、予、廉、耻等字，不待读《苍》《雅》《说文》，而世无不明者。古今学人，或不识得，岂为不晓训诂之故与？”[③] 考据家只从事考据，通经明道既不可能，“救世”就更渺不可即了，方东树说：“汉学诸人，言言有据，字字有考，只向纸上与古人争训诂形声，传注驳杂，援据群籍证佐，数百千条。反之身己心行，推之民人家国，了无益处，徒使人狂惑失守，不得所用。”[④] 考据著作虽然汗牛充栋，却对世道人心并无一点用处。这些言论一针见血，一下就击中了考据家的痛处。

对于考据家所崇信的“义理存于典章制度”的观点，方东树也给予严厉批判。他说：“至谓古圣贤义理，即存乎典章制度。则试诘以经典所载，曰‘钦’、曰‘明’、曰‘安’、曰‘恭’、曰‘让’、曰‘慎’、曰‘诚’、曰‘忠’、曰‘恕’、曰‘仁’、曰‘孝’、曰‘义’、曰‘信’、曰‘慈’、曰‘俭’、曰‘惩忿窒欲’、曰‘迁善改过’、曰‘贱利重义’、曰‘杀身成仁’；反而言之，曰‘骄泰’、曰‘奢肆’、曰‘苟妄’、曰‘自欺’、曰‘谗谄’、曰‘贪鄙’，凡诸义理，皆关修、齐、治、平之大实，不必存乎典章制度，

①［清］方东树：《汉学商兑》卷中之下，载［清］江藩、方东树著，徐洪兴编校《汉学师承记（外二种）》，第303页。

②［清］方东树：《汉学商兑》卷下，载［清］江藩、方东树著，徐洪兴编校《汉学师承记（外二种）》，第349页。

③［清］方东树：《汉学商兑》卷中之下，载［清］江藩、方东树著，徐洪兴编校《汉学师承记（外二种）》，第292页。

④［清］方东树：《汉学商兑》卷中之上，载［清］江藩、方东树著，徐洪兴编校《汉学师承记（外二种）》，第251页。

岂皆为异端邪说与？而如戴氏《七经小记·学礼篇》中所记冠弁诸制，将谓即以尽天下之义理与？”[①] 大部分的儒家义理并不依靠典章制度而存在，怎么能说典章制度就能穷尽义理呢？另一方面，对典章制度的研究往往难以得出统一的结论，言人人殊，徒启纷扰。方氏说：“汉学诸人，坚称义理存乎训诂、典章、制度，而如考工车制，江氏有考，戴氏有图，阮氏、金氏、程氏、钱氏皆言车制，同时著述，言人人殊，讫不知谁为定论也，他如蔡氏赋役，沈氏禄田，任氏、江氏、盛氏、张氏宫室，黄氏、江氏、任氏、戴氏衣服冕弁，各自专门，亦互相驳斥，不知谁为真知定见，庄子所谓有待而定者邪？窃以此等明之固佳，即未能明，亦无关于身心性命国计民生，学术之大，物有本末，是何足以臧也？”这些制度由于年代久远，有些根本已经说不清了，如果真能弄明白固然好，即使弄不明白也没什么关系。方东树甚至说：“以荀子法后王之语推之，则冕服、车制、禄田、赋役等，虽古圣之制，亦尘饭木胔耳！何者？三统之建，忠质之尚，井田礼乐诸大端，三代圣人已不沿袭，又何论后世而欲追古制乎！”[②] 这些遥远的古代制度本身只是历史的产物，超越历史阶段就不再具有实际意义。所以，考据家试图通过研究名物制度来获得义理，实际上是走进了死胡同，靠名物制度不能通经，更不能明道。

陈澧（1810—1882）从另一个角度对考据家进行了批判。他说：

> 近人讲训诂者，辄云训诂明而后义理可明，此言是也。然诂者古今异言，通之使人知也。读经传之言，固多古今不异，不必训诂而明者，何不先于此而求其义理乎？汉儒训诂精矣，唐人训诂虽不甚精，然亦岂尽不识训诂者？何不先于汉、唐注疏训诂不误者而求其义理乎？

---

①［清］方东树：《汉学商兑》卷中之下，载［清］江藩、方东树著，徐洪兴编校《汉学师承记（外二种）》，第292～293页。

②［清］方东树：《汉学商兑》卷下，载［清］江藩、方东树著，徐洪兴编校《汉学师承记（外二种）》，第365页。

又曰：

试问今之说经者，非欲明其文义乎？明其文义之后，将再读之乎？抑置之不读乎？若置之不读，则明其文义何为也？若明其文义，将再读之，则注疏文义已明者甚多矣，何不再读之乎？何以文义已明者不读，而独觅其文义未明者而读之乎？愿经师有以教我也！

又曰：

说经者，欲经文明白无疑也；欲经文之明白无疑者，将以讽诵而得其义也。若既解之明白无疑，而不复讽诵以求其义，则何必解之乎？且经文之本明者，世人不读也；而惟于其难明者解之，既解亦仍归于不读而已矣。解经而不读经者，其必曰：“我既解之已皓首矣，使后之人读之而无疑可也。”然而后之人又慕其解经，于是又解经，而又不读经，不知待何人而始读之也！①

这三段话实际上讲了两层意思。第一，训诂考据的目的是通经明道，但需要考据的经文毕竟是少数，大部分经文的文义是明白的，为什么不先去研究这些经文的义理，而非要专挑那些困难的地方去考证呢？方东树也表达过类似的意思：“窃谓经义在今日，大义及训诂，两者略已备矣。盖不患不明，第患不行耳。若其犹有疑滞，亦什一之于千百，或前儒所互考聚讼而未决，或破碎迂僻、非义之要。此等得之固佳，即未遽明，亦无损大体，无关闳旨。且取其明白无疑者，潜玩而服行之，于身心家国之际，其用已宏矣！”②第二，考据家通过

① 三段话转引自钱穆《中国近三百年学术史》，《钱宾四先生全集》第17册，第785～786页。这些话不见于今本《东塾读书记》，据钱氏的说明，这些材料来自其未刊手稿。

②［清］方东树：《汉学商兑》卷中之下，载［清］江藩、方东树著，徐洪兴编校《汉学师承记（外二种）》，第310页。

训诂考据将一些经文弄明白了，这的确是有功的，但弄明白之后并没有结束，而应该立即进入通经明道这一步，若考证完了就放一边了，那么这种考证还有什么意义呢？考据家或许可以回答说，我在考证方面已经耗尽心血了，至于通经明道的工作就留给后人吧。但是后人也并没有跟着解经，而是仍然继续那种考证的学风，也专找经文难处去考证。这就造成只解经而不读经的死循环。陈氏最后发出感叹："不知待何人而始读之也！"所以他说："经学之书汗牛充栋，而世人绝不闻经书义理。"[①]这些都是考据家们半截学问所导致的结果。

方东树、陈澧对考据学的批判，实际上反映了考据学大盛之后学者们"求道的焦虑"，因为考据本来是为了通经明道的，但是现在却在考证上没完没了的纠缠，于是真正有心的人就着急了，不能老是考证而不明道啊。所以他们开始对考据提出质疑，认为通经并不全部依赖考证，至少经文有很大部分是能够读懂的吧，先把读懂的这一部分的道给明一下吧。

考据家只考据而不通经的风气，在戴派那里有所纠正。戴震前半生孜孜于文字训诂与名物考据之学，穷搜博考，确实做出了很大成就，但他后期似乎意识到真正有价值和意义的，不是那些知识性的考据和记诵，而是儒家修身治人一贯相传的道理，所以他临终前说："生平读书，绝不复记，到此方知义理之学可以养心。"[②]他晚年所撰写的《原善》《孟子字义疏证》等，都是在训诂的基础上试图通经明道的典范之作。段玉裁晚年回顾自己学术生涯时也说平生"喜言训故考核，寻其枝叶，略其本根，老大无成，追悔已晚"[③]。戴派后学阮元等人对义理也有一定程度的重视，如阮元说："圣人之道，譬若宫墙，文字训诂，其门径也。门径苟误，跬步皆歧，安能升堂入室乎！学

① 此语亦转引自钱穆《中国近三百年学术史》，《钱宾四先生全集》第17册，第786页。

② 此言来自焦循《申戴》所引"王惕甫未定稿载上元戴衍善述戴东原临终之言"，见《戴震全书》第6册，第702页。

③［清］段玉裁：《博陵尹师所赐朱子小学恭跋》，《经韵楼集》，第193页。

人求道太高，卑视章句，譬犹天际之翔，出于丰屋之上，高则高矣，户奥之间未实窥也。或者但求名物，不论圣道，又若终年寝馈于门庑之间，无复知有堂室矣。"[①]他一方面强调考据的重要性，另一方面又指出考据的弊病是"但求名物，不论圣道"，这样根本无法升堂入室。张舜徽先生评价阮元时说："顾其志犹在由训诂以阐明义理，盖欲探本索源，以佛家之说还之佛家，以宋儒之说还之宋儒，以三代之说还之三代。故其解《论语》一贯，释《大学》格物，皆推穷本谊，力破俗说……又尝集孔孟论仁之语，成《论语论仁论》《孟子论仁论》，以祛后来傅会之见。"[②]阮元在"论圣道"方面确实也做了一些工作，如《性命古训》等，然而当时考据之风已经养成，这些言论也只是泛泛而论而已，难以产生太大作用。

清代考据学的这种半截学问，在近现代也遭到不少学者的批判。徐复观说："无思想的经学家，乃出现于清乾嘉时代。"[③]钱穆说："两汉经学注重政治实绩，清代经学则专注心力于书本纸片上之整理工夫。"[④]归根结底，都是因为清代的考据经学只关注前半截，而忽略了后半截，是半截学问。这种半截学问只关注事实问题，回答的是"是什么"，而经的意义在于价值问题，它需要回答"怎么办"。因此这种半截学问注定不能持久发展而终归走向衰歇。

考据学的没落，在一定程度上是对经与道、救世之间关系拷问的结果。在传统的经观念中，经是宝典，是道的载体，是救世的良方，然而真正去研究经，并试图从中寻找道和救世良方的时候，却找到了一堆考据文字，所谓的道和救世良方仍然渺不可即。清初的顾炎武曾说："孔子之删述六经，即伊尹、

① [清]阮元：《揅经室一集》卷二《拟国史儒林传序》，《续修四库全书》1478册，第549页。

② 张舜徽：《清人文集别录》卷十一"揅经室集"条，华东师范大学出版社2004年版，第318页。

③ 徐复观：《中国经学史的基础》，《徐复观论经学史二种》，第53页。

④ 钱穆：《中国学术通义》，台北学生书局1984年版，第12页。

太公救民于水火之心，而今之注虫鱼、命草木者，皆不足以语此也。”[①]认为六经是用来救世的，那些专门对经文的名物制度进行考据的，都走偏了。然而顾炎武本人不也耗费大半生的精力去考据古音吗？注虫鱼、命草木为无用，然其考古音有用乎？这大概就是经学考据学不可解的内在矛盾。

二、考据的客观化倾向削弱了经观念的权威

清代考据学发生的初衷，本是为了反对明代废弃经书的空疏主观之学，从而更准确地获取经中之道，重新树立经的权威，但考据学发展到最后，却在一定程度上削弱了经观念的权威，再如上近代以来中国社会的巨大变化，最终导致了经观念的解体。

考据工作的本质是以客观、冷静的态度去研究经书，但这种立场与具有情感和信仰因素的经观念是矛盾的。经观念本身是一种信仰，尊奉某书为经，意味着对其神圣性、指导性的无条件承认。既对它抱有信仰，又要将其作为客观对象来研究，这本身就是矛盾的。一个具有神圣性的东西，必然不能通过理性去认识，反之，通过理性去认识的东西，最终必然无法保持它的神圣性。西方宗教学中有一句话，不要试图揣测上帝，不要试图去描绘上帝是什么，因为这不是人的理性所能够了解的。神始终是在后面的，正因为在后面，所以他是神秘的和神圣的，才能够作为信仰对象。本具神圣性的经书，经过清人严密细致的解剖分析，将经的五脏六腑，甚至每一个毛细血管都拉出来进行分析研究，那么经的神秘性和神圣性就再也没法保持了。

所以，考据家们虽然无意打破经的权威，非但无意打破经的权威，而且他们正是在经的权威的支撑下去做考据工作的，但是却在无意中戳破了历史上构建的一个个经学的神话，揭开了一部部带有神圣光环的经书的面纱，严重削弱了经观念的权威。

一方面，考据自身的异化，由途径变成了目的。考据的本质是一种具有

---

①［清］顾炎武：《亭林文集》卷四《与人书三》，《顾亭林诗文集》，第91页。

一定科学精神的客观研究，它要求对经所涉及的任何一个问题，包括一名一物，一字一词，都要进行精确的研究，因为经中哪怕有一个字不懂，都是通经明道的障碍，正如戴震所讲的，《诗经》中有那么多的鸟兽虫鱼，你不知道它们都是什么，有什么习性，你怎么能算是读懂了《诗经》呢？而要真下功夫弄明白这些，这不就变成动物学、植物学了吗？还有经书涉及的大量天文历算知识，使许多学者变成了天文学家或算学家。这使得考据家往而不返，深陷考据不能自拔，考据本身由手段变成了目的，整个考据工作甚至与经、与经学完全脱钩，正如有学者所指出的：“明清之际兴起的经世学风致力于从经典文本中寻找到圣人的济世良方，但演变到后来，却逐渐失去了经世的内涵，对经典的研究本身成为目的。”① 由于考据学发展的失控，无意中建立了诸多客观专门之学，而与经脱离关系。比如研究经书的古音，后来变成了音韵学。文字训诂之学本是为解经的，但是渐渐地考据家们只搞文字学，而与经无关了，方东树说：“今之为《说文》学者，曰‘部分’，曰‘字体’，曰‘音均’，曰‘训诂’，曰‘增收’，曰‘新附’，曰‘徐氏兄弟异同得失’，曰‘古本’，凡如此类，皆许氏之功臣，而非全为经义。”② 本来是通过研究《说文》来考证经义的，到最后研究《说文》成了目的，一些人没有成为解经的功臣，反倒成了《说文》的功臣了。漆永祥先生总结说：“乾嘉时期，考据学的发达还表现在其分支学科的走向成熟，各门学科在方法理论上也建树良多，其中尤以小学、目录、版本、校勘、金石、避讳、地理、天文、算学等成就为突出。”③ 从表面看这些学科是考据学的分支学科，其实从源头看它们的发展和兴盛都是经学考据学异化的结果，是手段变成目的的结果。最终，这些学科渐渐成熟，而经则被抛在一边，

① 雷平：《从经学复兴到乾嘉考据学派的形成》，《湖北大学学报》2008年第6期，第110页。

②［清］方东树：《汉学商兑》卷中之下，载［清］江藩、方东树著，徐洪兴编校《汉学师承记（外二种）》，第307～310页。

③ 漆永祥：《乾嘉考据学研究》，第263页。

也可以说，经被这些学科给解构了。今天研究清代小学、音韵、金石等学问，就已完全脱离了经学的范畴。

另一方面，清代考据学在无意识中将经变成了史料。上文已经提到，清代学者虽然研究经，但并不重视经书义理的阐发，而是更注重对经书的文本进行客观研究，例如对经文的训诂考据、典章制度的研究，这在无形中把经书当作史料，把经学当作考史来看待了。柳诒徵先生在《中国文化史》中说：

> 诸儒治经，实皆考史，或辑一代之学说（如惠栋《易汉学》之类），或明一师之家法（如张惠言《周易虞氏义》之类），于经义亦未有大发明，特区分畛域，可以使学者知此时代此经师之学若此耳。其于《三礼》，尤属古史之制度，诸儒反复研究，或著通例（如江永《仪礼释例》、凌廷堪《礼经释例》之类），或著专例（如任大椿《弁服释例》之类），或为总图（如张惠言《仪礼图》之类），或为专图（如戴震《考工记图》、阮元《车制图考》之类），或专释一事（如沈彤《周官禄田考》、王鸣盛《周礼军赋说》、胡匡衷《仪礼释官》之类），或博考诸制（如金鹗《求古录礼说》、程瑶田《通艺录》之类），皆可谓研究古史之专书，即今文学家标举《公羊》义例（如刘逢禄《公羊何氏释例》、凌曙《公羊礼说》之类），亦不过说明孔子之史法，与公羊家所讲明孔子之史法耳。其他之治古音，治六书，治舆地，治金石，皆为古史学尤不待言。[①]

柳先生认为清代诸儒的所谓注经，实际上都是“考史”之学。章学诚提出“六经皆史”的观点，将六经当成“先王之政典”，即先王治理天下的历史记录，虽然这里的史并非纯粹客观的史料，而是带有经的神圣色彩

① 柳诒徵：《中国文化史》，东方出版社中心1988年版，第747～748页。

的“先王之史”[①]，但从“先王之史”到“古代史料”，其中不过一间而已。可以说，“六经皆史”说为近代经观念的解体开导了先路。近代以来的疑古派新史学尤其受此观念的启发和影响，而产生“六经皆史料”的观念。顾颉刚先生也说：“自从清代的朴学施下了实地的功夫，考究一番，始晓得‘垂教万世的经书’乃是‘一代典章的史书’，既然是部史书，则所做疏解、考证的功夫当然与史学无异。章学诚处此潮流，奋其裁断，所以说‘六经皆史’；‘集六经之大成者不在孔子，而在周公’。看六经是学问的材料，不拿学问当做六经的臣仆；拿从前对于经学的界说根本撤消，做经学的人只是考古，并非希圣，说得明明白白。”[②]张舜徽先生也认为章学诚“彻底将几部儒家经传看成了古史材料”[③]。或许后人把章学诚的“六经皆史”当成“六经皆史料”是某种误解，但二者无疑有某种共通之处，无怪有学者说：“从经学的角度而言，‘六经皆史’命题便成为一种‘末世之音’。”[④]六经既是先王的典章制度，而典章制度并非固定不变的，一时代有一时代之制度，典章制度本身不具有永恒的意义和指导价值，它充其量不过是历史的陈迹而已，换言之，它只是史料而已。晚清学者许宗彦说：

① “六经皆史”是章学诚的著名观点，其实六经皆史所针对的并非“六经皆经”，而是“六经皆理”，章学诚并不否认六经作为经的神圣性。六经皆史的真实含义是“六经皆先王之政典”，认为六经不过是先王的典章制度。这种观点的主旨在于，圣人不以空言义理来教化人，而以具体的行为和制度教化人，这些行为和制度具有典范和指导意义，并且记载在六经中，因此六经仍是具有神圣性的经而不是一般意义的史，所以他仍重复着“道备于六经”这样非常传统的经学话语。并且，章学诚认为，六经都是从周公那里流传下来的，周公是六经的集大成者，而孔子不过是传述者而已。因此，在章学诚那里，六经虽然被认为是史，但仍具有经的意义和价值。

② 顾颉刚：《中国近来学术思想界的变迁观》，《中国哲学》第11辑，人民出版社1984年版，第307页。

③ 张舜徽：《清儒学记》，华中师范大学出版社2005年版，第176页。

④ 姜广辉：《章学诚“六经皆史”论批判》，《哲学研究》2018年第8期，第76页。

二十以后，始知经学。为之有年，乃悟三代去今久远，书籍散亡，典章制度诚有不可考实者，自西汉之儒已不免望文为说，况又二千载下乎？昔孔子学三代之礼，其去夏殷远者千余年，近才数百年而已，叹文献不足，无以征其言，至轩、农、唐、虞之礼，孔子固未尝言，且未尝学也。则使孔子生于今世，其所学者不过由明溯宋而止耳，当不远追三代，为无征之言，而施诸当世无一可用也。[①]

这种言论虽然没有直接否定六经，还仍保留着“六经为圣人之书”的口头禅，但其实是在说记载三代典章制度的诸经是“无一可用”的。否定典章制度的神圣性和指导性，无疑就否定了经的价值和意义，使经由史变成史料。经变成史，再变成史料，意味着经观念被打破。我们可以借用朱维铮先生的一句话来形容考据打破经观念的过程：“正是这班迂阔的书生，写出来的解经考史的种种论著，分开来看无不支离破碎，合起来看则可说此一拳，彼一脚，将五百年来高踞庙堂的‘正学’，摧残得百孔千疮。”[②]

三、近代以来的社会变迁最终打破了经观念的循环

经不能作为客观对象来研究，而应作为信仰继续保持其神圣性，在清代的考据经学兴盛过后，许多人开始意识到这一点，他们希望完成为考据学所忽略的通经明道和救世的后半段学问，挽救被考据所削弱的经观念的权威，所以晚清时兴起了一股新的经世致用思潮，以微言大义为长的今文经学也得到新的发展。尤其是在康有为那里，经过他的解释，经不再是客观的史料，而变成了孔子改制以垂范万世的圣典。但这无疑又回到了从中唐开始求道于经，以至后来以个人主观意志解经以求经世致用的老路上来，最终导致

---

① ［清］许宗彦：《鉴止水斋集》卷十《寄答陈恭甫同年书》，《清代诗文集汇编》第488册，第102页。

② 朱维铮：《中国经学史十讲》，复旦大学出版社2002年版，第138～139页。

主观的、随意的对经的塑造和解释，如晚清学者朱一新所说：“道咸以来，说经专重微言，而大义置之不讲。其所谓微言者，又多强《六经》以就我，流弊无穷。”[①]经观念的发展，总是走了一段很长的路，最后发现又回到原点。如果中国文化仍这样没有外界干扰安静地发展，可能它还会如此循环下去，经观念仍然会长久屹立。然而，时至清末，西方已经进入到蒸蒸日上、秩序井然的现代社会，并以其强大的颇具理性精神的文化体系，对中国古老的学术和文化产生前所未有的冲击，中国的学术再也无法静静地躺在经观念笼罩的梦幻中循环不已了。因此，清代的今文经学成了经观念的绝响。正如陈其泰先生所说：“经学时代的结束恰恰在19世纪末、20世纪初，它的最后一幕，便是清代中叶以后今文经学的复兴，取代古文经学派（朴学）而成为学术思想的主流。”他还用颇具文学性的语言描述道：“嘉庆以后公羊学说的复兴和盛行，是经学时代结束前壮观的一幕，夕照辉煌，晚霞满天，预示着新世纪行将到来。”[②]这正是经观念回光返照的表现。

① [清]朱一新：《无邪堂答问》卷一，中华书局2000年版，第21页。

② 陈其泰：《清代公羊学》，东方出版社1997年版，第3页。

主要参考文献

一、古代典籍

《十三经注疏》，中华书局 1980 年影印清阮元校勘本。

《二十四史》，中华书局整理本。

［唐］刘知几撰，赵吕甫校注：《史通新校注》，重庆出版社 1990 年版。

［唐］韩愈撰，马其昶校注，马茂元整理：《韩昌黎文集校注》，上海古籍出版社 1986 年版。

［唐］柳宗元：《柳宗元集》，中华书局 1979 年版。

［唐］杜牧著，陈允吉校点：《杜牧全集》，上海古籍出版社 1997 年版。

［唐］吕温：《吕和叔文集》，四部丛刊本。

［唐］李翱：《李文公集》，《影印文渊阁四库全书》第 1078 册。

［唐］皮日休著，萧涤非整理：《皮子文薮》，中华书局 1959 年版。

周绍良主编：《唐代墓志汇编》，上海古籍出版社 1992 年版。

刘琳等校点：《宋会要辑稿》，上海古籍出版社 2014 年版。

［宋］姚铉：《唐文粹》，四部丛刊本。

［宋］王溥：《唐会要》，中华书局 1955 年版。

［宋］王钦若等编：《册府元龟》，中华书局 1960 年版。

［宋］石介著，陈植锷点校：《徂徕石先生文集》，中华书局 1984 年版。

［宋］李觏：《李觏集》，中华书局 1981 年版。

［宋］王开祖：《儒志编》，《影印文渊阁四库全书》第 696 册。

［宋］欧阳修著，李逸安点校：《欧阳修全集》，中华书局2001年版。

［宋］范仲淹著，李勇先、王蓉贵点校：《范仲淹全集》，四川大学出版社2007年版。

［宋］张载：《张载集》，中华书局1978年版。

［宋］王安石：《临川先生文集》，中华书局1959年版。

［宋］司马光：《司马温公文集》，中华书局1985年版。

［宋］程颢、程颐著，王孝鱼点校：《二程集》，中华书局2004年版。

［宋］朱熹著，朱杰人等主编：《朱子全书》，上海古籍出版社、安徽教育出版社2010年版。

［宋］陆九渊著，钟哲点校：《陆九渊集》，中华书局1980年版。

［宋］陈亮著，邓广铭点校：《陈亮集》，中华书局1987年版。

［宋］叶适著，刘公纯等点校：《叶适集》，中华书局1961年版。

［宋］叶适：《习学记言序目》，中华书局1977年版。

［宋］唐仲友：《帝王经世图谱》，《影印文渊阁四库全书》第922册。

［宋］唐仲友：《金华唐氏遗书》，1924年永康胡氏刻《续金华丛书》本。

［宋］薛季宣撰，张良权点校：《薛季宣集》，上海社会科学院出版社2003年版。

［元］袁桷：《清容居士集》，中华书局1985年版。

［元］王祎：《王忠文集》，《影印文渊阁四库全书》第1226册。

［元］刘因：《静修集续集》，《影印文渊阁四库全书》第1198册。

［明］宋濂著，罗月霞主编：《宋濂全集》，浙江古籍出版社1999年版。

［明］曹端著，王秉伦点校：《曹端集》，中华书局2003年版。

［明］薛瑄撰，孙玄常等点校：《薛瑄全集》，山西人民出版社1990年版。

［明］陈献章著，孙通海点校：《陈献章集》，中华书局1987年版。

［明］罗钦顺著，阎韬点校：《困知记》，中华书局1990年版。

［明］王守仁撰，吴光等编：《王阳明全集》，上海古籍出版社2015年版。

［明］王艮：《王心斋全集》，江苏教育出版社2001年版。

［明］王畿：《龙溪王先生全集》，《四库全书存目丛书》集部第 98 册。

［明］邹元标：《愿学集》，《影印文渊阁四库全书》第 1294 册。

［明］陈建撰，黎业明点校：《学蔀通辨》，《陈建著作二种》，上海古籍出版社 2015 年版。

［明］李贽著，张建业主编：《李贽文集》，社会科学文献出版社 2000 年版。

［明］杨慎：《升庵全集》，商务印书馆 1937 年版。

［明］胡应麟：《少室山房集》，《影印文渊阁四库全书》第 1290 册。

［明］钱谦益著，［清］钱曾笺注，钱仲联标校：《钱牧斋全集》，上海古籍出版社 2003 年版。

［明］归有光著，周本淳校点：《震川先生集》，上海古籍出版社 1981 年版。

［明］张溥：《七录斋诗文合集》，《续修四库全书》第 1387 册。

［明］焦竑撰，李剑雄点校：《澹园集》，中华书局 1999 年版。

［明］陈邦瞻：《宋史纪事本末》，中华书局 1977 年版。

［清］顾炎武著，华忱之点校：《顾亭林诗文集》，中华书局 1983 年版。

［清］黄宗羲、全祖望等：《宋元学案》，见《黄宗羲全集》第三至十二册，浙江古籍出版社 2012 年版。

［清］顾炎武著，黄汝成集释，栾保群、吕宗力校点：《日知录集释》，上海古籍出版社 2006 年版。

［清］阎若璩：《潜邱札记》，《影印文渊阁四库全书》第 859 册。

［清］惠栋：《九曜斋笔记》，《丛书集成续编》第 92 册，上海书店出版社 2014 年版。

［清］戴震撰，张岱年主编：《戴震全书》，黄山书社 1994 年至 1997 年出版。

［清］永瑢等：《四库全书总目》，中华书局 1965 年影印本。

［清］钱大昕：《十驾斋养新录》，上海书店 1983 年版。

［清］阮元：《揅经室集》，《续修四库全书》第 1479 册。

［清］钱大昕撰，吕友仁校点：《潜研堂集》，上海古籍出版社 1989 年版。

［清］段玉裁撰，钟敬华校点：《经韵楼集》，上海古籍出版社 2008 年版。

［清］方东树：《汉学商兑》，载［清］江藩、方东树著，徐洪兴编校《汉学师承记（外二种）》，中西书局2012年版。

［清］胡培翚：《胡培翚集》，“中研院”中国文哲研究所2005年版。

［清］焦循：《雕菰集》，《续修四库全书》第1489册。

［清］凌廷堪著，王文锦点校：《校礼堂文集》，中华书局1998年版。

［清］龚自珍：《龚自珍全集》，上海人民出版社1975年版。

二、近现代经学论著

［清］皮锡瑞著，周予同注释：《经学历史》，中华书局1959年版。

王国维：《汉魏博士考》，载谢维扬、房鑫亮主编《王国维全集》第八卷，浙江教育出版社、广东教育出版社2010年版。

龚道耕：《经学通论》，见《龚道耕儒学论集》，四川大学出版社2010年版。

刘师培：《经学教科书》，《刘申叔先生遗书》1934年宁武南氏校印本。

范文澜：《群经概论》，见《范文澜全集》第一卷，河北教育出版社2002年版。

蒙文通：《经学抉原》，上海人民出版社2006年版。

马宗霍：《中国经学史》，上海书店1984年版。

蒋伯潜、蒋祖怡：《经与经学》，世界书局1941年版。

钱基博：《经学通志》，上海古籍出版社2011年版。

李源澄：《经学通论》，华东师范大学出版社2010年版。

蒋伯潜：《经学纂要》，正中书局1946年版。

钱穆：《两汉经学今古文平议》，见《钱宾四先生全集》第8册，台湾联经出版事业股份有限公司1998年版。

钱穆：《经学大要》，台湾兰台出版社2000年版。

范文澜：《经学史讲演录》，见《范文澜全集》第十卷，河北教育出版社2002年版。

周予同：《周予同经学史论著选集》，上海人民出版社1996年版。

熊十力:《读经示要》,见《熊十力全集》第三卷,湖北教育出版2001年版。

章权才:《两汉经学史》,广东人民出版社1990年版。

黄开国主编:《经学辞典》,四川人民出版社1993年版。

章权才:《魏晋南北朝隋唐经学史》,广东人民出版社1996年版。

田汉云:《中国近代经学史》,三秦出版社1996年版。

章权才:《宋明经学史》,广东人民出版社1998年版。

许道勋、徐洪兴:《中华文化通志·经学志》,上海人民出版社1998年版。

汤志钧:《近代经学与政治》,中华书局2000年版。

吴雁南、秦学颀、李禹阶主编:《中国经学史》,福建人民出版社、人民出版社2001年版。

张涛:《经学与汉代社会》,河北人民出版社2001年版。

刘大年:《评近代经学》,见《刘大年集》,中国社会科学出版社2000年版。

朱维铮:《中国经学史十讲》,复旦大学出版社2002年版。

姜广辉主编:《中国经学思想史》(四卷本),中国社会科学出版社2003年、2010年版。

蔡方鹿:《朱熹经学与中国经学》,人民出版社2004年版。

许道勋、徐洪兴:《中国经学史》,上海人民出版社2006年版。

郑杰文、傅永军主编:《经学十二讲》,中华书局2007年版。

杨新勋:《宋代疑经研究》,中华书局2007年版。

王葆玹:《西汉经学源流》,台湾东大图书公司2008年版。

钟肇鹏:《孔子、儒学与经学》,中国社会科学出版社2009年版。

蔡方鹿主编:《经学与中国哲学》,华东师范大学出版社2009年版。

吴国武:《经术与性理——北宋儒学转型考论》,学苑出版社2009年版。

刘彬:《帛书〈要〉篇校释》,光明日报出版社2009年版。

蔡方鹿:《中国经学与宋明理学研究》,人民出版社2011年版。

〔日〕乔秀岩:《北京读经说记》,台湾万卷楼图书公司2013年版。

〔日〕乔秀岩:《义疏学衰亡史论》,台湾万卷楼图书公司2013年版。

林庆彰：《中国经学研究的新视野》，台湾万卷楼图书公司 2013 年版。

景海峰主编：《经典、经学与儒家思想的现代诠释》，人民出版社 2015 年版。

牟润孙：《论儒释两家之讲经与义疏》，见《现代佛学大系》第 26 册，台湾弥勒出版社 1984 年版。

郑杰文主编：《中国经学学术编年》，凤凰出版社 2015 年版。

叶纯芳：《中国经学史大纲》，北京大学出版社 2016 年版。

徐复观：《徐复观论经学史二种》，上海书店出版社 2002 年版。

顾宏义：《“四书”释名》，见陈来主编《哲学与时代：朱子学国际学术研讨会论文集》，华东师范大学出版社 2012 年版。

叶国良：《宋人疑经改经考》，台湾大学出版委员会 1980 年版。

叶国良等：《经学通论》，台湾大安出版社 2005 年版。

李威熊：《中国经学发展史论》，台湾文史哲出版社 1988 年版。

林庆彰：《清代经学研究论集》，台湾中国文哲研究所筹备处 2002 年版。

林庆彰：《明代经学研究论集》，台湾文史哲出版社 1994 年版。

林庆彰：《明代考据学研究》，台湾学生书局 1986 年版。

龚鹏程：《六经皆文——经学史 / 文学史》，台湾学生书局 2008 年版。

〔日〕本田成之著，江侠庵译：《经学史论》，商务印书馆 1935 年版。

〔美〕韩大伟：《西方经学史概论》，华东师范大学出版社 2012 年版。

彭林主编:《中国经学》(第一辑至第二十辑)，广西师范大学出版社出版。

林庆彰主编：《经学研究论丛》（第一辑至第二十一辑），台湾学生书局等出版社出版。

杨世文：《宋代经学怀疑思潮研究》，四川大学 2005 年博士学位论文。

焦桂美：《南北朝经学史》，山东大学 2006 年博士学位论文。

刘卫宁：《两晋南北朝儒经义疏研究》，暨南大学 2008 年博士学位论文。

彭启福：《陆九渊心学诠释学思想研究》，华东师范大学 2011 年博士学位论文。

龚鹏程：《唐朝中叶的文人经说》，《湖南大学学报》（社会科学版）

2006年第1期。

周春健：《论元代学者的“四书六经观”》，《哲学研究》2014年第5期。

张寿安：《从“六经”到“二十一经”——十九世纪经学的知识扩张与典范转移》，《学海》2011年第1期。

程苏东：《〈孟子〉升经考——并论两宋正经与兼经制度》，《中华文史论丛》2010年第3期。

许家星：《朱子四书学形成新考》，《中国哲学史》2013年第1期。

姜广辉：《“宋学”“理学”与“理学化经学”》，《哲学研究》2007年第9期。

夏微：《宋代周礼学文献述论》，《史学集刊》2008年第4期。

〔日〕山井涌：《经书和糟粕》，见刘厚琴主编《日本韩国的儒学研究》，中华书局2003年版。

李凯：《“六经注我”：宋代理学的阐释学——兼谈朱熹在经学阐释史上的贡献》，《中国哲学史》2006年第3期。

张德建：《明代六经论的历史变迁及其学术意义》，《中国文化研究》2008年第2期。

朱汉民：《六艺与儒家子学的思想差异》，《中国哲学史》2017年第1期。

三、其他相关思想、学术史论著

梁启超：《中国近三百年学术史》，崇文书局2015年版。

梁启超撰，朱维铮导读：《清代学术概论》，上海古籍出版社1998年版。

陈寅恪：《金明馆丛稿初编》，上海古籍出版社1980年版。

钱穆：《中国近三百年学术史》，见《钱宾四先生全集》第17册，台湾联经出版事业股份有限公司1998年版。

嵇文甫：《晚明思想史论》，东方出版社1996年版。

徐复观：《两汉思想史》，九州出版社2014年版。

徐复观：《中国人性论史·先秦篇》，九州出版社2014年版。

沈文倬：《宗周礼乐文明考论》，浙江大学出版社 1999 年版。

陈植锷：《北宋文化史述论》，中国社会科学出版社 1992 年版。

余英时：《朱熹的历史世界：宋代士大夫政治文化的研究》，生活·读书·新知三联书店 2004 年版。

陈弱水：《唐代文士与中国思想的转型》，广西师范大学出版社 2009 年版。

葛兆光：《中国思想史》，复旦大学出版社 2001 年版。

秦晖：《传统十论——本土社会的制度、文化及其变革》，复旦大学出版社 2004 年版。

葛荣晋主编：《中国实学思想史》，首都师范大学出版社 1994 年版。

漆永祥：《乾嘉考据学研究》，中国社会科学出版社 1998 年版。

陈其泰：《清代公羊学》，东方出版社 1997 年版。

陈秀宏：《科举制度与唐宋士阶层》，东北师范大学 2004 年博士学位论文。

李伏清：《论柳宗元与儒学复兴》，华东师范大学 2008 年博士学位论文。

陈时龙：《明代中晚期讲学运动：1526—1626》，复旦大学 2004 年博士学位论文。

王恩俊：《复社研究》，东北师范大学 2007 年博士学位论文。

王晓毅：《魏晋玄学对官方哲学的影响——以诏书、官学为中心》，《东岳论丛》2013 年第 12 期。

俞钢：《唐代明经科试的体系、方式及其地位变化》，《上海师范大学学报》（哲学社会科学版）2010 年第 5 期。

曹意强：《观念史的历史、意义与方法》，《新美术》2006 年第 6 期。

〔美〕诺夫乔伊著，张传有、高秉江译：《存在巨链——对一个观念的历史的研究》，江西教育出版社 2002 年版。

〔美〕艾尔曼著，赵刚译：《从理学到朴学：中华帝国晚期思想与社会变化面面观》，江苏人民出版社 2012 年版。

〔美〕狄百瑞著，李弘祺译：《中国的自由传统》，中华书局 2016 年版。

后　记

这本书撰写于2017—2018年。2015年，我从无锡的一家公司辞职，考入曲阜孔子研究院，从此正式走上学术研究道路。虽然在无锡工作六年之久，但读书、做研究一直是我的兴趣所在。来到曲阜后，我把主要的精力都放到读书、学习、研究上，充分释放着最初的那份学术热情。但由于对学术界的现状不了解、不熟悉，也缺乏师友切磋和指引，我的学习研究基本上处于漫无目的的摸索状态，想到哪儿看到哪儿，想到哪儿学到哪儿，非常凌乱，没有系统、没有规划。

但是，说完全没有目的也不一定对，因为一个人受其性格、理想和教育背景的影响，总会有一些能特别引起兴趣的东西。不知道是什么机会，我看了朱维铮先生的书，听了他的讲座录音，开始了解到他和他的老师周予同先生对经学的研究，以及对经学的基本态度。于是试着对二位先生的学问作进一步了解。虽然一开始对他们犀利的观点难以接受，尤其是周予同先生《僵尸的出祟》这篇著名的文章，仅看题目就会让人起鸡皮疙瘩。此后又读了一些经学通论类著作，了解了经学的历史和研究现状。在阅读过程中我发现，很多经学著作几乎都是对经书及其诠释史的介绍，比如有的经学通论直接就是以一经为一章论述其学术史。对此，我就存在一个疑问，这些著作只讨论具体的经书，那作为一个基础概念的经在哪里？经这个概念也好，观念也好，应该也是很重要的吧，难道《诗经》学、《尚书》学、礼学、《易》学、《春秋》学加起来，就是经学，就能涵盖和解释经的概念吗？

再从研究路径看，经学著作在历史上浩如烟海，如果要做研究，是很有研究头的，但是，这样一部经一部经，或者一部注解一部注解地进行研究，似乎也无法找到对经这一概念的完整理解。在现有的经学史和经学通论著作不能满足我的疑问的情况下，我就想，能不能专门把各个时代对经这个概念的看法和理解汇总起来，看看古人到底是怎么理解和看待经的。这个研究对象，看起来比较虚、比较空，因为它不涉及具体的经书，不是对《易》的看法，也不是对诗书礼乐的看法，而纯粹是对经的看法。这项研究，第一个棘手问题，就是它的研究对象该叫什么？经？经学观念？经的概念？都不太合适，后来我参考了西方观念史的一些理论著作，决定采用经观念这个说法，虽然听起来也比较拗口。

我个人的性格喜欢泛观博览，做学生的时候就上下古今乱翻书，尤其喜欢读史书，喜欢探究各个历史时期政治、思想、文化、制度状况。我大学学的是哲学专业，记得有一次上中国哲学史的课，课间，老师走到我跟前，问我在看什么书，当时我看的是孟森先生的《明史讲义》，老师未置可否。所以这么多年下来，我对中国古代各个时期的学术和文化都有一定程度的了解，但谈不上研究。而探讨经观念的发展源流，显然也是一个贯通古今的通论性的研究课题，需要有一种比较宽泛的学术背景，所以与我的经历也有一定程度的契合。本书所用的资料大都是常见书，却是以“经观念”这个新的研究对象将其统领起来的，观点和脉络都是我个人的思考心得，算是旧瓶装新酒吧。

本书初稿于2019年初完成后就搁置一边，此后我于2019年下半年开始攻读博士学位，一直没有机会再处理此书。2021年，我申请了孔子研究院的学术著作出版资助经费并获得批准。另外，作为干春松老师泰山学者团队成员，也获得团队经费的支持，在此向研究院领导和干老师表示衷心的感谢。2022年正式与齐鲁书社签订出版合同。感谢在此书写作和出版过程中给予过我帮助的所有领导、同事和师友，特别要感谢我的导师杜泽逊教授，于年底百忙中为本书作序，并提出宝贵的指导和修改意见。由于个人才疏学浅和时间仓促，疏漏、错讹在所难免，还望学界前辈专家多多指正。

曹景年

2023年1月16日于孔子研究院